Christina und Stanislav Grof

Die stürmische Suche nach dem Selbst

Christina und Stanislav Grof

Die stürmische Suche nach dem Selbst

Praktische Hilfe
für spirituelle Krisen

Kösel-Verlag

Übersetzung aus dem Amerikanischen: Angela Roethe, Utting.
Die Originalausgabe erschien unter dem Titel »The Stormy Search for the Self. A Guide to Personal Growth through Transformational Crisis« bei Jeremy Tarcher Inc., Los Angeles.

ISBN 3-466-34265-1

Druck und Bindung: Kösel, Kempten.
Umschlag: Elisabeth Petersen, Glonn.
Umschlagphoto: Noaa/Science Photo Library – Focus Hamburg.

1 2 3 4 5 · 95 94 93 92 91

Inhalt

Anmerkung der Autoren

Wir widmen dieses Buch mit Liebe und Hochachtung dem Andenken an Richard Price, dem Mitbegründer des Esalen Instituts in Big Sur, Kalifornien, einem sanften, mitfühlenden Gestalttherapeuten und Lehrer, liebevollen Ehemann und Vater und bemerkenswerten Menschen. Als wir begannen, uns für spirituelle Krisen zu interessieren, bot er uns seine Tatkraft und Begeisterungsfähigkeit, wertvolle Unterstützung, seinen scharfen Verstand und loyale Freundschaft auf unserem zuweilen einsamen und manchmal unpopulären Pfad.

Dick kannte die Wechselfälle der spirituellen Reise aus eigener Erfahrung, da er persönlich zwei transformative Krisen durchlebt hatte. Während der ersten, die eintrat, als er noch ein junger Mann war, verbrachte er viele Monate im Krankenhaus, wo er starke Beruhigungsmittel, Elektroschock-Therapie und mehr als siebenundsechzig Insulin-Behandlungen bekam. Die zweite Episode trat einige Jahre später auf und wurde auf ganz andere Weise von Menschen behandelt, die ein gewisses Verständnis des Prozesses aufwiesen und bereit waren, ihn zu unterstützen.

Er hat lange Jahre der Vorstellung gewidmet, daß Erfahrungen wie die seinen in Wirklichkeit Gelegenheiten für Wachstum, Heilung und Persönlichkeitserweiterung sind. Dick hat die gewaltsamen Eingriffe, die oft mit ärztlichen Interventionen einhergehen, gesehen und gespürt. Bis zu seinem tragischen Unfalltod beim Wandern im Jahr 1985 hat er daran gearbeitet, Alternativen zu den traditionellen Behandlungsmethoden bereitzustellen. Sein Einsatz für diese Idee war uns Inspiration, und seine Unterstützung beim Aufbau des »Spiritual Emergence-Netzwerks« entscheidend für dessen Zustandekommen. Wir hoffen, durch das Schreiben dieses Buches nützliche Ideen, Informationen und Vorschläge zu liefern, die zur Verwirklichung einiger der Träume beitragen können, die uns mit unserem lieben Freund Dick Price verbunden haben.

Christina und Stanislav Grof
Mill Valley, Kalifornien
Februar 1990

Einführung

Spirituelle Entwicklung ist eine angeborene evolutionäre Fähigkeit jedes Menschen. Sie ist eine Bewegung in Richtung auf Ganzheit, das Entdecken des wahren eigenen Potentials. Und sie ist ebenso gewöhnlich und natürlich wie Geburt, physisches Wachstum und Tod – ein integraler Bestandteil unserer Existenz. Viele Jahrhunderte lang haben ganze Kulturkreise die innere Transformation als einen notwendigen und wünschenswerten Aspekt des Lebens betrachtet. Viele Gesellschaften haben anspruchsvolle Rituale und meditative Praktiken für die Förderung und Unterstützung spirituellen Wachstums entwickelt. Die Menschheit hat den Schatz der Gefühle, Visionen und Einsichten, die mit dem Prozeß des Erwachens einhergehen, in Bildern, Gedichten, Romanen, Musik und den Beschreibungen von Mystikern und Propheten bewahrt. Einige der schönsten und meistgeschätzten Beiträge im Bereich von Kunst und Architektur huldigen den mystischen Reichen.

Für manche Menschen jedoch wird die transformative Reise der spirituellen Entwicklung zu einem »spirituellen Notfall«, zu einer Krise, bei der die Veränderungen so schnell und die inneren Zustände so beanspruchend werden, daß es ihnen vorübergehend schwerfällt, in der Alltagsrealität zurechtzukommen. Heutzutage werden diese Menschen selten so behandelt, als ob sie am Rande inneren Wachstums stünden. Statt dessen betrachtet man sie meist unter dem Blickwinkel von Krankheit und wendet Techniken an, die die potentiellen Vorteile überdecken, die diese Erfahrungen zu bieten haben.

In einer unterstützenden Umgebung und richtig verstanden können diese schwierigen Geisteszustände extrem zuträglich sein. Oft führen sie zu physischer und emotionaler Heilung, profunden

Einsichten, schöpferischen Aktivitäten und anhaltenden Veränderungen der Persönlichkeit zum Guten. Wir haben dafür den Begriff *spiritual emergency* geprägt. Im Englischen steckt darin ein Wortspiel, das sowohl die Krise bezeichnet, die mit der Transformation einhergehen kann (*emergency*), wie die Möglichkeit, die die Erfahrung des Auftauchens (*emergence*) von bisher unbewußtem Material für das persönliche Wachstum und die Entwicklung neuer Ebenen von Bewußtheit bedeuten.

Die stürmische Suche nach dem Selbst ist für Menschen geschrieben, deren Leben von spirituellen Krisen berührt wird; für diejenigen, die tatsächlich eine solche Krise erfahren oder erfahren haben, für ihre Familien und Freunde, für Berater, Pfarrer, Psychologen, Psychiater und Therapeuten, die diesem ungewöhnlichen, aber vollkommen natürlichen Prozeß begegnen könnten.

Das Buch ist zudem ein Begleiter für jeden, der von persönlicher Transformation betroffen ist. Obwohl wir uns auf diesen Seiten ganz spezifisch den schwierigen Aspekten der spirituellen Krise widmen, sind doch die darin enthaltenen Lektionen auch für diejenigen anwendbar, deren Entwicklung, auch wenn sie eher sanft verläuft, dennoch verwirrend und zuweilen unangenehm ist. Wer diese Art von Erfahrung gemacht hat, kann vielleicht von den Vorschlägen profitieren, wie man mit diesem wichtigen Prozeß besser kooperieren und durch ihn wachsen kann.

Zu allen Zeiten gab es Kulturen, in denen Menschen in intensiven spirituellen Krisen als gesegnet galten; man meinte, sie stünden in direkter Kommunikation mit den heiligen Reichen und göttlichen Wesen. Ihre Gesellschaften unterstützten sie während dieser entscheidenden Episoden, boten ihnen Schutz und befreiten sie von den üblichen Anforderungen. Angesehene Mitglieder dieser Gemeinschaften hatten selbst Krisen durchlebt und konnten einen ähnlichen Prozeß bei anderen erkennen und verstehen. Daher waren sie in der Lage, den Ausdruck des schöpferischen, mystischen Impulses zu ehren. Die oft farbenprächtigen und dramatischen Erfahrungen wurden von dem Vertrauen genährt, daß diese Menschen schließlich zur Gemeinschaft zurückkehren und größere Weisheit und eine gewachsene Fähigkeit, sich in der Welt zu bewegen, mitbringen würden, die ihnen selbst wie der Gesellschaft zugutekommen könnten.

Der Beginn der modernen Wissenschaft und des Industrie-Zeitalters führte zu einer drastischen Änderung dieser toleranten und sogar unterstützenden Haltung. Die Vorstellungen davon, was annehmbare Realität sei, wurden dahingehend geschmälert, daß sie nur noch die Aspekte der Existenz einschlossen, die materiell, faßbar und meßbar waren. Spiritualität in jeder Form wurde aus der modernen wissenschaftlichen Weltsicht verbannt. Die westlichen Kulturen bedienten sich einer begrenzten und starren Interpretation dessen, was an den Erfahrungen und im Verhalten des Menschen »normal« sei, und akzeptierten nur selten diejenigen, die sich über diese Grenzen hinauszubewegen trachteten.

Die Psychiatrie fand biologische Erklärungen für bestimmte geistige Störungen: Infektionen, Tumore, chemisches Ungleichgewicht und andere Beeinträchtigungen von Gehirn oder Körper. Sie entdeckte zudem wirkungsvolle Möglichkeiten, die Symptome verschiedener Zustände zu kontrollieren, deren Ursachen unbekannt blieben. Dazu gehörten auch die Manifestationen von spirituellen Krisen. Diese Erfolge führten zu einer festen Etablierung der Psychiatrie als medizinischer Disziplin, und der Begriff *Geisteskrankheit* wurde so erweitert, daß er auch viele Zustände umfaßte, bei denen es sich genaugenommen um natürliche Verfassungen handelte, die nicht mit biologischen Ursachen in Verbindung gebracht werden konnten. Der Prozeß des spirituellen Erwachens im allgemeinen wurde samt seinen dramatischeren Manifestationen nun als Krankheit betrachtet, und die Menschen, die Anzeichen dessen zeigten, was früher als innere Transformation und Wachstum angesehen wurde, galten damit in den meisten Fällen als krank.

Folglich werden viele Leute mit emotionalen oder psychosomatischen Symptomen automatisch so eingestuft, als hätten sie ein medizinisches Problem. Ihre Schwierigkeiten werden als Krankheiten unbekannten Ursprungs bezeichnet, obwohl klinische und Labortests keinerlei unterstützende Beweise für diesen Ansatz liefern können. Die meisten außergewöhnlichen Bewußtseinszustände werden als pathologisch betrachtet und mit traditionellen psychiatrischen Methoden wie unterdrückender Medikation und Hospitalisierung behandelt. Als Ergebnis dieser Voreingenommenheit werden viele Menschen, die sich in dem natürlichen Heilungsprozeß des spirituellen Erwachens befinden, automatisch in dieselbe Kategorie gesteckt wie die mit einer wirklichen Geisteskrankheit – besonders, wenn ihre Erfahrung eine Krise in ihrem Leben auslöst oder zu Schwierigkeiten für ihre Familie führt.

Diese Interpretation erhält weiteren Zündstoff durch die Tatsache, daß ein Großteil unserer Kultur die Bedeutung und den Wert der mystischen Bereiche im Menschen nicht erkennt. Die spirituellen Elemente, die ein inhärenter Teil der persönlichen Transformation sind, scheinen dem, der nicht mit ihnen vertraut ist, fremdartig und bedrohlich.

Aber in den letzten Jahrzehnten hat sich an dieser Situation einiges geändert. Die Spiritualität ist durch ein neues Interesse an heiligen Systemen, wie sie sich in den östlichen Religionen, der mystischen Literatur des Westens und den indianischen Traditionen finden, wieder zu einem wichtigen Bestandteil der Kultur geworden. Viele Menschen machen ihre Erfahrungen mit Meditation und anderen spirituellen Praktiken, andere begegnen durch Beschäftigung mit verschiedenen neuen Therapien der Selbst-Erforschung neuen Dimensionen und Möglichkeiten in ihrem Inneren. Zugleich schließen revolutionäre Entwicklungen in vielen wissenschaftlichen Disziplinen immer schneller die Lücke zwischen Wissenschaft und Spiritualität, und moderne Physiker und Forscher auf anderen Gebieten nähern sich einer Weltsicht an, die den Beschreibungen der Mystiker ähnelt.

Mit dem erneuerten Interesse an Mystik geht ein weiteres Phänomen einher: Immer mehr Menschen machen spirituelle oder paranormale Erfahrungen und sind auch bereit, offener darüber zu sprechen. Eine Untersuchung des Gallup-Meinungsforschungsinstituts in den USA zeigt, daß 43 Prozent der Befragten zugaben, ungewöhnliche spirituelle Erfahrungen gemacht zu haben, und 95 Prozent sagten, sie würden an Gott oder einen universalen Geist glauben. Unsere eigenen Beobachtungen lassen darauf schließen, daß mit diesem erweiterten Interesse auch die Schwierigkeiten zunahmen, die mit dem Prozeß der Transformation zu tun haben.

Diese offensichtliche Zunahme von spirituellen Krisen wurde uns bei unseren weltweiten Reisen in den letzten zehn Jahren deutlich. Wir haben Workshops geleitet und Vorträge gehalten, bei denen wir über unsere persönlichen Erfahrungen und unser alternatives Verständnis von Zuständen gesprochen haben, die bisher automatisch als psychotisch bezeichnet wurden. Dabei hat uns überrascht, daß sich viele Menschen durch unterschiedliche Elemente in unseren Geschichten angesprochen zeigten. Manch einer hatte transformative Erfahrungen durchlaufen und fühlte sich als Ergebnis dessen erfüllter. Viele andere hatten ähnliche Erfahrungen gemacht, erzählten uns aber tragische Geschichten von ihren Familien und Ärzten, die sie falsch verstanden hatten, von Klinik-Einweisungen, unnötigen Tranquilizern und stigmatisierenden psychiatrischen Etikettierungen. Oft wurde ein Prozeß, der ursprünglich heilend und transformativ begonnen hatte, durch psychiatrische Interventionen unterbrochen oder sogar schwieriger gemacht.

Wir haben aber auch kreative, mitfühlende und innovative Fachleute auf dem Gebiet der geistigen Gesundheit getroffen: Psychiater, Psychologen und andere, die nach Alternativen für ihre Patienten suchen oder sie bereits bieten. Viele haben ihrer Frustration darüber Ausdruck verliehen, daß sie ihre Vorstellungen und Zugangsweisen nicht innerhalb ihrer Kliniken und Krankenhäuser durchsetzen können. Das liegt im wesentlichen daran, daß ihre Institutionen stur am medizinischen Modell festhalten, an traditioneller Verwaltungspolitik und bürokratischen Beschränkungen. Sie haben uns von ihrer Einsamkeit im Berufsleben und ihrem Wunsch berichtet, Verbindung mit Gleichgesinnten aufzunehmen.

Je mehr Menschen mit spirituellen Krisen konfrontiert werden, desto größer wird die Zahl derer, die mit traditioneller psychiatrischer Behandlung während solcher Ereignisse unzufrieden sind.

So wie werdende Eltern in den letzten Jahren Druck auf die Ärzte ausgeübt haben, zur alten von Ehrfurcht geprägten Haltung für die Geburt und ihre Dynamik zurückzufinden, so beginnen nun Leute, die mit einer transformativen Krise zu tun haben, von den Ärzten zu verlangen, daß sie ihre Schwierigkeiten als das sehen, was sie sind: schwierige Stadien in einem potentiell lebensverändernden Prozeß.

Folglich ist es von entscheidender Bedeutung, die Fragen anzusprechen, die mit dem spirituellen Erwachen und spirituellen Krisen zusammenhängen, das Verständnis für die verschiedenen damit einhergehenden Stadien zu vertiefen und neue Behandlungsstrategien zu formulieren, die Menschen helfen, diese zu durchleben und Gewinn aus ihnen zu ziehen. Wir haben vornehmlich deswegen ein tiefes Interesse an der Schnittstelle zwischen spiritueller Entwicklung und psychologischer Gesundheit, weil wir ihr persönlich stark ausgesetzt waren. Stans Neugier in bezug auf alternative Ansätze bei der Behandlung von Psychosen resultiert aus drei Jahrzehnten, in denen er als Psychiater das therapeutische Potential von außergewöhnlichen Bewußtseinszuständen erforscht hat. Als er mit den traditionellen Modellen arbeitete, begann er zu erkennen, daß das derzeitige Verständnis von der menschlichen Psyche zu begrenzt ist und daß viele der Zustände, die psychiatrisch automatisch in die Kategorie der Geisteskrankheiten eingeordnet werden, in Wirklichkeit wichtige und notwendige Bestandteile eines tiefen Heilungsprozesses sind.

Christinas Begegnung mit spirituellen Krisen begann mit einem kraftvollen spirituellen Erwachen während der Geburt ihres ersten Kindes. Auf diese Erfahrung folgten jahrelang schwierige und fordernde geistige, emotionale und körperliche Zustände. Sie entdeckte, daß diese Manifestationen sehr stark dem ähnelten, was in der Yoga-Literatur als »Kundalini-Erwachen« beschrieben wird. Unser gemeinsames Leben in der Zeit, in der Christina beinahe täglich von dem transformativen Prozeß in Mitleidenschaft gezogen wurde, zwang uns, viele der Lektionen zu lernen, die den Kern dieses Buches bilden. Um vollständiger zu beschreiben, wie wir beide persönlich diesem Thema verbunden sind,

haben wir in zwei Vorworten jeweils unsere eigene Geschichte erzählt.
Dieses Buch setzt sich aus drei größeren Teilen zusammen, von denen jeder einen anderen Aspekt des Themas anspricht. Im ersten Teil definieren wir die Vorstellung von der spirituellen Krise, klären einige der zugrundeliegenden Konzepte und beschreiben, wie sich eine solche Krise anfühlt und welche Formen sie annehmen kann. Im ersten Kapitel, »Was ist eine spirituelle Krise?«, werden die Elemente erörtert, die eine transformative Krise kennzeichnen. Wie unterscheidet sich dieses Phänomen einerseits von Geisteskrankheit und andererseits von spirituellem Erwachen?
In den folgenden beiden Kapiteln erforschen wir die innere Welt eines Menschen in einer spirituellen Krise: »Die dunkle Nacht der Seele« beschreibt die »negativen« Erfahrungen; »Dem Göttlichen begegnen« die »positiven« Geisteszustände.
Im vierten Kapitel, »Die Vielfalt von spirituellen Krisen«, werden zehn wichtige Arten von transformativen Krisen definiert, ihre Eigenschaften, Charakteristika und spezifischen Herausforderungen besprochen. Kapitel fünf, »Sucht als spirituelle Krise«, widmet sich dem Gedanken, daß Alkoholismus, Drogenabhängigkeit und andere Arten von Sucht auch als spirituelle Krisen gesehen werden können, die dasselbe Potential für zuträgliche innere Entwicklung liefern wie andere Formen von transformativen Krisen.
Im zweiten Teil werden viele alte und moderne Landkarten der spirituellen Reise umrissen. Im sechsten Kapitel, »Spirituelle Lehren aus anderen Zeiten und Kulturen«, betrachten wir Kulturen, die große Achtung vor spirituellen Erfahrungen hatten und deren heilende Kraft und transformativen Wert anerkannten. Im siebten Kapitel, »Moderne Landkarten des Bewußtseins«, besprechen wir einige der Entwicklungen in der modernen Bewußtseinsforschung und das aus ihnen entstehende neue Verständnis der menschlichen Psyche.
Der dritte Teil bietet praktische Vorschläge für diejenigen, die eine spirituelle Krise durchlaufen, sowie die ihnen nahestehenden

Menschen. Im achten Kapitel, »Strategien für das Alltagsleben«, geht es um die Schwierigkeiten, die bei dem Versuch entstehen, ein Gleichgewicht zwischen den Erfordernissen eines intensiven, dramatischen inneren Prozesses und den täglichen Anforderungen der äußeren Welt herzustellen. Im neunten Kapitel, »Richtlinien für Familie und Freunde«, bieten wir Vorschläge für besorgte Freunde und Verwandte, zeigen auf, wie sie am besten auf den Menschen in der Krise eingehen und was sie für sich selbst tun können.

Das zehnte Kapitel, »Wer kann helfen und wie?«, bietet Richtlinien für die Suche nach Unterstützung durch mitfühlende Therapeuten, Ärzte, spirituelle Lehrer und Gemeinschaften sowie Selbsthilfegruppen. Den Abschluß dieses Teils bildet »Die Heimkehr«, eine Beschreibung des Lebens nach einer spirituellen Krise. Das schließt Empfehlungen ein, wie man die Belohnungen, die mit innerem Wachstum einhergehen, nutzen kann, um das eigene Leben zu bereichern.

Das Nachwort, »Spirituelle Entwicklung und die globale Krise der Gegenwart«, spricht die Bedeutung der spirituellen Krise für die gegenwärtige Situation der Welt an. Menschen, die einen transformativen Prozeß durchlaufen, entwickeln oft wachsende Toleranz für andere, größere Fähigkeit zu Synergie, ökologische Bewußtheit und Achtung vor dem Leben. Die weltweit offensichtlich steigende Zahl der spirituellen Krisen gibt zu der Hoffnung Anlaß, dieses dynamische Erwachen könne bei rechtem Verständnis und mit der geeigneten Unterstützung zur Linderung einiger der vielfältigen Probleme beitragen, denen wir als globale Gemeinschaft gegenüberstehen.

Von den drei Anhängen ist der erste auf die Geschichte und die Dienstleistungen des Spiritual Emergence-Netzwerks ausgerichtet. Der zweite umreißt eine Vision von stationären Einrichtungen für Menschen in spirituellen Krisen, und der dritte enthält besondere Hinweise für Fachleute auf dem Gebiet der geistigen Gesundheit.

Dieses Buch versucht, ein ausgewogenes und verständliches Bild der spirituellen Krisen zu präsentieren: einige Teile bieten praktische Richtlinien, andere theoretisches Verständnis. Wer unter Problemen leidet, die in Zusammenhang mit einem inneren Transformationsprozeß stehen, wird es vielleicht ebenso wie die Menschen in seiner Umgebung als hilfreich empfinden, den praktischen Abschnitt (Dritter Teil) zuerst zu lesen.

Die Arten von intensiven transformativen Geisteszuständen, die in diesem Buch beschrieben werden, sind herausfordernder und schwieriger als diejenigen, die man normalerweise beim Prozeß des Wachsens und der Transformation findet. Spirituelle Praktiken oder andere Formen von tiefer innerer Erforschung auszuüben, führt nicht notwendigerweise zu einer zerrüttenden spirituellen Krise. Es geht sogar im Gegenteil meist ohne sie ab. Wir sind uns wohl bewußt, daß dieser Prozeß bei vielen Menschen relativ sanft und einfach verläuft. Hier ist es uns jedoch wichtig, auf die kritischen Aspekte der Transformation zu blicken.

Wenn wir bei den Zuständen, die mit der Transformation zusammenhängen, über alternative Ansätze sprechen, dann nicht mit dem Vorschlag, medizinische oder psychiatrische Überlegungen zu ersetzen. Wir möchten betonen, daß es wirkliche Geisteskrankheiten gibt und daß sie psychiatrische Betreuung und Behandlung erfordern. Wir glauben zwar fest daran, daß *einige* von den Menschen, die als psychotisch abgestempelt werden, in Wirklichkeit schwierige Stadien der spirituellen Öffnung durchlaufen, wollen damit aber keinesfalls sagen, es handele sich bei allen Psychosen um transformative Krisen. Unsere Leser seien davor gewarnt, eine so verallgemeinernde Haltung anzunehmen. Wir erörtern sowohl im ersten Kapitel wie in dem Anhang für Fachleute, wie man zwischen spirituellen Krisen und Zuständen unterscheiden kann, die traditioneller psychiatrischer oder medizinischer Behandlung bedürfen.

Es gibt in der Psychiatrie viele Fachleute, die ihren Patienten menschliche, liebevolle und umfassende Fürsorge zuteil werden lassen. Wenn wir allgemein über traditionelle psychiatrische Ansätze und das Bedürfnis nach Veränderungen auf diesem Gebiet sprechen, dann wollen wir in keiner Weise die herabsetzen, die die Grenzen und Erwartungen konventioneller Routine überschritten haben, um ihre Klienten wirkungsvoller behandeln zu können. In vielen Krankenhäusern und Kliniken findet wertvolles persönliches Heilen statt. Das liegt jedoch oft an einzelnen außergewöhnlichen Betreuern, deren Einsatz und Einfluß nicht ignoriert werden können. *Die stürmische Suche nach dem Selbst* ist von der Hoffnung begleitet, dazu beizutragen, diese kreativen Fachleute zu ermutigen und ihre Zahl zu vergrößern.

Dieses Buch stellt ein gemeinsames Projekt dar, das ganz anders ist als unsere bisherigen. Wir haben nicht nur den Prozeß des Schreibens sehr genossen, sondern auch die Erfahrung geschätzt, gemeinsam an der Erforschung eines bedeutungsvollen Gebiets unseres persönlichen und beruflichen Lebens zu arbeiten. Wir sind zwei sehr verschiedene Menschen von ganz unterschiedlicher Herkunft. Das Schreiben haben wir uns so aufgeteilt, daß wir beide aus unseren jeweils größten Stärken schöpfen konnten.

Christina hat sich auf die beschreibenden und praktischen Kapitel im ersten und letzten Teil, das Kapitel über Sucht und die Anhänge über das Spiritual Emergence-Netzwerk und die stationären Betreuungszentren konzentriert. Von Stan kommen die Beschäftigung mit den historischen und anthropologischen Gedanken und den klinischen Fragen, die wissenschaftlichen Überlegungen des mittleren Teils sowie das Nachwort über die globale Krise und der Anhang für Fachleute.

Wir haben versucht, das Buch zu schreiben, das wir gerne gehabt hätten, als wir selbst vor und in einer spirituellen Krise standen. Und wir hoffen, daß es diejenigen, die von dem Prozeß der Transformation betroffen sind, beruhigen, informieren und inspirieren wird, und ihnen helfen kann, diese Krisen in Möglichkeiten für Heilung zu verwandeln.

Vorwort:
Der ungebetene Gast – Christinas Geschichte

Der Gast ist in deinem Innern und auch in meinem;
Du weißt doch, der Keim ist im Samen verborgen.
Wir alle ringen; keiner von uns ist weit gekommen.
Laß deinen Hochmut fahren, und schau dich in dir um.

Der blaue Himmel öffnet sich weit und weiter,
Das alltägliche Gefühl des Versagens weicht,
Der Schaden, den ich mir selbst zugefügt, verbleicht,
Millionen Sonnen bringen ihr Licht,
Wenn ich fest in jener Welt sitze.

Kabir, The Kabir Book

Meine eigene transformative Reise ist der Hauptgrund für mein intensives Interesse und meine Beschäftigung mit spirituellen Krisen. Ich war viele Jahre lang in ein dramatisches und herausforderndes Erwachen verstrickt, von dem ich fand, es sei ungebeten in mein Leben getreten. Dieser Prozeß nahm seinen Lauf, veränderte mein Leben und hatte tiefgreifende Auswirkungen auf Stan und mich. Im täglichen Umgang mit den Facetten meines Abenteuers haben wir beide viele Lektionen gelernt, die schon für andere hilfreich waren und den Kern der Arbeit bilden, die zu diesem Buch sowie unserem ersten Titel zu diesem Thema (*Spirituelle Krisen. Chancen der Selbstfindung*) geführt hat.
Dies ist die Fallgeschichte der spirituellen Krise, die wir am besten kennen. Ich habe festgestellt, daß das Erzählen meiner eigenen Geschichte bei vielen Menschen auf Widerhall stößt. Es hilft ihnen zu wissen, daß sie nicht allein sind. Die Details wechseln vielleicht, aber die allgemeine Dynamik scheint sich bei vielen von uns zu gleichen. Einige der von mir beschriebenen Themen werden Ihnen beim Lesen vielleicht vertraut vorkommen, entweder aus Ihrem eigenen Leben oder durch jemanden, der Ihnen nahesteht. Seien Sie sich der Tatsache bewußt, daß ich meine

eigene spirituelle Krise beschreibe, und daß die vermutlich greller und dramatischer war als die meisten. So läuft es nicht bei jedem ab.

Obwohl meine Reise viele Jahre lang turbulent und chaotisch war, bin ich auf dem Weg durch die überwältigend schwierigen Stadien zu einem klareren, integrierteren Sein gelangt, als ich es je kannte. Ehemals mißtönige Energien wurden glatt und fließend, und das Chaos der vergangenen Jahre ist in Kreativität transformiert worden. Zahlreiche emotionale Probleme, die mich früher behindert haben, sind verschwunden und viele meiner alten Ängste weggefegt worden. Das Durchleben dieser Herausforderungen hat zu dem Ergebnis geführt, daß ich mich glücklicher und friedvoller fühle denn je zuvor.

Ich habe den größeren Teil meiner Kindheit in einem Vorort von Honolulu verbracht. Allem Anschein nach unterschied ich mich nicht von anderen jungen Mädchen, die in den Vierzigern und Fünfzigern aufwuchsen. Wie viele in meiner Generation konzentrierte ich mich darauf, ein »braves Mädchen« zu sein, verließ mich auf konventionelle Werte, tat, was man von mir erwartete, und hatte mich immer gut unter Kontrolle. Wenn ich nicht in der Schule war, verbrachte ich viel Zeit im Freien, mit Schwimmen, Surfen und Reiten. Im Alter von zehn Jahren entdeckte ich die Episkopalkirche in unserer Nachbarschaft und entwickelte eine Leidenschaft für Jesus. Ein paar Jahre später wurde ich in der Kirche gefirmt.

Ich liebte die sanfte, glitzernde Feier der Geburt zu Weihnachten. Es war eine Zeit der Magie und Würze. Aber die Kraft der Ereignisse um die Osterzeit fesselte mich am meisten. Für mich war Jesus nicht einfach eine historische Gestalt, die vor zweitausend Jahren gelebt hatte. Sein Tod und seine Auferstehung waren lebhafte Erfahrungen, an denen ich teilnehmen konnte. Er war für mich hier und jetzt wirklich, gegenwärtig und verfügbar.

Als ich älter war, ließ meine Verbindung zur formalen Religion nach, und ich entwickelte dieselben leidenschaftlichen Gefühle, die ich in der Kirche hatte, nun für Literatur, Kunst und Mythologie. An der Universität studierte ich bei dem großen Mythologen

Joseph Campbell und stellte überrascht fest, daß das Thema Tod und Wiedergeburt in den Mythen vieler Kulturen auftaucht. Trotz meiner horizont-erweiternden Studien war meine persönliche Weltsicht jedoch begrenzt und furchtsam. Ich hatte vor vielem im Leben Angst und fürchtete mich vor dem Tode. Ich glaubte, daß wir nur einmal über diese Erde wandeln. Wir werden geboren, tun so viel wir können, bevor der Tod uns einholt, und dann sterben wir.

Juni 1964

Wenige Tage nach dem Abschluß meines Studiums heiratete ich einen Lehrer, den ich auf Hawaii kennengelernt hatte. Wir lebten in Honolulu, wo ich Kunst und kreatives Schreiben unterrichtete. Körperliche Bewegung hatte mir immer schon Spaß gemacht, also trieb ich Gymnastik und nahm an einer wöchentlichen Hatha-Yoga-Gruppe teil. Ich behielt eine recht traditionelle Lebenshaltung bei und dachte, ich müsse mein gut im Zaum gehaltenes Unglücklichsein einfach als Teil des Lebens akzeptieren. Und doch fühlte ich tief innen ein unspezifisches Sehnen.
Nach vier Jahren beschlossen wir, eine Familie zu gründen, und ich wurde sofort mit unserem ersten Kind schwanger. Während der neun Monate der Schwangerschaft kombinierte ich die Hatha-Yoga-Übungen mit den Techniken, die ich in einem Lamaze-Kurs zur Geburtsvorbereitung lernte. Ich fand es herrlich, schwanger zu sein, hatte das Gefühl, an einem Wunder teilzunehmen, und erwartete freudig die Ankunft unseres Babys.

28. September, 1968

Ich lag auf dem Entbindungstisch und schaute zu der riesigen Operationslampe hinauf und in die netten, neugierigen Gesichter des Arztes, meines Mannes, der Assistenten und Schwestern. Nach nur ein paar Stunden Wehen machte sich mein Sohn überraschend und schnell auf den Weg in die Welt, und ich arbeitete enthusiastisch mit. Als die Menschen um mich herum mir Mut machten, »pressen … pressen … schön fest, weiteratmen«, fühlte ich in mir irgendwo ein Schnappen. Ganz unerwartet wurden starke und unvertraute Energien freigesetzt und begannen, durch meinen Körper zu strömen. Ich fing an, unkontrollierbar zu zittern. Enorme elektrische Beben liefen von meinen Zehen die Beine und die Wirbelsäule hinauf zum Scheitelpunkt meines Kopfes. Dort explodierten leuchtende Mosaike weißen Lichts, und statt mit der Lamaze-Atmung weiterzumachen, merkte ich, wie sich fremde, unfreiwillige Atemrhythmen durchsetzten.

Es war, als sei ich gerade von einer wunderbaren, aber erschreckenden Kraft getroffen worden, und ich war zugleich aufgeregt und entsetzt. Das Zittern, die Visionen und das spontane Atmen waren gewiß nicht das, was ich nach all den Monaten der Vorbereitung erwartet hatte. Sobald mein Sohn geboren war, gab man mir zwei Spritzen Morphium, was den ganzen Prozeß beendete. Das Wunder begann bald zu verblassen, ich schämte mich und hatte Angst. Ich war eine beherrschte, wohlerzogene Frau, der es sehr wichtig war, ihr Leben in der Gewalt zu haben, und nun hatte ich vollkommen die Kontrolle verloren. Ich riß mich sehr schnell zusammen.

2. November, 1970

Zwei Jahre nach Nathaniels Geburt machte ich während der letzten Stadien der Entbindung meiner Tochter Sarah eine ähnliche Erfahrung. Diesmal war sie noch stärker als beim ersten Mal, und man gab mir Beruhigungsmittel in hoher Dosis, was mein Gefühl bestätigte, daß das Unverständliche, was da ablief, ein Zeichen von Krankheit war.

Nachher tat ich alles Mögliche, um das zu unterdrücken und zu vergessen, was ich für einen unpassenden und erniedrigenden Vorfall hielt. Ich genoß es, Mutter zu sein, und verbrachte fast meine gesamte Zeit mit meinen Kindern. Um in Form zu bleiben,

lernte ich weiter Hatha-Yoga und wurde ziemlich gut darin, komplizierte Körperübungen auszuführen.
Eines Tages erwähnte jemand in meiner Yoga-Klasse aufgeregt, es käme ein Guru aus Indien nach Honolulu. Er bot einen dreitägigen Kurs mit Meditation und rhythmischen Gesängen sowie spirituellen Unterweisungen an. Als Folge der Jahre voller Verschiedenheiten und Unglück war meine Ehe dabei zu zerbrechen. Ich wollte ein Wochenende lang rauskommen, und obwohl ich nicht sonderlich interessiert war, meldete ich mich für den Kurs an. Ich hatte keine Ahnung, auf was ich mich da einließ.

Juli 1974

Der Guru war als Swami Muktananda bekannt, seine Anhänger nannten ihn »Baba«. Er stammte ursprünglich aus dem südlichen Indien und begann seine emphatische spirituelle Suche bereits im Alter von fünfzehn Jahren. Das führte ihn schließlich zu seinem Meister, Bhagwan Nityananda. Nach Jahren intensiver Meditationspraxis unter Anleitung seines Lehrers gelangte er zu Selbstverwirklichung. Er wurde zu einem anerkannten *shaktipat*-Meister, jemandem, der durch einen Blick, eine Berührung oder ein Wort spirituelle Impulse und Energien in Menschen wecken und so den Prozeß der spirituellen Entwicklung einleiten konnte. In seinem späteren Leben unternahm Muktananda viele Reisen in den Westen, wo er Tausende von Menschen durch *shaktipat* in seine Tradition des Siddha-Yoga einführte, Vorträge hielt und umfassend über Meditation, Yoga, die Seele und andere spirituelle Themen schrieb.
Mein Treffen mit Muktananda läßt sich am besten mit den Worten beschreiben, daß es so war, als ob ich mich verliebt oder einen Seelengefährten gefunden hätte. Der Kontakt zu ihm änderte den Lauf meines Lebens vollkommen. Obgleich ich nicht viel über Muktananda oder seine Welt wußte, erhielt ich völlig unerwartet am zweiten Tage des Kurses *shaktipat*. Während einer Meditationszeit sah er mich erst an und schlug mir dann mit der Hand

mehrmals kräftig auf die Stirn. Der Effekt dieses scheinbar einfachen Ereignisses war der, daß der Deckel, unter dem ich all die Erfahrungen, Emotionen und Energien seit Sarahs Geburt verstaut hatte, wegflog.

Plötzlich fühlte ich mich, als sei ich an eine Steckdose mit Hochspannungsstrom gestöpselt worden, und ich begann, unkontrollierbar zu zittern. Mein Atem nahm einen automatischen, schnellen Rhythmus an, der jenseits meiner Kontrolle zu liegen schien, und eine Vielfalt von Visionen überflutete mein Bewußtsein. Ich weinte aus dem Gefühl heraus, geboren zu werden; ich erfuhr den Tod; ich stürzte in Schmerz und Ekstase, Stärke und Sanftheit, Liebe und Angst, Höhen und Tiefen. Ich war auf einer Achterbahn der Erfahrungen, und ich konnte nicht mehr bremsen. Der Geist war aus der Flasche entwichen.

In den nächsten Monaten änderte sich mein gesamtes Leben. Meine geordnete, begrenzte Sicht der Welt fiel in Scherben, und während meine Meditations-Erfahrungen weiterliefen, begann ich neue Möglichkeiten in mir selbst zu entdecken. Zugleich verflüchtigte sich in schneller Folge all das, was ich zu sein oder haben glaubte: Meine Ehe zerbrach endgültig, und damit verschwanden Status, Geld und sogar meine Kreditkarten. Ich hatte das Gefühl, als ob mein Leben auf Hochgeschwindigkeit geschaltet worden wäre, als ob viele Dinge, die im Laufe der Zeit geschehen wären, nun plötzlich beschleunigt würden. Eine innere Kraft trieb mich immer stärker dazu, zu meditieren und Yoga zu machen, und ich erkannte Muktananda als meinen spirituellen Lehrer an. Mein Beschäftigtsein mit neuen spirituellen Bestrebungen ließ meine berufliche Arbeit zunehmend wirkungslos werden, und ich gab bald meinen Job auf. Viele meiner Freunde und Teile meiner Familie zogen sich von mir zurück. Sie waren durch meine neuen Interessen verwirrt und durch das Scheitern meiner Ehe verunsichert.

Ich begann etwas zu haben, was ich als Anfälle von Ängstlichkeit bezeichnete – Stöße von treibender Energie, die es mir manchmal schwermachten, mich auf die täglichen Aufgaben zu konzentrieren. In mir brannte eine Mischung aus Panik, Furcht und Wut. Doch zugleich war ich mir einer sanften, tiefen Verbindung mit einer neuen Spiritualität bewußt, einer unbekannten Quelle in mir, die weit, freudig und friedvoll war. Ich wußte nicht mehr, wer ich war, oder wo ich hinging, meine Identität in der Welt war verschwunden, und ich hatte kein Gefühl von Kontrolle über mein Leben mehr.

Mai 1975

Diese Ereignisse wurden durch einen Autounfall verstärkt, bei dem ich wieder einmal dem Tod ins Auge sah. Mitten in dem Wirbel der Geschehnisse und dem Klirren von Glas und Metall sah ich mein Leben wie einen Film vor mir ablaufen. Ich war sicher, daß ich starb. Plötzlich schien ich durch einen undurchsichtigen Vorhang des Todes in ein tiefes Gefühl von Verbundenheit mit allem im Universum zu gelangen. Ich spürte, daß ich Teil eines verzweigten allumfassenden und ewigen Netzwerks war und daß ich an diesem Ort auf immer in irgendeiner Form weiterbestehen würde. Mein Glaube an die Endgültigkeit des Todes wurde von einem Ereignis untergraben, das zu wirklich war, um es leugnen zu können, und ich konnte nicht mehr glauben, daß der Tod das Ende von allem bedeutete.

Nach einer Zeit großer Begeisterung über meine Entdeckungen, kam ich krachend wieder auf die Erde zurück, wurde durch eine Zunahme drängender physischer Energien und kraftvoller Emotionen aus meiner neuen Bewußtheit gerissen – durch die Stromstöße, die Angst und die Furcht, die Teil meines täglichen Lebens geworden waren. Ich war schnell aus meiner sicheren, bekannten Wirklichkeit in etwas hineingeschleudert worden, das Tod, Geburt, Wiedergeburt, Spiritualität und viele neue körperliche und emotionale Gefühle einschloß. Ich war verschreckt und einsam. Da ich nie davon gehört hatte, daß andere solche Erfahrungen gemacht hätten, konnte ich meinen plötzlichen Abschied von der Normalität nur mit der Annahme erklären, ich würde geisteskrank. Ich fühlte mich verrückt und begann mir auszumalen, daß ich den Rest meines Lebens in einer staatlichen Irrenanstalt verbringen würde.

Sommer 1975

Im Juni wurde unsere Scheidung ausgesprochen. Traurig und ängstlich wagte ich mich in ein unbekanntes Leben allein. Ich beschloß, an die Ostküste der USA zu fahren, um Freunde zu besuchen und eine neue Orientierung zu finden. Dort kam mir plötzlich die Idee, Joseph Campbell anzurufen, der in den Jahren seit der Universität ein Freund geblieben war. Wir trafen uns in einem kleinen italienischen Restaurant in New York, und ich schilderte ihm meine ganze Verwirrung. Joe hörte genau und mitfühlend zu und meinte nach einer Weile des Nachdenkens: »Ich habe einen Freund in Esalen in Kalifornien, der sich mit diesen Dingen auskennt. Er heißt Stan Grof. Wie wäre es, wenn Du zu ihm fahren würdest?«

Ich folgte dem Rat meines Mentors, und dieses Treffen im kalifornischen Big Sur war der Beginn einer privaten und beruflichen Beziehung, die immer noch besteht. Als er meine Geschichte gehört hatte, gab Stan mir sein gerade veröffentlichtes erstes Buch, *Topographie des Unbewußten*, und riet: »Lies die Abschnitte über den Prozeß von Tod und Wiedergeburt und transpersonale Erfahrungen und schau, ob von dem Material etwas für Dich Sinn macht.«

Ich nahm das Buch, las und war völlig verblüfft. Es beruhte auf Stans zwanzigjähriger Forschung mit LSD und beschrieb das Modell des menschlichen Geistes, das sich aus den detaillierten Berichten ergab, die er über die Erfahrungen von Menschen bei mehr als viertausend Sitzungen erstellt hatte. Auch wenn ich nur wenig Ahnung von Drogen und gewiß noch nie LSD genommen hatte, paßten die Beschreibungen, die ich da las, genau zu vielen meiner spontanen Erfahrungen von Geburt, Tod, Wiedergeburt und Spiritualität sowie der weiten Spanne von Emotionen und körperlichen Empfindungen. Es war eine Offenbarung, plötzlich Orientierungslinien zu haben, die mir halfen, zu verstehen, was mir widerfahren war.

Ebenso wichtig wie Stans Einsichten war seine Strategie. Er sagte, diese Erfahrungen könnten zwar oft dramatisch, anstrengend, desorganisierend und erschreckend sein, daß es aber dennoch wichtig sei, bei dem Prozeß zu bleiben und sich durch ihn hindurchzubewegen. Und daß diese Erfahrungen mit der richtigen Unterstützung, Konfrontation und Integration transformativ, therapeutisch und heilend sein könnten – vielleicht sogar evolutionär.

Das war genau das, was ich hören mußte. Zu einer Zeit, in der ich mich absolut, unwiderruflich verloren fühlte und um meine geistige Gesundheit bangte, änderte sich plötzlich meine Einstellung. Ich war nicht mehr davon überzeugt, daß ich verrückt war. Vielleicht war dies wirklich nur ein schwieriges Stadium in einem Prozeß, der mich letztlich von einem begrenzten, unglücklichen, isolierten Individuum zu einem erfüllten, schöpferischen, heiteren menschlichen Wesen wandeln würde.

Oktober 1975

Stan und ich begannen unser gemeinsames Leben in Kalifornien, und wenn mich auch das Glühen einer neuen und nährenden Beziehung wärmte und erregte, wuchs das innere Chaos doch weiter. Ich wurde ständig von den mir mittlerweile vertrauten Energien geschüttelt. Durch meinen Körper sausten immer noch intensive elektrische Stöße, die zunehmend heftigeres Zittern und unfreiwilliges schnelleres Atmen auslösten. Körperlicher Schmerz wurde zu einer täglichen Realität, die sich durch Verspannungen in den Beinen, im unteren Rücken, in Hals und Schultern ausdrückte. Dazu plagten mich mörderische Kopfschmerzen, besonders hinter den Augen. Ich begann spontane Visionen aller Art zu haben, von denen einige scheinbar aus anderen historischen Zeiten und Orten zu kommen schienen.

Ein neues Phänomen fing an, meine Realität zu dominieren. In meinem Leben traten regelmäßig erstaunliche Zufälle auf. Ich sprach über jemanden aus meiner Vergangenheit und erhielt am selben Nachmittag einen wichtigen Brief oder Anruf von diesem Menschen. Oder ich malte etwas, das ich in einer Vision gesehen hatte, und stieß am nächsten Tag beim Blättern in einem Kunstbuch ganz überraschend auf dasselbe Bild. Anfangs fand ich diese ungewöhnlichen Vorkommnisse faszinierend. Aber bald traten sie dauernd auf, und ihr Inhalt bedrückte mich: viele hatten mit schwierigen Familienproblemen, Tod und Kummer zu tun. Mein früherer Mann hatte sich das Sorgerecht für unsere Kinder erkämpft, und der Schmerz über ihren Verlust war unerträglich. Meine zuverlässige Welt von Ursache und Wirkung war mir abhandengekommen. Wieder hatte ich das Gefühl, keine Kontrolle über mein Leben zu haben, und mußte zusehen, wie es von etwas anderem geleitet wurde.

11. Mai, 1976

Als ich an diesem Morgen erwachte, merkte ich, daß ich nicht mehr an meinem vertrauten Alltag festhalten konnte, und ich glitt in fünf Tage und Nächte dunkler und beängstigender Erfahrungen. Hilflos sank ich in den inneren Aufruhr und dachte verzweifelt: »Dies ist der letzte Schritt. Ich habe alles andere im Leben verloren, und nun verliere ich auch den Verstand.«

Stan sah das deutlich anders. Durch seine Arbeit mit LSD war er mit den zuweilen dramatischen Manifestationen im Prozeß der persönlichen Transformation vertraut und erkannte meine Episode als genau das. Es geschah spontan, ohne chemischen Katalysator, und doch war das Erfahrungsspektrum ähnlich. Mit sanftem Enthusiasmus meinte Stan, seiner Meinung nach handele es sich nicht um eine irreversible Psychose, sondern vielmehr um einen sehr wichtigen Schritt auf meiner spirituellen Reise. Wir nannten es eine »spirituelle Krise«.

Er versicherte mir, daß ich mit einem Reinigungsprozeß beschäftigt sei, daß alte, eingesperrte Gefühle, Erinnerungen und Erfahrungen, die in meinem Leben Probleme verursacht hatten, nun freigesetzt würden. Dies sei keine Krankheit, sondern ein Schritt in Richtung Heilung. Wenn es auch in diesem Moment schmerzhaft sei, sagte Stan, würde ich schließlich wieder mit einem neuen

Gefühl von Klarheit, Freiheit und Frieden auftauchen. Er meinte, dies sei ein günstiger Moment, mich radikal zu entwickeln, und er ermutigte mich, mich allem zu stellen, was kam: »Das Schlimmste, was Du tun kannst, ist, Dich gegen das zu sperren, was geschieht. Das wird es nur noch schwieriger machen. Am besten gehst Du vollkommen in alles hinein, was kommt, erfährst es voll und gehst dann hindurch.«

Mit einer Menge Unterstützung von Stan war ich schließlich in der Lage, die Erfahrungen und Emotionen einigermaßen unbehindert durch mich hindurch zu lassen. Es war, als ob man den Strom stärker gestellt hätte: Energiestöße überrollten meinen Körper und eine Vielzahl von unkontrollierbaren Bildern und Abfolgen kamen an die Oberfläche. Ich wurde von gräßlichen Dämonen angegriffen, und gefräßige, zerstörerische Ungeheuer rissen mich in Stücke. Ich hatte Visionen von losgelösten, suchenden Augen, die wie böswillige Planeten in einem schwarzen Himmel schwebten, und ich durchlebte Sequenzen von Wahnsinn und Hexerei, die wie Erinnerungen aus anderen Zeiten schienen.

Zu meinem Entsetzen identifizierte ich mich mit dem gequälten gekreuzigten Christus ebenso wie mit seinen Mördern. Ich starb viele Tode. Manchmal meinte ich, es sei mein eigener, und bei anderer Gelegenheit wurde ich zu den Leuten, die im Krieg, durch Verfolgung oder Folter gestorben waren. Ich schrie vor Angst und Schmerz und rollte voller Pein auf dem Boden herum. Und das war noch längst nicht alles.

Stan war während dieser Episode meist bei mir, redete mir sanft zu und nahm sich meiner täglichen Bedürfnisse an. Er erinnerte mich daran, daß die Menschen schon seit Anbeginn der Zeit Rituale sowie Meditationsformen, Gebete, Gesang, Tanz, Trommeln und andere Praktiken erschaffen haben, die darauf angelegt sind, solche Erfahrungen herbeizuführen. Er meinte, ich könne mich glücklich schätzen, daß sie mir so leicht zugänglich wären.

Obwohl ich noch nie so etwas erlebt hatte wie das, was ich jetzt durchmachte, wußte ich intuitiv, daß Stan recht hatte. Dieses Ereignis war, so erschreckend und bestürzend es auch schien, eine geheiligte Zeit der plötzlichen Expansion. Irgendwie spürte ich durch die Verwirrung und den Schmerz das positive Potential der Erfahrung.

Gegen Ende der fünf Tage begann wieder die mir vertraute Realität zu erscheinen, und ich tauchte aus dem auf, was ich als die dunkle Nacht meiner Seele beschrieb. Ich war nicht länger Opfer der Visionen und Erfahrungen der letzten Tage und entwickelte unsicher wieder Interesse an den bekannten alltäglichen Aktivitäten: Ich nahm ein Bad und wühlte auf der Suche nach Eßbarem im Kühlschrank herum. Die Episode war keineswegs abgeschlossen, aber ich war wenigstens einigermaßen in der Lage, wieder so zu funktionieren, wie ich es gewohnt war. Noch Monate danach begleiteten energetisches Schütteln, extreme körperliche Verspannungen, intensive emotionale Aufs und Abs und visionäre Sequenzen mein Leben. Es war schwierig, ein »normales« Alltagsleben zu führen, da ich oft das Gefühl hatte, in zwei Welten zu stehen: der Welt der Alltagsrealität und der komplexen, vielschichtigen und herausfordernden Welt meines Unbewußten.

Ich spürte die Vorteile der Einsichten, die ich während meiner Krise gewonnen hatte. Ich erkannte an, daß ich mehr war als mein physischer Körper: Ich hatte auch ein riesiges spirituelles Selbst, das die ganze Zeit dagewesen war und auf seine Entdeckung gewartet hatte. Da ich das Gefühl hatte, über ein schier unbegrenztes Potential zu verfügen, erkannte ich, daß meine Aufgabe im Leben darin bestand, die persönlichen Hemmnisse zu beseitigen, die mich daran hinderten, diese Möglichkeiten umzusetzen. Aber ich machte mir noch immer große Sorgen über die Form, die dieser Prozeß annahm. Ich sah, daß Stans Modell eine Menge über die Aspekte von Geburt, Tod und Spiritualität aussagte, aber es gab darin keine Beschreibung des allgemeinen Prozeßverlaufs, des merkwürdigen Musters von körperlichen Sensationen oder den ganz spezifischen Visionen, die ich hatte. Das machte mir angst.

Was war das für ein Prozeß, der jeden Aspekt meiner körperlichen, emotionalen und spirituellen Natur betraf, der sich in merkwürdigen Energiemustern manifestierte, die meine Beine hinauf liefen, meine Wirbelsäule entlang in meinen Kopf strömten und dann weiter vom Kopf über die Vorderseite des Körpers hinab? Warum diese unnachgiebige Stärke der inneren Aktivitäten, die täglich meine Bewußtheit beanspruchten und zu den unpassendsten Zeiten auftauchten?

Irgendwann 1977

Diese Fragen waren dabei, mich an den Rand der Verzweiflung zu treiben, als ich auf zwei Bücher über das Kundalini-Erwachen stieß, eine schwierige Form der spirituellen Transformation, die schon seit vielen Jahrhunderten von den indischen Yogis dokumentiert worden ist. (Eine Beschreibung des Kundalini-Erwachens findet sich im vierten Kapitel.) Als ich die Bücher las, überspülte mich eine Welle des Wiedererkennens und der Bestätigung. Sie enthielten sehr viele Schilderungen, die genau meine Erfahrungen beschrieben. Ich war in Hochstimmung. Plötzlich hatte ich eine neue Landkarte der inneren Reise, an die ich mich halten konnte.

Damit trat ich eine neue Phase meiner Odyssee an. Ich war durch eine aufrüttelnde Initiation gegangen und jetzt, wo ich wußte, womit ich es zu tun hatte, fand ich mich damit ab, mit dem Prozeß leben zu lernen. Ich begann zu entdecken, daß manche Nahrungsmittel und Aktivitäten hilfreich waren und ich andere besser vermied. Und ich achtete darauf, mir immer meine neue Bewußtheit davon zu bewahren, daß selbst die schmerzhaften Zeiten Möglichkeiten für Veränderung darstellten, und versuchte, mit den Erfahrungen und Energien in Einklang zu gehen, wenn sie auftraten.

Frühling 1980

Nachdem ich begonnen hatte, meinen eigenen Prozeß der spirituellen Entwicklung zu verstehen und zu handhaben, begann ich, meine Geschichte in den von Stan und mir geleiteten Workshops zu erzählen und mit anderen zu sprechen, die vergleichbare Erfahrungen gemacht hatten. Ich war verblüfft, wie viele Menschen eine ähnliche Reise wie ich durchlebt hatten, und wie viele andere noch damit rangen oder in ihren inneren Abenteuern steckenblieben. Zu dieser Zeit begann ich zu erkennen, daß viele Menschen, die von einer echten transformativen Krise in Anspruch genommen sind, routinemäßig mißverstanden werden, falsche Diagnosen erhalten und in der traditionellen Psychiatrie und Psychologie häufig unangemessen behandelt werden. Ich war zutiefst dankbar, daß mir dieses Schicksal erspart geblieben war, und hatte das Gefühl, es sollte irgendeine Art von alternativem Verständnis und angemessener Fürsorge für die geben, die das wollen.

Mit dieser Zielsetzung vor Augen gründete ich das Spiritual Emergence-Netzwerk (SEN), das auf internationaler Basis Informationen liefert und sowohl den Menschen in einer Krise wie denen in ihrer Umgebung Unterstützung anbietet. Eine umfassendere Beschreibung von SEN finden Sie im Anhang I.

August 1989

Vor dreieinhalb Jahren veränderten und klärten sich die schwierigsten und chaotischsten Manifestationen meiner spirituellen Entwicklung, die zwölf Jahre lang mein tägliches Leben beherrscht hatten. Der Weg, der mich an diesen Punkt brachte, war komplex und schmerzhaft. Ich hatte begonnen, mir die schwierigen Manifestationen des Kundalini-Prozesses durch Alkohol leichter zu machen, und war über die Jahre zur Alkoholikerin geworden. (Ich werde im fünften Kapitel über meinen Alkoholismus und dessen Einfluß auf meinen Prozeß der Transformation sprechen.) Ohne hier ins Detail zu gehen, will ich sagen, daß ich mich seit einiger Zeit auf dem Weg der Erholung befinde. Während ich das hier schreibe, habe ich einen Zustand der Ausgeglichenheit, Heiterkeit und Verbundenheit gefunden, der mit nichts vergleichbar ist, was ich bisher erfahren habe. Das heißt nicht, daß mein Leben immer leicht und einfach ist, aber die natürlichen Hochs und Tiefs überwältigen mich nicht mehr. Trotz der Erkenntnis, daß meine innere Arbeit noch lange nicht abgeschlossen ist, verspüre ich ein allgemeines Wohlbefinden und habe tiefes Vertrauen in die Weisheit des spirituellen Prozesses entwickelt. Ich habe mich ein Leben lang nach Kontakt mit der Kraft gesehnt, die ich für Gott halte, und nun merke ich, daß ich diesen Kontakt täglich spüren kann, wenn ich mir ein bißchen Mühe gebe. In meinem Leben herrscht ein neuer Frieden sowie Wertschätzung für die Schönheit des Daseins.

Vorwort
Gott im Labor – Stanislavs Geschichte

Die schönste Emotion, die wir erfahren können, ist die mystische. Sie ist die Säerin aller wahren Kunst und Wissenschaft. Wem diese Emotion fremd ist, der ist so gut wie tot.

Albert Einstein

Meine persönliche und berufliche Geschichte ist eher ungewöhnlich. Schließlich waren es meine wissenschaftliche Forschung und die alltäglichen Beobachtungen bei der klinischen und Laborarbeit, die meine ursprünglich atheistische Weltsicht untergruben und meine Aufmerksamkeit auf den spirituellen Bereich lenkten. Das ist nicht völlig einzigartig, da es auch andere Wissenschaftler gegeben hat, deren Forschungen sie zu einem mystischen Verständnis des Universums und einer kosmischen Art von Spiritualität geführt haben. Aber viel häufiger läuft es gewiß genau andersherum: Menschen, die in der Kindheit eine sehr stark religiös geprägte Erziehung hatten, stellen oft fest, daß sie keine spirituelle Weltsicht mehr aufrechterhalten können, wenn sie Zugang zu den Informationen über die Welt finden, die die westliche Wissenschaft zusammenträgt.

Ich wurde 1931 in Prag geboren und verbrachte meine Kindheit teils dort, teils in einer kleinen tschechischen Stadt. In meinen frühen Jahren spiegelten meine Interessen und Hobbys immer meine große Neugier in bezug auf die menschliche Psyche und Kultur wider. Meine eigentliche Beschäftigung mit Psychiatrie und Psychologie begann gegen Ende der Schulzeit. Ein guter Freund lieh mir, mit wärmsten Empfehlungen, Sigmund Freuds *Vorlesungen zur Einführung in die Psychoanalyse*.

Die Lektüre dieses Buches stellte sich als eine der tiefsten und einflußreichsten Erfahrungen meines Lebens heraus. Ich war von Freuds durchdringender Denkweise, seiner unerbittlichen Logik und seiner Fähigkeit beeindruckt, solch obskure Gebiete wie die Symbolik und Sprache der Träume, die Dynamik von neurotischen Symptomen, die Psychopathologie des Alltagslebens und die Psychologie der Kunst einem rationalen Verständnis zuzuführen. Da mein Abitur näherrückte, stand ich vor einigen recht ernsthaften Entscheidungen meine Zukunft betreffend. Wenige Tage nachdem ich das Buch ausgelesen hatte, entschloß ich mich, mich an der medizinischen Fakultät zu bewerben, da diese Ausbildung eine notwendige Vorbedingung dafür war, Psychoanalytiker zu werden.

Meine Kindheit verlief ohne jede religiöse Unterweisung. Meine Eltern hatten sich entschieden, meinen jüngeren Bruder und mich mit keiner bestimmten Kirche in Verbindung zu bringen. Sie wollten uns die Möglichkeit geben, uns später selbst entscheiden zu können. Wenn ich auch ein intellektuelles Interesse an Religionen und orientalischer Philosophie hatte, so war ich doch im Grunde Atheist. Sechs Studienjahre an der medizinischen Fakultät der Karls-Universität in Prag verstärkten meine atheistische Weltsicht noch. Eine materialistische Orientierung und mechanistisches Denken sind weltweit Kennzeichen der westlichen medizinischen Ausbildung. Außerdem war das Ausbildungssystem zu der Zeit in Prag und auch in den anderen osteuropäischen Ländern von der marxistischen Ideologie beherrscht, die jeder Abweichung von einer rein materialistischen Doktrin besonders feindlich gegenüberstand. Alle Konzepte, die in Richtung Idealismus und Mystik weisen könnten, wurden entweder sorgfältig aus dem Lehrplan verbannt oder der Lächerlichkeit preisgegeben.

Ich studierte unter diesen besonderen Umständen ein breites Spektrum von wissenschaftlichen Disziplinen, was nur meine Überzeugung verstärkte, jede Form von religiösem Glauben oder Spiritualität sei absurd und mit wissenschaftlichem Denken unvereinbar. Außerdem las ich die gängige psychiatrische Literatur, nach der die direkten spirituellen und mystischen Erfahrungen im Leben der großen Propheten, Heiligen und Religionsgründer in Wirklichkeit Manifestationen von Geisteskrankheiten waren, die wissenschaftliche Namen trugen.

Obwohl die Ursachen dieser Geisteskrankheiten oder Psychosen bisher den entschlossenen Bemühungen zahlloser Teams von Wissenschaftlern verborgen geblieben waren, herrschte doch die allgemeine Ansicht, so extremen Erfahrungen und Verhaltensweisen müsse ein irgendwie gearteter pathologischer Prozeß zugrundeliegen. Es schien nur eine Frage der Zeit, bis die Medizin die genaue Natur dieses Problems erklären und wirkungsvolle therapeutische Maßnahmen entdecken würde. Ich hatte wenig Grund, die Ansichten so vieler prominenter Wissenschaftler und akademischer Autoritäten auf diesem Gebiet anzuzweifeln. Dennoch habe ich mich oft gefragt, wieso sich im Laufe der Geschichte Millionen von Menschen so tief von visionären Erfahrungen haben beeinflussen lassen, wenn es sich dabei um nichts anderes als bedeutungslose Produkte der Gehirnpathologie handeln sollte. Aber dieser Zweifel war nicht stark genug, mein Vertrauen in die traditionelle Psychiatrie zu untergraben.

Während meines Medizinstudiums schloß ich mich einer kleinen psychoanalytischen Gruppe in Prag an, die von drei Analytikern geleitet wurde, die Mitglieder der Internationalen Psychoanalytischen Gesellschaft waren. Das war alles, was von der tschechoslowakischen Freud-Bewegung nach den nationalsozialistischen »Säuberungsaktionen« des Zweiten Weltkriegs übrig geblieben war. Wir hielten regelmäßig Seminare ab, bei denen wir verschiedene wichtige Werke aus der psychoanalytischen Literatur und Fallgeschichten besprachen. Später unterzog ich mich einer Lehranalyse bei dem früheren Vorsitzenden der Tschechoslowakischen Psychoanalytischen Gesellschaft. Außerdem wurde ich studentische Versuchsperson an der psychiatrischen Abteilung der Karls-Universität in Prag, um mich möglichst früh der klinischen Psychiatrie auszusetzen.

Als ich die Psychoanalyse besser kennenlernte, erlebte ich ein tiefes Dilemma und Schisma in meinem Denken. Die Studien, die ich von Freud und seinen Anhängern gelesen hatte, schienen brillante und faszinierende Interpretationen vieler verschiedener Aspekte des geistigen Lebens zu bieten. Aber die Situation sah ganz anders aus, soweit es die praktische Anwendung der Freudschen Analyse in der klinischen Arbeit betraf. Ich erkannte, daß sie sehr exklusiv, zeitraubend und unwirksam war. Um für die Psychoanalyse in Frage zu kommen, mußte man besondere Kriterien erfüllen, und viele psychiatrische Patienten schieden als potentielle Kandidaten automatisch aus. Schlimmer noch war der Zeitfaktor: die wenigen, die als dafür geeignete Personen ausgewählt wurden, mußten sich auf mehrere Jahre für wöchentlich drei bis fünf fünfzig Minuten lange therapeutische Sitzungen verpflichten. Das Opfer an Zeit, Energie und Geld war im Vergleich zu den Resultaten riesig.

Mir leuchtete nicht ein, warum ein Begriffssystem, das über all die theoretischen Antworten zu verfügen schien, in der Anwendung auf reale klinische Probleme nicht zu beeindruckenderen Ergebnissen führte. Meine medizinische Ausbildung hatte mich gelehrt, daß ich auf ein Problem, das ich wirklich verstanden hatte, auch in dramatischer Weise einwirken konnte. (Bei den unheilbaren Krankheiten haben wir zumindest eine Ahnung, warum sich ein Problem therapeutischen Bemühungen widersetzt, und wissen, was sich ändern müßte, um es behandelbar zu machen.) Aber im Falle der Psychoanalyse nun sollte ich glauben, daß wir zwar ein vollkommenes Verständnis der Probleme hätten, mit denen wir arbeiteten, andererseits aber über einen extrem langen Zeitraum relativ wenig an ihnen ändern konnten.

Als ich mich mit diesem Dilemma herumschlug, erhielt die Abteilung, in der ich arbeitete, eine kostenlose Warensendung aus dem Labor der Sandoz-Pharmawerke in Basel. Als ich es öffnete, fand ich eine mysteriöse Kombination von drei Buchstaben und zwei Zahlen: LSD-25. Es handelte sich um eine Mustersendung einer neuen experimentellen Substanz mit bemerkenswerten psychoaktiven Eigenschaften, die der leitende Chemiker bei Sandoz, Dr. Albert Hofmann, sozusagen aus heiterem Himmel entdeckt hatte. Nachdem in der Schweiz einige psychiatrische Vorarbeit geleistet worden war, stellte die Firma diese Droge nun Forschern in der ganzen Welt zur Verfügung und bat um Rückmeldungen über Wirkungsweise und Möglichkeiten. Zu den denkbaren Anwendungsgebieten zählten die Erforschung von Natur und Ursa-

chen von Psychosen, besonders Schizophrenie, und die Ausbildung von Psychiatern und Psychologen.
Die frühen Experimente in der Schweiz zeigten, daß winzige Dosierungen dieser erstaunlichen Substanz das Bewußtsein der Versuchspersonen für eine Spanne von sechs bis zehn Stunden zutiefst verändern konnten. Die Forscher stießen auf einige interessante Ähnlichkeiten zwischen diesen Zuständen und den Symptomen von natürlich auftretenden Psychosen. Das Studium solcher »experimenteller Psychosen« schien daher aufschlußreiche Einblicke in die Ursachen dieser rätselhaftesten Gruppe psychiatrischer Störungen liefern zu können. Die Möglichkeit, einen reversiblen »psychotischen« Zustand zu erfahren, bot allen Ärzten, die mit psychotischen Patienten arbeiteten, eine einzigartige Gelegenheit, sich aufs genaueste mit deren innerer Welt bekannt zu machen, sie besser zu verstehen und daher wirksamer behandeln zu können.
Die Chance einer so einmaligen Ausbildung sprach mich sehr stark an, und ich wurde 1956 eine der ersten Versuchspersonen. Meine erste LSD-Sitzung war ein Ereignis, dessen Auswirkungen mein berufliches und persönliches Leben tiefgreifend verändert haben. Ich erlebte eine ungewöhnliche Begegnung und Konfrontation mit meiner unbewußten Psyche, die mein bisheriges Interesse an der Freudschen Psychoanalyse sofort in den Schatten stellte. Dieser Tag kennzeichnete den Beginn meiner radikalen Abkehr vom traditionellen Denken in der Psychiatrie. Mir wurde eine phantastische Darbietung von farbenprächtigen Visionen zuteil, einige abstrakt und geometrisch, andere figürlich und voll symbolischer Bedeutung. Zudem spürte ich in einer Intensität, die ich nicht für möglich gehalten hätte, ein verblüffendes Aufgebot von Emotionen. Ich konnte kaum glauben, wieviel ich in den paar Stunden über meine Psyche gelernt hatte.
Ein Aspekt meiner ersten Sitzung verdient besondere Aufmerksamkeit, da seine Bedeutung weit über die Ebene der psychologischen Einsichten hinausreicht. Mein Lehrer an der Fakultät war sehr an der Erforschung der elektrischen Aktivität des Gehirns interessiert, und sein Lieblingsthema war der Einfluß von in

verschiedenen Frequenzen aufblitzenden Lichtern auf die Gehirnwellen. Ich stimmte einem EEG meiner Gehirnwellen als Teil des Experiments zu.
Zwischen der dritten und vierten Stunde meiner Erfahrung wurde ich einem starken stroboskopischen Licht ausgesetzt. Zur geplanten Zeit kam eine Forschungsassistentin und brachte mich in ein kleines Zimmer. Vorsichtig befestigte sie an meinem ganzen Schädel Elektroden und bat mich, mich hinzulegen und die Augen zu schließen. Dann baute sie ein riesiges Stroboskop-Licht über meinem Kopf auf und schaltete es ein.
Zu diesem Zeitpunkt waren die Wirkungen der Droge auf dem Höhepunkt, und das verstärkte den Effekt des Lichts enorm. Ich wurde von einem Strahlen getroffen, das dem Epizentrum einer Atomexplosion oder vielleicht dem übernatürlich hellen Licht, das uns gemäß orientalischer Schriften im Moment des Todes erscheint, vergleichbar schien. Dieser Blitzschlag katapultierte mich aus meinem Körper hinaus. Ich war mir nicht länger der Anwesenheit der Assistentin, des Labors, der psychiatrischen Klinik, Prags und schließlich unseres Planeten bewußt. Mein Bewußtsein dehnte sich mit unvorstellbarer Geschwindigkeit aus und erreichte kosmische Dimensionen.
Als die junge Assistentin die Frequenz des Lichts langsam die Skala hinauf und hinunter wandern ließ, befand ich mich inmitten eines kosmischen Dramas von unvorstellbaren Ausmaßen. Ich erlebte den Urknall, flog durch schwarze und weiße Löcher im Universum, identifizierte mich mit explodierenden Supernovas und wurde Zeuge vieler anderer merkwürdiger Phänomene, bei denen es sich um Pulsare, Quasare und andere erstaunliche kosmische Ereignisse zu handeln schien.
Es gab keinerlei Zweifel daran, daß meine Erfahrung den Beschreibungen sehr nahe kam, die ich aus der Lektüre der großen mystischen Schriften der Weltliteratur kannte. Obwohl mein Verstand stark von der Droge beeinflußt war, konnte ich die Ironie und das Paradoxe an der Situation sehen. Das Göttliche manifestierte sich und bemächtigte sich meiner in einem modernen Labor inmitten eines ernsthaften wissenschaftlichen Experiments, das in

einem kommunistischen Land mit einer Substanz durchgeführt wurde, die im Reagenzglas eines Chemikers des zwanzigsten Jahrhunderts entstanden war.
Diese Erfahrung berührte mich im tiefsten Innern, und ich ging von ihrer Kraft immens beeindruckt daraus hervor. Zu der Zeit glaubte ich noch nicht, so wie ich es heute tue, daß das Potential für eine mystische Erfahrung das angeborene Recht eines jeden Menschen ist, und schrieb alles der Wirkung der Droge zu. Ich hatte das klare Gefühl, das Studium der außergewöhnlichen Bewußtseinszustände im allgemeinen und der durch Psychedelika induzierten im besonderen sei der bei weitem interessanteste Bereich der Psychiatrie, und beschloß, dies zu meinem Spezialgebiet zu machen.
Ich erkannte, daß psychedelische Erfahrungen unter den richtigen Voraussetzungen in einem viel größeren Ausmaß als Träume, die in der Psychoanalyse eine so entscheidende Rolle spielen, in Freuds Worten, »der Königsweg zum Unbewußten« sind. Dieser starke Katalysator könnte dazu beitragen, die Lücke zwischen der großen erklärenden Kraft der Psychoanalyse und ihrer mangelnden Wirksamkeit als therapeutisches Werkzeug zu schließen. Ich hatte das starke Gefühl, daß LSD-unterstützte Analyse den therapeutischen Prozeß vertiefen, intensivieren, beschleunigen und praktische Ergebnisse hervorbringen könnte, die der Genialität der theoretischen Spekulationen Freuds vergleichbar wären.
Wenige Wochen nach meiner Sitzung schloß ich mich einer Gruppe von Forschern an, die die Effekte verschiedener psychedelischer Substanzen mit natürlich auftretenden Psychosen verglich. In meiner Arbeit mit den Versuchspersonen konnte ich mir den Gedanken nicht aus dem Kopf schlagen, ein Projekt zu starten, bei dem psychoaktive Drogen als Katalysator für Psychoanalyse eingesetzt würden.
Mein Traum wurde wahr, als ich eine Stelle an dem neugegründeten Institut für Psychiatrische Forschung in Prag bekam. Dessen aufgeschlossener Direktor ernannte mich zum Leiter eines klinischen Forschungsprojekts über das therapeutische Potential von LSD-Psychotherapie. Ich initiierte eine Untersuchung, bei der eine

Reihe von Sitzungen mit mittleren Dosierungen bei Patienten mit verschiedenen Formen von psychiatrischen Störungen stattfanden. Gelegentlich luden wir dazu auch Fachleute auf dem Gebiet der geistigen Gesundheit, Künstler, Wissenschaftler und Philosophen ein, die eine ernsthafte Motivation für eine solche Erfahrung mitbrachten, wie etwa ein tieferes Verständnis der menschlichen Psyche zu erlangen, Kreativität zu fördern oder Problemlösungen zu erleichtern. Die wiederholte Nutzung solcher Sitzungen wurde unter europäischen Therapeuten unter dem Namen »psycholytische Therapie« populär; die griechischen Wurzeln dieser Bezeichnung stehen für einen Prozeß, in dem psychologische Konflikte und Spannungen aufgelöst werden.

Ich trat ein phantastisches intellektuelles, philosophisches und spirituelles Abenteuer an, das nun schon mehr als drei Jahrzehnte fortdauert. In dieser Zeit ist meine Weltsicht mehrfach durch die tägliche Konfrontation mit außergewöhnlichen Beobachtungen und Erfahrungen unterminiert und zerstört worden. Als Ergebnis meiner systematischen Studien der psychedelischen Erfahrungen von anderen und mir selbst hat eine äußerst bemerkenswerte Transformation stattgefunden: der unnachgiebige Einfluß von unumstößlichen Beweisen hat mein Verständnis von der Welt allmählich von einem atheistischen Standpunkt hin zu einem grundlegend mystischen gewandelt. Was sich durch meine erste Erfahrung von kosmischem Bewußtsein auf umwälzende Weise angekündigt hatte, ist durch sorgfältige tägliche Arbeit an den Forschungsdaten voll zum Erblühen gekommen.

Anfangs war mein Zugang zur LSD-Psychotherapie stark von dem Freudschen Modell der Psyche beeinflußt, das auf die Lebensgeschichte nach der Geburt und das individuelle Unbewußte ausgerichtet ist. Als ich in mehreren Sitzungen mit Patienten arbeitete, die verschiedenen Kategorien von psychiatrischen Erkrankungen zugeordnet wurden, wurde bald deutlich, daß ein solcher Begriffsrahmen schmerzhaft eng war. Er mag zwar für manche Formen von verbaler Psychotherapie angemessen sein, erwies sich aber in Situationen, in denen die Psyche durch einen mächtigen Katalysator aktiviert war, als eindeutig unzulänglich. Solange wir mittlere Dosierungen benutzten, enthielten viele der ersten Erfahrungen in der Serie biographisches Material aus der Säuglings- und Kleinkindzeit der Teilnehmer, so wie Freud es beschrieben hat. Wenn die Sitzungen jedoch weiterliefen, bewegte sich jeder der Klienten früher oder später in Erfahrungsbereiche, die jenseits dieses Rahmens lagen. Wenn die Dosierungen erhöht wurden, passierte das gleiche, aber viel früher.

Hatten die Sitzungen diesen Punkt erreicht, wurde ich Zeuge von Erfahrungen, die nicht von denen zu unterscheiden waren, die in den uralten mystischen Traditionen und spirituellen Philosophien des Ostens beschrieben wurden. Einige waren kraftvolle Sequenzen von psychologischem Tod und Wiedergeburt; andere schlossen Gefühle von Einssein mit der Menschheit, der Natur und dem Kosmos ein. Viele Klienten berichteten auch von Visionen von Gottheiten und Dämonen aus anderen Kulturen und Besuchen in den vielfältigen mythologischen Reichen. Zu den erstaunlichen Erlebnissen gehörten dramatische und lebhafte Sequenzen, die subjektiv als Erinnerungen an frühere Inkarnationen erlebt wurden.

Ich war auf das Beobachten solcher Phänomene in psychotherapeutischen Sitzungen nicht vorbereitet. Aus meinen Studien der vergleichenden Religionswissenschaft wußte ich, daß es sie gab, aber meine psychiatrische Ausbildung hatte mich gelehrt, sie als psychotisch zu betrachten, nicht als therapeutisch. Ich war verblüfft über ihre emotionale Kraft, Authentizität und ihr transformatives Potential. Anfänglich konnte ich diese unerwartete Entwicklung in meinem therapeutischen Unterfangen kaum willkommen heißen. Die Intensität der emotionalen und physiologischen Manifestationen dieser Zustände war erschreckend, und viele ihrer Aspekte drohten meine sichere und zuverlässige Sicht der Welt zu untergraben.

Als jedoch meine Erfahrung und Vertrautheit mit diesen außergewöhnlichen Phänomenen wuchsen, wurde mir klar, daß es sich um normale und natürliche Manifestationen der tieferen Bereiche der menschlichen Psyche handelte. Ihr Auftauchen aus dem Unbewußten folgte dem Erscheinen von biographischem Material aus Kindheit und Säuglingszeit, das in der traditionellen Psychotherapie als legitimes und wünschenswertes Forschungsfeld gilt. Es wäre daher in höchstem Maße künstlich und beliebig gewesen, Kindheitserinnerungen als normal und annehmbar zu betrachten und die Erfahrungen, die ihnen folgten, einem pathologischen Prozeß zuzuschreiben.

Wenn Wesen und Inhalt dieser Nischen in der Psyche ganz enthüllt wurden, stellten sie zweifellos eine wesentliche Quelle von schwierigen emotionalen und physischen Gefühlen dar. Außerdem transzendierten die therapeutischen Resultate dieser Sequenzen, wenn man sie ihrem natürlichen Lauf überließ, alles, was ich je kennengelernt hatte. Schwierige Symptome, die sich Monaten und sogar Jahren konventioneller Behandlung widersetzt hatten, verschwanden oft nach Erfahrungen wie psychischem Tod und Wiedergeburt, Gefühlen von kosmischer Einheit und Sequenzen, die die Klienten als Erinnerungen an frühere Leben beschrieben.

Meine Beobachtungen bei anderen stimmten vollkommen mit denen aus meinen eigenen psychedelischen Sitzungen überein: Viele Zustände, die die allgemeine Psychiatrie als bizarr und unverständlich einstuft, sind natürliche Manifestationen der tiefen Dynamik der menschlichen Psyche. Und ihr Auftauchen ins Bewußtsein, das traditionell als Zeichen von Geisteskrankheit gilt, könnte in Wirklichkeit das radikale Bemühen des Organismus sein, sich von den Auswirkungen verschiedener Traumata zu befreien, seine Wirkungsweisen zu vereinfachen und sich selbst zu heilen. Ich erkannte, daß es nicht unsere Aufgabe ist, der menschlichen Psyche vorzuschreiben, wie sie sein sollte, um zu unseren wissenschaftlichen Glaubenssätzen und der entsprechenden Weltsicht zu passen. Es ist vielmehr wichtig, die wahre Natur der Psyche zu entdecken, zu akzeptieren und herauszufinden, wie wir am besten mit ihr kooperieren können.

Ich versuchte, die Erfahrungsgebiete, die durch die katalysierende Wirkung von LSD verfügbar wurden, zu kartographieren. Mehrere Jahre lang widmete ich der psychedelischen Arbeit mit Patienten mit verschiedenen klinischen Diagnosen meine gesamte

Zeit. Ich erstellte detaillierte Berichte über meine eigenen Beobachtungen und sammelte auch ihre Beschreibungen der Sitzungen. Ich dachte, ich würde eine neue Kartographie der menschlichen Psyche erstellen. Als ich jedoch eine Landkarte des Bewußtseins vollendet hatte, die die verschiedenen Arten und Ebenen von Erfahrungen einschloß, die ich bei den psychedelischen Sitzungen beobachten konnte, dämmerte mir, daß sie nur aus dem Blickwinkel der akademischen Psychiatrie des Westens neu war. Es wurde deutlich, daß ich das wiederentdeckt hatte, was Aldous Huxley die »Philosophia perennis« nannte, ein Verständnis des Universums und des Seins, das mit geringen Abweichungen immer wieder in verschiedenen Ländern und historischen Zeiten auftaucht. Ähnliche Landkarten hat es in diversen Kulturen seit Jahrhunderten oder gar Jahrtausenden gegeben. Die unterschiedlichen Systeme des Yoga, die buddhistischen Lehren, das tibetische Vajrayana, der Shivaismus in Kashmir, Taoismus, Sufismus, die Kabbalah und die christliche Mystik sind nur einige Beispiele dafür.

Der Prozeß, dessen Zeuge ich bei anderen wurde und den ich selbst erlebte, hatte außerdem eine tiefe Ähnlichkeit zu schamanischen Initiationen, den Übergangsriten vieler Kulturen und den uralten Mysterien von Tod und Wiedergeburt. Westliche Wissenschaftler hatten diese anspruchsvollen Prozeduren in dem Glauben, sie erfolgreich durch rationale und wissenschaftlich solide Ansätze ersetzt zu haben, abgelehnt und sich über sie lustig gemacht. Meine Beobachtungen überzeugten mich davon, daß so moderne Felder wie Psychoanalyse und Behaviorismus nur die Oberfläche der menschlichen Psyche angekratzt hatten und keinem Vergleich mit der Tiefe und Weite so uralten Wissens standhielten.

In den frühen Jahren meiner Forschungen war ich sehr enthusiastisch über diese aufregenden, neuen Beobachtungen und versuchte, sie mit meinen tschechischen Kollegen zu besprechen. Ich merkte bald, daß mein wissenschaftliches Ansehen auf dem Spiel stehen würde, wenn ich das weiterhin tat. Während des ersten Jahrzehnts dieser Arbeit betrieb ich meine Forschung daher recht isoliert und mußte meine Kommunikation mit anderen Fachleuten zügeln. Ich fand nur eine Handvoll Freunde, mit denen ich offen über meine Ergebnisse diskutieren konnte.

Diese Situation begann sich zu ändern, als ich 1967 ein Stipendium von einer Stiftung für psychiatrische Forschung in New Haven, Connecticut erhielt. Dadurch wurde es mir möglich, in die Vereinigten Staaten zu fahren und meine psychedelische Forschung am Maryland Psychiatric Research Center in Baltimore weiterzuführen. Bei meinen Vorträgen in diversen amerikanischen Städten nahm ich Kontakt mit vielen Kollegen auf – Bewußtseinsforschern, Anthropologen, Parapsychologen, Thanatologen und anderen –, deren Arbeit sie zu einer wissenschaftlichen Perspektive geführt hatte, die meiner eigenen ähnelte oder sie ergänzte.

Ein wichtiges Ereignis in dieser Zeit war die Freundschaft mit Abraham Maslow und Anthony Sutich, den Begründern der humanistischen Psychologie. Abe hatte ausgiebige Forschungen über spontane mystische Zustände oder »Grenzerfahrungen« durchgeführt und war zu ähnlichen Schlüssen gelangt wie ich. Aus unseren gemeinsamen Treffen entstand die Idee, eine neue Disziplin zu begründen, die Wissenschaft und Spiritualität kombinieren und die ewige Weisheit in bezug auf verschiedene Ebenen und Zustände von Bewußtsein einschließen würde.

Die neue Bewegung, die wir »transpersonale Psychologie« nannten, zog viele enthusiastische Anhänger an. Ihre Zahl wuchs, und ich hatte zum ersten Mal ein Gefühl von beruflicher Identität und Zugehörigkeit. Ein Problem blieb jedoch bestehen: Die transpersonale Psychologie schien, obwohl sie in sich verständlich und bindend war, hoffnungslos von den wissenschaftlichen Hauptströmungen isoliert zu sein.

Ein weiteres Jahrzehnt verging, bevor offensichtlich wurde, daß die traditionelle Wissenschaft selbst einer begrifflichen Revolution von ungeahntem Ausmaß ausgesetzt war. Den radikalen Veränderungen, die durch Einsteins Relativitätstheorien und die Quantentheorie in die wissenschaftliche Weltsicht eingedrungen waren, folgten nun ebenso profunde Revisionen in vielen anderen Disziplinen. Es wurden neue Verbindungen zwischen der transpersonalen Psychologie und der wissenschaftlichen Weltsicht hergestellt, die als das »neue Paradigma« bekannt geworden ist.

Derzeit fehlt uns noch eine befriedigende Synthese dieser Entwicklungen, die unsere alte Art und Weise, über die Welt zu denken, ersetzen würde. Das beeindruckende Mosaik von bereits verfügbaren neuen Beobachtungen und Theorien legt jedoch nahe, daß in Zukunft die alten/neuen Entdeckungen über das Bewußtsein und die menschliche Psyche integrale Bestandteile einer umfassenden wissenschaftlichen Weltsicht sein könnten.

Drei Jahrzehnte detaillierter und systematischer Studien des menschlichen Geistes durch das Beobachten von außergewöhnlichen Bewußtseinszuständen bei anderen und mir selbst haben mich zu einigen radikalen Schlußfolgerungen gebracht. Ich glaube jetzt, daß Bewußtsein und die menschliche Psyche viel mehr sind als zufällige Produkte von physiologischen Prozessen im Gehirn; es sind Reflexionen der kosmischen Intelligenz, die die ganze Schöpfung durchdringt. Wir sind nicht einfach biologische Maschinen und hochentwickelte Tiere, sondern auch Bewußtseinsfelder ohne Grenzen, die Raum und Zeit transzendieren.

In diesem Zusammenhang ist Spiritualität eine wichtige Dimension unserer Existenz, und sich dieser Tatsache bewußt zu werden, ist eine wünschenswerte Entwicklung im menschlichen Leben. Bei manchen nimmt dieser Prozeß die Form von ungewöhnlichen Erfahrungen an, die zuweilen verwirrend und dramatisch sein können. Das sind die Krisen der Transformation, für die Christina und ich den Begriff *spirituelle Krisen* geprägt haben.

Christina hat im ersten Vorwort ihre eigene Geschichte mit bemerkenswerter Ehrlichkeit und Offenheit beschrieben; die Jahre ihres spirituellen Erwachens waren für uns beide extrem anstrengend. Ich war zwar aus meinen eigenen Erfahrungen und meiner Arbeit mit vielen anderen Menschen mit außergewöhnlichen Bewußtseinszuständen vertraut. Rund um die Uhr an diesem Prozeß bei einem Menschen teilzunehmen, der mir emotional so nahe stand, hat mir jedoch vollkommen neue Aspekte und Dimensionen enthüllt, die bei der beruflichen Arbeit mit außergewöhnlichen Bewußtseinszuständen verborgen bleiben. Rückblickend schätzt

Christina das, was sie durchmachen mußte, hoch ein, obwohl es sie gelegentlich bis an ihre äußersten Grenzen geführt hat. Ich kann für mich dasselbe sagen; diese extrem schwierige Periode war eine Zeit unschätzbaren Lernens, wie es nur das wirkliche Leben bieten kann.

Meine Glaubenssätze wurden weiter durch die Beobachtungen der Wirkung der »Holotropen Atemarbeit« verstärkt, einer wirkungsvollen Methode, die Christina und ich entwickelt haben. Dieser einfache Ansatz, der beschleunigte Atmung, Musik und Körperarbeit kombiniert, kann in einem sicheren und unterstützenden Rahmen das ganze Spektrum der heilenden Erfahrungen induzieren, die den aus spontanen transformativen Episoden bekannten vergleichbar sind. Anders als letztere bleiben die Erfahrungen jedoch auf die Zeitspanne der holotropen Sitzungen beschränkt.

Das Konzept der spirituellen Krise und die Richtlinien für den Umgang mit den in diesem Buch beschriebenen Krisen der Transformation sind Ergebnisse einer vierzehnjährigen stürmischen persönlichen und beruflichen gemeinsamen Reise. Aus dieser Reise entstand Christinas Idee, das Spiritual Emergence-Netzwerk zu gründen, eine weltweite Gemeinschaft, die Menschen in transformativen Krisen in einer Weise unterstützt, die auf den neuen Prinzipien beruht.

ERSTER TEIL

Die stürmische Suche nach dem Selbst

1 Was ist eine spirituelle Krise?

Sie scheint, wie von inniger Freude und Wonne hingerissen in seine göttlichen Arme, verzückt zu sein, sich anklammernd an seine heilige und göttliche Brust. Da weiß sie nur zu genießen, erhalten von jener göttlichen Nahrung, die ihr Bräutigam ihr reicht und wodurch er sie fördert, damit er sie noch mehr mit Wonnegenuß erfüllen könne... Erwacht sie aber von dieser himmlischen Trunkenheit, so ist sie wie starr vor Erstaunen und von heiliger Torheit ergriffen.

Teresa von Avila,
Gedanken über die Liebe Gottes[1]

Spirituelle Werte sind in unserer modernen Gesellschaft im allgemeinen durch materialistische Erwägungen ersetzt und weitgehend ignoriert worden. Nun wird immer offensichtlicher, daß die Sehnsucht nach Transzendenz und das Bedürfnis nach innerer Entwicklung grundlegende Aspekte der Natur des Menschen sind. Mystische Zustände können zutiefst heilend sein und wichtige positive Auswirkungen auf das Leben dessen haben, der sie erfährt. Darüber hinaus können viele schwierige Episoden von außergewöhnlichen Bewußtseinszuständen als Krisen der spirituellen Transformation und Öffnung gesehen werden. Stürmische Erfahrungen dieser Art, die wir als »spirituelle Krisen« bezeichnen, sind immer wieder in den heiligen Texten aller Zeiten als harte Abschnitte auf dem mystischen Weg beschrieben worden.

Spirituelle Krisen können als kritische und im Erleben schwierige Stadien einer tiefgreifenden psychologischen Transformation definiert werden, die einen ganz und gar beanspruchen. Sie nehmen die Form von außergewöhnlichen Bewußtseinszuständen an und bringen intensive Emotionen, Visionen und andere Veränderungen der Sinne sowie verschiedene physische Manifestationen mit sich. Bei diesen Episoden dreht es sich häufig um spirituelle Themen; dazu gehören Sequenzen von psychologischem Tod und

Wiedergeburt, Erfahrungen, die Erinnerungen an frühere Leben zu sein scheinen, Gefühle von Einssein mit dem Universum, Begegnungen mit allerlei mythologischen Wesen und andere ähnliche Motive.

Was löst spirituelle Krisen aus?

In den meisten Fällen läßt sich die Situation festmachen, die die transformative Krise anscheinend ausgelöst hat. Es kann ein primär physischer Faktor sein wie etwa eine Krankheit, ein Unfall, eine Operation, extreme körperliche Erschöpfung oder langandauernder Schlafmangel. Umstände dieser Art können die physische Widerstandskraft senken, indem sie den Körper schwächen. Zusätzlich fungieren sie als starke Mahnungen an den Tod und die Zerbrechlichkeit des menschlichen Lebens. Das dramatischste Beispiel in dieser Kategorie ist eine spirituelle Krise nach einer Nah-Tod-Erfahrung, die mit einer ernsthaften biologischen Krise einherging, wodurch der Zugang zu sehr profunden transzendentalen Erfahrungen ermöglicht wird.

Bei Frauen kann eine transformative Krise durch die Kombination von körperlichem und emotionalem Streß bei einer Geburt ausgelöst werden. Da eine Entbindung eine potentiell lebensbedrohende Situation ist, trägt jede Geburt ein Element des Todes in sich, diese Erfahrung bringt daher jede Mutter an die Grenzen der individuellen Existenz – an ihren Anfang und ihr Ende. Dies ist zugleich die Schnittstelle zwischen dem Personalen und dem Transpersonalen. Manchmal kann auch eine Fehlgeburt oder eine Abtreibung eine ähnliche Rolle spielen.

Gelegentlich beginnt eine psychospirituelle Transformation während eines intensiven und emotional überwältigenden Akts der körperlichen Liebe. Sex hat auch wichtige transpersonale Dimensionen: einerseits ist er ein Vehikel, das die biologische Sterblichkeit des Individuums dadurch transzendiert, daß es zu neuem Leben führt, andererseits hat er eine tiefe Verbindung zum Tod. Bei den Franzosen heißt der sexuelle Orgasmus wirklich auch

»der kleine Tod« (*petite mort*). Sexuelle Vereinigung im Rahmen einer starken emotionalen Verbindung kann die Form einer tiefgehenden mystischen Erfahrung annehmen. Alle individuellen Grenzen lösen sich auf, und die Partner fühlen sich wieder mit ihrer göttlichen Quelle verbunden. Eine solche Situation ist nicht nur eine biologische Vereinigung von zwei Menschen, sondern kann auch als spirituelle Verbindung des männlichen und des weiblichen Prinzips erfahren werden, mit göttlichen Dimensionen. Diese starke Verbindung zwischen Sexualität und Spiritualität wird in den spirituellen Traditionen des Tantra anerkannt und kultiviert.

In anderen Fällen läßt sich der Beginn einer spirituellen Krise bis zu einer starken emotionalen Erfahrung zurückverfolgen, besonders wenn es sich dabei um einen schwierigen Verlust handelt. Das kann das Ende einer wichtigen Liebesgeschichte, eine Scheidung oder der Tod eines Kindes, eines Elternteils oder engen Verwandten sein. Seltener handelt es sich bei dem auslösenden Ereignis um unerwartete finanzielle Katastrophen, häufiges Versagen oder den Verlust einer wichtigen beruflichen Position.

Bei entsprechend veranlagten Menschen kann eine Erfahrung mit bewußtseinsverändernden Drogen oder eine intensive psychotherapeutische Sitzung den letzten Anstoß geben. Es ist schon vorgekommen, daß eine transformative Krise auf dem Zahnarztstuhl beim Zahnziehen unter Lachgas ihren Anfang nahm. Die Ära des wilden, unbeaufsichtigten Experimentierens mit Psychedelika hat viele Menschen in eine spirituelle Öffnung und manche in eine spirituelle Krise katapultiert. Wir haben auch schon Fälle gesehen, bei denen eine aus medizinischen Gründen verschriebene Substanz die Erfahrung ausgelöst hat.

Eine Hypnosesitzung, durch die quälende Migräneschmerzen gelindert werden sollen, kann unerwartet zur Erfahrung von Tod und Wiedergeburt, »Erinnerungen an frühere Leben« und in andere spirituelle Reiche der Psyche führen, die möglicherweise schwer einzuordnen sind. Das gleiche gilt für Erfahrungen aus Psychotherapie-Sitzungen, die nicht zu einem erfolgreichen Abschluß gebracht wurden.

Die weite Spanne der möglichen Auslöser für spirituelle Krisen läßt eindeutig vermuten, daß die Bereitschaft des Menschen zur inneren Transformation wesentlich wichtiger ist als äußere Stimuli. Aber wenn wir dennoch nach einem gemeinsamen Nenner oder einem letztendlichen Weg in die auslösenden Situationen suchen, stellen wir fest, daß sie alle mit einer radikalen Veränderung des Gleichgewichts zwischen den unbewußten und den bewußten Prozessen zu tun haben. Es geschieht etwas, das die unbewußten Dynamiken so weit unterstützt, daß sie stärker werden als die gewöhnliche Bewußtheit. Manchmal können die Ich-Verteidigungen durch einen biologischen Angriff geschwächt sein; ein anderes Mal stört ein psychologisches Trauma die nach außen orientierten Bemühungen eines Menschen und lenkt ihn oder sie wieder in die innere Welt.

Der wichtigste Katalysator für spirituelle Krisen ist eine intensive Beschäftigung mit diversen spirituellen Praktiken. Viele von ihnen sind sogar besonders darauf ausgerichtet, mystische Erfahrungen dadurch zugänglicher zu machen, daß sie die Suchenden von äußeren Einflüssen isolieren und ihnen eine Orientierung in Richtung innere Welt bieten. Man kann sich gut vorstellen, wie aktive Formen der Anbetung, z.B. Trance-Tanz, das Wirbeln der Sufis, kraftvolles Trommeln, Gospel-Gesänge oder anhaltendes rhythmisches Singen spirituelle Impulse hervorrufen können. Aber transformative Krisen können auch durch weniger dramatische Vorgänge ausgelöst werden, etwa durch Sitz- oder Bewegungsmeditation, Kontemplation oder andächtiges Gebet.

Je populärer die östlichen und westlichen spirituellen Disziplinen werden, desto mehr Menschen scheinen spirituelle Krisen zu erfahren, die direkt mit ihren spirituellen Praktiken zu tun haben. Wir sind wiederholt von Menschen angesprochen worden, deren außergewöhnliche Erfahrungen während des Ausübens von Zen, buddhistischer Vipassana-Meditation, Kundalini-Yoga, Sufi-Übungen und christlichem Gebet oder klösterlicher Kontemplation aufgetreten waren.

Was ist eine spirituelle Krise?

Um das Problem der spirituellen Krise zu verstehen, muß man es in dem größeren Zusammenhang der »spirituellen Entwicklung« sehen, als Komplikation eines evolutionären Prozesses, der zu einer reiferen und erfüllenderen Lebensweise führt. Die mystischen Lehren aller Zeiten kreisen um die Vorstellung, daß das ausschließliche Streben nach materiellen Zielen und Werten keineswegs das volle Potential des Menschen zum Ausdruck bringt. Aus dieser Sichtweise ist die Menschheit ein integraler Bestandteil der kreativen kosmischen Energie und Intelligenz und, in gewissem Sinne, mit ihr identisch und ihr angemessen. Das Entdecken der eigenen göttlichen Natur kann sowohl auf der individuellen wie auf der kollektiven Skala zu einer Lebensweise führen, die dem, was gewöhnlich als die Norm betrachtet wird, geradezu unvergleichlich überlegen ist.

Dies hat am treffendsten der neoplatonische Philosoph Plotinos in die Worte gefaßt: »Die Menschheit befindet sich auf halbem Wege zwischen den Göttern und den Tieren«. Manche spirituellen Systeme haben höhere Ebenen und Geisteszustände beschrieben, die zur Verwirklichung der eigenen göttlichen Natur und zu Gottes-Bewußtsein führen. Dieses Spektrum des Seins ist durch beständig wachsende Zartheit und Verfeinerung, weniger Beschränktheit, umfassendere Bewußtheit und größere Teilnahme an der kosmischen Intelligenz gekennzeichnet.

Unter den Systemen, die die weitreichenden Möglichkeiten von Bewußtseinsentwicklung reflektieren, ist das bekannteste die indische Vorstellung von den sieben *Chakras* oder Zentren psychischer Energie. Die Chakras liegen auf verschiedenen Ebenen der zentralen Achse des menschlichen Organismus im sogenannten energetischen oder »feinstofflichen Körper«. Das Ausmaß, in dem die individuellen Chakras geöffnet oder verstopft sind, bestimmt die Art und Weise, in der man die Welt erfährt, und wie die Beziehungen zu ihr aussehen. Die drei unteren Chakras regieren die Kräfte, die das Verhalten des Menschen vor dem spirituellen Erwachen bestimmen: Überlebensinstinkt, Sexualität, Aggression,

Konkurrenzdenken und Erwerbstrieb. Die oberen Chakras repräsentieren das Potential für Erfahrungen und Seinszustände, die zunehmend von kosmischem Bewußtsein und spiritueller Bewußtheit durchtränkt sind.

Ganz allgemein kann man *spirituelle Entwicklung* als die Bewegung eines Individuums in Richtung auf eine erweiterte Art des Seins definieren, zu der bessere emotionale und psychosomatische Gesundheit, eine größere Freiheit der persönlichen Wahl und ein tieferes Gefühl von Verbundenheit mit anderen Menschen, der Natur und dem Kosmos gehören. Ein wichtiger Teil dieser Entwicklung ist die zunehmende Bewußtheit der spirituellen Dimension im eigenen Leben und in dem universalen Entwurf der Dinge.

Das Potential für spirituelle Entwicklung ist ein angeborenes Charakteristikum menschlicher Geschöpfe. Die Kapazität für spirituelles Wachstum ist so natürlich wie die Disposition unseres Körpers zu physischer Entwicklung, und spirituelle Wiedergeburt ist ein so normaler Teil des Lebens wie die biologische Geburt. So hat man in vielen Kulturen seit Hunderten von Jahren auch die spirituelle Entwicklung als intrinsischen Teil des Lebens gesehen. Und wie die Geburt ist sie in der modernen Gesellschaft pathologisiert worden. Die Erfahrungen, die während dieses Prozesses auftreten, decken ein breites Spektrum von Tiefe und Intensität ab, von großer Sanftheit bis hin zum Überwältigenden und Beunruhigenden.

Von der spirituellen Entwicklung zur spirituellen Krise

Manchmal schreitet der Prozeß des spirituellen Erwachens so subtil und langsam voran, daß er fast nicht wahrnehmbar ist. Nach einer Zeit von einigen Monaten oder Jahren schaut man zurück und stellt fest, daß es eine tiefgreifende Veränderung im Verständnis von der Welt, von Werten, ethischen Standards und Lebensstrategien gegeben hat. Dieser Wechsel kann seinen Anfang durch ein Buch nehmen, dessen Botschaft so klar und überzeugend ist, daß man sie unmöglich ignorieren kann. Nach der Lektüre sehnt man sich danach, mehr zu wissen und zu erfahren; und dann kommt zufällig der Autor zu einem Vortrag in die Stadt. Das führt zu Verbindungen mit anderen Leuten, die diese Begeisterung teilen, zur Entdeckung anderer Bücher, zu weiteren Vorträgen und der Teilnahme an Workshops. Die spirituelle Reise hat begonnen!

In anderen Fällen tritt spirituelle Bewußtheit in Form von tieferer und veränderter Wahrnehmung von gewissen Situationen im Alltag ins Leben ein. Da geht jemand vielleicht mit einer Gruppe und im Rahmen einer Führung durch die Kathedrale von Chartres und fühlt sich vollkommen unerwartet von dem Chor und der Orgelmusik, dem Spiel des Lichts in den bunten Glasfenstern und der Großartigkeit der gotischen Bögen überwältigt. Die Erinnerung an diese Verzückung und das Gefühl, mit etwas verbunden zu sein, das größer ist als man selbst, bleibt erhalten. Ähnliche Transformationen der Wahrnehmung sind schon bei Leuten vorgekommen, die eine Floßfahrt durch die majestätische Schönheit des Grand Canyon gemacht oder sich in eine andere faszinierende Landschaft begeben haben. Bei vielen hat die Kunst als Zugang zum transzendentalen Bereich gedient.

Keiner von diesen Menschen wird sich je wieder als vollkommen isoliertes Individuum sehen. Sie alle haben lebhafte und überzeugende Erfahrungen gemacht, die sie über die Begrenzungen ihrer physischen Körper und ihre eingeschränkten Selbst-Konzepte hinaus in eine Verbindung mit etwas außerhalb ihrer selbst gehoben haben.

Wenn die spirituelle Entwicklung jedoch sehr schnell und dramatisch verläuft, kann dieser natürliche Prozeß zu einer Krise werden. Menschen in einer solchen Krise werden mit inneren Erfahrungen bombardiert, die abrupt ihre alten Glaubenssätze und Seinsweisen herausfordern, und ihre Beziehung zur Wirklichkeit sehr rasch verändern. Plötzlich fühlen sie sich in der bis dahin gewohnten Welt unwohl und finden es schwer, mit den Anforderungen des täglichen Lebens umzugehen. Sie können große Probleme damit haben, zwischen ihrer inneren visionären und der äußeren Welt der Alltagswirklichkeit zu unterscheiden. Physisch

erleben sie möglicherweise, daß kraftvolle Energie durch ihren Körper strömt und unkontrollierbares Zittern auslöst.
Voller Angst und Widerstand verwenden sie vielleicht viel Zeit und Mühe darauf, das zu kontrollieren, was sich wie ein überwältigendes inneres Ereignis anfühlt. Und sie können sich getrieben sehen, über ihre Erfahrungen und Einsichten mit jedem zu reden, der greifbar ist. Dabei klingt es dann so, als ob sie den Bezug zur Realität verloren hätten, völlig aus den Fugen geraten wären oder messianische Reden führten. Bietet man ihnen aber Verständnis und Führung an, sind sie im allgemeinen kooperativ und dankbar, jemanden zu haben, mit dem sie ihre Reise teilen können. Die grundlegenden Kriterien für die Einschätzung, wann die spirituelle Entwicklung zu einer Krise geworden ist, sind in Tabelle 1 zusammengefaßt.
Man muß darauf hinweisen, daß spirituelle Entwicklung und spirituelle Krisen ein Kontinuum bilden, und daß es nicht immer einfach ist, genau zwischen beiden zu unterscheiden. Wir werden in diesem ganzen Buch der Einfachheit halber von *spirituellen Krisen* sprechen, obwohl wir manchmal vielleicht über Situationen reden, die bei einigen Menschen und unter gewissen Bedingungen besser in die Kategorie der spirituellen Entwicklung passen würden.

Das heilende Potential von spirituellen Krisen

Es ist wichtig zu erkennen, daß selbst die dramatischsten und schwierigsten Episoden von spirituellen Krisen natürliche Stadien in dem Prozeß des spirituellen Öffnens darstellen und unter günstigen Umständen zuträglich sein können. Zu der Aktivierung der Psyche, die eine solche Krise kennzeichnet, gehört eine radikale Freilegung von verschiedenen alten traumatischen Erinnerungen und Prägungen. Dieser Prozeß ist von seinem ganzen Wesen her potentiell heilend und transformativ. Es taucht aber dabei so viel psychologisches Material aus verschiedenen Schich-

Tabelle 1: Unterschiede zwischen spiritueller Entwicklung und spirituellen Krisen

Entwicklung	*Krise*
Die inneren Erfahrungen sind fließend, sanft, leicht zu integrieren.	Innere Erfahrungen sind dynamisch, erschütternd, schwer zu integrieren.
Neue spirituelle Einsichten sind willkommen, erwünscht, erweiternd.	Neue spirituelle Einsichten können philosophisch herausfordernd und bedrohlich sein.
Allmähliches Eindringen von Vorstellungen und Einsichten ins Leben.	Überwältigendes Einströmen von Erfahrungen und Einsichten.
Die Erfahrungen von Energie sind verhalten und gut zu handhaben.	Erfahrungen von starken Zuckungen, Zittern, die Energie stört das tägliche Leben.
Leichte Unterscheidungsmöglichkeiten zwischen inneren und äußeren Erfahrungen und Übergang von einem zum anderen.	Es fällt manchmal schwer, zwischen inneren und äußeren Erfahrungen zu unterscheiden; oder beide treten zugleich auf.
Außergewöhnliche Bewußtseinszustände sind leicht ins tägliche Leben zu integrieren.	Die inneren Erfahrungen stören und unterbrechen das tägliche Leben.
Langsame, allmähliche Veränderung in der Bewußtheit von einem selbst und der Welt.	Abrupte, schnelle Veränderung in der Wahrnehmung von einem selbst und der Welt.
Freude über innere Erfahrungen, wenn sie kommen, Bereitschaft und Fähigkeit, mit ihnen zu kooperieren.	Ambivalenz gegenüber inneren Erfahrungen, aber Bereitschaft und Fähigkeit zur Kooperation, wenn es Unterstützung gibt.
Akzeptierende Haltung gegenüber Veränderung.	Widerstand gegen Veränderung.
Es fällt leicht, Kontrolle aufzugeben.	Notwendigkeit, Kontrolle zu behalten.
Vertrauen in den Prozeß.	Ablehnung, Mißtrauen gegenüber dem Prozeß.
Schwierige Erfahrungen werden als Möglichkeiten für Veränderung behandelt.	Schwierige Erfahrungen sind überwältigend, oft unwillkommen.
Positive Erfahrungen werden als Geschenk angenommen.	Positive Erfahrungen sind schwer zu akzeptieren, scheinen unverdient, können schmerzhaft sein.
Selten das Bedürfnis, über Erfahrungen zu reden.	Häufiger Drang, über die Erfahrungen zu sprechen.
Genaue Unterscheidung, wann, wie, mit wem man über den Prozeß spricht.	Unterschiedslose Kommunikation über den Prozeß (wann, wie, mit wem).

ten des Unbewußten auf, daß es die notwendigen alltäglichen Handlungen der Betroffenen beeinträchtigt. Daher sind es nicht die Natur und der Inhalt dieser Erfahrungen, die sie pathologisch erscheinen lassen, sondern ihr Kontext. Ähnliche Zustände wären im Rahmen einer Selbsterfahrungstherapie mit fachkundiger Führung nicht nur annehmbar, sondern sogar erwünscht. Da sie aber lange andauern – anders als therapeutische Sitzungen können diese Erfahrungen tage- oder sogar wochenlang anhalten –, bedürfen sie besonderer Maßnahmen.

Diese Überlegungen haben uns bei der Entscheidung für den Begriff *spirituelle Krise* geleitet. Dieser Name deutet auf eine gefährliche Situation hin, aber auch auf das Potential, zu einem höheren Zustand des Seins zu gelangen. Das chinesische Piktogramm für *Krise* ist eine perfekte Repräsentation dieser Vorstellung. Es besteht aus zwei Grundzeichen, von denen eines »Gefahr« und das andere »Chance« bedeutet.

Anzuerkennen, daß die spirituelle Krise eine duale Natur hat – Gefahr und Chance – hat wichtige theoretische und praktische Konsequenzen. Wenn sie richtig verstanden und als schwierige Stadien in einem natürlichen Entwicklungsprozeß behandelt werden, können spirituelle Krisen zu emotionaler und psychosomatischer Heilung, tiefen, positiven Veränderungen der Persönlichkeit und der Lösung von vielen Problemen im Leben führen.

Bevor wir uns weiter der Erforschung der spirituellen Krise und ihrer Implikationen widmen können, müssen wir einige der grundlegenden Annahmen klären, von denen wir im folgenden ausgehen. Dazu gehören in erster Linie die Rolle des Unbewußten in der Psychotherapie, Spiritualität in ihrer Beziehung zur Religion und vor allem die Natur einer Gruppe von Erfahrungen, die die moderne Psychologie als »transpersonal« bezeichnet.

Das Unbewußte, Psychotherapie und Heilung

Das Leben des Menschen birgt viele biologische und psychologische Herausforderungen und traumatische Erfahrungen. In der

Säuglingszeit und Kindheit gibt es häufige Krankheiten, Verletzungen, Operationen und eine Vielzahl von emotionalen »Stürmen«. Bereits der Prozeß des Erscheinens in dieser Welt, die Geburt, stellt ein größeres physisches und psychisches Trauma dar, das viele Stunden oder sogar Tage andauert. Und einige von uns waren sogar schon in unserer pränatalen Existenz schweren Krisen wie einer Krankheit oder starkem emotionalen Streß der Mutter, verschiedenen toxischen Einflüssen, drohender Fehlgeburt oder sogar versuchter Abtreibung ausgesetzt.

Die meisten dieser schmerzhaften Erinnerungen werden vergessen oder unterdrückt, aber sie verlieren dadurch nicht ihre psychische Bedeutung. Tief in unserem Innern sind sie aufgezeichnet und können gewaltigen Einfluß auf unser Leben nehmen. Der Begründer der Psychoanalyse, der österreichische Psychiater Sigmund Freud, war der erste, der überzeugende Beweise dafür geliefert hat, daß unsere Psyche nicht auf Vorgänge beschränkt ist, deren wir uns bewußt sind, sondern über riesige Bereiche verfügt, die meistens unter der Schwelle der Bewußtheit bleiben.

Freud nannte diese Dimension der Psyche »das Unbewußte«. Er entdeckte, daß unterdrückte und vergessene Erinnerungen aus der Säuglingszeit, der Kindheit und späteren Lebensabschnitten in Form von beunruhigenden Alpträumen an die Oberfläche kommen können. Außerdem bilden sie eine wesentliche Quelle von diversen emotionalen und psychosomatischen Störungen, können verschiedene Formen von irrationalem Verhalten verursachen und uns daran hindern, unser Leben in einer befriedigenden Weise leben zu können. Im Rahmen des therapeutischen Prozesses, den Freud mit dem Namen Psychoanalyse bezeichnete, tragen freie Assoziationen des Klienten und Interpretationen des Psychiaters dazu bei, dieses unbewußte Material ins Bewußtsein zu heben und seinen störenden Einfluß auf den Alltag zu reduzieren.

Freuds Beiträge zur Psychologie und Psychotherapie waren revolutionär und bahnbrechend. Sein theoretisches Modell blieb jedoch auf die postnatale Biographie beschränkt: Er versuchte die Erklärung aller psychischen Vorgänge auf der Lebensgeschichte nach der Geburt aufzubauen. Zudem war seine therapeutische Technik

des verbalen Austauschs ein relativ schwaches Werkzeug, um damit ins Unbewußte einzudringen, und eine zeitraubende und langsame Methode der Heilung und Transformation.
Einer von Freuds früheren Anhängern, der der Psychoanalyse abtrünnig gewordene Otto Rank, hat dieses Modell dadurch erheblich erweitert, daß er die Aufmerksamkeit der Fachwelt auf die psychologische Bedeutung des Traumas der Geburt lenkte. Ranks Beobachtungen, die viele Jahre lang unbeachtet blieben, haben durch verschiedene Selbsterfahrungstherapien in den letzten drei Jahrzehnten lebhafte Bestätigung gefunden. In jüngster Zeit gab es besondere Konferenzen, die sich mit Fragen der prä- und perinatalen Psychologie beschäftigten, einer Disziplin, die die Einflüsse untersucht, die Erfahrungen vor und während der Geburt auf die Psyche haben.
Die Forschungen des Schweizer Freud-Schülers Carl Gustav Jung haben zu Beobachtungen geführt, die so erstaunlich und revolutionär sind, daß sie bis heute in akademischen Kreisen nicht vollständig anerkannt und aufgenommen wurden. Jung kam zu dem Schluß, daß das Unbewußte des Menschen nicht auf Inhalte begrenzt ist, die sich aus der persönlichen Geschichte ableiten. Zusätzlich zu dem Freudschen »individuellen Unbewußten« gibt es auch ein »kollektives Unbewußtes«, das die Erinnerungen und das kulturelle Erbe der ganzen Menschheit enthält. Nach Jung sind die universalen und uranfänglichen Muster im kollektiven Unbewußten, die Archetypen, ihrem Wesen nach mythologisch. Erfahrungen, die die archetypischen Dimensionen der Psyche einschließen, vermitteln ein Gefühl von Heiligkeit – oder, wie Jung es nannte, Numinosität.
Wenn emotional stark geladene Inhalte aus dem Unbewußten an die Oberfläche kommen dürfen, voll erfahren und ins Bewußtsein aufgenommen werden, verlieren sie die Macht, uns negativ zu beeinflussen. Dieser Vorgang ist das Hauptziel vieler Psychotherapien. Einige der älteren Schulen versuchen dieses Ziel auf dem Weg des therapeutischen Dialogs zu erreichen; bei den neueren Formen gibt es Ansätze, die das direkte emotionale und physische Erfahren des bislang unbewußten Materials möglich machen.

Etwas ähnliches geschieht bei spirituellen Krisen, dort aber spontan und oft aus unbekannten Gründen.
Gelegentlich ist die Menge des unbewußten Materials, das aus den tiefen Schichten der Psyche aufsteigt, so groß, daß der Betroffene Schwierigkeiten haben kann, im Alltagsleben zurechtzukommen. Trotz der gelegentlich dramatischen Manifestationen ist dieses stürmische Ereignis jedoch im wesentlichen ein Versuch des Organismus, seine Funktionen zu vereinfachen, alte negative Prägungen und Programmierungen abzuwerfen und sich zu heilen. Wer das versteht und ein gutes, unterstützendes Netz hat, der kann mit dem Prozeß in Einklang gehen und daraus Nutzen ziehen.

Spiritualität, Religion und die Erfahrung des Göttlichen

Um Mißverständnissen vorzubeugen, möchten wir unser Verständnis des Begriffs *Spiritualität* beschreiben und sagen, in welchem Sinne wir ihn benutzen werden. Der Begriff *Spiritualität* sollte Situationen vorbehalten bleiben, bei denen das persönliche Erfahren gewisser Dimensionen von Realität dem Leben und der ganzen Existenz eine numinose Qualität verleiht. C. G. Jung hat das Wort *numinos* benutzt, um eine Erfahrung zu beschreiben, die sich heilig oder wie außerhalb des Gewöhnlichen liegend anfühlt. Spiritualität ist etwas, das die Beziehung des Individuums zum Universum charakterisiert und nicht notwendigerweise einer formalen Struktur, eines kollektiven Rituals oder der Vermittlung eines Priesters bedarf.
Religion ist im Gegensatz dazu eine Form von organisierter Gruppenaktivität, die der wahren Spiritualität zuträglich sein kann oder auch nicht, je nachdem, in welchem Umfang sie einen Kontext für das persönliche Entdecken der numinosen Dimensionen der Realität bietet. Zwar stehen an der Wiege aller großen Religionen die direkten visionären Offenbarungen ihrer Gründer, Propheten und Heiligen, aber in vielen Fällen verliert eine Religion im Laufe der Zeit die Verbindung zu diesem Kern.

Der moderne Begriff für das direkte Erfahren von spirituellen Realitäten ist *transpersonal*. Er besagt, daß man die übliche Art, die Welt aus der Position eines separaten Individuums oder Körper-Ichs wahrzunehmen und zu interpretieren, transzendiert. Es gibt eine ganz neue Disziplin, die transpersonale Psychologie, die sich auf Erfahrungen dieser Art und ihre Implikationen spezialisiert. Einsichten aus dem Studium der transpersonalen Zustände von Bewußtsein sind für das Konzept der spirituellen Krise von entscheidender Bedeutung.

Die Zustände, die persönliche Begegnungen mit den numinosen Dimensionen der Existenz beinhalten, lassen sich in zwei große Kategorien einteilen. In der ersten stehen die Erfahrungen des »immanent Göttlichen« oder Wahrnehmungen von göttlicher Intelligenz, die sich in der Welt der Alltagsrealität zum Ausdruck bringt. Die ganze Schöpfung – Menschen, Tiere, Pflanzen und unbelebte Objekte – scheint von derselben kosmischen Essenz und göttlichem Licht durchdrungen. In diesem Zustand sieht man plötzlich, daß alles im Universum Manifestation und Ausdruck derselben schöpferischen kosmischen Energie ist und daß Grenzen und Abtrennungen illusorisch sind.

Erfahrungen der zweiten Kategorie repräsentieren nicht eine andere Wahrnehmung dessen, was schon bekannt ist, sondern enthüllen ein reiches Spektrum von Dimensionen der Wirklichkeit, die gewöhnlich der Bewußtheit des Menschen verschlossen und im Zustand des Alltagsbewußtseins nicht zugänglich sind. Sie kann man als Erfahrungen des »transzendent Göttlichen« bezeichnen. Ein typisches Beispiel dafür wäre eine Vision von Gott als einer strahlenden Quelle übernatürlich schönen Lichts oder ein Gefühl von persönlicher Verschmelzung und Identität mit dem so wahrgenommenen Gott. Visionen von verschiedenen archetypischen Wesen wie Gottheiten, Dämonen, legendären Helden und geistigen Führern gehören ebenfalls in diese Kategorie. Andere Erfahrungen schließen nicht nur individuelle übermenschliche Wesen, sondern ganze mythologische Reiche ein, wie etwa Himmel, Höllen und Fegefeuer oder diverse Szenerien und Landschaften, die anders aussehen als irgend etwas auf der Erde.

Was uns hier interessiert, sind die praktischen Auswirkungen der persönlichen Begegnungen mit spirituellen Realitäten. Für die Menschen, die sie erlebt haben, ist die Existenz des immanent und transzendent Göttlichen nicht eine Frage von unbegründetem Glauben, sondern eine auf direkter Erfahrung beruhende Tatsache – in der gleichen Weise wie unsere Einstellung zur materiellen Realität unseres Alltagslebens auf Sinneswahrnehmungen aus erster Hand beruht. Ein Glaube ist dagegen eine Meinung über die Natur der Wirklichkeit, die auf einer bestimmten Form der Erziehung, Indoktrination oder der Lektüre religiöser Schriften beruht. Ihm fehlt die Gültigkeit der direkten Erfahrung.

Solche transpersonalen Zustände können einen sehr zuträglichen transformativen Einfluß auf die Empfänger und ihr Leben haben. Sie können verschiedene Arten von emotionalen und psychosomatischen Störungen sowie Schwierigkeiten in zwischenmenschlichen Beziehungen lindern. Zudem können sie aggressive Tendenzen reduzieren, das Selbstbild verbessern, die Toleranz gegenüber anderen vergrößern und die allgemeine Lebensqualität erhöhen. Zu den positiven Nachwirkungen gehört oft ein tiefes Gefühl der Verbundenheit mit anderen Menschen und der Natur. Diese Änderungen in Einstellung und Verhalten sind natürliche Konsequenzen der transpersonalen Erfahrungen; man nimmt sie freiwillig an und auf, ohne Druck durch äußere Gebote, Befehle, Vorschriften oder Strafandrohungen.

Diese Art von Spiritualität, die auf direkter persönlicher Offenbarung beruht, gibt es in den mystischen Zweigen der großen Religionen und in ihren klösterlichen Ordensgemeinschaften, die Meditation, sich wiederholende Gebete und Gesänge und andere Praktiken nutzen, um solche transpersonalen Geistesverfassungen herbeizuführen. Wir haben verschiedentlich gesehen, daß spontane Erfahrungen während spiritueller Krisen über ein ähnliches Potential verfügen, wenn sie in einem verständnisvollen und unterstützenden Rahmen auftreten.

Spirituelle Krisen und die westliche Psychiatrie

Von einem traditionellen Blickwinkel aus mag es unmöglich erscheinen, daß so dramatische und desorganisierende Erfahrungen wie es die extremeren Formen von spirituellen Krisen sind, Teil eines natürlichen, geschweige denn eines heilsamen und evolutionären Prozesses sein können. Im medizinischen Modell werden die psychischen und physischen Manifestationen solcher Zustände als Hinweis auf einen ernsten Krankheitsverlauf angesehen. Sie werden als »Psychosen« bezeichnet, was in der etablierten Psychiatrie »Krankheiten ungeklärten Ursprungs« impliziert. Man nimmt an, daß ein biologischer Vorgang, dessen Natur und Ursache noch nicht bekannt sind, nicht nur für das Auftreten der abnormalen Erfahrung, sondern auch für ihren Inhalt verantwortlich ist.

Die Tatsache, daß der Inhalt von transformativen Bewußtseinszuständen oft mystisch ist, wird als weiterer Beweis für das Konzept der Krankheit gewertet. Die Weltsicht, die unsere traditionelle westliche Wissenschaft geschaffen hat und die unsere Kultur beherrscht, ist in ihrer strengsten Form mit jeder Vorstellung von Spiritualität inkompatibel. In einem Universum, in dem nur das Materielle, das Meß- und Greifbare wirklich ist, scheinen alle Formen mystischer und religiöser Phänomene Ergebnisse von Aberglauben zu sein, der auf einen Mangel an Ausbildung, Irrationalität und eine Tendenz zu primitiv magischem Denken schließen läßt. Wenn sie bei intelligenten, gebildeten Menschen auftreten, werden sie emotionaler Unreife und ungelösten kindlichen Konflikten mit elterlichen Autoritäten zugeschrieben. Persönliche Erfahrungen von Spiritualität werden als psychotisch interpretiert, als Manifestationen einer psychischen Krankheit.

Es gibt zwar viele individuelle Ausnahmen, aber im allgemeinen machen die etablierte Psychiatrie und Psychologie keinen Unterschied zwischen Mystik und Psychopathologie. Es gibt keine offizielle Anerkennung der Tatsache, daß die großen spirituellen Traditionen, die sich seit Jahrhunderten mit dem systematischen Studium des menschlichen Bewußtseins beschäftigen, irgend etwas zu unserem Verständnis der Psyche und der Natur des Menschen beizutragen hätten. Daher werden die Konzepte und Praktiken, die sich in den buddhistischen, hinduistischen, christlichen, islamischen und anderen mystischen Traditionen finden und auf Jahrhunderten profunder psychologischer Forschungen und Versuchen beruhen, ebenso unterschiedslos ignoriert und verworfen wie diverse abergläubische und naive Vorstellungen aus Volksreligionen.

Diese Haltung gegenüber Spiritualität im allgemeinen und spirituellen Krisen im besonderen hat ernsthafte praktische Konsequenzen. Menschen, die in transformativen Krisen stecken, werden als geisteskrank betrachtet und routinemäßig mit unterdrückenden Medikamenten behandelt. Der Glaube, daß wir es im medizinischen Sinne mit einer Krankheit zu tun hätten, ist jedoch unbegründet, da es dafür derzeit keine klinischen oder Laborbeweise gibt.

Selbst wenn man biologische Veränderungen entdecken könnte, würde das höchstens erklären, warum diverse Elemente zu einer bestimmten Zeit aus dem Unbewußten auftauchen – nicht aber die Inhalte. Und auch wenn ein spezieller Auslöser für solche Episoden gefunden würde, schließt das nicht notwendigerweise die Möglichkeit aus, daß der Prozeß als solcher heilsam sein kann. Im Rahmen einer tiefen Selbsterfahrungstherapie und verschiedener Heilungsrituale holen beispielsweise bekannte Auslöser wie schnelleres Atmen, Musik oder psychoaktive Substanzen unbewußtes Material an die Oberfläche.

Hinzu kommen Schwierigkeiten bei der klinischen Diagnose der Psychose und ihrer verschiedenen Formen. Einzelne Kliniker und Forscher haben zu einigen der ganz grundlegenden Fragen vollkommen unterschiedliche Ansichten, und die verschiedenen psychiatrischen Schulen widersprechen sich. Zudem wechselt die offizielle Klassifikation der psychiatrischen Störungen von Land zu Land, und Anthropologen haben die kulturelle Relativität dessen aufzeigen können, was als akzeptable und normale Form von Verhalten und Erfahrung angesehen wird.

Wenn wir uns den spirituellen Krisen im Geiste des medizinischen

Modells nähern, wäre das Auftreten der Symptome der Beginn der Krankheit, und ihre Intensität wäre ein Hinweis darauf, wie ernst die Situation ist. Nach dem alternativen Zugang, den wir hier vorschlagen, sind die Probleme vor den Symptomen da, aber sie bestehen in latenter Form. Das erste Auftreten der Symptome ist der Anfang eines Heilungsprozesses, und ihre Intensität zeigt die Geschwindigkeit der Transformation an.

Selbst im Rahmen des medizinischen Modells würde eine auf das Unterdrücken von Symptomen beschränkte Strategie nicht als befriedigend betrachtet werden, wenn eine spezifischere und wirksamere Intervention bekannt und verfügbar wäre. Die wichtige Aufgabe einer Therapie liegt darin, eine Situation herzustellen, in der Symptome *nicht auftreten müssen*, und nicht eine, in der sie *nicht auftreten können*. Wir würden auch nichts von einem Automechaniker halten, der das Problem eines roten Warnlämpchens am Armaturenbrett dadurch löst, daß er den Verbindungsdraht herauszieht.

Es gibt daher gewichtige Gründe, die Existenz von spirituellen Krisen anzuerkennen und sie aus dem Rahmen des medizinischen Modells herauszulösen. Bei Menschen, die eine solche transformative Krise durchlaufen, kann sich der gefühllose Gebrauch pathologischer Bezeichnungen und verschiedener repressiver Maßnahmen einschließlich der undifferenzierten Kontrolle von Symptomen durch Medikamente störend auf das positive Potential des Prozesses auswirken. Die daraus folgende langjährige Abhängigkeit von Tranquilizern (mit all ihren bekannten Nebenwirkungen), der Verlust an Vitalität und ein Leben voller Kompromisse bilden einen traurigen Gegensatz zu den wenigen Situationen, bei denen die transformative Krise eines Menschen bis zu ihrem Ende unterstützt und geachtet wurde. Es ist daher extrem wichtig, das Konzept der spirituellen Krise zu klären und verständliche und wirksame Ansätze zu ihrer Behandlung sowie angemessene unterstützende Systeme zu entwickeln.

Psychose versus spirituelle Krise

Bei den Diskussionen über spirituelle Krisen lautet eine der häufigsten Fragen: Wie unterscheidet man zwischen spirituellen Krisen und Psychosen? Wie wir bereits sagten, ist der Begriff *Psychose* in der gegenwärtigen Psychiatrie noch nicht genau und objektiv definiert worden. Bis das geschieht, wird es unmöglich sein, eine exakte Beschreibung der beiden zu liefern.

Unter diesen Umständen macht es viel mehr Sinn zu fragen, welche Charakteristika außergewöhnlicher Bewußtseinszustände nahelegen, daß man mit alternativen Strategien bessere Ergebnisse erzielen könnte als mit Behandlungen, die auf dem medizinischen Modell beruhen. Das erste wichtige Kriterium ist, daß kein mit den vorhandenen diagnostischen Werkzeugen zu ermittelnder medizinischer Befund vorliegt. Das schließt die Zustände aus, deren primäre Ursache Entzündungen, Vergiftungen, Stoffwechsel- oder Kreislaufstörungen, Tumore oder degenerative Krankheiten sind. Die Veränderungen des Bewußtseins sind bei Menschen, die in die Kategorie der spirituellen Notfälle gehören, qualitativ anders als diejenigen, die mit organischen Psychosen einhergehen. Mit ausreichender Erfahrung kann man sie relativ leicht erkennen (weitere Details finden Sie in Tabelle 2, S. 362 f.).

Schon die Bezeichnung *spirituelle Krise* weist darauf hin, daß es ein wichtiges Merkmal einer solchen transformativen Phase ist, daß der Betroffene sich der Beziehung des Prozesses zu entscheidenden spirituellen Fragen des Lebens sowie des transpersonalen Gehalts der Erfahrungen bewußt ist. Ein weiteres bedeutendes Kennzeichen ist die Fähigkeit, in *beachtlichem* Maße zwischen inneren Erfahrungen und der Welt der mit anderen geteilten Realität zu unterscheiden. Menschen, die in eine spirituelle Krise geraten, sind sich üblicherweise der Tatsache bewußt, daß die Veränderungen in ihrer Erfahrungswelt ihren eigenen inneren Prozessen zuzuschreiben und nicht von den Ereignissen in der äußeren Welt verursacht sind. Der Mechanismus der Projektion – die eigenen inneren Erfahrungen zu leugnen und sie Einflüssen durch andere Leute und äußeren Bedingungen zuzuordnen – ist bei dem psychologischen Ansatz, den wir hier beschreiben, ein schweres Hindernis.

Menschen, die unter ernsten paranoiden Zuständen, feindlichen akustischen Halluzinationen (»Stimmen«) und Verfolgungswahn leiden, beschäftigen sich ständig mit der Projektion solcher unbewußten Inhalte und handeln unter ihrem Einfluß. Sie kann man mit den neuen Strategien nicht erreichen, auch wenn einige andere Aspekte ihrer Erfahrungen in die Kategorie der spirituellen Krisen zu gehören scheinen. Wenn es nicht möglich ist, durch systematische psychotherapeutische Arbeit eine Situation zu schaffen, in der sie ausreichend Einblick in die Natur des Prozesses und genügend Vertrauen haben, brauchen diese Menschen vielleicht unterdrückende Medikation.

Die wichtigen Unterschiede sowohl in der Einstellung zu dem inneren Prozeß wie in der Art, in der er erfahren wird, lassen sich durch die Beschreibung zweier hypothetischer Klienten schildern, die dem Psychiater von ihren Problemen erzählen. Sie repräsentieren die entgegengesetzten Pole eines Kontinuums von Möglichkeiten. Der erste kommt zur Beratung und präsentiert den folgenden Bericht:

> Ich habe in den letzten drei Wochen alle möglichen merkwürdigen Erfahrungen gemacht. Mein Körper ist ganz stark mit unglaublicher Energie geladen. Sie strömt dauernd meine Wirbelsäule hinauf und verbohrt sich unten in meinen Rücken, zwischen den Schulterblättern und am unteren Schädelrand. Manchmal ist es sehr schmerzhaft. Ich habe Schlafprobleme und wache oft schwitzend und sehr ängstlich mitten in der Nacht auf. Ich hab so ein komisches Gefühl, als ob ich gerade von irgendwo weither gekommen wäre, aber ich weiß nicht, von wo.
>
> Ich habe Visionen von Situationen, die aus anderen Jahrhunderten und Kulturen zu kommen scheinen. Ich glaube nicht an Reinkarnation, aber manchmal fühlt es sich so an, als ob ich mich an Dinge aus früheren Leben erinnern würde, als ob ich schon mal gelebt hätte. Oder ich sehe helle Lichter oder Bilder von Gottheiten und Dämonen und anderes Märchenzeug. Haben Sie schon mal von sowas gehört? Was geht mit mir vor? Werde ich verrückt?

Dieser Mensch ist sehr durcheinander und von einer Vielfalt von merkwürdigen Erfahrungen verwirrt, ist sich aber klar bewußt, daß

es ein innerer Prozeß ist, und er zeigt Bereitschaft, Rat und Hilfe anzunehmen. Dies würde den Prozeß als mögliche spirituelle Krise kennzeichnen und einen guten Ausgang vermuten lassen.
Der zweite Klient kommt mit einer ganz anderen Einstellung. Er will weniger um Rat bitten, sondern eher eine klar umrissene Geschichte erzählen, sich beschweren und Schuld zuweisen:

Mein Nachbar ist hinter mir her. Er hat heimlich ein Rohr in meinen Keller gelegt und pumpt giftige Gase hinein. Er vergiftet mein Essen und meinen Wasservorrat. Ich hab keine Privatsphäre in meinem Haus; er hat überall Abhörwanzen installiert. Meine Gesundheit ist gefährdet; mein Leben ist bedroht. All das ist Teil eines komplizierten Komplotts, das von der Mafia unterstützt wird. Sie zahlen schon ziemlich hohe Summen, um mich loszuwerden. Ich komme ihnen ungelegen, weil meine hohen moralischen Prinzipien ihren Plänen im Wege stehen.

Was auch immer die Ursachen für einen solchen Zustand sein mögen, diesem Klienten mangelt es an der grundlegenden Einsicht, daß diese Situation etwas mit seiner eigenen Psyche zu tun hat. Daher hat er auch kein Interesse an Hilfe, es sei denn in Form möglicher Unterstützung in dem Kampf gegen seine angeblichen Verfolger, etwa Beistand bei rechtlichen Aktionen oder dem Entfernen der Wanzen. Zusätzlich würde er vermutlich den Therapeuten eher als potentiellen Feind denn als Helfer sehen. Aus diesen Gründen wäre er ein schlechter Kandidat für jede Form von Arbeit, die auf den in diesem Buch beschriebenen Prinzipien beruht.

2 Die dunkle Nacht der Seele

Was aber die betrübte Seele hier am schmerzlichsten empfindet, ist der Gedanke, Gott habe sie allem Anscheine nach verstoßen und als verabscheuungswürdiges Geschöpf in die Finsternis gestürzt, und dieser Glaube, Gott habe sie verlassen, ist für sie eine überaus schwere und mitleiderregende Pein... und noch dazu die furchtbare Angst, daß es allem Anscheine nach immer so bleiben werde... (Die Seele) sieht sich mitten in jene... entgegengesetzte Übel hineinversetzt, ins Elend ihrer Unvollkommenheit, in Trockenheit, in völlige Ohnmacht, sich mit ihren Seelenkräften etwas vorzustellen, und in finstere Verlassenheit des Geistes.

Johannes vom Kreuz, Die dunkle Nacht[2]

Auf den nächsten Seiten werden wir einige recht schwierige und mühsame Räume beschreiben, die bei transformativen Krisen sehr häufig aus der komplexen und aktiven inneren Welt eines Menschen an die Oberfläche kommen. Wir werden uns bei ihrer Beschreibung auf unsere eigenen Erfahrungen und die Berichte von anderen stützen und hoffen, unsere Leser damit nicht zu entmutigen. Die dunkle Nacht der Seele ist nur ein Aspekt der spirituellen Reise, und es gibt viele andere weitaus angenehmere.

Der Grund dafür, daß wir mit diesem Thema anfangen, liegt darin, daß wir die übliche Abfolge der Zustände in einem Transformationsprozeß betrachten wollen. Es gibt zwar viele Ausnahmen, aber die meisten Menschen müssen in die dunklen Gebiete hinein und durch sie hindurch, bevor sie einen Zustand von Freiheit, Licht und Gelassenheit erreichen. All denen, die diesen Weg gehen müssen, scheinen die positiven Gefühle oft im Kontrast zu den schwierigeren, denen sie zuvor begegnet sind, um so bedeutender und intensiver. Wie ein Sonnenaufgang nach einer langen Winternacht, der besonders hoffnungsvoll und strahlend wirkt, so kann Freude nach Schmerz besonders gewaltig erscheinen.

Wenn man das im Kopf behält, erheben sich die folgenden Fragen:

Welches sind die dunklen inneren Territorien, die man vielleicht durchqueren muß? Wie fühlen sie sich an? Und welche Arten von Konflikten muß man erwarten?

Für jemanden in einer spirituellen Krise, sei sie nun eher subtil oder recht dramatisch, kann die Aufgabe, über den Tag zu kommen, die normalen Funktionen aufrechtzuerhalten, schon zu einer beachtlichen Herausforderung werden. Die normalen, scheinbar so einfachen Handlungen, die Teil des täglichen Lebens sind, werden plötzlich als mühselig oder überwältigend empfunden. Menschen in der Krise werden oft von inneren Erfahrungen überflutet, die so voller Gefühl, visueller Kraft und energetischer Macht sind, daß es schwierig wird, diese lebhafte innere Welt von Vorfällen in der äußeren Welt zu trennen. Dann sind die Betroffenen vielleicht frustriert, weil es ihnen schwerfällt, den Bogen ihrer Aufmerksamkeit gespannt zu halten. Oder die schnellen und häufigen Wechsel ihrer Geistesverfassung versetzen sie in Panik. Da sie unfähig sind, in der gewohnten Weise zu handeln, fühlen sie sich vielleicht machtlos, ineffektiv und schuldig.

Eine Frau beschreibt ihre Frustration so:

> Ich konnte sehen, was im Haus alles zu tun war, und es war, als wäre da eine Mauer zwischen mir und den Aufgaben, die ich sonst so mühelos bewältigt hatte. Ich erinnere mich daran, daß ich raus ging, um etwas im Garten zu arbeiten, weil ich meinte, so eine einfache Tätigkeit würde mir guttun. Statt dessen hatte ich nur das Gefühl, ich würde explodieren, wenn ich mich zu schnell bewegte. Für künstlerische und kreative Tätigkeiten, die mir so viel Freude gemacht hatten, konnte ich nicht mehr genügend Aufmerksamkeit aufbringen. Selbst mit meinen Kindern zu spielen, schien mir eine Weile eine zu komplexe Beschäftigung zu sein. In der Zeit konnte ich mich ausschließlich um mich selbst kümmern.

Zu den alarmierendsten und beunruhigendsten Dingen, mit denen Menschen in spirituellen Krisen häufig konfrontiert werden, zählen das Gefühl von Einsamkeit, Erfahrungen von Wahnsinn und die Gedanken an den Tod. Solche Geisteszustände sind zwar intrinsische, notwendige und zentrale Teile des Heilungsprozesses, aber sie können erschreckend und übermächtig werden, besonders wenn es an menschlicher Unterstützung mangelt.

Wenn sich die Tore zum Unbewußten öffnen, kann eine große Bandbreite von unterdrückten Emotionen und Erinnerungen ins bewußte Gewahrsein dringen. Wenn man spezifischen Erinnerungen oder Erfahrungen aus personalen oder transpersonalen Reichen begegnet, können Elemente von Angst, Einsamkeit, Wahnsinn oder Tod erscheinen, manchmal auch gleichzeitig. Man kann noch einmal schwere Krankheiten oder lebensbedrohliche Unfälle sowie andere beunruhigende Ereignisse aus der früheren oder späteren Kindheit durchleben oder die biologische Geburt mit ihren komplexen, chaotischen und dynamischen Manifestationen wiedererfahren.

Viele Erinnerungen beinhalten Angst. Menschen aus mißhandelnden Familien können sich plötzlich von dem Entsetzen gepackt fühlen, das durch die Gewalttätigkeit einer betrunkenen Mutter ausgelöst wurde. Andere erleben vielleicht die Angst wieder, die sie gespürt haben, als sie von einem Baum fielen oder mit Keuchhusten rangen.

Es kann einen ein kindliches Gefühl von Einsamkeit überkommen, das in der gegenwärtigen Situation überhaupt nicht angemessen scheint. Diese irrationalen Wahrnehmungen können ihren Ursprung darin haben, daß man sehr früh einmal von einem Elternteil verlassen wurde oder daß es nach der Geburt keine ausreichende Bindung zwischen Mutter und Kind gab. Ähnliche Gefühle können aus Vorkommnissen resultieren, die mit der Isolation von Gleichaltrigen in der Schule oder einer schmerzhaften Trennung während einer Scheidung zu tun haben.

Besonders wenn ein lebensbedrohliches Ereignis erinnert wird, können sich manche Menschen dem Wahnsinn ausgesetzt fühlen. Völlig unerwartet spüren sie vielleicht wieder etwas aus ihrer Geschichte, einen beinahe tödlich endenden Autounfall, ein Mißgeschick beim Schwimmen, durch das sie fast ertrunken wären, oder extreme körperliche oder sexuelle Mißhandlungen. Wer dieses Ereignis erneut erlebt, kann sich so überwältigt und bedroht fühlen, daß er meint, den Halt in der Realität zu verlieren.

Diese Situationen können einen auch in Kontakt mit der Erfahrung des Todes bringen. Zusätzliche Erinnerungen zum Thema Tod hängen mit den Geburtsbedingungen zusammen. Man hat immer eine Form von essentiellem Kontakt mit dem Tod, wenn man die Geburt samt ihrer Erstickungsgefühle und vitalen Bedrohungen wiedererlebt. Wer in der pränatalen Existenz der Gefahr einer bevorstehenden Abtreibung oder Fehlgeburt ausgesetzt war, kann eine sehr überzeugende fötale Überlebenskrise ertragen haben, die er dann später wiedererlebt.

Man kann auch in transpersonalen Sequenzen, die aus den kollektiven oder universalen Reichen kommen, auf Erfahrungen von Angst, Einsamkeit, Wahnsinn oder Tod treffen. Die transpersonalen Reiche enthalten sowohl lichte wie dunkle Elemente, und das »Positive« kann ebenso angst machen wie das »Negative«. Man kann einem monströsen mythologischen Dämon gegenüberstehen oder eine Schlacht aus einer anderen Zeit miterleben; daß man in diesen Situationen recht alarmiert ist, ist unvermeidbar. Verwirrender ist die Tatsache, daß manchmal Angst aufkommt, wenn sich der Mensch in die »positiven« Reiche des Lichtes und der Schönheit begibt. Wir werden im dritten Kapitel noch darauf zu sprechen kommen.

Eine überzeugende Identifikation mit einem Soldaten, der während des Krieges von seiner Familie getrennt ist, oder mit einer afrikanischen Mutter, die um ihr durch Hungertod verlorenes Kind trauert, kann das Gefühl von Einsamkeit auslösen. Eine Teilnehmerin an einem unserer Workshops meinte wirklich wahnsinnig zu sein, als sie sich während einer Sitzung intensiver Selbsterfahrung zu einer Verrückten in einer mittelalterlichen Irrenanstalt werden sah. Nach einer Stunde war die Erfahrung vorbei, und sie kehrte in ihren üblichen rationalen Zustand zurück.

Die Begegnung mit dem Tod kann auf der transpersonalen Ebene in vielen Formen auftreten. Bei etwas, was einem wie eine Erinnerung an eine frühere Inkarnation vorkommt, kann man lebhaft wiedererleben, wie es sich anfühlt, als Soldat, Sklave, Märtyrer oder Kriegsmutter getötet zu werden. Man kann mit dem Tod in der mythologischen Welt konfrontiert werden, vielleicht durch die Identifikation mit der Figur des Christus am Kreuze oder des zerstückelten Osiris.

Ein anderer Mensch identifiziert sich möglicherweise mit der gesamt-menschlichen Erfahrung des Sterbens und wird zu allen Frauen, die je im Kindbett gestorben, oder zu allen Männern, die je im Kampf gefallen sind. Wieder jemand anderes könnte der Archetyp des Todes selbst werden und ihn in all seiner Ungeheuerlichkeit als universale Kraft erfahren. Das folgende lebhafte Beispiel stammt von einer Frau, deren spirituelle Krise viele realistische Erfahrungen von Tod enthielt:

> Überall um mich herum konnte ich wirbelnde Bilder des Todes sehen: Grabsteine, Kreuze, einen grinsenden Schädel und gekreuzte Knochen. Ich sah Hunderte von blutigen Schlachtfeldern, Konzentrationslager und Krankenstationen; Todesszenerien, wo ich auch hinschaute. Ich hatte das Gefühl, allen Tod in der Geschichte sowohl zu betrachten wie daran teilzunehmen. Und dann änderte sich das Erlebnis, und ich hatte plötzlich das Gefühl, ich, wer auch immer das war, sei für das Ganze verantwortlich; ich war zum Tod selbst geworden, zum Schnitter, zum apokalyptischen Reiter, und ich war es, die die Menschheit vom Leben abrief.

Emotionen und Sinneswahrnehmungen, die mit plötzlich verfügbaren Erinnerungen einhergehen, können leicht versehentlich zu der eigenen direkten Lebenssituation in Verbindung gesetzt werden. Ein Beispiel: Ein Mann, der die bevorstehende Bedrohung, bei der Geburt zu sterben, wiedererlebt, kann sich große Sorgen um seine Gesundheit machen oder eine ungewöhnlich starke Reaktion auf Filme entwickeln, in denen der Tod gezeigt wird. Er könnte sich andauernd von potentiellen Gefahren in seiner Umgebung bedroht fühlen und vielleicht sogar Angst um seine physische Sicherheit haben. Ohne zu verstehen warum, kann er an geschlossenen Orten in Panik verfallen, sich vor Aufzügen und vollen U-Bahnen fürchten.

Jemand wie er kann Thanatophobie entwickeln, eine exzessive Angst vor dem Tod, bei der man von der quälenden Furcht getrieben wird, ein Herzinfarkt oder ein Schlaganfall stünden unmittelbar bevor. Wenn die volle Erfahrung der Geburt mit ihrer weiten Spanne von Emotionen und Sinneswahrnehmungen ins bewußte Gewahrsein aufsteigt, entwickelt der Mensch die Einsicht, daß dies die Quelle seiner Ängste ist, und dann lösen sie sich auf.

Sich der Angst stellen

Das Element der Angst ist ein natürliches Teilchen in dem Mosaik der Veränderung. Angst geht in irgendeiner Form mit fast jeder spirituellen Krise einher, sei es als schwache Sorge bei dem Gedanken an die kommenden Ereignisse des Tages oder als riesige, unbezogene Furcht, die keine Verbindung zu vertrauten Aspekten des eigenen Lebens zu haben scheint. Ein wenig Ängstlichkeit scheint in dieser Situation angemessen: Nicht nur brechen viele der vertrauten Glaubenssysteme zusammen, der Mensch ist auch äußerst emotional geworden. Der Körper fühlt sich an, als würde er auseinanderfallen, es gibt neuen physischen Streß und lästige Schmerzen. Ein Großteil der Angst scheint jedoch vollkommen unlogisch, gerade so, als hätte sie gar nichts mit einem zu tun. Bei manchen Gelegenheiten kann der Mensch in der Krise relativ einfach mit verschiedenen Ängsten umgehen, ein andermal scheint dieses Gefühl sich zu schier unkontrollierbarer Panik auszuwachsen.

Im Leben der meisten Menschen gibt es allerlei Arten von Ängsten, von den groben, offensichtlichen Formen, wie der Furcht vor körperlichen Schäden oder dem Tod, bis zu subtileren, wie der Scheu, einen Fremden nach dem Weg zu fragen. Trotz der vielen Ängste kommen die meisten Leute ganz gut mit dem Alltag zurecht, ohne von ihnen überwältigt zu werden. Während der spirituellen Krisen werden die Alltagsängste jedoch häufig intensiviert und konzentriert, so daß sie nicht mehr zu bewältigen sind. Sie können die Form von diffuser Ängstlichkeit annehmen oder sich zu verschiedenen allgemeinen Arten von Angst verdichten.

Die Angst vor dem Unbekannten. In gewissem Umfang kennen alle Menschen diese Form von Angst. Wenn unser Leben uns in eine unbekannte Richtung führt, reagieren wir oft automatisch so, daß wir zunächst besorgt und dann widerspenstig werden. Einige wenige können sich mit scheinbar beneidenswertem Mut ziemlich furchtlos ins Unbekannte stürzen. Aber bei vielen Menschen

erfolgt der Schritt in unerforschte Gegenden, wenn überhaupt, gegen ihren Willen oder zumindest sehr vorsichtig.
Für Menschen in spirituellen Krisen kann die Angst vor dem Unbekannten entsetzlich groß werden. Ihre inneren Zustände ändern sich häufig so schnell, daß sie sich sorgen, was wohl als Nächstes kommen könnte. Sie werden dauernd mit unergründeten Reichen im Inneren konfrontiert, mit neuen Bewußtheiten und unentdeckten Möglichkeiten. Eine Frau, die bisher sehr materialistisch war, hat vielleicht eine spontane außerkörperliche Erfahrung und lernt, daß sie mehr ist als ihre physische Identität. Ein Mann durchlebt plötzlich eine komplexe visuelle und emotionale Sequenz, die aus einer anderen Zeit und einem anderen Ort zu kommen scheint. Diese Erfahrung lenkt seine Gedanken auf Reinkarnation, ein ihm völlig fremdes Konzept.
Diese Art von abrupten Ereignissen kann unvorbereiteten Menschen sehr viel Angst machen. Solche Leute sind sich unsicher, wo es langgeht und wie sie sich fühlen werden, und so viel schneller Wandel führt zu der Angst, sie würden die Kontrolle über ihr Leben verlieren. Vielleicht sehnen sie sich sogar nach der Vertrautheit der sicheren, alten Seinsweisen, nach der ruhigen und weniger herausfordernden, wenn auch irgendwie unglücklichen Existenz, aus der sie kommen.

Die Angst vor Kontrollverlust. Ein Mann, der viele Jahre darauf verwendet hat, auf ein glückliches Leben hinzuarbeiten, hat vielleicht genaue Pläne für seine Zukunft und das Gefühl, seine Existenz genau im Griff zu haben. Wenn seine Frau eine tödliche Krankheit entwickelt, geht sein Leben in eine ganz andere Richtung, als er geplant hatte. Seine Träume sind geplatzt, und der emotionale Streß, der daraus entsteht, kann einen Transformationsprozeß in ihm auslösen. Mühsam erkennt er, daß er keine Macht über die Kräfte von Leben und Tod hat, daß er Kräften jenseits seines Einflusses unterworfen ist.
Manche Leute sind jahrelang der Ansicht, ihre Welt sei geordnet und sie hätten ihr Leben völlig in der Gewalt. Wenn sie entdecken, daß sie nicht die absolute Kontrolle über den Verlauf ihres Lebens

haben, verschafft ihnen das manchmal große Erleichterung. Zuweilen bekommen sie aber auch entsetzliche Angst, besonders wenn sie sich sehr stark damit identifiziert haben, das Sagen zu haben. Sie fragen sich dann vermutlich: Wer ist denn die Autorität, wenn nicht ich? Ist er, sie oder es vertrauenswürdig? Kann ich mich einer unbekannten Kraft überlassen und wissen, daß ich versorgt sein werde?

Wenn sie vor der Angst stehen, die Kontrolle zu verlieren, werden der Verstand und das Ich unglaublich erfinderisch. Menschen in dieser Situation können ein komplexes System der Verleugnung erschaffen, sich selbst erzählen, es ginge ihnen gerade so, wie sie seien, ganz wunderbar, sie müßten sich keinen Veränderungen unterziehen, oder daß die Veränderungen, die sie spüren, einfach Einbildung seien. Sie können die Geisteszustände, in die sie geraten, intellektualisieren und ausgefeilte Theorien erfinden, um sie wegzuerklären. Oder sie versuchen, sie überhaupt ganz zu vermeiden. Manchmal wird die Befürchtung selbst zu einer Verteidigung; an den Angstgefühlen festzuhalten, kann einen erfolgreich davon abhalten, zu schnell zu wachsen.

Es gibt noch eine Form, die Kontrolle zu verlieren, und die verläuft sehr viel sprunghafter und viel dramatischer. Während einer spirituellen Krise kann man von kraftvollen Episoden überrollt werden, bei denen man vollkommen die Kontrolle über das eigene Verhalten verliert. Wem es so ergeht, der explodiert vielleicht vor Wut und Tränen, zittert heftig und schreit, wie noch nie zuvor. Dieses hemmungslose Freisetzen von Emotionen kann enorm befreiend sein, aber bevor es eintritt, treffen einen vielleicht riesengroße Furcht und Widerstand gegen die Macht der damit einhergehenden Gefühle. Wenn man nach einem solchen Ausbruch erkennt, wie kraftvoll er war, erschreckt und beschämt einen das vielleicht auch.

Andere Ängste. Bei einigen Formen von spirituellen Krisen lassen sich körperliche Empfindungen oder Reaktionen als Angst interpretieren. Man kann sich von merkwürdigen und zuweilen überwältigenden Ausbrüchen von Energie verzehrt fühlen oder

spüren, wie elektrische Ladungen, unkontrollierbares Zittern oder eine unbekannte Kraft durch die inneren Systeme strömen. Herzschlag und Körpertemperatur können steigen. Warum geschieht das? Diese Manifestationen sind häufig eine natürliche physiologische Begleitung der abrupten Veränderungen im Bewußtsein. Es kann sich dabei auch um spezifische Merkmale einer bestimmten Form der spirituellen Krise handeln, wie um das Erwachen der Kundalini.
Menschen, die auf diese Phänomene nicht vorbereitet oder mit ihnen nicht vertraut sind, können sehr bestürzt sein, wenn sie plötzlich Teil ihres Alltags werden. Da sie bei den Körpersensationen an eine gewisse Norm gewöhnt sind, spüren sie beim Eintreten dieser fremden, neuen Gefühle Unruhe und halten sie irrtümlich selbst schon für Angst. Eine Frau, die intensiv meditierte, erinnert sich an ihre Reaktionen:

> Ich ging zu meinem spirituellen Lehrer und erzählte ihm von den merkwürdigen Angstgefühlen, die jetzt Teil meines Lebens waren. Ich spürte sie besonders nachts, oder wenn ich zu meditieren versuchte: Mein Herz raste, mein Körper zitterte, und ich schwitzte heftig. Als er das hörte, lachte er und erklärte, das sei das Werk von Kundalini Shakti. Er sagte: »Denk daran, wenn Du diese Empfindungen spürst, ist das nicht Angst, die Dich angreift. Es ist Gott, der sich durch Dich hindurchbewegt.« Ich habe seitdem oft daran gedacht, und es war mir ein großer Trost.

Man kann auch der Angst vor Wahnsinn, vor dem Tod oder der universalen Vernichtung begegnen. Darauf werden wir später in diesem Kapitel eingehen.

Gefühle von Einsamkeit

Mirabai, ein indischer Dichter aus dem fünfzehnten Jahrhundert, schrieb:

> Meine Augen füllen sich mit Tränen.
> Was soll ich tun? Wo soll ich hin?
> Wer kann meinen Schmerz zum Schweigen bringen?

Mein Körper wurde von der Schlange
Des »Fehlens« gebissen,
Und mein Leben versiegt
mit jedem Pochen meines Herzens.[3]

Einsamkeit ist ein weiterer Bestandteil der spirituellen Krise. Sie kann von einer verschwommenen Wahrnehmung der Getrenntheit von anderen Menschen und der Welt bis zu einem umfassenden Absturz in existentielle Entfremdung reichen. Einige der Gefühle der inneren Isolation haben mit der Tatsache zu tun, daß sich Menschen in spirituellen Krisen ungewöhnlichen Bewußtseinszuständen stellen müssen, die sie vielleicht noch nie geschildert bekommen haben und die anders sind als die alltäglichen Erfahrungen ihrer Freunde und Familien. Existentielle Einsamkeit scheint jedoch sehr wenig mit persönlichen oder äußeren Einflüssen zu tun zu haben.
Viele Menschen im Transformationsprozeß fühlen sich durch die Natur ihrer Erfahrungen von anderen isoliert. Wenn die innere Welt aktiver wird, spürt man vielleicht die Notwendigkeit, sich vorübergehend von den täglichen Aktivitäten zurückzuziehen, beschäftigt sich mehr mit intensiven Gedanken, Gefühlen und inneren Prozessen. Beziehungen zu anderen Leuten können an Wichtigkeit verlieren, und die Betroffenen können sich sogar von dem vertrauten Bild dessen, wer sie sind, abgeschnitten fühlen. Wenn das geschieht, kann man ein umfassendes Gefühl der Trennung von sich selbst, von anderen Menschen und von der Umgebung spüren. Wenn man in diesen Zustand kommt, ist man nicht einmal mehr für vertraute menschliche Wärme und Zuspruch zugänglich.
Ein junger Lehrer berichtet von der Einsamkeit, die er bei einer spirituellen Krise erlebte:

Ich lag nachts neben meiner Frau im Bett und fühlte mich vollkommen, unleugbar allein. Sie hatte mir während meiner Krise viel Hilfe und Trost gegeben. Aber während dieses Zeitabschnitts konnte sie nichts tun, was mir half, auch wenn sie mich noch so viel knuddelte oder mir immer wieder Mut zusprach.

Wir haben viele Menschen in spirituellen Krisen sagen hören: »So was hat noch nie jemand durchgemacht. Ich bin der einzige, der sich je so gefühlt hat!« Solche Leute haben nicht nur das Gefühl, dieser Prozeß sei für sie einzigartig, sie sind vielleicht auch noch überzeugt, daß nie zuvor in der Geschichte jemand das erfahren hat, was sie jetzt fühlen. Außerdem glauben sie, vielleicht weil sie sich so besonders vorkommen, ein bestimmter Therapeut oder Lehrer ihres Vertrauens sei der einzige, der ihnen Hilfe und Anteilnahme geben könne. Ihre starken Emotionen und unvertrauten Wahrnehmungen tragen sie so weit von ihrer früheren Existenz weg, daß sie leicht meinen, sie seien abnorm. Sie haben das Gefühl, mit ihnen sei etwas überhaupt nicht in Ordnung und keiner könne sie verstehen. Wenn sie Therapeuten haben, die selbst darüber verwirrt sind, nehmen ihre Gefühle von intensiver Isolation noch zu.

Selbst wenn sich Leute in diesem Stadium der Vielfalt der theoretischen Landkarten und spirituellen Systeme bewußt sind, die ähnliche Zustände beschreiben, werden sie feststellen, daß es etwas anderes ist, darüber zu lesen oder mitten drin zu sein. Das zeigt sich am Beispiel von Sarah, einer Anthropologiestudentin. Ihre Notizen aus den Vorlesungen waren voller Beschreibungen des schamanischen Lebens und der Rituale der Indianer im Inneren Mexikos. Als sie später während ihrer spirituellen Krise auf lebhafte und realistische Elemente traf, konnte sie zunächst keine Verbindung zwischen ihren Studien und ihren Erfahrungen herstellen. An der Uni war ihre Beziehung zum Thema rein intellektuell. Sie war davon ausgegangen, daß das Verhalten und die Wahrnehmungen der Indianer für sie keine Bedeutung hatten. Ihre eigenen transformativen Zustände waren so plötzlich und umfassend gewesen, daß sie sie aus ihrem ausschließlich wissenschaftlichen Blickwinkel heraus nicht erkennen konnte.

Während der existentiellen Krise fühlt man sich vom tieferen Selbst, von der höheren Kraft oder Gott abgeschnitten, je nachdem, was einem neben den persönlichen Ressourcen Stärke und Inspiration verleiht. Das Ergebnis ist eine vernichtende Art von Einsamkeit, eine totale und vollständige Entfremdung, die das ganze Wesen durchdringt. Das hat eine Frau nach ihrer spirituellen Krise so beschrieben:

Ich war von einem riesigen, beharrlichen Alleinsein umfangen. Ich fühlte mich, als ob sich jede meiner Zellen in einem Zustand extremer Einsamkeit befände. Ich hatte Träume, daß ich auf einer windigen Klippe stand, in den dunklen Himmel schaute und mich nach Kontakt mit Gott sehnte. Ich traf nur auf noch mehr Dunkelheit. Das war mehr als menschliche Verlassenheit, das war total.

Dies tiefe Gefühl von Isolation scheint vielen menschlichen Wesen unabhängig von ihrer Geschichte zugänglich zu sein und stellt häufig einen zentralen Bestandteil der spirituellen Transformation dar. Irina Tweedie, eine Russin, Schülerin eines Sufi-Meisters in Indien, schreibt in *Phönix aus der Asche*:

Dann fühlte ich plötzlich die Große Trennung... ein ganz spezifisches Gefühl tiefer Einsamkeit... sie kann nicht mit der verglichen werden, die jeder von uns dann und wann im Leben erfährt. Alles schien dunkel und leblos. Nirgendwo war noch ein Sinn. Und auch kein Gott, zu dem man beten konnte. Keine Hoffnung. Nichts mehr.[4]

Dieses Gefühl extremer Isolation spiegelt sich in dem verzweifelten Gebet Jesu am Kreuze: »Mein Gott, mein Gott, warum hast du mich verlassen?« Menschen, die an diesem Ort verloren sind, berufen sich oft in dem Versuch, das Ausmaß dieses monumentalen Gefühls zu beschreiben, auf das Beispiel von Christi dunkelster Stunde. Sie können keine Verbindung zum Göttlichen finden. Statt dessen haben sie ein anhaltendes, schmerzendes Gefühl, von Gott verlassen zu sein. Selbst wenn man von Liebe und Unterstützung umgeben ist, kann man von tiefer und bitterer Einsamkeit erfüllt sein. Wenn jemand in den Abgrund der existentiellen Entfremdung hinabsteigt, kann noch so viel menschliche Wärme nichts daran ändern.

Wer sich einer solchen existentiellen Krise gegenübersieht, fühlt sich nicht nur isoliert, sondern auch unbedeutend, wie ein unnützes Staubkorn in einem riesigen Kosmos. Das Universum selbst scheint absurd und sinnlos, und alle menschlichen Aktivitäten trivial. Solche Leute sehen die Menschheit häufig so, als sei sie in eine unergiebige Existenz ohne nützliches Ziel verwickelt. Aus diesem Blickwinkel können sie keine kosmische Ordnung entdecken und keinen Kontakt mit einer spirituellen Kraft halten. Sie werden extrem deprimiert und verzweifelt und denken sogar an Selbstmord. Sie gelangen häufig zu der Einsicht, daß Selbstmord auch keine Lösung ist; es scheint keinen Ausweg aus ihrem Elend zu geben.

Isolierendes Verhalten

Das Individuum in der spirituellen Krise mag eine Weile den Eindruck machen, »anders« zu sein. Jemand, der sich innerlich zu verändern beginnt, paßt vielleicht nicht in eine Kultur der etablierten Normen und starren Erwartungen. Er oder sie kann eines Tages bei der Arbeit oder am Familientisch aufkreuzen und über neue Einsichten oder Gedanken sprechen wollen: Gefühle über den Tod, Fragen nach der Geburt, Erinnerungen an lang verdeckte Familiengeschichte, ungewöhnliche Sichtweisen über die Probleme der Welt oder die grundlegende Natur des Universums.
Die Fremdartigkeit dieser Konzepte und die Intensität, mit der sie vorgetragen werden, können Kollegen, Freunde und Familienmitglieder veranlassen, sich zurückzuziehen, was das ohnehin bereits vorhandene Gefühl von Einsamkeit vergrößert. Die Interessen und Werte ändern sich, und man ist vielleicht nicht mehr bereit, an gewissen Aktivitäten teilzunehmen. Ein abendlicher Kneipenbummel mit den Kumpeln hat seine Attraktivität verloren, stößt einen vielleicht sogar ab.
Leute in dieser Lage können sich aufgrund der Natur ihrer Erfahrungen sehr anders fühlen. Vielleicht meinen sie, sie seien die einzigen, die wachsen und sich verändern, während der Rest der Welt stillsteht, so daß ihnen niemand folgen kann. Sie können sich zu Handlungen hingezogen fühlen, die die Menschen, die ihnen nahe sind, weder verstehen noch unterstützen. Ihr plötzliches Interesse an Gebet, Meditation oder einem esoterischen

System wie Astrologie oder Alchemie kann der Familie und den Freunden »unheimlich« scheinen und ihr Bedürfnis nach Rückzug verstärken.

Wenn jemand in diesem Stadium als Fall für die Psychiatrie eingestuft wird, unterstützen die Etiketten und Behandlungen, die ihm oder ihr dann zuteil werden, die Isolation noch mehr. Die Gefühle von Getrenntheit werden jedesmal verstärkt, wenn die verbale oder nonverbale Botschaft heißt: »Du bist krank. Du bist anders.«

Menschen in einem Transformationsprozeß können auch ihr Erscheinungsbild ändern. Sie lassen sich die Haare wachsen oder kleiden sich so, daß sie ihre Abkehr von der Norm demonstrieren. Beispiele dafür finden sich in der psychedelischen Kultur der Sechziger und Siebziger, in der viele Leute spirituelle Einsichten hatten. Statt diese in einer für die etablierte Gesellschaft annehmbaren Weise zum Ausdruck zu bringen, fühlten sie sich bewogen, eine eigene oder »Gegen«-Kultur zu schaffen, die durch ausdrucksvolle Kleidung, Schmuck, Haartracht und bunt bemalte Autos charakterisiert war.

Andere Beispiele finden sich bei verschiedenen spirituellen Gruppen. Im Zen-Buddhismus rasieren sich die Initianden den Schädel und führen ein Leben der äußerlichen Einfachheit. Die Anhänger des Guru Rajneesh trugen nicht nur Kleidung in einer bestimmten Farbe, sondern legten auch eine *mala* um, die das Bild des Lehrers enthielt, und tauschten ihre Geburtsnamen gegen von ihm verliehene ein. Im orthodoxen Judentum tragen die Männer als Teil ihres Glaubens oft Jarmulkes (traditionelle Kopfbedeckung) und Bärte und folgen zu Hause einem streng religiösen Lebensstil. Eine Gemeinschaft von spirituell Praktizierenden wird diese Art von Verhalten tolerieren oder sogar unterstützen. Wenn sich jedoch jemand, der außerhalb einer solchen tragenden Situation lebt, plötzlich solch offensichtlicher Ausdrucksweisen bedient, kann das zu weiterer Isolation führen.

Bei vielen Menschen in spirituellen Krisen verläuft die Transformation ohne diese Art von entfremdenden äußeren Manifestationen. Bei anderen kommen jedoch deutlicher erkennbare Änderungen im Verhalten vor. Für manche sind diese neuen Verhaltensweisen nur temporäre Stadien im Laufe der spirituellen Entwicklung, während sie für andere zu einem beständigen Teil eines neuen Lebensstils werden können.

»Wahnsinn« erfahren

Während einer spirituellen Krise wird das logische Denken oft durch die bunte, reiche Welt von Intuition, Inspiration und Vorstellungskraft beiseitegeschoben. Der Verstand wird einem zu restriktiv, und wahre Einsicht führt einen über den Intellekt hinaus. Für manche Menschen kann dieser Ausflug in die visionären Reiche aufregend, spontan und kreativ sein. Da sie diese Geisteszustände jedoch nicht als normal betrachten, gehen viele davon aus, nun würden sie verrückt.

Wenn die Auflösung der Rationalität als Teil der spirituellen Entwicklung eintritt, bringt sie häufig den Tod alter geistiger Beschränkungen oder Engstirnigkeit mit sich. Dieser ist manchmal notwendig, damit ein neues, erweitertes Verständnis und mehr Inspiration ihren Platz finden können. Tatsächlich verschwinden aber nicht die Verstandesfähigkeiten, auch wenn es eine Weile so scheinen mag, sondern die kognitiven Begrenzungen, die einen unverändert und beengt halten.

Während dies geschieht, ist lineares Denken manchmal unmöglich. Wenn der bewußte Verstand mit freigesetztem Material aus dem Unbewußten bombardiert wird, fühlt man sich geistig aufgewühlt. Mit einem Mal sind merkwürdige und beunruhigende Emotionen da, und die einst vertraute Rationalität dient nicht mehr dazu, solche Vorkommnisse zu erklären. Dies kann ein sehr bedrohlicher Moment in der spirituellen Entwicklung sein. Wenn aber jemand wahrhaftig in diesem Prozeß steht, ist er nur vorübergehend und kann ein sehr wichtiges Stadium der Transformation sein.

In *Phönix aus der Asche* beschreibt Irina Tweedie ihre Gefühle von Wahnsinn:

Halb ohnmächtig bemerkte ich in der Dunkelheit des Zimmers um mich herum einen wirbelnden grauen Nebel … und kurz darauf erkannte ich in dem Gewirr die häßlichsten, abscheulichsten Dinge. Lüsterne, obszöne Wesen, alle im Beischlaf verschlungen; niedrige, animalische Kreaturen, die wilde sexuelle Orgien aufführten. Ich war mir sicher, daß ich im Begriff war, verrückt zu werden. Kaltes Entsetzen packte mich. Halluzinationen … Wahnsinn; es würde keine Hoffnung mehr für mich geben – Irrsinn … das war das Ende … Die obszönen Wesen rückten noch näher an mich heran, tollten um mein Bett herum … All diese Dämonen müssen in mir gewesen sein! Gnädiger Gott, hilf mir! Ich würde in einem indischen Irrenhaus landen; in der Gummizelle … bestimmt! Ich sah jedenfalls keinen Ausweg.[5]

Manchmal scheinen unvertraute Muster von ungewöhnlich bedeutungsvollen Zufällen das Wirken der Welt zu regieren und die vorhersagbare, scheinbar handhabbare Ordnung zu ersetzen. Ein andermal können Menschen das totale innere Chaos erfahren; ihre logische Art und Weise, ihre Wirklichkeit zu strukturieren, bricht zusammen, und sie bleiben mit einem verwirrten und desorganisierten Mangel an Beständigkeit zurück. Sie sind ganz und gar einer dynamischen inneren Welt voll lebhaften Dramas und packender Emotionen ausgesetzt und können nicht mehr auf objektive, rationale Weise funktionieren. Vielleicht fühlen sie sich so, als sei dies die endgültige Zerstörung jedes letzten Fetzens von geistiger Gesundheit, und haben Angst, daß sie auf den totalen, nicht mehr rückgängig zu machenden Irrsinn zusteuern.
An diese Erfahrung des Wahnsinns erinnert sich eine Frau nach ihrer spirituellen Krise so:

Ich meinte, mein Verstand würde in Millionen Stücke zerspringen. Gedanken, die mir vertraut waren, konnte ich nicht festhalten. Da waren nur Fragmente. Mein Mann versuchte, mit mir zu reden, aber ich konnte seine Worte nicht aufnehmen. Nichts machte Sinn. Alles war völlig durcheinander und verworren. Ich hatte Visionen von mir selbst als lebenslanger Patientin in der geschlossenen Abteilung irgendeiner staatlichen Psychiatrie. Ich war mir sicher, daß es jetzt für immer so bleiben würde.

Manche spirituellen Traditionen haben eine andere Sichtweise dieser Art von »Wahnsinn«; in ihnen kennt man den »heiligen« oder »göttlichen Wahn«, in Unterscheidung zu normaler Verrücktheit. Ersteres wird als eine Form des Rausches durch das Göttliche angesehen, der ungewöhnliche Fähigkeiten und spirituelle Unterweisungen mit sich bringt. In Traditionen wie dem Sufismus und der Kultur der nordamerikanischen Indianer verkörpern heilige Figuren wie der Narr oder der Possenreißer diesen Zustand. Von angesehenen Mystikern, Propheten und Sehern heißt es oft, sie seien vom Wahnsinn inspiriert.

Der griechische Philosoph Platon beschreibt den göttlichen Wahn als Geschenk der Götter:

> Nun aber werden die größten aller Güter uns durch den (Wahn) zuteil, wenn er als göttliches Geschenk verliehen wird. Denn die Prophetin in Delphi und die Priesterinnen in Dodona haben in der Besessenheit viel Schönes für Haus und Stadt in Hellas getan, bei klarer Besinnung aber Kümmerliches oder nichts … Der (Wahn ist) etwas Schönes, wenn er durch göttliche Schickung entsteht.[6]

In der Kultur der Okinawa heißt ein solcher Zustand *kamidari*. Es ist eine Zeit, in der der Geist eines Menschen leidet, eine Zeit, in der er oder sie nicht rational handeln kann. Dann unterstützt ihn die Gemeinschaft und erkennt diese zerrüttete Verfassung als Zeichen dafür, daß er oder sie Gott nahe ist. Danach wird ein solcher Mensch als jemand betrachtet, der eine göttliche Mission hat, vielleicht die eines Heilers oder Lehrers.

Die Konfrontation mit dem symbolischen Tod

Die Konfrontation mit der Frage des Todes ist ein entscheidender Punkt im Transformationsprozeß und integraler Bestandteil der meisten spirituellen Krisen. Sie ist oft Teil eines kraftvollen Zyklus von Tod und Wiedergeburt. Was dabei tatsächlich stirbt, sind alte Seinsweisen, die das Wachstum des Individuums behindern. Von diesem Blickwinkel aus stirbt jeder im Laufe des Lebens viele Male in irgendeiner Form. In vielen Traditionen ist diese Vorstellung vom »Sterben vor dem Sterben« entscheidend für das spirituelle Weiterkommen. Sich mit der Tatsache des Todes als Teil der Kontinuität des Lebens abzufinden, wird als enorm befreiend betrachtet, da es die Angst vor dem Tod nimmt und für die Erfahrung der Unsterblichkeit öffnet. Wie der christliche Mönch Abraham a Sancta Clara im siebzehnten Jahrhundert schrieb: »Ein Mensch, der stirbt, bevor er stirbt, stirbt nicht, wenn er stirbt.«

Swami Muktanandas Beschreibung seiner eigenen Begegnung mit dem Tod in *Spiel des Bewußtseins* schildert lebhaft nicht nur die Erfahrung des Sterbens, sondern auch seinen Weg in die Wiedergeburt.

> Ich hatte Angst zu sterben. Mein Prana (Atem, Lebenskraft) bewegte sich nicht mehr, mein Geist arbeitete nicht. Ich fühlte, daß mein Prana meinen Körper verließ... Dann verlor ich jede Beherrschung über meinen Körper. So wie ein sterbender Mensch seinen Mund öffnet, seine Arme ausbreitet und einen seltsamen Laut von sich gibt, so fiel ich nieder und machte dieses Geräusch... Ich hatte völlig das Bewußtsein verloren.
>
> Ungefähr eine Stunde oder anderthalb Stunden lag ich in diesem unbekannten Bewußtseinszustand, und dann erhob ich mich, so wie ein Mensch vom Schlaf aufsteht, lachte und sagte zu mir: »Ich bin gerade gestorben, aber jetzt bin ich wieder lebendig.« Ich stand auf, fühlte mich sehr friedvoll, sehr glücklich und ganz voller Liebe. Mir wurde klar, daß ich den Tod erfahren hatte. Seitdem ist der Ort der Furcht in mir zerstört worden. Ich habe völlige Furchtlosigkeit erlangt.[7]

Viele Menschen haben überwiegend negative Assoziationen zum Thema Tod. Sie glauben, er sei das Ende von allem, die letztendliche Enteignung, die endgültige Vergeltung. Sie betrachten den Tod als etwas angstmachend Unbekanntes, und wenn er als Teil ihrer inneren Erfahrung auftritt, sind sie entsetzt.

Die Begegnung mit dem Tod kann sich in verschiedenen Formen manifestieren. Eine ist die Konfrontation mit der eigenen Sterblichkeit. Wer dem Thema Sterben ausgewichen ist, wird vermutlich mit einer tiefen Erfahrung, die ihm zeigt, daß das Leben vergänglich und der Tod gewiß sind, Schwierigkeiten haben. Viele Leute bewahren unbewußt die Kindheits-Vorstellung der Unsterblichkeit. Wenn sie vor den Tragödien stehen, die das Leben zu bieten hat, verwerfen sie sie mit der allgemeinen Aussage: »Das geschieht nur anderen. Mir wird das nicht passieren.«

Wenn solche Menschen durch eine spirituelle Krise zu einem grundlegenden Verständnis ihrer eigenen Sterblichkeit gelangen, werden sie extrem widerstrebend. Sie tun alles, um das Thema zu vermeiden, versuchen den Prozeß vielleicht aktiv dadurch zum Stillstand zu bringen, daß sie hektisch arbeiten, exzessiv reden, flüchtige Beziehungen eingehen oder Beruhigungsmittel oder Alkohol zu sich nehmen. Im Gespräch versuchen sie, dem Thema Tod auszuweichen oder darüber zu lachen und zu relativ sicheren Themen zurückzukehren. Andere werden sich vielleicht ganz plötzlich des Alterungsprozesses bewußt, nicht nur bei sich selbst, sondern auch bei den Menschen, die ihnen nahestehen.

Manche Leute gelangen ganz unerwartet zu einer neuen Form von Bewußtheit. Ein Lehrer beschreibt das so:

Ich hatte schon seit einiger Zeit mit dem Konzept meiner eigenen Sterblichkeit herumgespielt. Ich kannte einige der christlichen und buddhistischen Vorstellungen von Vergänglichkeit, hatte sie aber nicht wirklich als etwas angenommen, das mit mir zu tun hatte. Dann kam der Tag, an dem die *Challenger*-Raumfähre in die Luft flog. Ich schaute fern und sah die sieben Astronauten fröhlich winkend das Fahrzeug besteigen, das zu ihrer Todesfalle werden sollte. Sie konnten nicht wissen, daß dies die letzten Minuten ihres Lebens waren. Gewiß sein konnten sie sich nur dieses Augenblicks voller Vitalität, und der würde bald vorüber sein. Als ich dieses entsetzliche Drama beobachtete, wurde mir plötzlich etwas klar! Was die Philosophen beschrieben haben, stimmt: Unser Leben ist vergänglich, und alles, was wir wirklich haben, ist der gegenwärtige Moment. Keine Vergangenheit, keine Zukunft. Nur das Jetzt.

Diese Art von Einsicht kann für Leute, die nicht willens oder fähig sind, sich ihrer Angst vor dem Tod zu stellen, erschütternd sein. Aber für diejenigen, die bereit sind, die Tatsache ihrer Sterblichkeit zu akzeptieren, kann sie befreiend wirken, da das volle Annehmen des Todes ihnen die Möglichkeit gibt, jeden Moment so zu genießen, wie er ist.

Eine andere häufige Erfahrung ist der Tod von beschränkenden Denk- oder Seinsweisen. Wenn jemand sich zu verändern beginnt, erweist es sich als notwendig, einige der Begrenzungen fallenzulassen, die das Wachstum behindert haben. Manchmal geschieht dies im sehr strukturierten Rahmen einer Therapie oder spiritueller Praktiken, die von einem verlangen, bewußt alte Einschränkungen loszulassen, ganz langsam und fast willentlich. Oder es tritt automatisch als Teil der Entwicklung ein.

Für viele Menschen, die eine spirituelle Krise erleben, kommt dieser Prozeß jedoch jäh und unerwartet. Sie fühlen sich plötzlich, als würden ihnen Sicherheit und Geborgenheit entrissen und sie in eine unbekannte Richtung geschleudert. Vertraute Seinsweisen sind nicht mehr angemessen, müssen aber erst noch durch neue ersetzt werden. Ein Individuum, das in diesem Wandel gefangen ist, ist unfähig, sich an irgendwelchen bekannten Bezugspunkten im Leben festzuhalten, und fürchtet, es werde unmöglich sein, zu alten Verhaltensweisen und Interessen zurückzukehren. Man kann das Gefühl haben, alles, was man je gewesen sei oder was einem je etwas bedeutet hat, würde sterben, und der Prozeß an sich sei unwiderruflich. Dann verzehrt man sich vielleicht vor Schmerz über den Tod des alten Selbst.

Der Zustand der Losgelöstheit von Rollen, Beziehungen, der Welt und sich selbst ist eine andere Form des symbolischen Todes. Er gilt in vielen spirituellen Systemen als primäres Ziel der inneren Entwicklung. Diese Losgelöstheit ist ein notwendiges Ereignis im Leben, das ganz natürlich im Moment des Todes stattfindet, zu der Zeit also, zu der jeder Mensch vollkommen versteht, daß wir unsere materiellen Besitztümer, irdischen Rollen und Beziehungen nicht in die jenseitige Welt mitnehmen können. Meditation und Formen der Selbsterforschung erlauben Suchenden, sich dieser Erfahrung bereits vor dem physischen Tod zu stellen, so daß sie das, was sie im Leben haben, in vollen Zügen genießen können.

Der Dichter T. S. Eliot schreibt:

> Um das zu besitzen, was du nicht besitzest,
> mußt du den Weg der Entäußerung gehen.
> Um das zu werden, was du nicht bist,
> mußt du den Weg gehen, auf dem du nicht bist.[8]

Im Buddhismus gilt das Festhalten an der materiellen Welt, die Anhaftung, als die Wurzel des Leidens und das Freisetzen als Schlüssel zur spirituellen Befreiung. Dieser Gedanke kommt auch in anderen Traditionen vor und klingt in den Yoga-Sutras von Patanjali wieder: »Wenn es an diesem Punkt, an dem die Samen der Fesseln an den Kummer zerstört werden, keine Nachsicht mit sich selbst gibt, erreicht man reines Sein.«

Während des Entwicklungsprozesses tritt regelmäßig mehr oder weniger radikales Losgelöstsein auf, was sehr verwirrend und bedrückend sein kann. Wenn ein Mensch sich zu wandeln beginnt, wird sich seine Beziehung zu geliebten Menschen, Aktivitäten und Rollen im Leben ändern. Ein Mann, der davon ausgegangen war, seine Familie gehöre zu ihm, mag entdecken, daß seine Bindung an Frau und Kinder nur dazu dient, ihm großen Schmerz zu bereiten. Er mag sogar zu der Einsicht gelangen, daß das einzig Konstante in seinem Leben die Veränderung ist und daß er irgendwann all das verlieren wird, was er zu haben meint.

Eine Frau, die sich sehr stark mit ihrer Rolle als Aerobic-Lehrerin identifiziert, mag erkennen, daß sie ihre physische Leistungsfähigkeit nicht ewig aufrechterhalten wird und daß auch die ganzen Monate des intensiven Trainings daran nichts ändern werden. Daß sie so viel Zeit und Energie investiert, wird es eher noch schwieriger machen, die Realität zu akzeptieren. Ein Industrieller, der sein Leben damit verbracht hat, Geld zu machen und Besitztümer anzusammeln, wird widerstrebend zugeben, daß er all das nicht mit sich nehmen kann und es irgendwann verlieren wird.

Diese Art von Einsichten können zu der Erkenntnis führen, daß der Tod der letztendliche Gleichmacher ist und irgendwann auch von denen, die ihn im Leben leugnen, seinen Tribut fordern wird. Während des Übergangs zu dieser Erfahrung müssen die Menschen sich einer schmerzhaften Prozedur des Loslassens weltlicher Belange unterziehen, denen sie verhaftet sind und die so ihr Leiden fortschreiben. Der Prozeß des Loslösens ist in sich selbst eine Form des Todes, des Todes der Anhaftung. Bei einigen ist der Impuls des Loslösens so stark, daß sie Angst bekommen, sie

würden sich buchstäblich auf den bevorstehenden physischen Tod vorbereiten.
In diesem Stadium der spirituellen Krise entsteht bei manchen Menschen die Fehleinschätzung, diesen inneren Wechsel zu vollenden hieße, sich von bedeutungsvollen Verbindungen im Alltag zu entfernen. Sie verwechseln ihr neues Bedürfnis nach innerem Lösen mit äußerer Zurückgezogenheit. Vielleicht spüren sie einen beständigen inneren Drang, sich von einschränkenden Bedingungen zu befreien, und wenn es ihnen an der Einsicht mangelt, daß der Prozeß des Lossagens innerlich vollendet werden kann, agieren sie ihn versehentlich in ihrem Alltag aus. In den Sechzigern und frühen Siebzigern haben viele, die durch das Experimentieren mit bewußtseinsverändernden Techniken und Drogen an diesen Punkt gekommen waren, ihn äußerlich so ausgelebt, daß sie ihre Familie und ihre sozialen Rollen aufgaben und eine Gegenkultur schufen, die das neugefundene Verständnis zu repräsentieren versuchte.
Ein Rechtsanwalt, der an einem unserer Workshops teilnahm, hatte diesen Punkt auf seiner spirituellen Reise erreicht und kam voller Besorgnis zu uns:

> Heißt das, daß ich alles werde aufgeben müssen, wofür ich so lange gearbeitet habe? Ich liebe meine Familie und meine Arbeit. Ich bin seit zwanzig Jahren verheiratet, und meine Frau bedeutet mir sehr viel. Meine Praxis blüht, und ich bin bei dem, was ich da tue, wirklich gut. Aber alles in mir sagt, daß ich das werde zurücklassen müssen. Werde ich bald sterben? Was soll ich machen?

Im Gespräch erkannte er dann, daß es nicht notwendig war, einem guten und produktiven Lebensstil zu entsagen, und daß sein Entwicklungsprozeß nicht zum physischen Tod führte. Er war vielmehr in ein bekanntes und natürliches Stadium des Loslösens gekommen, in dem er seine emotionalen Anhaftungen an wichtige Elemente in seinem Leben aufgeben mußte. Er konnte sehen, daß an diesem Punkt nur seine restriktive, klammernde Beziehung zu seinen vertrauten Rollen sterben würde und daß dieses innere Loslassen ihm schließlich die Freiheit geben würde, wirksamer zu handeln.

Der Tod des Ich ist eine wesentliche Möglichkeit, während der Transformation den symbolischen Tod zu erfahren. Der Prozeß der spirituellen Entwicklung führt von einer relativ beschränkten Art des Seins zu einem neuen, erweiterten Zustand hin. Wenn sich dieser Wechsel vollziehen soll, muß oft ein alter Existenzmodus »sterben«, um einem neuen Selbst Platz zu machen. Das Ich muß zerstört werden, bevor eine größere Selbst-Definition verfügbar wird. Das nennt man den Ich-Tod. Das ist nicht der Tod desjenigen Ich, das man braucht, um mit der Alltagsrealität umzugehen; es ist der Tod alter Persönlichkeitsstrukturen und Seinsweisen, und er ist notwendig, wenn eine glücklichere und freiere Existenz entstehen soll. Ananda K. Coomaraswamy schreibt: »Kein Geschöpf kann eine höhere Wesensebene erreichen, ohne aufzuhören zu existieren.«

Der Ich-Tod kann sich allmählich über einen längeren Zeitraum hinziehen oder ganz plötzlich und mit großer Kraft eintreten. Obwohl er eines der förderlichsten und heilendsten Ereignisse bei der spirituellen Evolution ist, kann er wie eine Katastrophe erscheinen. In diesem Stadium kann sich der Prozeß des Sterbens manchmal sehr real anfühlen, so als wäre er nicht mehr symbolische Erfahrung, sondern vielmehr ein echtes biologisches Unheil. Meist kann man nicht sehen, daß auf der anderen Seite dessen, was einem wie die totale Zerstörung des Ich vorkommt, ein erweitertes, umfassenderes Gefühl von Selbst wartet.

Einige Zeilen aus *Phoenix* von D. H. Lawrence schildern diesen verheerenden, aber transformativen Prozeß:

> Bist du bereit, weggewischt,
> ausradiert, gelöscht, zu Nichts
> gemacht zu werden?
> Bist du bereit, zu Nichts gemacht,
> in Vergessenheit getaucht zu werden?
> Wenn nicht, wirst du dich nie wirklich ändern.[9]

Wenn Menschen in dem Prozeß des Ich-Todes stecken, fühlen sie sich oft überwältigt und ausgelaugt, so als ob alles, was sie waren oder sind, ohne Hoffnung auf Erneuerung zusammenbrechen würde. Da ihre Identität auseinanderzufallen scheint, sind sie sich ihres Platzes in der Welt oder ihres Wertes als Eltern, Angestellte oder effektive menschliche Wesen nicht mehr sicher. Äußerlich werden alte Interessen bedeutungslos, ethische Systeme und Freunde werden ersetzt, und die Betroffenen verlieren das Vertrauen, daß sie zuverlässig mit dem Alltagsleben umgehen können. Innerlich erleben sie vielleicht einen allmählichen Verlust der Identität. Sie spüren, daß ihr physisches, emotionales und spirituelles Selbst unerwartet und gewaltsam zerschlagen werden. Vielleicht haben sie das Gefühl, daß sie wirklich sterben, da sie sich plötzlich ihren tiefsten Ängsten stellen müssen.

Eine Frau in mittleren Jahren erinnert sich nach einer Ich-Tod-Erfahrung an ihre Gefühle der vollkommenen Zerstörung:

> Nachher hat mich jemand zu meinem Mut beglückwünscht, meine Stücke wieder zusammenzusetzen. Aber da waren keine Stücke übrig, nicht einmal Fetzen. Alles, was ich zu sein glaubte, war vernichtet worden.

Ein sehr tragisches Mißverständnis, das an dieser Stelle auftreten kann, ist die Verwechslung des Wunsches nach Ich-Tod mit dem Impuls, sich tatsächlich umzubringen. Es ist nicht leicht, zwischen dem Wunsch nach »Egozid«, wie wir es nennen können, und dem Drang nach Suizid zu unterscheiden. Menschen in diesem Stadium stehen oft unter einem starken inneren Druck, etwas in ihnen müsse sterben. Wenn dieser Druck stark genug ist und kein Verständnis der Dynamik des Ich-Todes vorliegt, kann man diese Gefühle falsch lesen und sie in Form selbstzerstörerischen Verhaltens ausleben. Oder ununterbrochen darüber reden, daß man sich umbringen wolle, und damit Freunden und Verwandten große Sorgen bereiten.

Therapie, spirituelle Praxis und andere Formen der Selbsterforschung machen es möglich, die symbolische Erfahrung des innerlichen Sterbens zu vollenden, ohne den Körper mitzunehmen. Man kann innen sterben und doch lebendig und gesund bleiben.

Eine der umfassendsten Begegnungen mit dem Tod ist die Erfahrung der Zerstörung der Welt oder des Universums. Die Konfrontation mit der Tatsache der eigenen Sterblichkeit und der Ich-Tod finden in individuellen, persönlichen Reichen statt. Manchmal erstreckt sich dasselbe Gefühl von bevorstehender Auslöschung auch auf eine transpersonale Ebene; man kann lebhafte Sequenzen der Zerstörung allen Lebens auf der Erde oder sogar des Planeten selbst erfahren. Dieses innere Ereignis kann man mit der äußeren Wirklichkeit verwechseln und die Angst entwickeln, die Existenz der Welt sei bedroht.

Dieselbe Erfahrung kann sich sogar so weit ausdehnen, daß sie die Zerstörung des Sonnensystems oder des gesamten Kosmos einschließt. Man kann Visionen von explodierenden Sternen sehen und sich physisch damit identifizieren, daß alle Materie sich in ein schwarzes Loch verwandelt. Man fühlt sich vollkommen machtlos, und die Bemühungen, dieses enorme Desaster aufzuhalten, sind vergeblich.

Swami Muktananda beschreibt in *Spiel des Bewußtseins* seine eigene dramatische Meditationserfahrung:

> Ich setzte mich und nahm sofort die Lotosstellung ein. Ich sah, wie sich überall um mich herum Feuer ausbreitete. Das ganze All stand in Flammen. Ein brennendes Meer war aufgebrochen und verschlang die ganze Erde... Ich war von Schrecken umgeben... Jetzt sah ich die ganze Erde bedeckt von den Wassern der kosmischen Auflösung. Die Welt war zerstört worden.[10]

In letzter Zeit leben wir mit der Realität, daß unser ganzer Planet von nuklearer Zerstörung bedroht ist, und ein Großteil der Angst über diese Situation ist durchaus angemessen. Jemand in einer spirituellen Krise kann eine sehr lebhafte innere Erfahrung einer nuklearen Katastrophe machen, und die Angst, die in diesem Stadium aufkommt, kann jenseits persönlicher Befürchtungen liegen. Einem solchen apokalyptischen inneren Ereignis folgt häufig eine Sequenz des planetaren oder universalen Neustrukturierens. Dann betritt man eine neue Welt, reintegriert und strahlend, und im Kosmos herrscht wieder eine liebende und wohlwollende Ordnung.

3 Dem Göttlichen begegnen

Um den Mittag umleuchtete mich schnell ein großes Licht vom Himmel... Die aber mit mir waren, sahen das Licht und erschraken... Ich sprach aber: Herr, was soll ich tun? Der Herr aber sprach zu mir: Stehe auf und gehe gen Damaskus; da wird man dir sagen von allem, was dir zu tun verordnet ist. Als ich aber vor Klarheit dieses Lichtes nicht sehen konnte, ward ich bei der Hand geleitet von denen, die mit mir waren, und kam gen Damaskus.

Paulus auf dem Weg nach Damaskus,
Apostelgeschichte 22; 6 – 11

Bisher haben wir nur auf die mühsamen oder negativen inneren Räume geschaut, durch die man in der dunklen Nacht kommen kann. Aber Menschen in spirituellen Krisen begegnen häufig auch lichten, ekstatischen oder göttlichen Bereichen in ihrem Inneren. Wie zu erwarten, machen diese Zustände im allgemeinen weniger Probleme als die anderen. Manche Leute fühlen sich von diesen Erfahrungen einfach gesegnet. Sie können still daraus lernen und ihre Lektionen bewußt im täglichen Leben anwenden. Aber diese »positiven« mystischen Zustände sind nicht notwendigerweise ohne Probleme. Es gibt auch Menschen, die mit ihnen zu kämpfen haben, und sie können sogar zu einem Teil der transformativen Krise werden.

Sowohl die dunklen wie die lichten Reiche sind verbreitete und wichtige Aspekte der spirituellen Entwicklung, und wenn wir die Begriffe *positiv* und *negativ* benutzen, dann wollen wir damit nicht unterstellen, eines sei von mehr oder weniger Wert als das andere. Beides sind notwendige und einander ergänzende Bestandteile des Heilungsprozesses.

Manche Menschen können relativ leicht und als Teil ihres normalen Lebens Kontakt zu den positiven oder mystischen Reichen aufnehmen. Das kann auch bei einfachen Aktivitäten oder in der freien Natur geschehen. In Eugene O'Neills Stück *Eines langen*

Tages Reise in die Nacht erzählt Edmund beseelt von einer Erfahrung, die er auf einem Segelschiff hatte:

> Ich liege vorne am Bugsprit, schau achtern aus, das Wasser schäumt unter mir, und die Maste über mir türmen sich hoch auf mit ihren weißen Segeln im Mondlicht. Ich war wie trunken von all der Schönheit und dem singenden Rhythmus des Ganzen. Für einen kurzen Augenblick verlor ich mich selbst – wirklich, ich verlor mein Leben. Ich war befreit, war frei! Ich löste mich auf im Meer, wurde weißes Segel und fliegende Gischt, wurde Schönheit und Rhythmus, Mondlicht und das Schiff und der hohe mit Sternen übersäte, verschwimmende Himmel. Ich gehörte, ohne Gegenwart und ohne Zukunft, mit hinein in den Frieden und die Einheit und in eine wilde Freude, in etwas, das größer war als mein eigenes Leben, größer als das Menschenleben überhaupt, ich gehörte zum Leben selbst! Zu Gott, wenn du willst...
> Wie wenn eine unsichtbare Hand den Schleier weggezogen hätte von den Dingen. Für eine Sekunde sieht man – und wenn man das Geheimnis erkennt, ist man selbst das Geheimnis. Für einen Moment ist Sinn![11]

Man kann die transzendenten Reiche auch ganz unerwartet bei körperlicher Bewegung wie Tanz oder Sport entdecken. Das liegt vielleicht daran, daß man die Konzentration ganz auf die Aktivität, die körperliche Anstrengung oder die schnellere Atmung ausrichtet. Dieselben Elemente sind Teil der in vielen meditativen Praktiken entwickelten Techniken, die es einem erlauben, über die gewöhnliche logische Welt hinauszugehen. Die Basketball-Spielerin Patsy Neal schreibt in *Sports and Identity*:

> Es gibt Glanzpunkte, die die menschlichen Erwartungen, die physischen und emotionalen Fähigkeiten des einzelnen übertreffen. Irgend etwas Unerklärbares schaltet sich zu und atmet dem bekannten Leben neues Leben ein... Nenn es den Zustand der Gnade oder einen Akt des Vertrauens... oder eine Handlung Gottes. Es ist da, und das Unmögliche wird möglich... Die Sportlerin wächst über sich selbst hinaus; sie transzendiert das Natürliche. Sie berührt ein Stück Himmel und wird zur Empfängerin von Kraft aus einer unbekannten Quelle.[12]

Manche Menschen haben mystische Erfahrungen bei der Meditation und andere als Teil des dramatischen, überwältigenden transformativen Prozesses der spirituellen Krise. Diese Zustände sind plötzlich, all-verzehrend und radikal. Sie ändern die Wahrnehmung eines Menschen von sich selbst und der Welt vollständig. Wie auch immer die göttlichen Reiche in das Leben eines Menschen gelangen, sie haben bestimmte gemeinsame Merkmale.

Die Natur der transzendentalen oder mystischen Erfahrung

Die Emotionen und Sinneswahrnehmungen, die mit den himmlischen inneren Reichen einhergehen, sind gewöhnlich das Gegenteil dessen, worauf man in den dunklen Gebieten treffen kann. Statt schmerzhafter Entfremdung kann man ein allumfassendes Gefühl von Einssein und Verbundenheit mit der gesamten Schöpfung entdecken. Statt von Angst ist man von Ekstase, Frieden und einem tiefen Gefühl der Unterstützung durch den kosmischen Prozeß durchdrungen. Man trifft nicht auf »Wahnsinn« und Verwirrung, sondern auf geistige Klarheit und Ruhe. Und statt sich andauernd mit dem Tod zu beschäftigen, kann man Verbindung zu einem Zustand aufnehmen, der sich ewiglich anfühlt, und verstehen, daß man der Körper ist und auch alles andere, was existiert.

Es liegt zum Teil an ihrer unbeschreibbaren und grenzenlosen Natur, daß die göttlichen Reiche schwieriger zu schildern sind als die dunklen Gebiete, obwohl Dichter und Mystiker aller Zeiten wunderschöne Metaphern geschaffen haben, um sich ihnen anzunähern. In manchen spirituellen Zuständen sieht man die gewöhnliche Umgebung als eine herrliche Schöpfung göttlicher Energie, voller Mysterien. Alles in ihr scheint Teil eines aufs Feinste miteinander verknüpften Netzes zu sein. Der Dichter William Blake fängt dieses Wissen um das Göttliche so ein:

> Um die Welt in einem Sandkorn zu sehen
> und einen Himmel in einer Wildblume,
> Halte die Endlosigkeit in deiner Handfläche
> Und die Ewigkeit in einer Stunde.[13]

Andere Erfahrungen beinhalten das Enthüllen von Dimensionen, die einem im täglichen Leben nicht bewußt sind: Sie transzendieren Raum und Zeit und sind von himmlischen und mythologischen Wesen bevölkert. Diese Erfahrungen gehen oft mit intensiven Wahrnehmungen einer mächtigen spirituellen Kraft einher, die den Körper überflutet. Man hat den Eindruck, die mystischen Reiche seien von einer heiligen oder numinosen Essenz und unergründbarer Schönheit durchdrungen, und sieht häufig Visionen von kostbarem Gold, funkelnden Juwelen, außerirdischem Strahlen, Leuchten und glitzerndem Licht. In *Leaves of Grass* schreibt der mystische Dichter Walt Whitman:

> Wie in einem Rausch, ein Augenblick
> bin ich von einer anderen, unbeschreibbaren Sonne voll geblendet;
> und all die Weltalle, die ich kannte, und hellere, unbekannte;
> ein Augenblick des zukünftigen Landes, des Himmelslandes.[14]

In den Beschreibungen der transzendentalen Reiche ist nicht nur von glänzendem göttlichen Licht die Rede, sondern auch davon, daß sie jenseits der gewöhnlichen Sinne liegen. Der amerikanische Dichter Henry David Thoreau schreibt:

> Ich höre weiter als die Töne reichen,
> Ich sehe weiter als die Sicht.
> Neue Erden, Himmel und Meere um mich,
> und in meinen Tagen verblaßt der Sonne Licht.

Man erfährt das Göttliche oft als ewig, unveränderlich und zeitlos, so wie es der chinesische Philosoph Laotse im *Tao te King* schildert:

> Es gibt ein Ding, das ist unterschiedslos vollendet.
> Bevor der Himmel und die Erde waren, ist es schon da,
> so still, so einsam.
> Allein steht es und ändert sich nicht.
> Im Kreis läuft es und gefährdet sich nicht.
> Man kann es nennen die Mutter der Welt.

Ich weiß nicht seinen Namen.
Ich bezeichne es als SINN.
Mühsam einen Namen ihm gebend,
nenne ich es: groß.[15]

Viele Menschen, die diese inneren Dimensionen erfahren, erkennen sie als Teil der grenzenlosen, expansiven Essenz eines jeden Menschen, die aber im allgemeinen von den Problemen und Belangen des Alltags verdeckt ist. Transzendente Zustände fühlen sich wegen ihrer Klarheit und Lebendigkeit oft wirklicher an als die »gewöhnliche« Realität. Die Entdeckung dieser Reiche wird häufig mit dem Erwachen aus einem Traum, dem Entfernen von milchigen Schleiern oder dem Öffnen der Pforten der Wahrnehmung verglichen. Manche gelangen durch innere Quellen, die normalerweise nicht zur Verfügung stehen, zu neuen Einsichten und verfeinertem Wissen um den Lebensprozeß.

So wie man in der dunklen Nacht der Seele dem trostlosen Ich-Tod begegnen kann, so kann man auch in den transzendenten Reichen auf eine Art positiven Ich-Tod stoßen. Hier lösen sich persönliche Grenzen vorübergehend auf, und man kann spüren, wie man in der äußeren Welt oder im Kosmos aufgeht. Eine der häufigsten Arten der positiven Desintegration ist die, bei der man das Gefühl hat, man verlöre sich selbst im immanent Göttlichen, wie es sich in der Welt um einen herum zeigt. Die Individualität verschwindet, wenn man mit der vertrauten Welt der Menschen, Bäume, Tiere oder der anorganischen Natur verschmilzt. Bei einer anderen Form dieser Erfahrung spürt man, wie man in göttlichen Reichen aufgeht, die die alltägliche Wirklichkeit transzendieren.

Alfred Lord Tennyson schreibt in *Ancient Stage* über diesen Zustand:

Mehr als einmal, wenn ich
Ganz allein saß, um mich selbst kreiste,
Lockerte sich das Wort, das mein Symbol ist,
Die sterbliche Begrenzung des Selbst,
Und verschwand ins Namenlose, wie eine Wolke
Mit dem Himmel verschmilzt.

Diese Erfahrung nimmt oft die Form eines sanften Ich-Verlustes an, einer Auflösung von Ich-Strukturen, die notwendig ist, um eine erweiterte Definition des Selbst zu erreichen. Der indische Philosoph und Heilige Sri Ramana Maharishi hat diesen Prozeß mit dem einer Zuckerpuppe gleichgesetzt, die schwimmen geht und sich in dem Meer des Bewußtseins auflöst. Eine dramatischere Form des positiven Ich-Todes ist die plötzliche Konfrontation mit dem Licht. Die Mystiker haben dafür das Bild einer Motte, die in die göttliche Flamme fliegt und sofort verbrennt.

Begegnungen mit den göttlichen Regionen sind im Laufe des Prozesses der spirituellen Entwicklung extrem heilsam. Wenn man sie erreicht, erlebt man oft positive Emotionen wie Ekstase, Entzücken, Dankbarkeit, Liebe und Verzückung, die negative Zustände wie Depression oder Wut schnell abschwächen oder auflösen können. Das Gefühl, selbst Teil eines allumfassenden kosmischen Netzwerks zu sein, gibt jemandem mit Selbstwert-Problemen ein frisches, erweitertes Selbstbild.

Wer solche Erfahrungen schon zu Beginn des Prozesses macht, schätzt sich gewöhnlich glücklich. Er weiß zwar, daß die ganze Angelegenheit schwierig werden kann, hat aber zumindest eine Vorstellung davon, wo er hingeht. Es ist so, als ob man einen Blick auf den Gipfel des Berges hätte werfen können. Selbst wenn man dann ganz ins Tal zurück muß, um den Aufstieg anzugehen, hat man die Perspektive, daß einen am Ende der Reise eine Belohnung erwartet. Das ist bei weitem der Situation desjenigen vorzuziehen, der sich monatelang durch schwierige Emotionen und Empfindungen wühlen muß, ohne auch nur zu ahnen, was das Ziel ist.

Diese positiven Erfahrungen treten nicht unbedingt als logisches Stadium in einer linearen Entwicklung auf, als Preis am Ende einer schwierigen Suche. Viele Leute stellen fest, daß sie persönliche Probleme oder emotionale Blockaden beseitigen müssen, bevor sich diese Gebiete in ihnen öffnen können. Werden sie dann zugänglich, kann man meinen, das sei der harten Arbeit davor zu verdanken. Aber andere nehmen spontan Kontakt zu den transzendenten Orten in sich selbst auf, auch wenn sie noch gar nicht an schwierigen Fragen gearbeitet haben. Bei vielen spirituellen Krisen erhalten die Menschen gelegentlich einen kurzen Vorgeschmack auf diese Reiche und stellen fest, daß sie im Laufe der Zeit immer leichter zugänglich werden.

Probleme durch mystische oder transzendentale Erfahrungen

Trotz der im allgemeinen wohltuenden Eigenschaften der positiven Zustände können zwei Arten von Schwierigkeiten auftauchen, wenn Menschen mystische Erfahrungen haben: innere Konflikte, die transzendentalen Reiche anzunehmen und mit ihnen umzugehen, und Probleme mit der Schnittstelle zwischen Erfahrung und Umgebung. Außerdem gibt es bei diesen beiden Bereichen oft auch noch Überschneidungen.

Probleme in der eigenen Person

Viele Menschen fühlen sich für die Spannweite der heiligen Reiche unvorbereitet. Es handelt sich dabei um unbekannte Wirklichkeiten und Geistesverfassungen, und sie ins eigene Bewußtsein hineinzulassen, heißt im allgemeinen, vertraute Konzepte davon, was real ist, aufzugeben. Man kann auch das Gefühl haben, man sei für den profunden Eindruck der sinnlichen und physischen Manifestationen der mystischen Erfahrungen nicht stark genug oder nicht ausreichend offen, um mit ihrer Macht zurechtzukommen. Der amerikanische spirituelle Lehrer Ram Dass vergleicht jemanden in dieser Situation mit einem Toaster und seine Reaktion damit, daß man »den Stecker in 220 statt in 110 Volt steckt und alles verkohlt«. Diese riesige physische, geistige, emotionale und spirituelle Ladung kann überwältigend wirken, und davor zurückzuschrecken kann eine natürliche Reaktion sein.
Einc kraftvolle Erfahrung von hellem Glanz kann ähnliche Ergebnisse hervorrufen. Manchmal haben Leute das Gefühl, ihre Augen seien zu schwach oder zu verschleiert, um der Intensität des

strahlenden Lichtes standzuhalten. Sie haben richtig Angst, daß sie auf Dauer geblendet sein werden, wenn sie die Erfahrung in sich hineinlassen. Während das geschieht, können sie großen physischen Schmerz in und um ihre Augen spüren.
Eine Meditierende erinnert sich an das Entsetzen, das sich ihrer in einem »positiven« transpersonalen Zustand bemächtigte:

Es war so merkwürdig... Ich hatte in Büchern über Spiritualität über die Erfahrungen von Licht gelesen, und dort wurden sie nur als Verzückung beschrieben. Diese Art von Zustand hatte ich mir schon lange gewünscht und viele Formen innerer Arbeit ausprobiert, um dorthin zu gelangen. Aber als er tatsächlich eintrat, war ich voller Angst. Es war erschreckend; es war schmerzhaft und entsetzlich und wunderbar zugleich. Ich hatte das Gefühl, es sei zu viel, ich könne es nicht alles fassen. Ich dachte an Moses und den brennenden Busch, der so hell war, daß er sich abwenden mußte. Ich fühlte mich unvorbereitet, nicht ausreichend weit oder klar, es in mich aufzunehmen.

Wenn das Leiden, das während einer mystischen Begegnung auftritt, zunächst auch destruktiv und gewalttätig scheinen mag, erkennt man mit der Zeit doch häufig, daß der Schmerz vom spirituellen Öffnen und Wachstum herrührt. Man kommt vielleicht sogar so weit, ihn als Zeichen der Verbindung mit dem Göttlichen willkommenzuheißen, wie es die heilige Teresa von Avila tat:

Der Schmerz war so stechend, daß ich stöhnte, aber das Entzücken, das in diesem fruchtbaren Schmerz liegt, ist so überwältigend, daß man sich nicht wünschen kann, er möge einen verlassen, und die Seele ist auch mit nichts anderem mehr zufrieden als mit Gott. Es ist ein spiritueller, nicht ein körperlicher Schmerz, obwohl der Körper daran einen Teil hat, sogar einen beachtlichen Teil. Es ist ein Austausch von Höflichkeiten zwischen der Seele und Gott.[16]

Auch die zuvor beschriebene Erfahrung der positiven Ich-Desintegration kann Probleme mit sich bringen. Einige werden die Gelegenheit zwar als befreiend und erweiternd begrüßen, aber für diejenigen, die sehr stark ihren individuellen Identitäten verbunden sind, kann dieser Punkt ziemlich erschreckend sein und sie zu dem Versuch verleiten, sich ihm zu widersetzen oder dagegen anzukämpfen. Auch wenn dieser Zustand des Ich-Verlusts nur vorübergehend ist, haben die Menschen, die sich darin befinden, das Gefühl, er sei sehr dauerhaft. In dem ganzen Durcheinander von all dem, für was sie sich einmal hielten, und dem, was sie nun werden, mögen sie sich fragen: »Wer bin ich? Wo führt mich das hin? Wie kann ich Vertrauen in das haben, was geschieht?«

Manche Leute trauen der Wirklichkeit ihrer neugefundenen Möglichkeiten nicht oder haben Angst, daß die Zustände, die sie erfahren, Anzeichen für Geisteskrankheit sind. Sie meinen vielleicht, sie würden zu weit vom Normalen abdriften. Vielleicht fürchten sie sogar, daß sie sich nach der Berührung des Göttlichen so sehr verändert haben werden, daß die Menschen um sie herum sofort sehen, daß sie »anders« sind, und sie entweder für etwas Besonderes oder für verrückt halten werden.

Wieder andere kämpfen deswegen mit den transzendentalen Reichen, weil sie sich, unabhängig davon wie schön und heiter diese sind, einer solchen Erfahrung nicht würdig fühlen. Wir haben schon mehrere Menschen kennengelernt, die ein Leben lang Probleme mit ihrem Selbstbild hatten und meinen, sie seien es nicht wert, eine Erfahrung zu machen, die sehr angenehm oder glücksverkündend ist. Oft ist ihr Widerstand um so größer, je wohltätiger dieser spirituelle Zustand ausfällt.

Manch einer wird nach dem Besuch der transzendenten Reiche depressiv, da der Alltag im Vergleich zu dem Strahlen und der Befreiung, die sie dort geschmeckt haben, öde und uninteressant aussieht. Ein Therapeut schreibt über die Rückkehr zu den Begrenzungen des physischen Körpers nach einer mystischen Erfahrung:

In diesem erleuchteten Zustand fühlte ich mich vollkommen grenzenlos und frei, von strahlendem Licht erfüllt und umgeben und von einem starken Gefühl von Frieden umflutet. Als ich in die Welt des Alltags zurückzukehren begann, spürte ich, daß mein neues, erweitertes Selbst wieder in eine begrenzte Form zurückgeleitet wurde: in mein physisches Alltags-Selbst. Mein Körper fühlte sich an wie eine stählerne Falle, die all meine Möglichkeiten einklemmte und festhielt. Ich spürte, wie der Schmerz und das Drama des täglichen Lebens mich festzupressen begannen, und ich weinte, weil ich wieder zu der Freiheit zurückkehren wollte, die ich entdeckt hatte.

Manche Leute sehnen sich in dieser Situation tatsächlich danach, in einem erweiterten, angenehmen Zustand zu bleiben und ihre täglichen Verpflichtungen außen vor zu lassen. Oder sie möchten die Erfahrung so dringend wiederholen, daß sie sich der Möglichkeit verschließen, daß andere Stadien auf ihrer spirituellen Reise zwar vielleicht weniger schön oder außergewöhnlich, aber ebenso wichtig sind. Das führt dazu, daß sie sich selbst daran hindern, mit ihrer weiteren Entwicklung in Einklang zu gehen, indem sie Widerstand leisten und alles für geringer erachten als einen positiven mystischen Zustand.

Probleme mit den Schnittflächen zum Alltag

Es kommt oft vor, daß Leute aus ihrer Begegnung mit dem Göttlichen Nutzen ziehen, aber Probleme mit ihrer Umgebung haben. In manchen Fällen sprechen sie mit den Menschen, die ihnen nahestehen, über diesen kraftvollen mystischen Zustand. Wenn ihre Familie, Freunde oder Therapeuten das heilende Potential dieser Dimensionen nicht sehen, erkennen sie sie vielleicht nicht als gültig an oder machen sich ganz automatisch Sorgen um die geistige Gesundheit des geliebten Menschen oder Klienten. Wenn derjenige, der die Erfahrung hatte, irgendwelche Zweifel an ihrer Gültigkeit hat oder sich um seine geistige Verfassung sorgt, können die anderen diese Zweifel verstärken und den Reichtum der ursprünglichen Gefühle und Empfindungen verschleiern oder verhüllen.
Schwierigkeiten entstehen auch dann, wenn transzendente Begegnungen in Situationen auftreten, in denen sie mißverstanden werden können. Im allgemeinen wird es als weniger problematisch empfunden, von einem verzückten mystischen Zustand überwältigt zu werden, wenn man sich in dem sicheren Rahmen eines Meditationsraumes oder im eigenen Schlafzimmer befindet und

nicht mitten in einem Einkaufszentrum oder auf dem Flughafen. Wenn ein Mensch sich während der Auflösung der persönlichen Grenzen nicht in einer unterstützenden Situation befindet, wird er vorübergehend eher Schwierigkeiten haben, in der äußeren Welt zurechtzukommen. So jemand kann beispielsweise in seiner physischen Koordination oder seinen Bewegungen unsicher sein und einen schwerfälligen oder desorientierten Eindruck machen. Wenn er sich gleichzeitig mit einem Kellner oder einem Flughafenpolizisten auseinandersetzen muß, könnte sein Verhalten leicht mißverstanden werden.

Andere wieder mögen befürchten, daß ihre neue Bewußtheit ihnen, wenn sie solche erweiterten Erfahrungen in ihr Leben hineinlassen, zusätzliche ungewollte Aufgaben oder Verantwortlichkeiten für die Menschen um sie herum oder die Welt im allgemeinen bescheren könnte. Sie fragen sich dann beispielsweise: »Bedeutet diese Enthüllung, daß ich damit etwas anfangen muß? Soll ich anderen Leuten helfen, dasselbe zu sehen, was ich gesehen habe? Gibt mir das eine besondere Rolle in der Welt?«

Oder sie kommen zu einer genau entgegengesetzten Reaktion: Sie haben vielleicht das Gefühl, daß sie von der göttlichen Vorsehung auserwählt worden sind und daher besondere Anerkennung und einen gehobenen Status verdienen, der sie über gewöhnliche Belange stellt. Sie könnten die ganz reale Einsicht gehabt haben, daß ihre Existenz Teil einer feinverwobenen kosmischen Ordnung ist. Das führt sie zu der Annahme, daß Gott sich um alles kümmern wird und sie daher von größeren Verantwortungen im Leben befreit werden.

Das kann sehr eng mit der Art und Weise verwandt sein, in der Leute solche höheren Einsichten ausleben. Wenn sie Kontakt zu etwas aufgenommen haben, das sie für Gott oder eine höhere Macht halten, oder zu himmlischen Wesen wie Jesus oder Buddha, lassen sie vielleicht zu, daß dieser Zustand ihr Ich oder ihr Gefühl von persönlicher Identität verzerrt. Statt zu verstehen, daß sie eine universale Wirklichkeit angezapft haben, die potentiell jedem zur Verfügung steht, halten sie es für etwas, das ausschließlich ihnen widerfährt. So tauchen sie aus der Erfahrung nicht mit dem

Verständnis auf, daß sie göttlich sind und alle anderen und alles andere auch, sondern daß sie Gott sind und eine Botschaft für die Welt haben. Solche Leute können messianische Tendenzen entwickeln, die sie, wenn sie nach außen getragen werden, von anderen entfremden.

4 Die Vielfalt von spirituellen Krisen

Vom Unwirklichen führe mich zum Wirklichen.
Von der Dunkelheit führe mich zum Licht.
Vom Tod führe mich zur Unsterblichkeit.

Brihad-Aranyaka Upanishad[17]

Der gemeinsame Nenner aller transformativen Krisen ist die Manifestation verschiedener Aspekte der Psyche, die bis dahin unbewußt waren. Aber jede spirituelle Krise stellt eine einzigartige Auswahl und Kombination von unbewußten Elementen dar, von denen einige biographisch, andere perinatal und wieder andere transpersonal sind. Diese drei Kategorien von Erfahrungen haben wir schon vorgestellt, und wir werden im siebten Kapitel noch ausführlicher darauf eingehen. Innerhalb der Psyche gibt es keine Grenzen. All ihre Inhalte bilden ein Kontinuum mit vielen Ebenen und Dimensionen. Man sollte daher nicht erwarten, daß spirituelle Krisen in klar bestimmbaren Formen oder Arten auftreten, die es leicht machen, sie zu erkennen.

Es ist jedoch möglich und nützlich, zwischen bestimmten Arten von spirituellen Krisen zu unterscheiden, die dafür ausreichend spezifische und charakteristische Eigenschaften aufweisen. Die folgende Liste von Erscheinungsformen beruht auf unserer langjährigen Erfahrung mit Menschen in solchen Situationen, Informationen von Kollegen und dem Studium der entsprechenden Literatur. Auch wenn wir sie einzeln definieren, beschreiben und erörtern, sollte man nicht vergessen, daß ihre Grenzen eher fließend sind und sich in vielen Fällen überschneiden.

- Episoden von Einheitsbewußtsein (Gipfelerfahrungen)
- Das Erwachen von Kundalini
- Nah-Tod-Erfahrungen
- Das Auftauchen von »Erinnerungen an frühere Leben«
- Psychische Erneuerung durch Rückkehr zur Mitte

- Die schamanische Krise
- Das Erwachen von außersinnlicher Wahrnehmung
- Kommunikation mit geistigen Führern und Channeling
- Begegnungen mit UFOs
- Zustände von Besessenheit

Episoden von Einheitsbewußtsein (Gipfelerfahrungen)

> *In diesem Lichte durchschaute meine Seele mit einem Mal alles und durch und mit allen Geschöpfen, selbst Kraut und Gras, sie erkannte Gott, wer er ist, wie er ist und welches sein Wille; und in diesem Lichte war es wie durch einen mächtigen Antrieb meine Absicht, das Wesen Gottes zu beschreiben. Aber da ich damals die tiefsten Geburten Gottes nicht in ihrem Wesen verstehen und in meinem Verstand begreifen konnte, vergingen annähernd zwölf Jahre, bis ich ein genaues Verständnis von ihnen erlangte.*
>
> *Jakob Böhme,* Die Morgenröte[18]

Der amerikanische Psychologe Abraham Maslow hat eine Kategorie von mystischen Erfahrungen beschrieben, die sich durch die Auflösung der persönlichen Grenzen und das Gefühl auszeichnen, mit anderen Menschen, der Natur, dem gesamten Universum und Gott eins zu werden. Er prägte dafür den Begriff der *Gipfelerfahrungen* (*peak experiences*). In seinen Schriften äußert er scharfe Kritik an der traditionellen Haltung der westlichen Psychiatrie, die in solchen Erfahrungen Anzeichen für Geisteskrankheit sieht. Maslow hat ganz zweifelsfrei bewiesen, daß Gipfelerfahrungen oft bei völlig normalen, wohlangepaßten Leuten vorkommen. Außerdem hat er beobachtet, daß sie, wenn man sie ihr natürliches Ende erreichen läßt, normalerweise zu besseren Wirkungsmöglichkeiten in der Welt führen und dem zuträglich sind, was er »Selbstverwirklichung« nannte – eine größere Fähigkeit, das eigene schöpferische Potential zum Ausdruck zu bringen.

Der Psychiater und Bewußtseinsforscher Walter Pahnke hat auf der Arbeit von Abraham Maslow und W. T. Stace aufbauend eine Liste der grundlegenden Eigenschaften einer typischen Gipfelerfahrung erstellt. Er benutzte die folgenden Kriterien, um diesen Geisteszustand zu beschreiben:[19]

- Einheit (innere und äußere)
- Starke positive Emotion
- Transzendenz von Zeit und Raum
- Gefühl von Heiligkeit (des Numinosen)
- Paradox Natur
- Objektivität und Wirklichkeit der Einsichten
- Unbeschreibbarkeit
- Positive Nachwirkungen

Wie diese Liste zeigt, hat jemand, der eine Gipfelerfahrung macht, das Gefühl, die üblichen Trennungen und Teilungen von Körper und Geist zu überwinden und einen Zustand vollkommener innerer Einheit und Ganzheit zu erreichen. Das wirkt meist sehr heilend und wohltuend. Außerdem transzendiert man die normalen Unterscheidungen zwischen Subjekt und Objekt und erfährt einen Zustand von ekstatischer Verbundenheit mit der Menschheit, der Natur, dem Kosmos und Gott. Dies geht mit starken Gefühlen von Freude, Wonne, Heiterkeit und Frieden einher.
Menschen, die diese Art von mystischem Bewußtsein erfahren, meinen, die gewohnte Realität, in der Raum dreidimensional und Zeit linear ist, zu verlassen und in ein zeitloses mystisches Reich einzutreten, in der diese Kategorien keine Gültigkeit mehr haben. In diesem Zustand kann man Ewigkeit und Unendlichkeit in einer Zeitspanne erleben, die auf der Uhr nur Sekunden beträgt. Eine weitere wichtige Erfahrungsqualität von Einheitsbewußtsein ist das Empfinden des Numinosen. Diesen Begriff hat C. G. Jung verwendet, um ein profundes Gefühl von Heiligkeit zu beschreiben, das mit bestimmten tiefen Prozessen in der Psyche einhergeht. Die Erfahrung des Numinosen hat nichts mit früheren religiösen Glaubenssätzen oder Programmen zu tun; es ist die direkte und unmittelbare Bewußtheit, daß wir es mit etwas zu tun

haben, das göttlicher Natur und radikal anders ist als unsere gewöhnliche Wahrnehmung der Alltagswelt.
Beschreibungen solcher Erfahrungen strotzen meist von paradoxen Aussagen, die den Grundgesetzen der Logik zuwiderlaufen. So wird der mystische Zustand gern als ohne einen bestimmten Inhalt, aber alles beinhaltend geschildert. Er bietet zwar nichts Konkretes, aber es scheint nichts zu fehlen, da er in potentieller Form die gesamte Existenz beinhaltet. Jemand, der das beschreibt, kann über den vollkommenen Verlust des Ich sprechen und zugleich behaupten, sein Identitätsempfinden sei so endlos erweitert worden, daß es das ganze Universum umfaßt habe. Andere wieder meinen, die Erfahrung habe sie sich völlig unbedeutend fühlen lassen, sie seien dadurch ehrfürchtig und demütig geworden und hätten doch das Gefühl, etwas von kosmischen Ausmaß geleistet zu haben. Sie meinen einerseits, nichts zu sein, und andererseits Gott angemessen.
Während mystischer Erfahrungen kann man das Gefühl haben, Zugang zu elementarem Wissen und Weisheit in Fragen von kosmischer Relevanz zu haben. Das schließt gewöhnlich keine speziellen Aussagen über die materielle Welt ein, obwohl sich mystische Zustände als Quellen gültiger Informationen erwiesen haben, die praktisch angewandt werden konnten. Typischer ist jedoch eine verständige Einsicht in die Essenz der Existenz, die in den Upanishaden als das »Wissen um ES, welches das Wissen um alles gibt« beschrieben wird. Dieses Wissen um die wahre Natur der Existenz wird gewöhnlich als letztendlich wirklicher und relevanter wahrgenommen als all die wissenschaftlichen Theorien, Vorstellungen oder Konzepte unseres Alltags.
Die Unbeschreibbarkeit ist ein sehr charakteristisches Merkmal der mystischen Zustände. Es ist schlechterdings unmöglich, anderen, und schon gar denen, die sie noch nie gemacht haben, die Natur dieser Erfahrungen, ihren profunden Sinn und ihre Bedeutung zu schildern. Fast alle Berichte von mystischen Zuständen enthalten Klagen über den Mangel an Worten für eine solche Aufgabe. Menschen, die diese Art von Erfahrung gemacht haben, bestehen oft darauf, die Sprache der Poesie sei, wenn auch noch

nicht vollkommen, so doch das am besten geeignete Werkzeug zur Beschreibung dieser Zustände. Die unsterblichen Verse der großen transzendentalen Dichter des Ostens wie Omar Khayyam, Rumi, Kabir, Mirabai und Kahlil Gibran sowie von Hildegard von Bingen, William Blake, Rainer Maria Rilke und anderen aus unserer eigenen Tradition bezeugen diese Tatsache.

Wenn man Erfahrungen dieser Art ihren Lauf läßt, können sie einen tiefgreifenden und anhaltenden Einfluß auf das allgemeine Wohlbefinden, die Lebenswerte und die allgemeinen Existenzstrategien haben. Sie führen oft zu mehr emotionaler und physischer Gesundheit, einer größeren Wertschätzung des Lebens und einer liebenderen, annehmenderen und ehrlicheren Haltung gegenüber den Mitmenschen. Zudem können sie Intoleranz, Aggression, irrationale Triebe und unrealistische Ambitionen drastisch reduzieren.

Es gibt gewisse Situationen im Leben, die Gipfelerfahrungen besonders wahrscheinlich werden lassen. Die Ich-Auflösung tritt häufig dann ein, wenn einen die Wahrnehmung von etwas außergewöhnlich Schönem überwältigt, besonders in der freien Natur – beim Tauchen in Korallengärten, beim Segeln auf dem Meer oder bei Wildwasserfahrten auf ungebändigten Flüssen, beim Zelten in der Wüste, beim Bergwandern, im Fesselballon oder beim Drachenfliegen. Mehrere Astronauten haben bei ihren Flügen zum Mond und beim Umkreisen der Erde diese Art von Erfahrungen gemacht.

Eine weitere wichtige Quelle von Gipfelerfahrungen ist die inspirierte Kunst. Hier fühlt sowohl der schöpferische oder darstellende Künstler wie der empfindsame Bewunderer ekstatisches Entzükken. Viele Erfahrungen des Einheitsbewußtseins sind durch die Pracht der ägyptischen Pyramiden, der Hindu-Tempel, der gotischen Kathedralen und moslemischen Moscheen, des Taj Mahal oder durch beseelte Musik, Malerei oder Skulpturen ausgelöst worden. Auch Liebe, Verliebtheit und erotisches Entzücken führen oft zu starken Erfahrungen von Einheit. Überraschender mag die Tatsache sein, daß Gipfelerfahrungen häufig auch bei strengem körperlichem Training und Wettbewerben in verschiedenen Sportarten vorkommen. Michael Murphy und Rhea White haben in ihrem Buch *The Psychic Side of Sports* viele erstaunliche Beispiele für diese Zustände geliefert.

Wenn man die positive Natur und das Potential von Gipfelerfahrungen betrachtet, könnte man sich darüber wundern, daß sie zu einer Quelle für spirituelle Krisen werden können. Diese Schwierigkeiten entstehen im wesentlichen dadurch, daß es in der Kultur des Westens an wahrem Verständnis für außergewöhnliche Bewußtseinszustände mangelt. Das führt dazu, daß wir den Wert solcher Erfahrungen nicht erkennen, sie nicht annehmen und unterstützen können. Die vorherrschende Haltung in der traditionellen Psychiatrie und der Öffentlichkeit ist die, daß jede Abweichung von der gewöhnlichen Wahrnehmung und dem üblichen Verständnis von Realität pathologisch ist. Unter diesen Umständen kann ein durchschnittlicher Mensch des Westens, wenn er in einen mystischen Zustand gerät, leicht seine geistige Gesundheit in Frage stellen und sich der Erfahrung widersetzen. Verwandte und Freunde werden diese Haltung vermutlich unterstützen und psychiatrische Hilfe anraten. Viele Menschen sind schon mitten in einer Gipfelerfahrung zu Psychiatern geschickt worden, die ihnen ein pathologisches Etikett verpaßt, ihre Erfahrung mit beruhigenden Medikamenten unterbrochen und ihnen die Rolle eines lebenslangen Psychiatrie-Patienten zugewiesen haben.

Das Erwachen von Kundalini

> *Manchmal bewegt sich der spirituelle Strom in der Wirbelsäule wie eine kriechende Ameise. Manchmal schwimmt die Seele im Samadhi wie ein Fisch im Ozean göttlicher Ekstase.*
>
> *Manchmal, wenn ich mich auf die Seite lege, stößt mich der spirituelle Strom wie ein Affe und spielt freudig mit mir. Ich bleibe still, und plötzlich – wie ein Affe – erreicht der Strom mit einem Sprung den Sahasrara (das Scheitelzentrum). Deshalb seht ihr mich plötzlich aufspringen.*
>
> *Manchmal wiederum steigt der spirituelle Strom auf wie ein Vogel, der von Zweig zu Zweig hüpft. Wo er ausruht, fühlt es sich an wie Feuer. Er hüpft von Zentrum zu Zentrum langsam bis in den Kopf.*

Manchmal bewegt sich der spirituelle Strom wie eine Schlange. Im Zickzack steigt er auf, erreicht den Kopf, und ich gehe in Samadhi. Das spirituelle Bewußtsein eines Menschen wird erst wach, wenn seine Kundalini aufsteigt.

Der indische Heilige Ramakrishna, Das Vermächtnis [20]

Beschreibungen dieser Form von spiritueller Krise finden sich in der alten indischen Literatur; ihre Manifestationen werden der Aktivierung oder dem Erwachen einer Form von subtiler Energie zugeschrieben, die Schlangenkraft oder Kundalini genannt wird. Nach den Yogis ist Kundalini (wörtlich: die Zusammengerollte) die Energie, die den Kosmos schöpft und nährt. Im menschlichen Körper ruht sie am unteren Ende der Wirbelsäule. Sie hat das Potential, Geist und Körper zu reinigen und zu heilen, das spirituelle Öffnen zu ermöglichen und den Menschen auf eine höhere Ebene von Bewußtsein zu heben.

Schlafende Kundalini-Energie wird traditionell als Schlange dargestellt, die dreieinhalbmal um den Lingam gewickelt ist, das phallische Symbol der männlichen generativen Kraft. Zu den Situationen, die zum Erwachen von Kundalini führen, gehören intensive Meditation, die Interventionen eines fortgeschrittenen spirituellen Lehrers oder Gurus und bestimmte Übungen im Kundalini-Yoga. Gelegentlich können auch die Geburt eines Kindes oder leidenschaftliche Liebesspiele den entscheidenden Anstoß geben. In manchen Fällen erfahren Menschen ein spontanes Erwachen von Kundalini; das kann vollkommen unerwartet ohne offensichtlichen Auslöser mitten im Alltag geschehen.

Aktivierte Kundalini verwandelt sich in ihre feurige Form oder Shakti, steigt eine Linie entlang der Wirbelsäule hinauf und fließt durch die Leitungen des feinstofflichen Körpers, eines nicht-materiellen Energiefeldes, von dem die Yogis sagen, es umgebe den physischen Körper und ströme in ihn ein. Sie räumt die Auswirkungen von alten Traumata weg und öffnet die sieben spirituellen Zentren, die sogenannten *Chakras*, die im feinstofflichen Körper entlang einer der Wirbelsäule entsprechenden Achse liegen. Neben verschiedenen schwierigen Erfahrungen, die mit dem Prozeß der Reinigung zu tun haben, erleben Menschen beim Erwachen von Kundalini oft ekstatische Zustände, die mit dem Erreichen höherer Bewußtseinsebenen in Verbindung stehen. Unter ihnen verdient *Samadhi* oder die Vereinigung mit dem Göttlichen, die dann eintritt, wenn der Prozeß das siebte oder Scheitelchakra (Sahasrara) erreicht, besondere Beachtung. Dieser Prozeß ist, wenn auch von den Yogis erwünscht und als förderlich betrachtet, nicht frei von Gefahren. Im Idealfall sollte jemand, der ein intensives Erwachen von Kundalini erlebt, die Führung eines erfahrenen spirituellen Lehrers haben.

Die sich durch den Körper bewegende Shakti-Energie bringt ein breites Spektrum von bisher unbewußten Elementen ins Bewußtsein: Erinnerungen an psychische und körperliche Traumata, perinatale Sequenzen und diverse archetypische Bilder. Wenn das geschieht, erfahren Menschen in dieser Art von spiritueller Krise vielfältige emotionale und körperliche Manifestationen, die *Kriyas* genannt werden. Das sind intensive Empfindungen von Energie und Hitze, die die Wirbelsäule hinauf strömen. Die Körper dieser Menschen werden oft von heftigem Schütteln, Krämpfen und windenden Bewegungen überwältigt. Ihre Psyche kann unerwartet von Emotionen wie Angst, Wut, Trauer oder Freude und ekstatischem Entzücken überflutet werden. Auch die überwältigende Angst vor Tod, Kontrollverlust und drohendem Irrsinn treten bei extremen Formen von Kundalini-Erwachen häufig auf.

Wer in diesem Prozeß steckt, kann Schwierigkeiten haben, sein Verhalten zu kontrollieren; während mächtiger Stöße von Kundalini-Energie gibt man verschiedene unfreiwillige Töne von sich und bewegt den Körper in merkwürdigen und unerwarteten Mustern. Zu den häufigsten Manifestationen dieser Art gehören unmotiviertes und unnatürliches Lachen oder Weinen, das Sprechen in fremden Zungen, das Singen bisher nicht bekannter Lieder, das Annehmen von Yoga-Haltungen und -Gebärden und das Imitieren verschiedenster Tiergeräusche und -bewegungen.

Die Manifestationen auf der Ebene der Sinne können beim Kundalini-Erwachen sehr reich und vielfältig sein. Menschen in diesem Prozeß beschreiben oft farbenfrohe Visionen von wunderbaren geometrischen Mustern, strahlenden Lichtern von übernatürlicher Schönheit und komplexen Szenen mit Gottheiten, Dämonen und Heiligen. Sie erleben innere Töne, die vom einfachen Summen, Surren und dem Zirpen der Grillen bis zu himmlischer Musik und menschlichen Chören reichen. Manchmal kann man exquisite Parfüms und Balsam riechen; einige sprechen von dem unbeschreiblich süßen Duft eines göttlichen Nektars. Besonders häufig sind intensive sexuelle Erregung und orgastische Gefühle, die entweder ekstatisch oder schmerzhaft sein können. Diese tiefe Verbindung zwischen Kundalini und sexueller Energie ist die Grundlage einer Yoga-Praxis, dem Tantra, bei der die sexuelle Vereinigung als Vehikel für spirituelle Erfahrungen dient.

Eine sorgfältige Untersuchung der Manifestationen des Kundalini-Erwachens bestätigt, daß dieser Prozeß, wenn auch manchmal sehr intensiv und erschütternd, im wesentlichen heilsam ist. In Verbindung mit Erfahrungen dieser Art haben wir über die Jahre wiederholt die dramatische Linderung oder völlige Klärung eines breiten Spektrums von emotionalen und körperlichen Problemen einschließlich Depressionen, verschiedener Formen von Phobien, Migräne und Asthma beobachtet. Im Verlauf des Kundalini-Erwachens können jedoch auch verschiedene alte Symptome vorübergehend verstärkt und bisher schlafende manifest werden. Gelegentlich können sie diversen psychiatrischen und medizinischen Problemen gleichen, und manchmal werden sie auch falsch als solche diagnostiziert.

Zwar findet man die Kundalini-Vorstellung in ihrer anspruchsvollsten und ausdrucksreichsten Form in den indischen Schriften, aber es gibt in vielen Kulturen und Religionen auf der ganzen Welt wichtige Parallelen. Eines der interessantesten Beispiele ist der Trance-Tanz der afrikanischen !Kung-Buschleute in der Wüste Kalahari. Sie führen regelmäßig nächtelange Rituale durch, bei denen die Frauen trommelnd auf der Erde sitzen und die Männer sich in monotonen Bewegungen rhythmisch im Kreis drehen. Die Teilnehmer geraten einer nach dem anderen in einen tiefen Zustand außergewöhnlichen Bewußtseins, der mit dem Freisetzen kraftvoller Gefühle wie Wut, Angst und Furcht einhergeht. Sie sind oft nicht in der Lage, eine aufrechte Haltung zu bewahren und werden von heftigen Zuckungen überwältigt. Nach diesen dramatischen Erfahrungen gelangen sie normalerweise in einen Zustand des ekstatischen Entzückens. Die Tradition der Buschleute sagt, der Tanz befreie eine kosmische Heilkraft mit dem Namen *ntum* oder »Medizin« in der Gegend der unteren Wirbelsäule. Diese wird dann durch Körperkontakt von einem Menschen an den nächsten weitergegeben.

Auch bei den nordamerikanischen Indianerstämmen gibt es Vorstellungen, die Kundalini und dem System der Chakras ähneln. Die Hopi kennen Zentren übersinnlicher Energie, die sehr starke Ähnlichkeit mit den Chakras haben. Joseph Campbell hat oft auf parallele Elemente in den Sandmalereien der Navajo hingewiesen. Verwandte Ideen finden sich auch im tibetischen Buddhismus, Tao-Yoga, koreanischen Zen und Sufismus.

Die Aktivierung von Kundalini ist jedoch kein auf nicht-westliche Kulturen beschränktes Phänomen. In der christlichen Tradition sind ähnliche Manifestationen bei der Ausübung des sogenannten Jesus-Gebets oder Hesychasmus beschrieben worden. Und neuerdings sind unverkennbare Anzeichen des Kundalini-Erwachens bei Tausenden von modernen Menschen im Westen beobachtet worden. Gopi Krishna, ein weltbekannter spiritueller Lehrer aus Kaschmir, der persönlich eine tiefgreifende und dramatische Kundalini-Krise durchlebte, hat viele Jahre darauf verwendet, den Westen auf die Existenz und die Bedeutung dieses Phänomens hinzuweisen.

Die Anerkennung dafür, die Aufmerksamkeit von Fachkreisen auf das Konzept von Kundalini gelenkt zu haben, gebührt dem kalifornischen Psychiater und Augenarzt Lee Sannella. In seiner Pionierarbeit *The Kundalini Experience: Psychosis or Transcendence* beschreibt er aus der Sicht der westlichen Medizin, welche Form das Erwachen von Kundalini in unserer Kultur annimmt. Sannella weist besonders auf die medizinische Bedeutung des Kundalini-Syndroms hin. Er betont, daß es vielen psychiatrischen und selbst medizinischen Problemen gleichen kann, darunter Psychosen, Hysterie, Sehstörungen, Herzanfällen, Magen-Darm-

Krankheiten, Infektionen im Beckenbereich, Epilepsie und selbst Multipler Sklerose. Aus diesen Gründen hält Sannella eine medizinische Untersuchung durch einen gut informierten Arzt bei dieser Art von spiritueller Krise für besonders wichtig.

Nah-Tod-Erfahrungen

Dann sah ich mein ganzes bisheriges Leben in vielen Bildern ablaufen, wie auf einer fernen Bühne. Ich sah mich selbst als den Hauptdarsteller in der Aufführung. Alles war wie durch ein himmlisches Licht verwandelt und schön, ohne Kummer, ohne Angst und ohne Schmerz. Die Erinnerung an sehr tragische Erfahrungen war klar, aber nicht bedrückend. Ich fühlte keinen Widerspruch und keinen Hader; der Widerspruch war in Liebe umgewandelt worden. Erhabene und harmonische Gedanken dominierten und vereinten die einzelnen Bilder, und eine göttliche Ruhe fegte wie wunderbare Musik durch meine Seele. Immer stärker umgab mich ein herrlich blauer Himmel mit zarten rosaroten und violetten Wölkchen. Ich trieb schmerzfrei und sanft in ihn hinein und sah, daß ich nun frei fiel und unter mir wartend ein Schneefeld lag. Dann hörte ich einen dumpfen Schlag, und mein Sturz war vorbei.

Albert Heim beschreibt seinen beinahe tödlichen Absturz in den Schweizer Alpen[21]

Der Tod ist eine der wenigen universalen Erfahrungen der menschlichen Existenz. Nichts in unserem Leben ist zugleich so vorhersagbar und so rätselhaft. Seit undenklichen Zeiten stellt das Faktum unserer Sterblichkeit eine unerschöpfliche Quelle der Inspiration für Künstler und Mystiker dar. Die Vorstellung vom Überleben des Bewußtseins nach dem Tode und der Nach-Todes-Reise der Seele taucht in Folklore, Mythologie und spiritueller Literatur aller Zeiten und Kulturen auf. Besondere heilige Schriften sind der Beschreibung und Erörterung der Erfahrungen gewidmet, die mit Tod und Sterben zu tun haben.

Westliche Wissenschaftler haben in der Vergangenheit das mißachtet, was sie als »Beerdigungs-Mythologie« bezeichneten. Sie galt als ein Produkt der Phantasie und der Vorstellungskraft von primitiven Völkern, die unfähig waren, sich der Tatsache ihrer Sterblichkeit zu stellen und sie zu akzeptieren. Diese Situation begann sich dramatisch zu ändern, als Elisabeth Kübler-Ross die Aufmerksamkeit der Fachwelt auf das Thema von Tod und Sterben lenkte und Raymond Moody seinen Bestseller *Leben nach dem Tod* veröffentlichte. Moodys Arbeit beruhte auf den Berichten von 150 Menschen mit Nah-Tod-Erfahrungen. Im wesentlichen verifizierte er die Beschreibungen, die sich im Tibetanischen und im Ägyptischen Totenbuch, im europäischen *Ars moriendi* und anderen ähnlichen Sterbeführern aus anderen Zeiten und Kulturen finden. Deutlich wurde dabei, daß der Prozeß des Sterbens mit einer ungewöhnlichen inneren Reise in die transpersonalen Reiche der Psyche assoziiert werden kann.

Es gibt zwar individuelle Unterschiede, aber die Erfahrungen von Menschen, die dem Tod nahekommen, scheinen einem allgemeinen Muster zu folgen. Innerhalb von Sekunden kann das ganze bisherige Leben in Form einer bunten, unglaublich verdichteten Wiederholung vor einem ablaufen. Das Bewußtsein kann sich vom Körper lösen und mit großer Unabhängigkeit und Freiheit bewegen. Manchmal schwebt es über der Unfallstelle und beobachtet die Szene mit Neugier und gelöster Heiterkeit; ein andermal wieder reist es an weit entfernte Orte.

Viele Leute erleben einen Weg durch einen dunklen Tunnel oder Trichter zu einer Lichtquelle, deren Glanz und Leuchtkraft jenseits der menschlichen Vorstellungskraft liegt. Dieses Licht ist von feiner, übernatürlicher Schönheit und mit deutlich personalen Merkmalen ausgestattet. Es strahlt endlose, allumfassende Liebe, Vergebung und Annehmen aus. Moody benutzt den Begriff des *Licht-Wesens*, um die Natur dieser Erfahrung zu beschreiben. Viele Leute sprechen davon ganz explizit als von Gott. Diese Begegnung hat oft die Form eines intimen persönlichen Austausches, der profunde Lehren über das Leben und die universalen Gesetze einschließt. Dies liefert einen Kontext, innerhalb dessen man die eigene Vergangenheit betrachten und sie nach diesen kosmischen Standards bewerten kann. Im Lichte dieser Information trifft man

die Entscheidung, ob man in die gewöhnliche Wirklichkeit zurückkehren will. Menschen, die diese Erfahrung gemacht haben und ins Leben zurückgekehrt sind, bringen gewöhnlich eine tiefe Entschlossenheit mit, nach den dabei gelernten Prinzipien zu leben.
Nah-Tod-Erfahrungen können daher kraftvolle Katalysatoren für spirituelles Erwachen und die Evolution des Bewußtseins sein. Eine Begegnung mit der transpersonalen Quelle in der Form des Licht-Wesens führt zu profunden Persönlichkeitsveränderungen, die stark den Nachwirkungen der von Maslow beschriebenen Gipfelerfahrungen ähneln: ein Anwachsen der Selbst-Achtung und des Selbst-Vertrauens und ein geringer werdendes Interesse an Status, Macht und materiellen Zielen. Das geht mit einer wachsenden Wertschätzung für die Natur und das Leben, tiefer ökologischer Betroffenheit und Liebe für die Mitmenschen einher. Die auffälligste Folge ist aber das Erwachen einer Spiritualität universaler Prägung. Sie transzendiert die trennenden Interessen des religiösen Sektierertums und ähnelt den besten mystischen Traditionen und den großen spirituellen Philosophien des Ostens darin, daß sie allumfassend ist und gewöhnliche Grenzen überschreitet.
Nah-Tod-Erfahrungen dieser Art treten bei mehr als einem Drittel aller Menschen auf, die kurz davor stehen, ihr Leben zu verlieren. Sie sind unabhängig von Geschlecht, Alter, Intelligenz, Bildungsstand, religiösen Glaubensvorstellungen, Anbindungen an eine Kirche oder ähnlichen Merkmalen. Außerdem scheint es keinen Unterschied zu machen, ob man tatsächlich biologischen Schaden nimmt; oft reicht es schon, einfach einer Situation ausgesetzt zu sein, in der man zu Tode kommen könnte.
Der Grund dafür, daß Nah-Tod-Erfahrungen oft zu einer spirituellen Krise führen, liegt darin, daß sie gewöhnlich bei Menschen, die für dieses Ereignis vollkommen unvorbereitet sind, mit einer abrupten und tiefgreifenden Verschiebung in der Wahrnehmung der Wirklichkeit einhergehen. Ein Autounfall mitten im Berufsverkehr oder ein Herzanfall beim Joggen können einen innerhalb von Sekunden in ein phantastisches visionäres Abenteuer katapultieren. Unglückseligerweise sind sich die Leute, die Hilfe bieten, oft nicht bewußt, daß solche Notfälle über eine wichtige psycho-

logische und spirituelle Dimension verfügen. Moody hat beispielsweise berichtet, daß bei den 150 von ihm untersuchten Fällen nur einmal ein Arzt zugegen war, der überhaupt eine Ahnung von Nah-Tod-Erfahrungen hatte. Das ist recht überraschend, wenn man bedenkt, daß die Medizin eine Disziplin ist, die tagtäglich mit Tod und Sterben umgeht.
Diese Situation hat sich in der Zeit seit der Veröffentlichung von Moodys Buch geändert. Viele weitere wissenschaftliche Studien haben seine ursprünglichen Ergebnisse bestätigt und verdeutlicht. Die neuen Resultate wurden in populären Büchern veröffentlicht und fanden wiederholt Verbreitung in den Massenmedien. Mediziner und andere Fachleute verfügen jetzt, ebenso wie die meisten ihrer Klienten, über intellektuelles Wissen um die Phänomene in Nah-Tod-Situationen. Diese Informationen müssen jedoch erst noch ausreichende Anwendung in der alltäglichen klinischen Arbeit mit Menschen in Notfällen finden.

Das Auftauchen von »Erinnerungen an frühere Leben«

Die Patientin ging nun völlig in ihrem Erleben auf und schilderte, daß sie an einer heftigen Schlacht im alten Persien teilnahm. Plötzlich verspürte sie einen stechenden Schmerz in ihrer Brust, die von einem Pfeil durchbohrt war. Sterbend sank sie auf den staubigen Boden. Es war ein heißer Tag.
Im blauen Himmel über ihr erblickte sie Geier, die sich ihr in großen Kreisen näherten. Sie ließen sich um sie herum am Boden nieder und warteten darauf, daß sie sterben würde. Noch während sie am Leben war, näherten sich einige Geier und fingen an, Stücke aus ihrem Körper zu reißen.
Sie schrie und schlug um sich, sie focht einen verzweifelten Kampf mit den Aasvögeln, in dem sie aber unterlag. Schließlich gab sie auf und starb. Als sie wieder zu ihrem normalen Bewußtsein zurückkehrte, war sie frei von der Vogel- und Federphobie, die sie lange Zeit gequält hatte.

Beschreibung einer hypnotischen Regression aus Stanislav Grof:
Das Abenteuer der Selbstentdeckung[22]

Eine Kategorie der transpersonalen Phänomene spiritueller Krisen verdient wegen ihrer großen praktischen Bedeutung und der Schlüsselrolle, die sie in den Religionen vieler Kulturen gespielt hat, besondere Beachtung: sogenannte Erinnerungen an frühere Leben oder karmische Erfahrungen. Sie gehören zu den schillerndsten und dramatischsten Manifestationen von außergewöhnlichen Bewußtseinszuständen und sind Sequenzen, die in anderen historischen Zeiten und/oder anderen Ländern stattfinden. Sie beschreiben meist emotional aufgeladene Ereignisse und porträtieren mit Umerstaunlicher Genauigkeit die Hauptdarsteller, die physische Umgebung und historische Details. Ein wichtiges Merkmal karmischer Erfahrungen ist die Überzeugung, es handele sich bei diesen Ereignissen um persönliche Erinnerungen an ein früheres Leben.

Ob wir in diesen Erfahrungen nun Beweise für einen Glauben an Reinkarnation sehen oder nicht, es handelt sich dabei um wichtige psychologische Phänomene, die über ein großes heilendes und transformatives Potential verfügen. Und es waren ganz klar Erfahrungen dieser Art, die die indischen Konzepte der Wiedergeburt und der Gesetze des Karma inspirierten. Nach diesen Lehren ist unsere Existenz nicht auf eine Lebenszeit beschränkt, sondern besteht aus einer langen Kette von aufeinanderfolgenden Reinkarnationen. Wir erinnern uns nicht grundsätzlich an Ereignisse aus früheren Inkarnationen, sondern nur bei besonderen Gelegenheiten, bei denen isolierte Erinnerungen an wichtige Ereignisse in unser Bewußtsein auftauchen. Und doch sind wir auch für unsere Handlungen in diesen früheren Leben verantwortlich. Wegen der unerbittlichen Auswirkungen der Gesetze des Karma ist unser gegenwärtiges Leben von den Verdiensten und Schulden der vorangegangenen neu geprägt, und unsere jetzigen Handlungen beeinflussen ihrerseits unser künftiges Schicksal.

Um richtig einschätzen zu können, wie wichtig Erfahrungen aus früheren Leben psychologisch sind, müssen wir bedenken, daß das Konzept der Reinkarnation, das auf ihnen beruht, in den alten und vorindustriellen Kulturen nahezu universell war. Es ist der Eckpfeiler der großen spirituellen Systeme Indiens – im Hinduismus, Buddhismus, Jainismus, bei den Sikhs und im tibetischen

Vajrayana. Und es gibt eine Fülle weiterer Kulturen und Gruppen, die an Reinkarnation glaubten, darunter die alten Ägypter, die amerikanischen Indianer, die Parsen, die polynesischen Kulturen und die Anhänger des Orpheus-Kults im alten Griechenland. Nicht allgemein bekannt ist die Tatsache, daß es ähnliche Konzepte vor dem Jahre 553 auch im Christentum gegeben hat. Beim Konzil von Konstantinopel unter Kaiser Justinian wurden sie dann in Verbindung mit den Lehren des Kirchenvaters Origenes verboten.

Ein weiterer wichtiger Aspekt der Erinnerungen an frühere Leben ist ihr ungewöhnliches therapeutisches und transformatives Potential, das verschiedentlich von Psychotherapeuten und Bewußtseinsforschern, die sich mit außergewöhnlichen Zuständen beschäftigen, bestätigt wurde. Wenn der Inhalt einer karmischen Erfahrung voll ins Bewußtsein aufsteigt, kann er plötzlich viele ansonsten unverständliche Aspekte des täglichen Lebens erklären. Merkwürdige Schwierigkeiten in Beziehungen zu manchen Menschen, unbegründete Ängste, seltsame Abneigungen und Anziehungen sowie obskure emotionale und psychosomatische Probleme scheinen dann als karmische Mitbringsel aus einem früheren Leben Sinn zu machen. Die Probleme verschwinden sehr oft, wenn die Erfahrung vollendet wird. Nach starken Erinnerungen an frühere Leben haben wir wiederholt die Linderung oder vollkommene Heilung von schweren psychosomatischen Schmerzen, Depressionen, Phobien, psychogenem Asthma, Migräne und anderen Problemen beobachten können, die bis dahin jeder konventionellen Behandlung widerstanden hatten.

Erinnerungen an frühere Leben können auch eine Quelle für beträchtliche Probleme sein. Wenn sie schon beinahe ins Bewußtsein gedrungen, aber nicht nah genug sind, um ganz manifest zu werden, können sie stark auf die Psyche einwirken und ernsthaftes emotionales und körperliches Leid verursachen. Die davon Betroffenen erleben merkwürdige Gefühle und Empfindungen in verschiedenen Körperteilen, die keinerlei Grundlage in der Alltagsrealität haben. Sie spüren unterschiedliche unbegründete Ängste vor gewissen Menschen, Situationen und Orten, oder eine unwiderstehliche Anziehungskraft. Sie können stechende Schmerzen im Körper haben oder unter Erstickungsgefühlen leiden, für die es keine medizinischen Gründe gibt. Manchmal taucht immer wieder das Bild eines unbekannten Gesichts, einer Landschaft oder eines Gegenstands im Bewußtsein auf.

All diese Elemente sind bedeutungsvolle Teile eines karmischen Musters, das noch nicht ganz an die Oberfläche gelangt ist. Erlebt man sie außerhalb ihres Kontexts, sind sie unverständlich und scheinen völlig irrational. In unseren Selbsterfahrungs-Workshops mit Holotroper Atemarbeit® konnten viele Menschen Erinnerungen an frühere Inkarnationen, die über Monate oder Jahre eine Quelle ernsthafter emotionaler Probleme gebildet hatten, identifizieren, voll wiedererleben und auflösen.

Weitere Probleme können dann auftreten, wenn eine starke karmische Erfahrung inmitten des Alltagslebens ins Bewußtsein aufzutauchen beginnt und die normalen Tätigkeiten stark beeinträchtigt. Der oder die Betroffene könnte sich veranlaßt fühlen, gewisse Elemente des zugrundeliegenden karmischen Themas auszuagieren, bevor es richtig bewußt und verstanden oder »beendet« worden ist. Wir haben Situationen erlebt, in denen Menschen, die unter dem Einfluß einer auftauchenden Erinnerung an ein früheres Leben standen, gewisse Leute aus ihrem derzeitigen Leben als ihre karmischen Partner identifizierten – entweder als Feinde oder als Seelenverwandte. Das brachte sie dazu, diese Menschen zu belästigen und entweder die Konfrontation oder eine Verbindung zu suchen. Solche Situationen können reichlich Verwirrung und Verlegenheit hervorrufen.

Die Erinnerung aus einem früheren Leben zu »vollenden« bedeutet nicht notwendigerweise das Ende des Problems. Selbst wenn der innere Prozeß aufhört und man seinen tieferen Sinn angenommen hat, können manche Leute auf eine weitere Herausforderung treffen. Sie haben nun auf profunde und bedeutungsvolle Weise gewisse Realitäten erfahren, die unserer Kultur fremd sind, und stehen vor der Aufgabe, diese Tatsache mit der traditionellen Weltsicht der westlichen Zivilisation in Einklang zu bringen. Das kann für Menschen, die nicht sehr an einer durchdachten und

ausdifferenzierten philosophischen oder wissenschaftlichen Weltsicht hängen, recht einfach sein. Sie finden die Erfahrung vielleicht schlicht interessant, enthüllend und wohltuend; sie akzeptieren die neue Information und haben kein dringendes Bedürfnis, sie zu analysieren.
Wer aber eine stark intellektuelle Orientierung hat und sehr auf rationales Verstehen setzt, der kann das Gefühl bekommen, ihm sei der Teppich unter den Füßen weggezogen worden und er stünde nicht mehr auf festem Boden. Eine überzeugende und bedeutungsvolle Erfahrung, die sein Glaubenssystem zu unterminieren und wertlos zu machen droht, kann ihn in eine Zeit unangenehmer Verwirrung stürzen.

Psychische Erneuerung durch Rückkehr zur Mitte

> *Die religiösen Bilder ließen den Patienten wie einen zweiten Christus aussehen, der den Kampf gegen den Teufel anführte; wie Christus sollte er geopfert werden und wiederauferstehen. Der Garten Eden spielte eine herausragende Rolle: Er war einst von Vater, Sohn und Heiligem Geist bewohnt, wurde dann aber vom Teufel besetzt. Damit verwoben waren Geschichten von vier Königen der vier Himmelsrichtungen und einem wesentlichen Konflikt zwischen den Königen des Nordens und des Südens.*
> *Als mythischer Held vollführte der Patient große Wunder. Als Richard Löwenherz tötete er gleich nach seiner Geburt einen Tiger und erwürgte eine giftige Schlange. Als japanischer Held nahm er die Form einer Schlange an und erwarb »eine teuflische Kraft, zurückzuschlagen«; er tötete eine Tarantel, die eine für den Kampf gekleidete japanische Mutter war, und besiegte mehrere Ungeheuer.*
>
> *John Perry,* The Far Side of Madness[23]

Diese wichtige Art von transformativer Krise hat der kalifornische Psychiater und Jungsche Analytiker John Perry beschrieben und ihr den Namen *Erneuerungsprozeß* verliehen. Perrys Erfahrungen mit diesem Typ Krise entstammen seiner langjährigen Arbeit mit jungen Menschen während akuter Episoden von außergewöhnlichen Bewußtseinszuständen. Diese Leute wurden dazu ermutigt und dabei unterstützt, den Prozeß ohne unterdrückende Medikamente zu durchlaufen. Zudem hat Perry eine besondere Einrichtung gegründet, die diesen Ansatz möglich machte. Sie lag in San Francisco und hieß Diabasis.

Menschen, die einen solchen Erneuerungsprozeß durchmachen, erleben dramatische Sequenzen, die beachtliche Energien bergen und deren Ausmaß den Betroffenen das Gefühl gibt, sie seien der Mittelpunkt von Ereignissen globaler oder sogar kosmischer Bedeutung. Ihre Psyche wird zu einem phantastischen Schlachtfeld, auf dem die Kräfte des Guten und des Bösen in einem universalen Kampf liegen, der für die Zukunft der Welt anscheinend ausschlaggebend ist.

Diese visionären Zustände scheinen Geschichte rückwärts abzuspulen und führen die Menschen immer weiter zurück – zu ihren eigenen Wurzeln, zu den Ursprüngen der Menschheit, zur Erschaffung der Welt und dem Idealzustand des Paradieses. Das geht oft mit der Überzeugung einher, daß dieser Prozeß eine Gelegenheit bietet, einige ernsthafte individuelle und kollektive Fehler und Unfälle aus der Vergangenheit auszubügeln und eine bessere Welt zu erschaffen.

Ein weiterer wichtiger Aspekt des Erneuerungsprozesses ist die ausgiebige Beschäftigung mit dem Tod in vielerlei Formen. Menschen in dieser Art von Krise können das Gefühl haben, daß es für sie entscheidend sei, die Natur des Sterbens und des Todes und deren Funktionen in der universalen Ordnung zu verstehen. Sie spüren vielleicht eine Verbindung zum Leben nach dem Tode und kommunizieren mit ihren Ahnen. Die Vorstellungen von Ritualmord, Opfer und Märtyrertum scheinen besonders bedeutsam und ansprechend.

Wer diese radikale psychische Erneuerung durchmacht, hat außerdem ein besonderes Interesse an Gegensätzen. Er ist von den Unterschieden zwischen den Geschlechtern, sexuellen Veränderungen, Homosexualität und der Transzendenz der sexuellen Polarität fasziniert.

Wenn sich die Episode über die ursprüngliche Unruhe und Verwirrung hinaus entwickeln darf, werden die Erfahrungen zunehmend angenehmer und bewegen sich allmählich auf eine Auflösung zu. Der Prozeß gipfelt oft in dem Erlebnis einer »heiligen Hochzeit«, einer glückseligen Vereinigung mit einem idealen Partner. Das kann entweder eine imaginäre archetypische Figur oder eine idealisierte Person aus dem eigenen Leben sein, auf die diese Rolle projiziert wird. Die Protagonisten der heiligen Ehe können so archetypische Figuren wie Adam und Eva, König und Königin, Sonne und Mond, Shiva und Shakti oder ähnliche Paare sein. Das bedeutet gewöhnlich, daß die männlichen und die weiblichen Aspekte der Persönlichkeit ein neues psychisches Gleichgewicht erlangen. Bei Frauen gibt es auch die Form einer heiligen Ehe mit Christus.

Zu diesem Zeitpunkt scheint der Prozeß das Zentrum oder das organisierende Prinzip der Psyche zu erreichen, die C. G. Jung das Selbst nennt. Dieses transpersonale Zentrum repräsentiert unsere tiefste und wahrste Natur und ist vermutlich eng dem hinduistischen Konzept von Atman-Brahman verwandt, dem Göttlichen in uns. In visionären Zuständen erscheint das Selbst in der Form einer strahlenden Lichtquelle von übernatürlicher Schönheit, kostbaren Steinen und Metallen, glänzenden Perlen, exquisiten Juwelen und anderen symbolischen Variationen.

Menschen, die die Verbindung mit diesem glorreichen inneren Bereich erleben, interpretieren diese Leistung im allgemeinen als persönliche Apotheose, als kosmisches Ereignis, das ihnen als Mensch eine herausragende Rolle zuschreibt oder sie gänzlich über den Zustand des Menschen hinaus befördert – zu einem großen Führer, Weltenretter oder gar zum Herrn des Universums. Sie können meinen, sie hätten den Tod überwunden, und ein profundes Gefühl von spiritueller Wiedergeburt haben. Frauen erleben in diesem Zusammenhang oft, daß sie ein göttliches Kind mit irgendeiner außergewöhnlichen Mission gebären, während Männer eher ihre eigene Wiedergeburt in diese neue Rolle erleben.

Wenn der Prozeß der Erneuerung seiner Vollendung und Integration entgegengeht, bringen die Visionen Bilder einer idealen neuen

Welt. Das ist zumeist irgendeine Form von harmonischer Gesellschaft, die von Liebe und Gerechtigkeit regiert wird und alles Üble und Böse überwunden hat. In diesem letzten Arrangement spielt oft die Zahl Vier eine wichtige Rolle; in der Jungschen Psychologie gilt sie als archetypisches Symbol des Selbst und der Ganzheit.

In dem letzten Drama kann es um vier Könige, vier Länder oder vier politische Parteien gehen. Oft spiegelt sich das in spontanen Zeichnungen, die vier Äxte, vier Quadrate, vier Kardinalpunkte oder vier Flüsse darstellen. Das Auftauchen von in Quadrate gestellten Kreisen scheint ein besonders wichtiger Hinweis darauf zu sein, daß der Prozeß sich einem erfolgreichen Ende nähert. Wenn die Intensität der Erfahrungen nachläßt, erkennt der Betroffene, daß das gesamte Drama eine im großen und ganzen auf die innere Welt begrenzte psychische Transformation war. Dann wird er bereit, wieder in die Alltagsrealität zurückzukehren.

Einem uninformierten Beobachter scheinen die Erfahrungen der Menschen in einem Erneuerungsprozeß so merkwürdig und außergewöhnlich zu sein, daß es logisch scheinen könnte, sie irgendeinem exotischen Vorgang oder einer ernsthaften Krankheit zuzuschreiben, die die Funktionsweisen des Gehirns beeinträchtigt. Aber Perry ließ sich nicht von der ungewöhnlichen Natur dieser Erfahrungen täuschen. Er arbeitete mit soliden Kenntnissen der Jungschen Psychologie und einem nahezu enzyklopädischen kulturellen Wissen. Er ließ den Erfahrungen ihren eigenen Lauf und erkannte bald, daß dieser Prozeß an sich heilend und wiederbelebend ist.

Zu Perrys wichtigsten Beiträgen gehörte die Einsicht, daß der Erneuerungsprozeß eine profunde Bedeutung und Ordnung hat und mit wichtigen Aspekten der menschlichen Geschichte gekoppelt ist. Er erkannte, daß die Sequenzen, die seine Klienten in ihren akuten Episoden erlebten, mit den Themen der rituellen Dramen identisch waren, die in der Zeit, in der die Könige als Inkarnationen von Göttern gesehen wurden, in allen größeren Kulturen der Welt bei Neujahrsfesten gespielt wurden. Auf die mythologischen Wurzeln dieser Erfahrungen und ihre Verbindung mit der Ge-

schichte der Menschheit werden wir im sechsten Kapitel ausführlicher eingehen.
Das heilende und transformative Potential des Erneuerungsprozesses sowie seine Verbindung mit einem wichtigen Stadium der menschlichen Kulturgeschichte machen es recht unwahrscheinlich, daß wir es hier mit unberechenbaren Produkten von Geisteskrankheit zu tun haben. Perry bietet eine Erklärung, die sich radikal von der Haltung der allgemeinen Psychiatrie unterscheidet. Er meint, dieser Prozeß zeige einen wesentlichen Schritt in Richtung dessen auf, was Jung »Individuation« nennt – einen volleren Ausdruck des eigenen tieferen Potentials.

Die schamanische Krise

Es gibt eine Kraft, die heißt Sila und läßt sich nicht mit einfachen Worten erklären. Ein großer Geist, der die Welt und das Wetter und alles Leben auf der Erde trägt, ein Geist, der so groß ist, daß er zur Menschheit nicht durch Worte spricht, sondern durch Sturm und Schnee und Regen und das Tosen des Meeres – alle die Kräfte der Natur, die der Mensch fürchtet. Aber er hat auch andere Mittel, sich auszudrücken: das Sonnenlicht, die Stille des Meeres und kleine Kinder im unschuldigen Spiel, die selbst nichts verstehen... Niemand hat Sila je gesehen; sein Aufenthaltsort ist insofern ein Rätsel, als er zugleich unter uns ist und unaussprechlich weit weg.

Ein Eskimo-Schamane; aus den Aufzeichnungen des Forschers Knut Rasmussen

Diese Form der psychospirituellen Transformation weist große Ähnlichkeit mit den initiatorischen Krisen der Schamanen, Heiler und spirituellen Führer bei vielen Naturvölkern auf. Die Anthropologen bezeichnen die dramatischen Episoden von außergewöhnlichen Bewußtseinszuständen, die bei vielen Schamanen den Beginn einer Karriere als Heiler kennzeichnen, als die »Schamanenkrankheit«. Dies ist zwar die älteste Form der transformativen Krise, aber es wäre ein Fehler, sie als ein Phänomen zu betrachten,

das auf die ferne Vergangenheit und exotische oder sogenannte primitive Kulturen beschränkt wäre.
Wir haben sehr ähnliche Erfahrungen wiederholt auch bei heutigen Europäern, Amerikanern, Australiern und Asiaten gesehen. Dabei gibt es spontan auftretendc Episoden, die viele Tage anhalten, und kurze, vorübergehende Sequenzen während psychedelischer Sitzungen und bei der Holotropen Atemarbeit®. An dieser Stelle werden wir das Wesen der schamanischen Krise als wichtige Form der spirituellen Krisen beschreiben. Im sechsten Kapitel folgt dann eine Untersuchung des Schamanismus als historisches und kulturelles Phänomen.
Visionäre Abenteuer dieser Art schließen charakteristischerweise eine Reise in die Unterwelt ein – in das Reich der Toten. Dort wird man von boshaften dämonischen Wesen angegriffen und unvorstellbaren Qualen ausgesetzt, die in Erfahrungen von Tod, Zerfall und Auslöschung gipfeln. Wie bei den schamanischen Krisen kann man die endgültige Zerstörung so erleben, daß man umgebracht, in Stücke gerissen oder von bestimmten Tieren, die als Initiatoren fungieren, verschlungen wird. Dieselben Tiere können später wieder in der Rolle eines geistigen Führers, Beschützers oder Lehrers auftauchen. Auf die Erfahrung der totalen Auslöschung folgen üblicherweise Wiederauferstehung, Wiedergeburt und der Aufstieg in himmlische Reiche. Dieser Prozeß des psychischen Todes und der Wiedergeburt scheint eng mit dem Wiedererleben des Traumas der physischen Geburt verwandt, wenn diese Verbindung auch keineswegs eine umfassende Erklärung der schamanischen Krise bietet.
Ebenfalls charakteristisch ist ein reiches Spektrum von transpersonalen Erfahrungen, die profunde Einsichten in Reiche und Dimensionen von Realität liefern, die gewöhnlich der Wahrnehmung und dem Intellekt des Menschen verschlossen sind. Einige vermitteln eine tiefe Verbundenheit mit den schöpferischen Energien des Universums und Einstimmung in die Kräfte der Natur und die Welt der Tiere und Pflanzen. Andere handeln von verschiedenen Gottheiten, geistigen Führern und besonderen Krafttieren – Helfern und Beschützern in Tierform.

Menschen, die Sequenzen dieser Art erleben, fühlen oft eine besondere Verbindung zur Natur – zum Meer, zu Flüssen, Bergen, Himmelskörpern und verschiedenen Formen des Lebens. Viele werden von einer plötzlichen künstlerischen Eingebung erfaßt, die ihnen Gedichte, Lieder oder Ideen für Rituale bringt. Einige dieser Rituale können mit denen identisch sein, die tatsächlich von den Schamanen verschiedener Kulturen durchgeführt werden. Und wie die Schamanen entwickeln manche Menschen ungewöhnliche Einsichten in die Natur verschiedener emotionaler und psychosomatischer Störungen und Möglichkeiten, diese zu entdecken und zu heilen.

Das Erwachen von außersinnlicher Wahrnehmung

Dann sah ich nochmal hin. Irgend etwas stimmte nicht. Die Wand hatte keine Fenster, keine Türen. Es standen keine Möbel davor. Es war keine Wand in meinem Schlafzimmer. Aber irgendwie war sie vertraut. Die Identifikation kam sofort. Es war keine Wand, es war die Decke. Ich schwebte vor der Decke, schwang mit jeder Bewegung, die ich machte, leicht umher. Ich rollte mich in der Luft herum und blickte, überrascht, nach unten.
Da stand in dem schwachen Licht unter mir mein Bett. Darauf lagen zwei Gestalten. Rechts war meine Frau. Neben ihr lag jemand anders. Beide schienen zu schlafen. Dies war ein merkwürdiger Traum, dachte ich. Ich war neugierig. Von wem würde ich wohl träumen, er sei mit meiner Frau im Bett? Ich schaute genauer hin, und es war ein intensiver Schock. Der jemand in dem Bett war ich!

Robert Monroe, Der Mann mit den zwei Leben[24]

Viele spirituelle Traditionen und mystische Schulen beschreiben das Auftauchen diverser paranormaler Fähigkeiten als ein natürliches, aber potentiell gefährliches Stadium der Entwicklung des Bewußtseins. Wenn übersinnliche Phänomene jemanden sehr stark beschäftigen und faszinieren, gilt das gewöhnlich als gefährliche Falle für das Ich des Suchenden und unzuträgliche Ablenkung von echten spirituellen Bestrebungen. In den fortgeschritteneren Stadien, die auf das Überwinden dieses kritischen Hindernisses folgen, können stärkere Intuition und übersinnliche Fähigkeiten zu integralen Bestandteilen des Lebens werden. Dann werden sie in die neue mystische Weltsicht integriert und schaffen keine Probleme.

Es überrascht daher nicht, daß verschiedene Formen von spirituellen Krisen ausgesprochen häufig mit einer beträchtlichen Steigerung der intuitiven Fähigkeiten und dem Auftreten übersinnlicher oder paranormaler Phänomene einhergehen. Unter gewissen Umständen kann sozusagen jede Art von transpersonaler Erfahrung überraschende Informationen liefern, die der Betroffene nicht auf konventionelle Weise erhalten haben kann und die paranormalen Quellen zu entstammen scheint. Zusätzlich berichten viele Menschen in der transformativen Krise von spezifischen außersinnlichen Ereignissen wie Fernwahrnehmung, Präkognition, Telepathie und anderen Phänomenen. Gelegentlich wird jedoch der Informationsfluß aus außergewöhnlichen Quellen so überwältigend und verwirrend, daß er die Szene beherrscht und sich zu einem beachtlichen Problem entwickelt.

Die dramatischsten und extremsten Manifestationen der Öffnung für das Übersinnliche sind Außer-Körper-Erfahrungen. Dabei scheint sich das Bewußtsein vom Körper zu lösen, einen unterschiedlichen Grad von Unabhängigkeit und Freiheit anzunehmen und die Fähigkeit zu erwerben, die Umgebung ohne die Vermittlung der Sinne wahrzunehmen. Menschen, die solche entkörperlichten Erfahrungen machen, können sich selbst von der Decke aus beobachten, Vorgänge in anderen Teilen des Hauses sehen oder zu verschiedenen fernen Orten »reisen« und genau wahrnehmen, was dort vor sich geht. Solche Zustände kommen besonders häufig in Nah-Tod-Situationen vor, wo ihre Authentizität durch systematische klinische Studien belegt worden ist.

Ein weiteres Phänomen, das oft bei Menschen auftritt, die eine dramatische Öffnung für das Übersinnliche erleben, ist die Fähigkeit, sich so stark auf die inneren Prozesse eines anderen einzustimmen, daß dies in Telepathie mündet. Ihre Einsichten können bemerkenswert genau sein und Gebiete betreffen, die andere gewöhnlich gern verstecken. Viele Leute in der Krise neigen dazu, ihre telepathischen Einsichten unbedingt verbalisieren zu wollen, was die davon Betroffenen verletzt und irritiert und eine ohnehin angespannte Situation verschärft. Gelegentlich kann das einer der Faktoren sein, die zu einem unnötigen Krankenhausaufenthalt führen.

In manchen Fällen haben Menschen in einer spirituellen Krise eine in Form und Stärke variierende Bewußtheit für die Zukunft. Das hat manchmal mit Ereignissen zu tun, die unmittelbar bevorstehen, und ein andermal mit solchen, die in der fernen Zukunft liegen. Sie können auch als Wahrnehmung von Situationen in anderen Teilen der Welt auftreten, besonders wenn es dabei um Menschen geht, die ihnen emotional nahestehen. Es kann sehr beängstigend und verwirrend sein, wenn solche übersinnlichen Vorkommnisse sich häufig ereignen, da sie die in den Industriegesellschaften vorherrschende Vorstellung von Realität unterminieren.

Eine weitere Erfahrung, die im Rahmen einer dramatischen Öffnung für das Übersinnliche oft ein ernsthaftes Problem darstellt, ist der gelegentliche Verlust der eigenen Identität und mediale Identifikation mit anderen Personen. Dabei nehmen Menschen das Körperbild, die Haltung, Gesten und Gefühle, den Gesichtsausdruck und sogar die Gedankenprozesse eines anderen an. Geübte Schamanen, übersinnliche Menschen und spirituelle Heiler sind häufig in der Lage, willentlich in solche Zustände einzutreten und sie dazu zu nutzen, Einsichten in die Probleme anderer Leute zu gewinnen, zu diagnostizieren und verschiedene Störungen zu heilen. Aber unerfahrene Menschen in der Krise der Öffnung für das Übersinnliche werden oft von dem plötzlichen und ungebetenen Auftreten solcher Phänomene überrascht und finden den damit einhergehenden Verlust von Kontrolle und persönlicher Identität sehr beunruhigend.

Leute in spirituellen Krisen berichten oft, ihr Leben sei voller verschiedener außergewöhnlicher Koinzidenzen, die die Elemente ihrer inneren Realität wie Träume und visionäre Zustände mit

Ereignissen in der Alltagswelt verbinden. Dieses Phänomen hat als erster C. G. Jung erkannt und beschrieben. Er nannte es *Synchronizität.* Jung definierte Synchronizität als akausales Verknüpfungsprinzip, das sich auf das sinnvolle Zusammentreffen zeitlich und/oder räumlich getrennter Ereignisse bezieht. Viele Formen der spirituellen Krise bringen außergewöhnliche Synchronizitäten mit sich, aber bei der Öffnung für das Übersinnliche scheinen sie besonders häufig zu sein.

Die traditionelle Psychiatrie besteht auf strikt kausalen Erklärungen und hat das Phänomen der Synchronizität noch nicht akzeptiert. Psychiater verwerfen gewöhnlich alle Anspielungen auf bedeutungsvolle Koinzidenzen als durch einen pathologischen Prozeß verursachte verzerrte Wahrnehmung und Mißinterpretation von Fakten. Der in diesem Zusammenhang verwendete Begriff lautet *Beziehungswahn*, was bedeutet, daß jemand Verbindungen sieht, wo es in Wirklichkeit gar keine gibt. In dem Kartesianisch-Newtonschen Bild des Universums gibt es keinen Platz für bedeutungsvolle Koinzidenzen; jede unwahrscheinliche Koinzidenz ist entweder Zufallsgeschehen oder existiert nur in der Vorstellung des Wahrnehmenden.

Die transpersonale Forschung hat gezeigt, daß Menschen bei dem Prozeß der spirituellen Öffnung oft echte Synchronizitäten im Sinne von Jung erleben. All diejenigen, die Zugang zu diesem Sachverhalt haben – sowohl zu den inneren Erfahrungen wie zu den korrespondierenden Ereignissen in der Außenwelt –, erkennen die außergewöhnliche Natur solcher Situationen. Die Verbindungen sind sehr spezifisch, zutiefst bedeutsam und enthalten häufig ein Element kosmischen Humors. Wenn man alles zusammennimmt, ist es sehr unglaubwürdig, daß solche Koinzidenzen in kausalen Begriffen verstanden werden können oder ausschließlich dem Zufall entspringen. Derzeit ist das Konzept der Synchronizität nicht nur auf die Psychologie beschränkt. Viele Avantgarde-Wissenschaftler, einschließlich der durch die Quanten- und Relativitätstheorie geprägten Physiker, haben das Prinzip der Synchronizität als wichtige Alternative zu streng kausalen Erklärungen aufgenommen.

Die Häufung von übersinnlichen Geschehnissen verschiedener Art kann sehr beunruhigend sein. Wenn solche Episoden so überwältigend und überzeugend werden, daß man sie schlecht abtun kann, wird die Situation ziemlich bedrohlich, da die alten Grundfesten der Sicherheit zusammengekracht sind und man sich wie ein vollkommen naiver und uninformierter Neuling in einer unbekannten und mysteriösen Welt fühlt.

Wenn man mit übersinnlichen Ereignissen und Fähigkeiten vertraut ist, kann man auf noch eine andere Art von Problemen stoßen. Es passiert leicht, daß man von dem sich öffnenden Reich der übersinnlichen Phänomene fasziniert ist und ihr Vorkommen als Hinweis auf die eigene Überlegenheit und besondere Berufung interpretiert. Da das Ziel des spirituellen Pfades die Transzendierung des Ich ist, stellt eine solche Haltung eine große Gefahr von Ich-Inflation und Erhöhung dar.

Kommunikation mit geistigen Führern und Channeling

Ich glaube nicht, daß ich das Äquivalent von Seths Buch auch alleine schaffen könnte. Dieses Buch ist Seths Art zu demonstrieren, daß die Persönlichkeit des Menschen multidimensional ist, daß wir gleichzeitig in vielen Wirklichkeiten existieren, daß die Seele oder das innere Selbst nicht etwas von uns Getrenntes ist, sondern genau das Medium, durch das wir existieren... Seth mag ebensosehr eine Schöpfung sein, wie es dieses Buch ist. Wenn ja, ist das ein vorbildliches Beispiel für multidimensionale Kunst, die auf einer so reichen Ebene von Unbewußtsein geschieht, daß die »Künstlerin« sich ihrer eigenen Arbeit nicht bewußt und davon ebenso angetan ist wie irgendjemand anderes.

Jane Roberts, Seth Speaks

In außergewöhnlichen Bewußtseinszuständen kann man in der Beziehung zu den verschiedenen Wesen und Situationen, denen man in der inneren Welt begegnet, unterschiedliche Rollen annehmen. Man kann unbeteiligter Beobachter sein, aktiv an den Sequenzen teilnehmen oder sich tatsächlich mit verschiedenen Elementen des Szenariums identifizieren. Gelegentlich kann man jedoch auch Kontakt mit einem Wesen haben, das von dem eigenen inneren Prozeß vollkommen getrennt und unabhängig zu sein scheint. Er oder sie bietet eine persönliche Beziehung an und spielt weiterhin die Rolle des Führers, Beschützers, Lehrers oder der überlegenen Informationsquelle. In der Literatur zu übersinnlichen Phänomenen werden solche Figuren gewöhnlich als geistige Führer bezeichnet.

In manchen Fällen können die Angesprochenen die Natur dieser Wesen erkennen; in anderen stellen die geistigen Führer sich vor und erklären, woher sie kommen und welches ihre Mission ist. Sie scheinen gewöhnlich körperlose Menschen, übermenschliche Wesen oder Gottheiten zu sein, die sich in höheren Bewußtseinsebenen aufhalten und mit außergewöhnlicher Weisheit ausgestattet sind. Manchmal ähneln sie menschlichen Geschöpfen, ein andermal sehen sie aus wie strahlende Quellen von Licht. Es kommt auch vor, daß sie in gar keiner erkennbaren Form erscheinen, man aber ihre Gegenwart spüren kann. Sie kommunizieren mit ihren Schützlingen durch direkte Gedankenübertragung oder auf anderen außersinnlichen Wegen. Gelegentlich haben sie menschliche Stimmen und schicken verbale Botschaften.

Ein besonderes Beispiel für die Erfahrungen dieser Kategorie ist das Channeling, ein Phänomen, das in den letzten Jahren in der Öffentlichkeit sehr bekannt geworden ist und über das in den Medien ausführlich berichtet wurde: Ein Individuum wird ein Mediator oder Kanal (*channel*) für Botschaften, die von einer Quelle kommen, die vorgeblich außerhalb des eigenen individuellen Bewußtseins liegt. Diese Botschaften werden durch Sprechen in Trance, automatisches Schreiben oder telepathische Übertragung vermittelt. Die Qualität des so empfangenen Materials ist unterschiedlich, und die Frage nach der letztendlichen Quelle der Informationen hat zu vielen Spekulationen und Mutmaßungen geführt. Channeling kann jedoch für den Empfänger eine heilende und transformative Erfahrung sein, und die so vermittelte Information war oft als Führer für persönliches Wachstum und Bewußtseinsevolution bedeutsam.

Channeling hat in der Geschichte der Menschheit eine wichtige Rolle gespielt. Zu den auf diese Weise übermittelten spirituellen Lehren gehören viele Schriften mit beachtlichem kulturellen Einfluß wie die altindischen Veden, der Koran und das Buch Mormon. Viele Passagen in dem heiligen zoroastrischen Text Zend-Awesta und auch in der Bibel haben ihren Ursprung in Erfahrungen dieser Art.

Zu den wichtigen Quellen für Channeling in diesem Jahrhundert gehört eine Wesenheit, die sich selbst »der Tibeter« nannte. Sowohl Alice Bailey wie Madame Blavatsky bezeichneten ihn als die Quelle ihrer spirituellen Schriften. Der italienische Psychiater Roberto Assagioli würdigte dieselbe Wesenheit als den wirklichen Autor seines psychologischen Systems namens Psychosynthese.

C. G. Jung hatte im Laufe seines Lebens viele transpersonale Erfahrungen. Herausragend ist darunter eine dramatische Episode, während derer er als Channel seinen berühmten Text *Septem Sermones ad Mortuos* empfing. Die Wesenheit, die das auslöste, stellte sich selbst als der Gnostiker Basilides vor. Jung hatte außerdem beeindruckende Erfahrungen mit dem Geistführer Philemon, von dem er ein Portrait hinterlassen hat. Seine Erfahrungen mit dieser Wesenheit waren es, die ihn davon überzeugt haben, daß verschiedene Aspekte der Psyche vollkommen autonome Funktionen annehmen können.

Einer der beliebtesten Channel-Texte der Gegenwart ist das Buch *A Course in Miracles*. Es findet sehr viel Beifall bei Laien wie Fachleuten, die es als Grundlage für Vorträge, Seminare und Kurse verwenden. Der Channel und die Herausgeberin dieses Buches ist Helen Schucman, diktiert wurde es von einer Wesenheit, die sich Christus nannte. Schucman war eine auf traditionelle Weise ausgebildete Psychologin, Atheistin und ohne Glauben an das Paranormale. Sie hatte eine sichere Stelle an einer Universität und einen guten Ruf in der Fachwelt. Als sie begann, eine innere Stimme Informationen vermitteln zu hören, die ihr vollkommen neu waren, geriet sie in einen Zustand tiefgreifender Begriffsver-

wirrung und entwickelte Zweifel an ihrer eigenen geistigen Gesundheit.
Daß solche Erfahrungen eine ernste Krise auslösen, liegt hauptsächlich daran, daß die Gesellschaften des Westens traditionell nur über Hohn und pathologische Etiketten für Phänomene dieser Art verfügen. Für die Channels ist es jedoch in Anbetracht der Qualität und der Außergewöhnlichkeit der empfangenen Informationen nicht leicht, ihre Erfahrungen völlig zu ignorieren oder abzutun. Channeling kann beispielsweise gelegentlich zu absolut korrekten Angaben aus Wissensgebieten führen, mit denen sich der Empfänger noch nie beschäftigt hat. Dieser scheinbare Beweis für die Existenz von spirituellen Wirklichkeiten kann bei denjenigen, die zuvor einem ganz anderen Glaubenssystem anhingen, ernsthafte philosophische Verwirrung hervorrufen.
In manchen Fällen ist die Erfahrung des Channeling sehr intensiv und eindringlich und kann dadurch zu schweren Beeinträchtigungen des Alltags führen. Ein weiteres Problem ist die Gefahr der Ich-Inflation beim Channeling. Die geistigen Führer werden normalerweise als sehr fortgeschrittene und hochentwickelte Wesen wahrgenommen; sie scheinen auf einer hohen Bewußtseinsebene zu stehen, überlegene Intelligenz und außergewöhnliche moralische Integrität aufzuweisen. Die Channel könnten das als Beweis für ihre eigene Überlegenheit werten.

Begegnungen mit UFOs

Und ich komme vor ein helles Licht – Kristalle, helles, helles Licht und klare Kristalle voller Regenbogen. Es ist alles Kristall rings um mich herum – alle Formen von Kristall. Ich weiß nicht, was es ist. Ich habe Angst! Ich will zurück! Und das helle Licht da vorne! Ich will zurück. Sie bringen mich durch diese Kristalle durch. Das helle Licht ist da vorne… Oh, dieses helle Licht. Wir halten an, und die beiden steigen aus dem Ding aus. Und ich bin genau da, vor dem Licht.

Betty Andreasson beschreibt ihre Begegnung in:
The Andreasson Affair[25]

Seit der amerikanische Zivilpilot Keneth Arnold im Jahr 1947 in den Bergen nahe Mount Rainier unidentifizierte fliegende Objekte sah und ihnen den Namen »Fliegende Untertassen« gab, hat das Thema UFOs einschließlich der Besuche von und Begegnungen mit Außerirdischen erhebliche Kontroversen ausgelöst. Manche Berichte beschreiben Visionen von ungewöhnlichen Objekten bei Tag und merkwürdigen Lichtern bei Nacht. Andere sprechen von gelandeten Raumschiffen und Besatzungen und sogar von Interaktionen mit ihnen. Zu den extremen Formen solcher Erfahrungen gehören auch Entführungen oder Besuche im Inneren dieser Raumschiffe und die Teilnahme an Flügen zu mehr oder weniger weit entfernten außerirdischen Orten. Laut einer anonymen Meinungsumfrage des Gallup-Instituts haben etwa fünf Millionen Amerikaner Dinge am Himmel beobachtet, die sie sich nicht erklären konnten und die in diese Kategorie gehören.

Diskussionen über UFOs werden meist als Versuche verstanden, herauszufinden, ob die Erde nun von außerirdischen Wesen und Raumschiffen aufgesucht worden ist oder nicht. Aber die Erfahrungen mit Begegnungen dieser Art haben eine wichtige psychologische und spirituelle Dimension. Sie treten oft im Vorfeld ernsthafter emotionaler und intellektueller Krisen auf, die viel mit den spirituellen Krisen gemeinsam haben. C. G. Jung hat dieses Phänomen für so wichtig gehalten, daß er ihm einen besonderen Aufsatz mit dem Titel *Ein moderner Mythus. Von Dingen, die am Himmel gesehen werden* gewidmet hat. Er beruht auf einer sorgfältigen historischen Analyse von Legenden über fliegende Scheiben und tatsächliche Erscheinungen, die gelegentlich Massenhysterie ausgelöst hatten. Jung kam zu dem Ergebnis, es könne sich bei den UFO-Phänomenen um archetypische Visionen handeln, die dem kollektiven Unbewußten entspringen, und nicht um außerirdische Raumschiffe. Andere Forscher haben auf die Ähnlichkeit dieser Erfahrungen mit anderen transpersonalen Zuständen hingewiesen und ihr transformatives Potential betont.

Ob diese Erfahrungen nun tatsächlich Kontakten mit Außerirdischem entstammen oder in der Psyche entstehen, sie haben viele Gemeinsamkeiten mit transpersonalen Zuständen im allgemeinen und bestimmten Formen von spirituellen Krisen im besonderen. In den Berichten über gesichtete UFOs ist gewöhnlich von Lichtern die Rede, die eine außergewöhnliche, übernatürliche Qualität haben und nichts auf der Erde Bekanntem ähneln – Beschreibungen, die stark an die Visionen von Licht erinnern, wie sie in mystischen und anderen außergewöhnlichen Bewußtseinszuständen vorkommen.

Der UFO-Forscher Alwin Lawson hat außerdem darauf hingewiesen, daß die »außerirdischen Besucher« in mehrere wesentliche Kategorien fallen, in dieselben, die man in den Mythologien und Religionen der Welt findet. Das legt die Vermutung nahe, ihre Ursprünge könnten im kollektiven Unbewußten liegen. Die Berichte über Entführungen enthalten oft Hinweise auf physische Prozeduren wie wissenschaftliche Untersuchungen und Experimente, die extrem schmerzhaft sind. Darin ähneln sie den Erfahrungen in schamanischen Krisen oder den verschiedenen Schmerzen der Initianden bei den Übergangsriten der Naturvölker.

Menschen, die angeblich entführt oder zu einer Fahrt eingeladen wurden, beschreiben die fremden Raumschiffe und ihre kosmischen Flüge in einer Weise, die an Hesekiels biblische Vision des Flammenwagens oder den des vedischen Gottes Indra erinnern. Die bei diesen Reisen besuchten Städte mit fortgeschrittener Zivilisation und die fabelhaften Landschaften der fremden Planeten haben eine starke Ähnlichkeit mit den visionären Erfahrungen von Paradiesen, himmlischen Reichen und Lichtstädten in der spirituellen Literatur mehrerer Kulturen.

Die Erfahrungen der Begegnung mit und Entführung durch etwas, das ein außerirdisches Raumschiff zu sein scheint, kann oft schwierigen emotionalen, intellektuellen und spirituellen Krisen vorausgehen. Keith Thompson, ein Psychologe und engagierter Erforscher des UFO-Phänomens, hat ganz explizit die Erfahrungen von Leuten in diesen Situationen mit denen von Initianden bei Übergangsriten verglichen. Thompson weist darauf hin, daß diejenigen, die UFO-Phänomene erfahren, wie die Initianden Ebenen und Dimensionen der Realität ausgesetzt worden sind, die der menschlichen Wahrnehmung gewöhnlich verborgen bleiben, und sich durch diese Erfahrungen tiefgreifend verändert haben. Sie haben die Verbindung zu ihrer Gesellschaft verloren und sind in einem Grenzzustand, halb hier, halb dort. Sie können nicht zu der bisherigen kulturellen Illusion der Realität zurückkehren, da diese durch ihre Erfahrung zerstört worden ist, und es ist noch nicht gelungen, eine neue, umfassendere zu erschaffen.

Anders als die Initianden jedoch, die bei ihrer Rückkehr von einer Gesellschaft herzlich begrüßt werden, die ihr neues Glaubenssystem achtet und sogar mit der expliziten Absicht Rituale ausübt, bestimmte verborgene Realitäten zu enthüllen, leben die Menschen mit UFO-Erfahrungen weiterhin in einer Kultur, deren Weltsicht sie nicht mehr teilen können. Dieser Mangel an Akzeptanz durch die Gesellschaft kann zu einer Krise führen, die denen ähnelt, die durch Nah-Tod-Erfahrungen und andere Formen von spirituellen Krisen ausgelöst werden.

Es gibt weitere Gründe dafür, daß die Erfahrung einer Begegnung mit einem UFO einer psychospirituellen Krise vorangehen kann. Dabei geht es um dieselben Themen, über die wir bereits bei geistigen Führern und Channeling gesprochen haben. Die außerirdischen Zivilisationen werden meist als fortgeschrittener wahrgenommen als die Bevölkerung unseres Planeten, nicht nur in bezug auf Wissenschaft und Technologie, sondern auch moralisch und spirituell. Die Kommunikation und der Kontakt mit ihnen weisen üblicherweise stark mystische Eigenschaften auf und haben mit einem Gefühl einer höheren Lehre zu tun, die zu universalen Einsichten führt.

Unter diesen Umständen können sich die Empfänger solcher besonderen Aufmerksamkeit als etwas Außergewöhnliches zu fühlen beginnen. Sie könnten daraus schließen, Wesen aus einer höher entwickelten Zivilisation hätten sie aufgrund herausragender persönlicher Qualitäten für eine ungewöhnliche Aufgabe ausgewählt.

Zustände von Besessenheit

Plötzlich begann Flora zu jammern, daß der Krampfschmerz in ihrem Gesicht unerträglich würde. Ich konnte selber sehen, wie sich die Spasmen auf groteske Weise verstärkten und ihr Gesicht zu etwas einfror, das man am besten als eine Maske des Bösen bezeichnen konnte. Sie fing an, mit einer tiefen männlichen Stimme zu sprechen. Alles an ihr wurde so anders, daß ich kaum mehr Beziehungen zwischen ihrer jetzigen Erscheinung und ihrer früheren Person erkennen konnte. Ihre Augen hatten einen unbeschreiblich bösartigen Ausdruck, ihre Hände waren zu Krallen verkrampft.
Die fremde Energie, die Floras Körper und Stimme in Besitz genommen hatte, stellte sich als der Teufel vor. »Er« wandte sich direkt an mich und befahl mir, Flora in Ruhe zu lassen und alle Versuche aufzugeben, ihr zu helfen. Sie gehöre ihm, und er würde jeden bestrafen, der es wagte, sein Gebiet zu betreten. Was dann folgte, war ausgesprochene Erpressung. Er schilderte mir, was mit mir, meinen Kollegen und Kolleginnen sowie dem Forschungsprogramm passieren würde, wenn ich nicht gehorchte.

Stanislav Grof, Das Abenteuer der Selbstentdeckung[26]

Diese Form von psychospiritueller Krise ist durch das unheimliche Gefühl gekennzeichnet, daß eine fremde Wesenheit oder Energie mit persönlichen Charakteristika in die eigene Psyche und den Körper eingedrungen ist und sie kontrolliert. Dieses Gefühl kann nur gelegentlich und in Abständen auftauchen oder über längere Zeitabschnitte anhalten. Menschen, die unter einem solchen Zustand leiden, nehmen diese Wesenheit als übelwollend, feindlich und störend wahr. Sie ist »Ich-fremd«, kommt von außen und gehört nicht zur eigenen Persönlichkeit. Wenn sie identifizierbar wird, scheint es sich um eine körperlose Wesenheit, eine dämonische Erscheinung oder das Bewußtsein einer bösen Person zu handeln, die einen durch Hexenrituale oder schwarze Magie zu erobern sucht.
Dieser Zustand kann sich in verschiedenen Formen und mit unterschiedlicher Intensität manifestieren. In vielen Fällen bleibt

die fremde Energie latent und verursacht ein breites Spektrum von Problemen, während ihre wahre Natur verborgen bleibt. Sie kann die treibende Kraft hinter ernsthafter Psychopathologie wie verschiedenen Formen antisozialen oder sogar kriminellen Verhaltens, suizidaler Depression, mörderischer Aggression oder selbstzerstörerischen Tendenzen, promiskuitiven und abweichenden sexuellen Impulsen oder dem exzessiven Gebrauch von Alkohol und anderen Drogen sein. Manchmal wird der diesen Problemen zugrundeliegende »Zustand von Besessenheit« erst dann identifiziert, wenn sich der Patient in Selbsterfahrungstherapie begibt und Methoden ausgesetzt wird, die das Unbewußte aktivieren.

In der Selbsterfahrungstherapie kann das Problem plötzlich manifest werden. Der »Besessene« entwickelt dann mitten in einer Sitzung ernsthafte Krämpfe und Spasmen. Die Augen und das Gesicht nehmen einen wilden und furchterregenden Ausdruck an, Leib und Gliedmaßen krümmen sich, und die Stimme wird tief und klingt außerweltlich. Wenn die Betreuer die volle Manifestation und den Ausdruck dieses Zustandes befürworten und unterstützen, kann das Verhalten der Betroffenen recht extrem werden. Er oder sie schlägt dann vielleicht um sich, schreit, erbricht, würgt und verliert möglicherweise sogar vorübergehend die Kontrolle und das Bewußtsein. Sitzungen dieser Art können Exorzismen in der christlichen Kirche oder den entsprechenden Ritualen verschiedener Urvölker ähneln.

In anderen Fällen ist die fremde Energie so nah an der Oberfläche, daß der oder die »Besessene« sich ihrer meist bewußt ist und eine Menge Mühe darauf verwenden muß, zu verhindern, daß sie manifest wird. Bei der extremsten und gefährlichsten Form versagen die Abwehrmechanismen, und das Problem manifestiert sich unkontrollierbar mitten im Alltagsleben. Seine Manifestationen, die im richtigen therapeutischen Rahmen heilend und transformativ sein könnten, führen unter diesen Umständen zu höchst destruktiven und selbstzerstörerischen Formen des Ausagierens.

Diese dämonische Besessenheit gehört eindeutig zur Gruppe der spirituellen Krisen, auch wenn sie bei oberflächlicher Betrachtung anders zu sein scheint und oft mit den unangenehmsten Formen der Psychopathologie assoziiert wird. Menschen in einer solchen mißlichen Lage erleben wahrhaftig die dunkle Nacht der Seele. Sie fühlen sich oft böse, abscheulich und von dem Strom des Lebens und dem Göttlichen abgeschnitten. Verwandte, Freunde und sogar Therapeuten neigen dazu, den »Besessenen« zu ächten, teils aufgrund moralischer Urteile, teils wegen profunder metaphysischer Angst. Das trägt noch weiter zu den Gefühlen von verzweifelter Einsamkeit und Angst bei, die mit dem Zustand selbst einhergehen.

Es gibt jedoch wichtigere Gründe, den Zustand der Besessenheit als spirituelle Krise zu betrachten. Der dämonische Archetyp, der ihn verursacht, ist im Wesen transpersonal und repräsentiert ein wichtiges Gegenstück zum Göttlichen. Er ist dessen polarer Gegensatz oder sein negatives Spiegelbild. Er wirkt auch oft wie eine Wand, die den Zugang zum Göttlichen verdeckt, so wie die angsteinflößenden Wächterfiguren an den Eingangstoren der orientalischen Tempel. Wenn der Mensch eine Gelegenheit erhält, sich dieser störenden Energie in einem unterstützenden und verständnisvollen Rahmen zu stellen, kommt es oft zu einer profunden positiven spirituellen Erfahrung, die ein außergewöhnlich heilsames und transformatives Potential hat.

5 Sucht als spirituelle Krise

Wie der Hirsch schreit nach frischem Wasser,
so schreit meine Seele, Gott, zu Dir.

Psalm 42;2

Als wir die neue Kraft hineinfließen spürten, als wir geistigen Frieden genossen, als wir entdeckten, daß wir uns erfolgreich dem Leben stellen konnten, als wir uns Gottes Gegenwart bewußt wurden, begannen wir unsere Angst vor dem Heute, dem Morgen oder dem Danach zu verlieren. Wir wurden wiedergeboren.

Anonyme Alkoholiker

Es ist gut möglich, daß bei vielen Menschen hinter dem Verlangen nach Drogen oder Alkohol die Sehnsucht nach Transzendenz oder Ganzheit steht. Wenn das so ist, dann könnte es sich bei der Abhängigkeit von Drogen, Alkohol oder ungezählten anderen Dingen in vielen Fällen um Formen von spirituellen Krisen handeln. Sucht unterscheidet sich insofern von anderen Formen von transformativen Krisen, als die spirituelle Dimension oft durch die scheinbar destruktive und selbstzerstörerische Natur der Krankheit verdeckt wird. Bei anderen Arten von spirituellen Krisen treffen Menschen wegen spiritueller oder mystischer Geisteszustände auf Probleme. Bei Sucht können dagegen viele Schwierigkeiten deswegen auftreten, weil die Suche nach den tieferen Dimensionen im Inneren nicht angetreten wird.
Alkoholiker und andere Süchtige beschreiben ihren Abstieg in die Tiefen der Sucht als »spirituellen Bankrott« oder »Seelenkrankheit« und die Heilung ihrer verarmten Seele als »Wiedergeburt«. Da viele spirituelle Krisen denselben Verlauf haben, bieten die erfolgreichen Behandlungsprogramme gegen Alkohol- und Dro-

genmißbrauch wertvolle Lektionen über den Beistand bei spirituellen Krisen.

Da die Drogen- und Alkoholsucht in der Welt immer weiter wächst und großes Interesse an diesem Thema besteht, haben wir ihr ein besonderes Kapitel gewidmet. Wir werden den Gedanken, Sucht sei eine Form der spirituellen Krise, ergründen und ein paar Hinweise geben, was die beiden Felder voneinander lernen können. Aber zunächst möchten wir auf die Wurzeln unseres Interesses an dem Thema eingehen.

Christina hat persönlich die Tiefen und das Drama sowohl der spirituellen Krise wie der chemischen Abhängigkeit erfahren. Von beiden betroffen zu sein, war der ursprüngliche Auslöser für ihre Erwägung, die beiden könnten verwandt sein. Auf den folgenden Seiten wird Christina ihre im Vorwort begonnene Geschichte weitererzählen.

Christinas Geschichte (Fortsetzung)

Meine spirituelle Krise ging meiner Alkoholabhängigkeit voraus, und doch war der Prozeß, mit dieser Krankheit ganz unten anzukommen und dann die Genesung zu suchen, der Schlüssel zur Lösung vieler der dramatischen Probleme, die in den Jahren des Kundalini-Erwachens aufgetreten waren. Es ist mir sehr klar geworden, daß sowohl meine spirituellen Krisen wie mein Alkoholismus wesentliche Elemente in meinem Transformationsprozeß gewesen sind, obwohl ich mir früher nie hätte vorstellen können, daß eine Sucht eine so profunde positive Auswirkung auf mein Leben haben könnte.

Wenn ich diese Geschichte erzähle, dann nicht, um in irgendeiner Form das entsetzlich würdelose, selbstzerstörerische und potentiell tödliche Leben eines Alkoholikers zu glorifizieren. Wenn auch manche Menschen durch ihre Sucht hindurch zu einem freieren, erleuchteteren, produktiveren Leben in der Genesung voranschreiten, tun es doch Tausende nicht. Nie würde ich diese

extrem gefährliche Form der spirituellen Krise als Weg zur Transformation empfehlen wollen.
Bevor ich Alkohol als Tranquilizer entdeckte, hatte ich davon nie viel Gebrauch gemacht. In meiner Zeit in Honolulu hatte ich zwar auf Gesellschaften gelegentlich etwas getrunken, aber ich hatte es gut unter Kontrolle, und nach meiner ersten Begegnung mit Yoga trank ich nur noch sehr wenig. Das änderte sich jedoch mit dem Beginn der chaotischen Kundalini-Aktivität.
Stan und ich reisten um die ganze Welt, um Vorträge und Seminare zu geben, und unser Terminplan war eng. In unseren Workshops hatte ich es mit sehr vielen Menschen zu tun, die intensiv ihre Emotionen erforschten, und wenn ich unsere Arbeit auch aufregend fand, fühlte ich mich doch ständig von der anhaltenden Aufmerksamkeit, die ich anderen geben mußte, ausgelaugt.
Zusätzlich mußte ich mit meinen eigenen anspruchsvollen inneren Zuständen umgehen, von denen ich nie wußte, wann sie mich treffen und was sie mit sich bringen würden. Ich befand mich in einem verzweifelten Ringen darum, meine komplexe innere Welt von scheinbar endlosen Erfahrungen, Visionen und merkwürdigen physischen Energien in ein Gleichgewicht mit einer ebenso komplexen äußeren Welt zu bringen. Ich entdeckte im Flugzeug, daß ein paar Drinks aus dem rollenden Getränkewagen der Sache die Spitze nahmen, und wandte mich auf der Suche nach Erleichterung immer öfter dem Alkohol zu.
Was ich nicht wußte, war, daß es eine erbliche Veranlagung zu Alkoholismus gibt und daß mehrere Mitglieder meiner Familie dieser Krankheit anheimgefallen waren. Aus diesen wie anderen Gründen war ich eine ideale Kandidatin. Ich hing ganz schnell an der Angel. Mein Alkoholismus nahm rasch zu, und es wurde schwierig, die Manifestationen des Kundalini-Prozesses (die Zuckungen, die Launenhaftigkeit und die Magen-Darm-Probleme) von denen der Suchtkrankheit zu unterscheiden. Die daraus entstehende Verwirrung bildete zusammen mit meinem unerbittlichen Leugnen der Tatsache, daß ich ein Problem hatte, eine tödliche Kombination.

Außerdem befand ich mich in einem entsetzlichen Dilemma: Ich erlebte ein spirituelles Erwachen und war »auf dem Weg«, hatte die Hilfe eines liebevollen Lehrers und konnte dennoch nicht mit dem Alkohol aufhören. Ich besuchte Swami Muktananda, fühlte mich geliebt, akzeptiert und verbunden, und dann ging ich nach Hause und trank. Oft stellte ich mir selbst die Frage: »Wie kann eine Sucherin immer weiter so etwas Böses tun?« Und ich begann zu glauben, daß ich nicht wirklich mit einer echten spirituellen Reise beschäftigt war.

Meine Sucht fegte wie ein Flächenbrand durch mein Leben und wurde nach dem Tode von Muktananda 1982 besonders destruktiv. Ich hatte ihm sehr nahegestanden und war völlig erschüttert, als mein Unterstützer und Lehrer nicht mehr zur Verfügung stand. Nachdem ich zweimal wegen schwerer Austrocknung und Leberproblemen ins Krankenhaus eingeliefert worden war, ging ich im Januar 1986 in ein Zentrum zur Behandlung von Alkoholismus und chemischer Abhängigkeit.

Selbst dort hielt ich krampfhaft an der mir vertrauten Art des Seins fest, obwohl ich wußte, daß sie extrem destruktiv, ungesund und unehrlich war. Ich wußte, daß mein Leben nicht richtig lief, daß ich körperlich sehr krank und selbstmordgefährdet war. Aber ich hielt an der Illusion fest, ich sei anders als die Alkoholiker und Süchtigen um mich herum, weil ich »wichtige« Leute kannte, an exotischen Plätzen gewesen war, »folgenreiche Arbeit« geleistet und »hohe« spirituelle Erfahrungen gemacht hatte. Die sorgfältig zurecht gelegte Geschichte, die ich mir selbst und anderen erzählte, hielt mich davon ab, der Realität der offenkundigen Wahrheit ins Auge zu sehen: Ich war unleugbar Alkoholikerin, mit all den Problemen, die sich jedem Trinker stellen.

Am zehnten Tag schließlich gab ich unter der liebevollen, aber entschlossenen Führung durch die Mitarbeiter des Zentrums all meine Verteidigungsmechanismen auf und gestand meine Niederlage ein. Die Kombination der Arbeit, die wir bei der Behandlung machten, des natürlichen Voranschreitens meiner Krankheit und der Nachricht, ein junger Freund sei an einer Überdosis Alkohol und Drogen gestorben, stürzte mich ganz nach unten.

Diese Erfahrung genau zu beschreiben, ist recht schwierig. Es war, als ob ich von einem riesigen Laster angefahren worden wäre, der jeden Aspekt dessen, wer ich gewesen war, zerstört hatte. Ich hatte das Gefühl, mein ganzes Leben würde entgleiten, einschließlich meiner selbst. Da war nichts mehr, woran ich mich festhalten konnte, und selbst wenn da etwas gewesen wäre, hätte ich nicht mehr die Kraft gehabt, danach zu greifen. Ich hatte keine andere Wahl, als aufzugeben. Offenbar hatte eine größere Macht das Sagen.

Irgendwie war dieser Zustand des totalen körperlichen, emotionalen und spirituellen Bankrotts die innere Todeserfahrung, nach der ich gesucht hatte. Ich hatte bereits zwei Episoden von spirituellen Krisen durchlaufen. Obwohl ich in diesen Zeiten große Tiefen erreicht hatte, hatte ich den Prozeß des »Ich-Todes«, in vielen transformativen Krisen ein notwendiges Vorspiel zu Heilung und Wiedergeburt, nie vollständig zu Ende gebracht.

Während der zweiten Episode kreisten die Inhalte meiner Erfahrungen fast ausschließlich um die Frage des Todes. Auch wenn die Zustände während dieser Krise kraftvoll und unnachgiebig waren, war ich nie in der Lage, sie zu einem Ende zu bringen. Intellektuell wußte ich, daß der Prozeß nach der Auflösung einer mächtigen Konfrontation mit dem Tod fast immer zu einer Periode der spirituellen Wiedergeburt führt. Mich ließen die Tage der Aktivität dagegen körperlich und psychisch schwach zurück. Heute weiß ich, daß ich durch die Verwendung von Alkohol als Beruhigungsmittel steckengeblieben bin. Statt die Erfahrung des Ich-Todes innerlich zu vollenden, hatte ich ihn äußerlich durch das entsetzliche, selbstzerstörerische Drama des Alkoholismus ausagiert.

Unmittelbar nach dem letzten Absturz begann automatisch eine tiefgreifende und ehrfurchteinflößende Periode der Heilung. An dem Punkt mußte ich nicht mehr nach der Gnade suchen, die in mein Leben kam. Sie trat einfach ein. Zu den vielen Wundern, die sie mit sich brachte, gehörte die vollständige Auflösung der dramatischen Kundalini-Manifestationen. Die beinahe täglich auftretenden merkwürdigen und plötzlichen Erfahrungen hörten auf;

das ließ mir einen Freiraum für neue schöpferische Projekte. Ich spürte eine neue Verbindung zu mir selbst und zu der Welt um mich herum und wurde mir zutiefst einer höheren Quelle bewußt, die mir Führung bietet. Und ich begann, dem Entwicklungsprozeß in seinem Verlauf zu trauen, demselben Prozeß, den ich so viele Jahre lang bekämpft und abgelehnt hatte.
Die innere Arbeit ist noch lange nicht vollendet, und ich weiß, daß ich noch viele Male innerlich sterben werde, aber das birgt für mich jetzt mehr wundersame Erregung als Schrecken. Zu meinem großen Entzücken stelle ich nun fest, daß Muktanandas Lehren sich in meinem spirituellen Erholungsprogramm spiegeln. Ich bin jeden Tag dafür dankbar, daß ich meinen Ausflug in den Alkoholismus überlebt habe, und habe einen starken Drang entwickelt zu versuchen, diese Erfahrung zum Nutzen anderer einzusetzen.

Ein genauerer Blick auf Sucht

Lassen Sie uns nun vor dem Hintergrund dieser Geschichte einen genaueren Blick auf die drei Aussagen werfen, die am Anfang dieses Kapitels standen:

Bei vielen Menschen ist das Verlangen nach Drogen, Alkohol oder anderen Suchtmitteln die Sehnsucht nach dem Höheren Selbst oder Gott. Viele genesende Menschen sprechen über ihre rastlose Suche nach irgendeinem unbekannten fehlenden Teil in ihrem Leben. Sie beschreiben ihr vergebliches Streben nach einer Vielfalt von Substanzen, Nahrungsmitteln, Beziehungen, Besitztümern oder Machtpositionen als Versuch, ihr unerfülltes Sehnen zu erfüllen. Rückblickend erkennen sie, daß dies eine tragische Verwechslung war, eine falsche Wahrnehmung, durch die sie meinten, die Antworten lägen außerhalb ihrer selbst.
Manche beschreiben sogar ihre erste Droge oder ihren ersten Drink als erste spirituelle Erfahrung, einen Zustand, in dem individuelle Grenzen schmelzen und der alltägliche Schmerz

verschwindet. Er führt sie in einen Zustand der Pseudo-Einheit, den William James in *Die Vielfalt religiöser Erfahrung* so beschreibt:

> Die Macht des Alkohols über die Menschheit ist ohne Frage in seiner Kraft begründet, die mystischen Fähigkeiten der menschlichen Natur zu stimulieren, die gewöhnlich von den kalten Fakten und dem trockenen Kritizismus der nüchternen Stunden zu Boden getreten werden. Nüchternheit verkleinert, unterscheidet und sagt Nein; Trunkenheit erweitert, schafft Einheit und sagt Ja.[27]

Wenn ihre Krankheit sie erstmal nach »ganz unten« geführt hat, und sie an einem spirituellen Genesungs-Programm teilnehmen, erklären die ehemals Süchtigen: »Das war es, was ich gesucht habe!« Ihre neugefundene Klarheit und ihre Verbundenheit mit einer höheren Macht und anderen Menschen bietet ihnen den Zustand der Einheit, den sie gesucht haben, und das unerfüllbare Verlangen verschwindet.

William James hat die Rolle der Spiritualität bei der Genesung anerkannt: »Das einzige Heilmittel für Dipsomanie (eine alte Bezeichnung für Alkoholismus) ist Religiomanie.« Der große Schweizer Psychiater Carl Gustav Jung glaubte dasselbe. Im Januar 1961 schrieb Jung an Bill Wilson, den Mitbegründer der Anonymen Alkoholiker:

> Das Verlangen nach Alkohol ist auf einer niedrigen Ebene das Äquivalent des spirituellen Durstes unseres Wesens nach Ganzheit, oder, in der Sprache des Mittelalters, nach der Vereinigung mit Gott… Alkohol ist im Lateinischen »spiritus«, und Ihr benutzt für die höchste religiöse Erfahrung und für ein verderbendes Gift ein und dasselbe Wort. Die hilfreiche Formel lautet daher: »spiritus contra spiritum«.[28]

Dieses Gedankenbild des »spiritus contra spiritum«, das Einsetzen des Himmlischen Geistes gegen das Wüten der Alkoholgeister, ist zur Grundlage vieler Behandlungsprogramme geworden. Um besser zu verstehen, warum das so ist, lohnt es sich, einen Blick auf die neuere Geschichte der Sucht zu werfen. Wir werden uns besonders der chemischen Abhängigkeit zuwenden, da dies das Gebiet ist, das die meiste Aufmerksamkeit und fachliche Erfahrung auf sich vereint. An manchen Stellen kann man jedoch auch andere Formen von Sucht (etwa nach Essen, Sex, Beziehungen, Spielen) einsetzen. Wir nehmen außerdem Alkohol als Beispiel, weil das die Droge ist, die wir am besten kennen, aber die meisten der hier diskutierten Ideen treffen auch auf andere Drogen wie Kokain, Crack, Heroin oder Marihuana zu.

Eine große Zahl von Menschen ist in dem Glauben aufgewachsen, Alkoholismus und Drogensucht seien Ausdruck ethischer Unzulänglichkeiten und Menschen mit einer solchen Störung böse. Das vorherrschende Bild eines Süchtigen oder Alkoholikers ist das eines Penners mit Dreitagebart, der sich in betrunkenem Stumpfsinn und unerträglicher Armut unbewußt durch die ihm verbleibenden Tage wälzt. Er gilt als unethisches Wesen, das in harte Zeiten geraten ist, ohne über die richtige moralische Integrität zu verfügen, selbst die Kontrolle über seine Situation und seine Droge auszuüben. Die Zuschauer stöhnten vor Entsetzen, wenn sie Frank Sinatra in *Der Mann mit dem goldenen Arm* Heroin spritzen und Jack Lemmon in *The Days of Wine and Roses* in die moralische Desintegration sinken sahen.

Diese Sichtweise hat sich erst seit kurzem geändert. In den fünfziger Jahren erkannte die American Medical Association Alkoholismus als Krankheit an. Außerdem wurde bekannt, daß es sich um die Kombination einer körperlichen Allergie auf Alkohol und eines Zwangs zu trinken handelt, dessen Ursprung unbekannt ist. Diese Krankheit beeinflußt die physische, emotionale und spirituelle Verfassung des Opfers. Man wußte nun, daß es eine vorhersagbare Krankheit ist, die voranschreitet und letzten Endes tödlich verläuft, wenn sie unbehandelt bleibt. Forscher versuchten, die genetischen und chemischen Variablen zu isolieren. Den unter der Sucht Leidenden wurde die Hoffnung geboten, diese tödliche Krankheit lasse sich durch Abstinenz erfolgreich behandeln. Die Selbsthilfe-Gemeinschaft der Anonymen Alkoholiker wuchs, es wurden Genesungs-Programme entwickelt, und der Markt war voller Literatur. Bei den Gruppen der Genesenden wurde ein Satz sehr beliebt: »Wir sind keine bösen Leute, die gut zu werden versuchen; wir sind Kranke, die gesund zu werden versuchen.«

Erleichtert, daß sie nicht schlecht, sondern krank waren, traten bald Menschen aus allen Bereichen des Lebens mit ihren Geschichten an die Öffentlichkeit, um anderen Mut zu machen. Filmstars, Designer, Damen der Gesellschaft, Ärzte, Politiker, Rechtsanwälte und selbst die Frau eines amerikanischen Präsidenten, sie alle gestanden ihr Ringen mit der chemischen Abhängigkeit ein. Der allgemeinen Öffentlichkeit wurde immer deutlicher, daß dieses Problem jede Facette der Gesellschaft betrifft, nicht nur die vergessenen Wracks.

Die Zwölf-Schritte-Gemeinschaften wie die Anonymen Alkoholiker und die Anonymen Narkotiker konnten Süchtigen und Alkoholikern erfolgreicher als die meisten anderen Therapieformen helfen, von Drogen und Alkohol wegzubleiben. Solche Systeme arbeiteten nicht nur auf tägliche Enthaltsamkeit hin, sie entwikkelten auch detaillierte und sehr ausgearbeitete Pläne, die den Menschen halfen, sich ein besseres Leben zu schaffen, eines mit hochgradiger Nüchternheit und spiritueller Reife. Sie betonten die Notwendigkeit, ein Gefühl von Kontrolle über das eigene Leben aufzugeben, und es statt dessen einer höheren Macht oder Gott – »wie wir Gott verstehen« – anzuvertrauen.

Diese Programme ermutigten Leute, ehrlich mit sich selbst und anderen zu werden und, so gut es ging, den Schrott der Vergangenheit aufzuräumen, aber auch auf die Möglichkeiten und Segnungen des gegenwärtigen Moments zu achten und den Willen zu haben, nicht persönlich neue Schwierigkeiten zu schaffen. Sie motivierten die Menschen, zu beten und zu meditieren, boten die Möglichkeit eines »spirituellen Erwachens« und die eigene Betroffenheit von Schmerz und den Problemen der Sucht in den Dienst an anderen zu transformieren. Die Fachleute begannen bald, die enorme Wirksamkeit solcher Programme zu erkennen und sie in Rehabilitationspläne einzubauen, die auch das Konzept einer höheren Macht einschließen.

In vielen Fällen ist das intensive und zuweilen überwältigende Verlangen nach Drogen, Alkohol, Essen, Sex oder anderen Suchtobjekten in Wirklichkeit eine fehlgeleitete Sehnsucht nach Ganzheit, einem Gefühl von Selbst oder Gott, das in der äußeren Welt nicht befriedigt werden kann. Wenn das wahre Objekt dieses Verlangens verfügbar wird und diesen brennenden Wunsch sogar teilweise erfüllt, dann läßt die Begierde nach. Was hat das mit spirituellen Krisen zu tun?

Bei vielen Menschen sind die Abhängigkeit von Alkohol oder Drogen und andere Arten von Sucht Formen spiritueller Krisen. Wie bei vielen anderen spirituellen Krisen ist die Reise des Süchtigen oder Alkoholikers nach »ganz unten« und in die Genesung oft ein Prozeß von Ich-Tod und Wiedergeburt. Der Zyklus von Tod und Wiedergeburt ist über die Jahrtausende in vielen Kulturen als natürliches und gesetzmäßiges Muster erkannt worden. So wie der Frühling alljährlich zuverlässig auf den Winter folgt, so kommt nach der vollen Erfahrung der Zerstörung des alten Lebens automatisch die Entwicklung eines neuen. Dieses Prinzip gilt für die Dynamik vieler Formen von spirituellen Krisen einschließlich Sucht.

Die wichtige Rolle des Ich-Todes während einer transformativen Krise haben wir bereits erörtert. Diese Erfahrung hat eine direkte Parallele zu der Erfahrung des Süchtigen oder Alkoholikers, an seinen »persönlichen Tiefpunkt« zu kommen. In beiden Fällen kommt man an den Punkt, an dem das Leben nicht mehr erfolgreich funktioniert und man vollkommen machtlos ist, seinen Verlauf zu bestimmen. Während des Ich-Todes bricht alles zusammen, was man war oder ist, egal, ob er nun in einer Episode von spontanem spirituellen Erwachen oder am unteren Ende einer Trinkerkarriere kommt. Der Mensch bleibt ganz nackt zurück mit nichts als dem eigentlichen Kern seines Seins.

Aus diesem Zustand der absoluten, angsterregenden Kapitulation, geht es nirgendwo mehr hin als nach oben. Teil der auf diesen vernichtenden Tod folgenden Wiedergeburt ist es, daß man sich leicht einer spirituell orientierten Existenz öffnet, bei der die Praxis des Dienens zu einem wesentlichen Impuls wird. Das Leben wird durch die Hilfe einer höheren Macht handhabbar, und man entwickelt eine neue Einstellung im Umgang mit den Höhen und Tiefen des Lebens, wenn sie erscheinen. Manche Leute sind überrascht, eine beständige, endlose wohlwollende Quelle in sich zu entdecken, die ihnen Kraft und Führung bietet. Sie entwickeln die Einsicht, daß das Leben ohne Spiritualität trivial und unerfüllt ist.

Im Laufe dieses Prozesses, durch Drogen oder Alkohol ganz nach unten zu gelangen, verlieren manche Menschen alles: Gesundheit, Familie, Zuhause, Arbeit und Geld entgleiten ihnen als direktes Ergebnis ihrer Krankheit, und sie bleiben äußerlich mittellos zurück. Manchen gelingt es zwar, ihre äußere Welt einigermaßen intakt zu halten, aber alle Alkoholiker und anderen Süchtigen erfahren einen inneren Verlust, einen »spirituellen Bankrott« oder eine »Seelenkrankheit«, die sie von ihren inneren Ressourcen und der Welt um sie herum abschneidet. Sie treten in die dunkle Nacht der Seele ein und ringen mit den Dämonen der Angst und Einsamkeit, das Wahnsinns und des Todes, die bei anderen Formen von spirituellen Krisen so häufig auftreten.

Jeder Süchtige oder Alkoholiker bewegt sich, wie auch immer seine persönlichen Umstände aussehen mögen, unaufhaltsam auf die totale emotionale, körperliche und spirituelle Auslöschung zu. Wenn diese Erfahrung näherrückt, scheint Selbstmord oft der einzige Ausweg aus einem so verzweifelten Dilemma zu sein. Wer hilflos in dieser Spirale der Zerstörung gefangen ist, versteht nicht, daß dieser Prozeß des inneren Sterbens und der vollständigen Kapitulation der Wendepunkt ist, das Tor zu einer neuen Art des Seins: Es ist die Gelegenheit für den »Ich-Suizid«, der so oft mit Selbstmord verwechselt wird, die dunkle Nacht vor der Morgendämmerung der Heilung.

Unglückseligerweise agieren viele die Todesphase dieses elementaren Prozesses von Tod und Wiedergeburt allzu wörtlich aus und werden zu einem Teil der ohnehin furchtbaren Statistik von drogen- und alkoholbedingten Todesfällen. Aber diejenigen, die es bis zur Genesung bringen, entdecken regelmäßig ein neues, spirituelles Leben, zu dem eine neugefundene Ehrlichkeit, Offenheit, Flexibilität, Liebe und Vertrauen in Gott und sich selbst gehören. All das sind Elemente, die auch in einem neuen Leben nach einer spirituellen Krise üblich sind. Der Schlüssel zur Erlösung liegt darin, die Illusion aufzugeben, man selbst habe die Kontrolle über das eigene Leben, und Hilfe von einer höheren Macht anzunehmen. Das beschreiben die ersten drei Schritte des Programms der Anonymen Alkoholiker:

1. Wir gaben zu, daß wir dem Alkohol gegenüber machtlos sind – und unser Leben nicht mehr meistern konnten.
2. Wir kamen zu dem Glauben, daß eine Macht, größer als wir selbst, uns unsere geistige Gesundheit wiedergeben kann.
3. Wir faßten den Entschluß, unseren Willen und unser Leben der Sorge Gottes – wie wir Gott verstanden – anzuvertrauen.

Nach den buddhistischen Lehren ist die Wurzel allen Leidens die Anhaftung. Wenn man das bedenkt, kann man leicht sehen, daß chemische Abhängigkeit eine extreme Form der Anhaftung ist, eine Art forciertes Leiden. Wenn man körperlich und psychisch von einer Substanz abhängig wird, ist man an sie und auch an das mit ihrem Gebrauch einhergehende zerstörerische und selbstzerstörerische Verhalten gefesselt. Der Ausbruch aus der daraus folgenden Misere ist ein riesiges und totales Loslassen einer manipulativen, ruinösen Art von Existenz. Wie bei anderen Formen von spirituellen Krisen bewegt man sich danach ganz natürlich auf eine neue Freiheit zu. Das impliziert nicht, daß man dann automatisch frei von allen Problemen wäre. Statt jedoch verzweifelt zu versuchen, das eigene Leben zu kontrollieren und auszubeuten, entwickelt man eine Haltung der Zusammenarbeit mit seiner Dynamik. Es ist wie der Unterschied zwischen einem Boxkampf, in dem ein Mensch mit den existierenden Kräften zusammenknallt, und den asiatischen Kampfkünsten, bei denen man wartet und schaut, in welche Richtung die Bewegung und die Energie gehen, und dann kooperiert.
Bei vielen Leuten beginnt ihre Bewegung in Richtung auf ein Leben in Nüchternheit durch ein tiefes, spontanes spirituelles Erwachen. Diese erhebenden, lebensverändernden Ereignisse treten oft an den unwahrscheinlichsten Orten auf: in Gefängniszellen, in der Gosse, im Krankenhaus, zuhause auf dem Fußboden oder

auf der Toilette in einer Bar. Bei anderen Menschen verlaufen solche transformativen Bewegungen ganz langsam während der Genesung über einen längeren Zeitraum hinweg. William James nennt das die »erzieherische« Variante der religiösen Erfahrung, eine, die langsam mit der Zeit wächst.

Wie auch immer der Weg aussehen mag, viele Menschen, die die Tiefen einer Alkohol- oder Drogensucht kennengelernt haben, ganz unten angekommen und zu einem neuen Leben aufgetaucht sind, entwickeln irgendeine Art von Beziehung zu einer höheren Macht eigener Definition: einer Gemeinschaft von Menschen, dem inneren Selbst, der schöpferischen Kraft oder Gott. Es wird auf dramatische Weise deutlich, daß solche Menschen ihr eigenes Leben nicht effektiv meistern könnten, wenn sie sich selbst überlassen wären. Für viele ist die Tatsache, daß sie die völlige emotionale, körperliche und spirituelle Vernichtung überlebt haben, ein Wunder, das nur dank der Hilfe einer größeren Quelle und der natürlichen Tendenz des Organismus, Ganzheit zu suchen, möglich war.

Bill Wilson, der Mitbegründer der Anonymen Alkoholiker, hat in überzeugender Weise über Alkoholismus und die Notwendigkeit der spirituellen Dimension für die Genesung geschrieben. Wilsons Transformation begann, als er nach einer seiner Sauftouren schwerkrank in einer Klinik lag und medizinisch behandelt wurde. Sein Biograph schreibt:

> Nun lagen nur noch Tod oder Wahnsinn vor ihm. Dies war das Ende, der Absprungplatz. »Die erschreckende Dunkelheit war vollständig geworden«, sagte Bill… In seiner Hilflosigkeit und Verzweiflung schrie er: »Ich tue alles, alles!« Er hatte den Zustand der vollkommenen, absoluten Kapitulation erreicht… Er rief: »Wenn es einen Gott gibt, dann soll er sich zeigen!«
> (Es folgen Wilsons Worte:) »Plötzlich glänzte mein Zimmer in einem unbeschreibbaren weißen Licht. Ich wurde von einer Ekstase erfaßt, die sich nicht in Worten wiedergeben läßt… Ich stand oben (auf dem Gipfel eines Berges), wo ein heftiger Wind blies. Ein Wind, der nicht aus Luft, sondern aus Geist war. Mit großer, sauberer Kraft blies er glatt durch mich hindurch. Dann kam der auflodernde Gedanke: ›Du bist ein freier Mann‹… Großer Friede kam über mich hernieder und… ich wurde mir ganz genau eines geisterhaften Wesens bewußt, das wie ein wahres Meer lebendigen Geistes

war. Ich lag an den Ufern einer neuen Welt... Zum ersten Mal hatte ich das Gefühl, wirklich dazuzugehören. Ich wußte, daß ich geliebt wurde und ebenfalls lieben konnte.«[29]

Bill Wilson trank nie wieder und wurde zum Mitbegründer der Anonymen Alkoholiker. Aber selbst nach einem so echten offenbarenden Ereignis hatte Wilson Zweifel an der Gültigkeit seiner Erfahrung. Als sein Verstand bald danach Zeit gehabt hatte, sein Erwachen anzuzweifeln, erzählte er zögernd seinem Arzt davon und fragte: »Doktor, ist das wirklich? Bin ich noch ganz normal?« Glücklicherweise hatte Dr. William Duncan Silkworth von solchen Erfahrungen gelesen, wenn er auch noch nie auf jemanden getroffen war, der sie gemacht hatte. Aber er konnte Wilson seiner geistigen Gesundheit versichern und ihn ermutigen, seine neugefundene Bewußtheit und Identität weiterzuentwickeln.
Die automatische Neigung, eine transformative Erfahrung zu negieren oder in Frage zu stellen, ist in der Arbeit mit spirituellen Krisen ein vertrautes Thema. Da ein solcher mystischer Zustand so weit von der gewöhnlichen Wahrnehmung entfernt ist, wird er leicht als verrückt interpretiert. Einige mögen wie Wilson feststellen, daß dadurch ein starker atheistischer Glaube erschüttert wird, und versuchen, die Erfahrung abzuschütteln. Andere mögen das Gefühl haben, sie hätten solche Gnade nicht verdient.

Aus erfolgreichen Behandlungsprogrammen lassen sich viele Lektionen lernen. Da das Feld der spirituellen Krisen in unserer Kultur relativ neu ist, sind noch nicht viele Daten gesammelt oder Behandlungsmodalitäten erforscht worden. Aber viele Programme zur Behandlung von chemischer Abhängigkeit verfügen auch über eine spirituelle Dimension. Die Welt des Alkohol- und Drogenmißbrauchs kann Modelle liefern, die von denen, die sich im Prozeß der spirituellen Entwicklung befinden, und denjenigen, die ihnen dabei helfen, angepaßt werden können. Selbsthilfe-Gemeinschaften wie die Anonymen Alkoholiker sowie gute Behandlungszentren und Programme gegen chemische Abhängigkeit bieten in dieser Kultur einige der wenigen Zufluchtsstätten, in denen man Unterstützung, Verständnis und Liebe für den lebensverändernden Übergang finden kann. Wir wünschen uns, daß es für Menschen in spontanen spirituellen Krisen ebensolche Möglichkeiten gäbe. »Offene Häuser«, die Alkoholikern und Süchtigen auf ihrem Weg zurück in die Gesellschaft Schutz und Hilfe bieten, können auch für diejenigen eine Inspiration sein, die mit Menschen in transformativen Krisen arbeiten.

Sucht und spirituelle Krisen

Unsere informellen Beobachtungen weisen auf zwei Verbindungen zwischen spiritueller Entwicklung und chemischer Abhängigkeit hin. Wir hoffen, damit zu einem besseren Verständnis sowohl der Suchtproblematik wie spiritueller Krisen beizutragen.

Manche Menschen entwickeln während einer spirituellen Krise Alkoholismus, Drogenabhängigkeit oder andere Formen von Sucht. Wir treffen auf immer mehr Menschen in einem transformativen Prozeß, die sich in dem Versuch, den Streß dieser intensiven Zeit zu mildern, süchtigmachenden Substanzen zugewandt haben. Alkohol oder Drogen können eine vorübergehende Flucht aus dem Druck, dem Schmerz, dem Chaos der inneren Welt und der Entfremdung, die man von der äußeren fühlen kann, bieten. Noch komplizierter kann es werden, wenn jemand in einem Zustand der Unruhe zu einem mitfühlenden, aber uninformierten Psychiater geht, der ihm süchtigmachende Beruhigungsmittel verschreibt. Wenn auch die vorsichtige Anwendung solcher Mittel in gewissen Situationen angezeigt sein mag, stellt ihr häufiger Gebrauch zum Unterdrücken des Prozesses gerade das Gegenteil des vollen Ausdrucks dar, der während einer spirituellen Krise nötig ist. Und solche Medikamente lassen sich von vielen Leuten, besonders denen mit Suchtneigungen, leicht mißbrauchen.
Außerdem äußern sich Erfahrungen wie das Kundalini-Erwachen in enormer Energie. Besonders in hocherregten Zuständen kommt ein Großteil dieser Energie durch körperliche Bewegung und emotionale Ausbrüche zum Ausdruck, was die physischen Res-

sourcen erschöpft. Den Betroffenen überfällt dann aus der Notwendigkeit, die verbrauchten Kohlehydrate zu ersetzen, ein Verlangen nach Süßigkeiten. Und es ist nur ein kleiner Schritt von Bonbons zu alkoholischen Getränken wie Portwein, der einen hohen Zuckeranteil hat.

Viele Süchtige und Alkoholiker verfügen über eine hochentwickelte Sensitivität, Intuition oder mystische Züge, die in anderen Kulturen zwar geachtet werden, ihnen aber in der modernen Welt Probleme machen und zu ihrem Suchtverhalten beitragen. Das wurde deutlich, als wir erkannten, daß einer der häufigsten Sätzen von Genesenden lautet: »Ich habe mich immer anders gefühlt, wie ein Außenseiter. Aber als ich meinen ersten Drink oder meine erste Droge genommen hatte, ließ der Schmerz der Trennung plötzlich nach, und ich fühlte mich dazugehörig.« Wie bereits erwähnt, kann dieses Gefühl von Verbindung bei vielen Leuten eine traurige Karikatur des Zustandes der mystischen Vereinigung sein, die Pseudoerfüllung eines intensiven Sehnens nach einem größeren Gefühl von Selbst. Aber es könnte noch einen Grund für dieses Verhalten geben, der auch mit dem angeborenen Drang des Menschen nach spiritueller Entwicklung gekoppelt ist.
Ein großer Teil derjenigen, die Alkoholiker oder Süchtige werden, sind in problematischen Familienverhältnissen aufgewachsen, häufig mit emotionalem, körperlichem oder sexuellem Mißbrauch und chemisch abhängigen Eltern. Die Sensitive Anne Armstrong hat in ihren Vorträgen die emotionale Gewalt in ihrer Familie beschrieben, aufgrund derer sie ihre geschärfte Intuition als Mittel zum Überleben entwickelt und sich darauf verlassen hat. Als die normalen Mechanismen nicht ausreichten, um mit ihrer Lage umgehen zu können, wurde sie durch ihre immer stärker werdende Intuition fähig, diejenigen, die sie bedrohten, zu durchschauen und auszutricksen.
Das scheint auf viele Menschen zuzutreffen, die in einer solchen Atmosphäre aufwachsen. Da sie nicht damit durchkommen, daß sie Familienmitglieder direkt ansprechen, verfeinern sie ihre Sin-

neswahrnehmungen und ihre natürlichen übersinnlichen Neigungen. Kinder von betrunkenen, wütenden Eltern lernen schnell, für sich selbst zu sorgen. Vielleicht bringen sie sich bei, die Launen und Gesten ihrer Eltern zu lesen oder ihre Handlungen durch präkognitive Eindrücke vorherzusagen.

Diese Kinder ziehen sich oft in ihre inneren Welten zurück, um Schutz und Trost und ein Gefühl von Verbindung zu finden. Sie entfliehen in Tagträume, erschaffen sich imaginäre Freunde und Abenteuer und lesen stundenlang. Sie können einen Großteil ihrer Zeit draußen im Freien verbringen, an sportlichen Aktivitäten teilnehmen oder vielleicht ihren Weg zur örtlichen Kirchengemeinde finden. Sie können eine starke Beziehung zu ihrer schöpferischen oder mystischen Natur entwickeln und unterwegs echte spirituelle Erfahrungen machen. Bei solchen Menschen kann die spirituelle Entwicklung in der Kindheit beginnen. Ausgelöst wird sie, wie viele andere transformative Prozesse, durch extremen physischen oder emotionalen Streß.

Nach Jahren, in denen sie ihre Intuition und Kreativität geschärft haben, treten diese Kinder dann in unsere Kultur ein, machen ihre Ausbildung, bauen Beziehungen auf und suchen später einen Arbeitsplatz. Hier sind sie gezwungen, Tag für Tag in einer Gesellschaft zu leben, in der Rationalität als das Maß aller Dinge gilt und Intuition als schwach und unsicher. Bei dem Versuch, sich selbst in eine Welt einzupassen, die um Logik und Vernunft herum aufgebaut ist, erleben sie entsetzlichen Schmerz und dauernde Ablehnung.

Zudem spüren sie vielleicht eine unidentifizierte Sehnsucht danach, in die inneren Reiche zurückzukehren, die ihnen Trost, Sicherheit und eine Beziehung zu etwas jenseits ihres individuellen Leidens gegeben haben. Wenn der erste Schluck oder die erste Droge daherkommen, scheinen all ihre Probleme gelöst. Ihr Kummer verschwindet. Das Anderssein wird weniger deutlich, wenn ihre individuellen Grenzen zu schmelzen scheinen und sie sich auf den Zustand der Pseudo-Einheit zubewegen. Sie werden sozial immer entspannter, da sie an einer von der Gesellschaft akzeptierten Aktivität teilnehmen. Wenn sie, wie vielleicht bereits ihre

Eltern, eine Veranlagung zu Alkohol- oder Drogenabhängigkeit haben, können sie innerhalb kürzester Zeit süchtig werden.
Diese Beobachtungen über die komplexe Beziehung zwischen Alkoholismus, Drogensucht, anderen Abhängigkeiten und spirituellen Krisen stellen nur einen Anfang dar. Mit der Zeit werden vermutlich noch viele andere auftauchen, die auch zum Thema ernsthafter Forschung werden können. Wir haben das Gefühl, daß es bei der Behandlung von chemischer Abhängigkeit oder spirituellen Krisen für den Betroffenen und die Menschen in seiner Umgebung wichtig ist, sich der Verbindung zwischen den beiden bewußt zu sein. Wenn jemand in einer spirituellen Krise steckt, muß man nach dem Mißbrauch von Alkohol oder Drogen ausschauen. Wenn jemand Probleme mit chemischer Abhängigkeit hat, kann es sich als hilfreich erweisen, nach anderen Hinweisen auf eine spirituelle Entwicklung zu suchen. Für Ärzte, die auf dem Gebiet der Sucht arbeiten, ist es wichtig, die intuitiven, kreativen und spirituellen Dimensionen ihrer Klienten zu erkennen und ihnen Genesungsprogramme anzubieten, in denen sich diese Aspekte entfalten können.
Die Tatsache, daß Alkoholismus und Drogenabhängigkeit so wie andere Arten von Sucht in vielen Fällen eine Form von spirituellen Krisen darstellen, hat weitreichende Implikationen. Es gibt beispielsweise in Europa, USA, der Sowjetunion, Japan und Australien Millionen von Menschen, die unter den Verwüstungen leiden, die Alkoholismus und Drogenabhängigkeit anrichten. Einer unserer Träume ist der, daß jeder dieser zahllosen Süchtigen und Alkoholiker, die an der Schwelle zur Wiedergeburt stehen, durch liebevolle Führung und Verständnis den Schritt zu einer spirituellen Lebensweise tun kann. Wenn diese Menschen innerlich ein gewisses Maß an Ruhe und Gelassenheit finden, können sie vielleicht positiven Einfluß auf die globale Gemeinschaft in ihrem Ringen um Frieden haben.

ZWEITER TEIL

Landkarten für die innere Reise

6 Spirituelle Lehren aus anderen Zeiten und Kulturen

Nun ist der wahre Schatz, der unser Elend und unsere Prüfungen zu einem Ende bringen kann, nie weit weg. Man muß ihn nicht in fernen Gegenden suchen. Er liegt in der innersten Nische unseres eigenen Heims begraben, das heißt, in unserem eigenen Wesen... Aber es gibt die merkwürdige und beständige Tatsache, daß die Bedeutung der inneren Stimme, die unsere Suche leiten soll, uns erst nach einer vertrauensvollen Reise in entlegene Gebiete, ein fernes Land oder ein fremdes Gebiet enthüllt werden kann.

Heinrich Zimmer

Wenn wir andere Kulturen und geschichtliche Epochen betrachten, finden wir überzeugende Beweise, die die dem Konzept der spirituellen Krise zugrundeliegenden Annahmen erhärten. Die meisten Kulturen weisen über die Jahrtausende eine große Wertschätzung von außergewöhnlichen Bewußtseinszuständen auf. Sie verfügten oft über erstaunliche Kenntnisse der Kartographie der inneren Reise und entwickelten eine Vielfalt von Methoden, spirituelle Erfahrungen herbeizuführen, da sie das positive Potential dieser Zustände hoch einschätzten. Dabei wurden verschiedene Formen des Trommelns, rhythmisches Singen, Tanzen, Atmen, Fasten, physischer Schmerz, soziale Isolation und selbst der Verzehr von Pflanzen mit psychedelischen Eigenschaften miteinander kombiniert.

In diesem Kapitel betrachten wir verschiedene Bereiche der menschlichen Kultur, die für spirituelle Krisen von besonderer Bedeutung sind. Der erste ist der Schamanismus, die älteste Religion und Heilkunst der Menschheit. Dem nahe verwandt sind die sogenannten »Übergangsriten«, kraftvolle Riten, die in vielen Kulturen zu Zeiten wichtiger biologischer und sozialer Umstellungen durchgeführt werden.

Ein weiteres faszinierendes Phänomen ist die Initiation in die alten Mysterien von Tod und Wiedergeburt, wie sie in Griechenland, Ägypten, Rom, Mittelamerika und anderen Teilen der Welt existierten. Die wichtigsten Informationsquellen über spirituelle Krisen sind die Schriften der großen Religionen der Welt und ihrer mystischen Zweige.

Darunter nehmen die Totenbücher eine ganz besondere Stellung ein. Sie wurden sowohl als Anleitungen für das Sterben benutzt wie als Führer für Meditation und Initiation.

Der Weg des Schamanen

Ich fühlte eine riesige, unerklärbare Freude. Sie war so stark, daß ich sie nicht zurückhalten konnte, sondern ein Lied anstimmen mußte, ein mächtiges Lied mit Raum für nur ein Wort: Freude, Freude! … und mitten in einem solchen Anfall von mysteriöser und überwältigender Freude wurde ich zum Schamanen, ohne selbst zu wissen, wie das geschehen war. Ich habe meine Erleuchtung erlangt, das schamanische Licht von Gehirn und Körper.

Eskimo-Schamane, zitiert in: Ecstatic Religions[30]

Schamane ist ein Begriff, den Anthropologen für eine bestimmte Art von (männlichen und weiblichen) Medizinleuten, Hexen oder Heilern verwenden, die außergewöhnliche Bewußtseinszustände einsetzen, um sich selbst oder andere zu heilen, in die Zukunft zu schauen, Kanäle der außersinnlichen Wahrnehmung zu öffnen und mit den Tieren, den Elementen der Natur und den Wesen in jenseitigen Welten zu kommunizieren.

Zentral für den Schamanismus ist die Vorstellung, daß man während ungewöhnlicher Bewußtseinszustände zuträgliche visionäre Reisen in andere Reiche und Dimensionen der Realität unternehmen kann. Die frühen Schamanen waren die ersten Erforscher und Kartographen dieser inneren Landschaften.

Schamanismus ist ein universales Phänomen. Er ist außerdem sehr alt; seine Anfänge lassen sich bis zu den Cro-Magnon-Menschen des Paläolithikums zurückverfolgen. Viele Felsengemälde und Schnitzereien an den Wänden der großen Höhlen von Altamira, Font de Gaume, Les Trois Frères und anderen weisen schamanische Motive auf.

Archäologische, historische und anthropologische Forschungen deuten darauf hin, daß die grundlegenden Züge des Schamanismus und seiner Praktiken sich über Zehntausende von Jahren relativ unverändert erhalten haben. Sie haben Wanderungen um den halben Globus überlebt, während viele andere Aspekte der betroffenen Kulturen dramatischen Veränderungen unterworfen waren. Diese Tatsachen legen nahe, daß der Schamanismus Ebenen der menschlichen Psyche anspricht, die primordial, zeitlos und universal sind.

Die Schamanen haben über die Jahrtausende enormes Wissen gesammelt und an ihre Lehrlinge weitergereicht, das wieder und wieder durch die profunden persönlichen Erfahrungen dieser Heiler und all derer, denen sie geholfen haben, bestätigt wurde. Der Begriff *Schamane* stammt vermutlich von dem mandschutungusischen Verb *sa* ab, das »wissen« bedeutet. Eine wörtliche Übersetzung des Tungusen-Wortes *saman* ist dann »der Mensch, der weiß«. Als Wächter des alten Wissens über außergewöhnliche Bewußtseinszustände sind die Schamanen extrem wertvolle Informationsquellen über die Prozesse, die mit den Krisen der Transformation verbunden sind.

Mehrere wichtige Aspekte des Schamanismus sind für das Konzept der spirituellen Krisen von großer Bedeutung. Viele Schamanen beginnen ihre Laufbahn als Heiler mit einer dramatischen Episode emotionalen und psychosomatischen Aufruhrs, der oft ein Ausmaß annimmt, das die westliche Psychiatrie als psychotisch bezeichnen würde. Und doch kommt ein zukünftiger Schamane aus dieser Krise mit besserer Gesundheit und als voll funktionsfähiger Mensch hervor.

Zweitens hat ein geübter praktizierender Schamane die Fähigkeit und die Mittel, willentlich in außergewöhnliche Bewußtseinszustände einzutreten, Zustände, die heute wiederum als psychotisch definiert werden würden. Er kann aber während dieser Erfahrungen schamanisch wirken, sie für vielfältige Zwecke nutzen und ohne negative Nachwirkungen aus ihnen zurückkehren. Und drittens gehört zu den Möglichkeiten des Schamanen die Fähigkeit, auch bei anderen außergewöhnliche Bewußtseinszustände einzuleiten und diese Menschen dann so zu führen, daß eine Heilung eintritt oder es ihnen auf andere Weise guttut.

Die schamanische Krise

Wir wollen nun einen genaueren Blick auf den Aspekt des Schamanismus werfen, der für das Konzept der spirituellen Krise am bedeutsamsten ist: den stürmischen Beginn der Laufbahn vieler Schamanen auf der ganzen Welt. Das ist eine tiefgreifende emotionale und psychosomatische Krise, die von vielen westlichen Anthropologen und Psychiatern als *Schamanenkrankheit* bezeichnet wird. Dieser Begriff spiegelt die Vorurteile unserer Kultur gegenüber außergewöhnlichen Bewußtseinszuständen sowie die stark an Krankheit orientierte Ausrichtung der heutigen Psychiatrie.

In manchen Fällen wird die »Schamanenkrankheit« durch eine körperliche Krise ausgelöst. Es gibt Geschichten von Schamanen in Sibirien oder bei den Eskimos, deren Initiation erfolgte, als sie von Pocken oder einer anderen schweren Infektionskrankheit befallen waren oder sich von einer ernsthaften Verletzung erholten. In anderen Fällen sind keine offensichtlichen Auslöser festzumachen, und die ganze Episode scheint dort rein psychischer und spiritueller Natur zu sein.

Der angehende Schamane entwickelt innerhalb weniger Stunden oder Tage eine tiefe Veränderung des Bewußtseins, während derer er den Kontakt zur Alltagsrealität verliert und es für Beobachter von außen so aussehen mag, als stürbe er oder würde verrückt. Diese Veränderungen können viele verschiedene Erscheinungsformen annehmen. Manchmal sind die Leute anscheinend erregt, sie bewegen sich hektisch und machen merkwürdige Grimassen und Gesten. Ein andermal passiert vielleicht genau das Gegenteil. Sie ziehen sich zurück, bleiben stundenlang in einer ruhenden Lage, sind völlig mit sich selbst beschäftigt oder sogar in einer Verfassung, die Ohnmacht und Erstarrung nahekommt. Der Schamanenlehrling kann unzusammenhängend und unverständlich sprechen. Er kann den Eindruck machen, er sei von bösen Geistern besessen oder rede mit Verstorbenen, die er für frühere Schamanen hält, die den Einzuweihenden während seiner Initiation unterrichten und führen wollen.

Das Spektrum der visionären Erfahrungen während einer schamanischen Krise ist sehr breit. Im Verlauf dieser inneren Reise erlebt der Schamanen-Novize Besuche in anderen Reichen der Wirklichkeit, von denen viele phantastischer und mythologischer Natur sind. Er muß eisigen Winden, brennenden Wäldern, reißenden Flüssen und blutigen Bächen trotzen. Während dieser Besuche begegnet der unfreiwillig Reisende Ahnen, geistigen Führern, Gottheiten, Dämonen und anderen Wesen. Unter ihnen spielen die »Krafttiere« eine besonders bedeutsame Rolle. Dies sind die Geister oder außergewöhnlichen Aspekte von verschiedenen Tierarten, die zu Helfern und Führern des Schamanen werden können. Bei diesen Abenteuern lernt der Initiand die Regeln und Tabus des inneren Lebens und die Gesetze einer höheren natürlichen Ordnung. Zu unterschiedlichen Zeiten tauchen Schutzgeister in tierischer oder menschlicher Gestalt auf und bieten sich als Führer durch Todeslandschaften an – gefährliche und angsterregende Regionen der Unterwelt.

Die Erfahrungen der schamanischen Krise unterscheiden sich im Detail von Kultur zu Kultur, sie scheinen aber einen grundlegenden Kern zu haben, der durch drei verschiedene Phasen zu charakterisieren ist. Das visionäre Abenteuer beginnt mit einer grauenhaften Reise in die Unterwelt, in das Reich der Toten. Dem folgen eine ekstatische Erfahrung des Aufstiegs in himmlische Regionen und der Erwerb von überirdischem Wissen. Das letzte Stadium ist die Rückkehr und die Integration des außergewöhnlichen Abenteuers in das Alltagsleben.

Während der visionären Reise in die Unterwelt wird der angehende Schamane von bösen Dämonen und Geistern angegriffen, die ihn unvorstellbaren Qualen und grausamen Plagen aussetzen. Die übelwollenden Wesen kratzen ihren Opfern das Fleisch von den Knochen, reißen ihnen die Augäpfel aus, saugen ihr Blut aus oder kochen sie in heißen Kesseln. Die Torturen gipfeln in der Erfahrung der Zerstückelung und vollkommenen Auslöschung. In manchen Kulturen wird diese letzte Zerstörung von einem Tier ausgeführt, das den Schamanen-Novizen in Stücke reißt oder verschlingt. Je nachdem, um was für eine ethnische Gruppe es sich handelt, kann das ein Bär, ein Wolf, ein Jaguar, eine Riesenschlange oder vieles andere sein.

Auf diese Erfahrung folgt eine Sequenz von Wiedergeburt oder Auferstehung. Der Schamanen-Novize hat das Gefühl, neues Fleisch, Blut und Augen zu bekommen, mit übernatürlicher Energie aufgeladen und mit den Elementen der Natur verbunden zu werden. So neugeboren oder verjüngt erlebt er einen Aufstieg in die oberen Welten. Auch der Symbolismus dieser Phase wechselt von Kultur zu Kultur und einer historischen Periode zur nächsten. Man kann die Erfahrung machen, von einem Adler oder einem anderen traditionell mit der Sonne assoziierten Vogel entführt oder tatsächlich in ein solches Geschöpf transformiert zu werden. Der Aufstieg kann auch die Form annehmen, den Weltenbaum zu ersteigen – eine archetypische Struktur, die die niederen, mittleren und oberen Welten des visionären Reiches miteinander verbindet. In manchen Kulturen spielen ein Berg, ein Regenbogen oder eine Leiter eine ähnliche Rolle. Diese Phase gipfelt oft in dem Gefühl, das Reich der Sonne erreicht zu haben und sich mit ihrer Energie zu verbinden und zu verschmelzen.

Die wesentlichen Aspekte der schamanischen Krise lassen sich anhand der klassischen Beschreibung einer extremen Form von Initiation bei einem Schamanen der Avam-Samoyed in Sibirien illustrieren, die der russische Anthropologe A. A. Popov aufgezeichnet hat:

Der zukünftige Schamane lag mit Pocken darnieder und blieb drei Tage bewußtlos. Er machte so sehr den Eindruck, tot zu sein, daß man ihn am dritten Tage fast beerdigt hätte. Er sah sich selbst in die Hölle hinabsteigen und wurde dann nach vielen Abenteuern zu einer Insel getragen, auf deren Mitte eine junge Birke stand, die bis in den Himmel hinaufreichte. Es war der Baum des Herrn der Erde, und der Herr gab ihm einen seiner Zweige, um sich daraus eine Trommel zu bauen.
Als nächstes kam er an einen Berg. Er schritt durch eine Öffnung und traf auf einen nackten Mann, der an einem riesigen Feuer, über dem ein Kessel hing, den Blasebalg trat. Der Mann fing ihn mit einem Haken ein, schnitt seinen Kopf ab, zerstückelte seinen Körper und warf alles in den Kessel. Dort kochte er den Körper drei Jahre lang und schmiedete ihm dann auf dem Amboß einen Kopf. Schließlich angelte er die Knochen hinaus, die in einem Fluß schwammen, und bedeckte sie mit Fleisch.
Während seiner Abenteuer in der Anderwelt traf der angehende Schamane auf mehrere halbgöttliche Wesen in tierischer oder menschlicher Gestalt, und ein jedes von ihnen enthüllte ihm eine Lehre oder brachte ihm die Geheimnisse der Heilkunst bei. Als er inmitten seiner Verwandten in seiner Jurte erwachte, war er initiiert und konnte seine Arbeit als Schamane aufnehmen.[31]

Die Schamanenreise mag viele spezifische Formen annehmen, aber ihr gemeinsamer Nenner ist immer die Zerstörung des alten Identitätsgefühls und eine Erfahrung der Verbundenheit mit der Natur, der kosmischen Ordnung und der schöpferischen Energie des Universums. In diesem Prozeß von Tod und Wiedergeburt erleben Schamanen ihre eigene Göttlichkeit und erhalten tiefreichende Einsichten in die Natur der Wirklichkeit. Sie erlangen üblicherweise ein Verständnis vom Ursprung vieler Störungen und lernen, diese zu diagnostizieren und zu heilen.
Wenn dieser Prozeß erfolgreich zu einem Ende gebracht ist und die außergewöhnlichen Erfahrungen gut in das Alltagsbewußtsein integriert sind, führt das zu einer dramatischen emotionalen und psychosomatischen Heilung und Transformation der Persönlichkeit. Der Betroffene kann nach dieser Krise in einem unvergleichlich besseren Zustand als früher sein. Dazu gehört nicht nur ein gesteigertes Gefühl von Wohlbefinden, sondern auch eine deutlich gestiegene soziale Anpassung, die es ihm möglich macht, als angesehener Führer seiner Gemeinschaft zu fungieren.

Unterschiedliche Ansichten über die schamanische Krise

Die Experten des Westens sind sich mit wenigen Ausnahmen einig, daß die schamanische Krise eine schwere Form von Pathologie darstellt, wenn auch die Meinungen über die passende klinische Etikettierung auseinandergehen. Die solchen Zuständen am häufigsten verliehenen Diagnosen lauten auf Schizophrenie oder andere Formen von Psychosen, Hysterie und Epilepsie. Aber Anthropologen und Psychiater, die über gute Kenntnisse des Schamanismus einschließlich eigener Erlebnisse des schamanischen Bewußtseinszustands verfügen, weigern sich, diese Krise als Geisteskrankheit einzuordnen. Sie behaupten, dieser klinische Ansatz spiegele die Präferenz der westlichen Kultur für eine Realität wider, die auf Übereinstimmung aller beruht, ferner einen Mangel an echtem Verständnis veränderter Bewußtseinszustände und eine starke Tendenz, solche Zustände unterschiedslos zu pathologisieren. Michael Harner, der sowohl Anthropologe wie initiierter Schamane ist, nennt diese Haltung ethnozentrisch, da sie ein starkes kulturelles Vorurteil zum Ausdruck bringt. Er bezeichnet sie außerdem als »kognizentrisch«, womit er meint, daß sie ausschließlich Informationsquellen verwertet, die dem gewöhnlichen Bewußtseinszustand entstammen.

In Anbetracht der oft dramatischen positiven Ergebnisse der schamanischen Krise ist es sicher eher gerechtfertigt, diesen Zustand, zumindest potentiell, als einen erstaunlichen Prozeß der Heilung und tiefgreifenden Neustrukturierung der Persönlichkeit zu sehen, der das Lösen einer Vielfalt von Lebensproblemen erleichtert. Sein therapeutisches Potential hält leicht dem Vergleich mit den besten Behandlungsmethoden der westlichen Psychiatrie stand. Wie bereits erwähnt, haben wir schon in ganz unterschiedlichen Umgebungen Sequenzen beobachtet, die nicht von schamanischen Krisen zu unterscheiden sind: bei psychedelischen Sitzungen, in unserer Erfahrungsarbeit mit Musik und Atem und im Verlauf von spirituellen Krisen bei modernen Menschen des Westens.

Traditionell orientierte Wissenschaftler schreiben die Achtung der nicht-westlichen Gesellschaften für ihre Schamanen oft der Tatsache zu, daß diese Gesellschaften durch ihren Mangel an Ausbildung und wissenschaftlichen Erkenntnissen nicht in der Lage sind, zwischen dem Anormalen und dem Übernormalen zu unterscheiden. Diese Erklärung bildet einen scharfen Gegensatz zu den Erfahrungen derer, die engen Kontakt zu Schamanen und schamanischen Kulturen gehabt haben. Solche Leute haben ein klares Verständnis davon, daß bizarre Erfahrungen und Verhaltensweisen allein nicht ausreichen, um jemanden als Schamanen zu qualifizieren. Während in schamanischen Gesellschaften einige Menschen als große Schamanen betrachtet werden, gelten andere als krank oder verrückt. Wenn jemand nach der initiatorischen Krise als Schamane anerkannt werden soll, muß er mindestens ausreichend in der Alltagsrealität funktionieren. In vielen Fällen ist die soziale Anpassung der Schamanen deutlich besser als die der anderen Mitglieder der Gruppe.

Schamanen sind meist aktive Teilnehmer an den sozialen, ökonomischen und sogar politischen Angelegenheiten des Stammes. Sie sind Jäger, Fischer, Bauern, Gärtner, Handwerker, Künstler und oft verantwortungsbewußte Familienmitglieder. Der Stamm sieht in ihnen wichtige Wächter über das psychische, spirituelle und ökologische Gleichgewicht und Vermittler zwischen den sichtbaren und den unsichtbaren Welten. Ein Schamanen-Meister muß in der außergewöhnlichen Wirklichkeit ebenso zuhause sein wie in der gewöhnlichen und in beiden erfolgreich wirken können. Dies wird als Beweis für echte schamanische Kraft betrachtet.

Es ist schwer, all diese Tatsachen mit der Idee in Einklang zu bringen, daß Schamanen ambulante Psychotiker oder auf andere Weise schwer gestörte Individuen seien, obwohl der Anfang ihrer Tätigkeit als Schamane durch extremen emotionalen und psychosomatischen Aufruhr gekennzeichnet war. Die Beobachtungen in der Welt des Schamanismus machen auf plastische Weise die Notwendigkeit deutlich, zwischen pathologischen Zuständen, die medizinisch behandelt werden müssen, und transformativen Zuständen, die ein positives Potential beinhalten und unterstützt werden sollten, zu unterscheiden.

Übergangsriten

Eine weitere wichtige Informationsquelle über kulturell sanktionierte transformative Krisen bilden die rituellen Ereignisse, die von den Anthropologen Übergangsriten genannt werden. Hier gehen das kulturelle Verständnis und die Anerkennung des positiven Werts von außergewöhnlichen Bewußtseinszuständen noch einen Schritt weiter. Während bei den schamanischen Krisen soziale Gruppen spontan auftretende Episoden von verändertem Bewußtsein akzeptieren und ehren, verwenden sie bei den Übergangsriten sogar verschiedene, eigens dafür entwickelte Techniken, um solche Episoden herbeizuführen.

Zeremonien dieser Art hat es in vielen Kulturen des Altertums gegeben, und in den präindustriellen Gesellschaften finden sie auch heute noch statt. Ihr Hauptzweck ist der, Individuen, Gruppen und selbst ganze Kulturen neu zu definieren, zu transformieren und zu weihen. Übergangsriten werden zu Zeiten kritischer Veränderungen im Leben eines einzelnen oder einer Kultur durchgeführt. Zeitlich fallen sie häufig mit größeren physiologischen und sozialen Übergängen wie der Geburt eines Kindes, Beschneidung, Pubertät, Ehe, Menopause und Tod zusammen.

Ähnliche Riten gehen mit der Initiation in den Stand des Kriegers, der Aufnahme in eine Geheimgesellschaft, kalendarischen Festen der Erneuerung, Heilungszeremonien und geographischen Aufbrüchen einher. In all diesen Situationen lassen das Individuum oder die Gruppe eine Seinsweise zurück und begeben sich in vollkommen neue Lebensumstände. Dieser Übergang ist gewöhnlich dramatisch und geht mit oft erschreckenden und psychisch desorganisierenden ungewöhnlichen Erfahrungen einher.

Der Begriff selbst wurde ursprünglich von Arnold van Gennep geprägt, dem Verfasser der ersten wissenschaftlichen Abhandlung zu dem Thema. Van Gennep erkannte, daß Riten dieser Art in allen von ihm untersuchten Kulturen einem Standardmuster mit drei deutlich unterscheidbaren Stadien folgen. Im ersten Stadium, der Trennung, wird der einzelne aus seinem sozialen Gewebe entfernt – der Familie, dem Klan und dem Rest des Stammes. In

dieser Zeit kann der Initiand entweder vollkommen allein sein oder dieses beunruhigende Erlebnis gemeinsam mit seinesgleichen oder Altersgenossen antreten.
Der Verlust des vertrauten Netzwerks und das Fehlen eines neuen Ersatzes führt ihn in einen Grenzzustand, in das Gefühl, weder Fisch noch Fleisch zu sein. Während dieser Periode der Trennung kann man intensiven Kummer über den Verlust der alten Seinsweise spüren. Außerdem kann man besorgt und ängstlich werden, Furcht vor dem Entwurzeltsein, dem Unerwarteten und Unbekannten spüren. Diese Situation weist tiefe Ähnlichkeit zur spirituellen Krise auf, bei der die vertraute Wirklichkeit gewaltsam durch die Herausforderungen der inneren Welt ersetzt wird. Bei den Gruppeninitiationen, wie sie bei den Übergangsriten von Stammesgesellschaften durchgeführt werden, hat diese erschreckende Periode der Trennung jedoch auch eine positive Seite: Sie führt dazu, daß die Initianden untereinander ein tiefes Gefühl von Verbundenheit und Gemeinschaft entwickeln.
Während dieser Zeit lehren die Initiatoren die Neulinge die Kosmologie und Mythologie ihrer Kultur und bereiten sie auf das nächste Stadium des Übergangs vor. Dies geschieht indirekt durch mythische Geschichten, Lieder und Tänze oder direkt durch Beschreibungen der Erfahrungsgebiete, die sie durchqueren werden. Eine solche Vorbereitung ist für den Ausgang des transformativen Prozesses sehr wichtig. Die Initianden lernen, daß die Reise, so fremd und erschreckend sie auch scheinen mag, eine zeitlose und universale Dimension hat. Sie ist schon von vielen gemacht worden und wird noch von vielen weiteren gemacht werden – heiligen Vorfahren sowie früheren und zukünftigen Initianden. Das Wissen um diesen größeren Zusammenhang hat das Potential, die Neulinge zu beruhigen und ihnen zu helfen, sich den schwierigen Aspekten des transformativen Prozesses zu stellen.
Im nächsten Stadium – dem Übergang – schreiten die Initianden vom intellektuellen Lernen zu kraftvollen direkten Erfahrungen von außergewöhnlichen Bewußtseinszuständen. Die Praktiken, die in den verschiedenen Kulturen eingesetzt werden, um solche Zustände herbeizuführen, decken ein breites Spektrum ab. Manche

sind relativ sanft, wie etwa Suggestion, Gruppendruck, monotones Singen und Tanzen, Fasten und Schlafentzug. Andere sind drastischer und schließen quälende Schmerzen und Verstümmelungen des Körpers, Ersticken und Erwürgen oder extreme physische Erschöpfung und die Konfrontation mit lebensbedrohlichen Gefahren ein. Zu den gebräuchlichen bewußtseinsverändernden Techniken gehören auch soziale oder sogar sensorische Deprivation und ihr Gegenstück, Reizüberflutung durch starke akustische und optische Stimuli. Einige der mächtigsten Werkzeuge der rituellen Transformation waren über die Jahrhunderte verschiedene Pflanzen mit psychedelischen Eigenschaften.

Im Laufe eines typischen Übergangsritus können die Erfahrungen und das Verhalten der Initianden – und häufig auch der Initiatoren – sehr ungewöhnlich und ausgefallen sein. Ebenso wie bei der schamanischen Krise würde ein westlicher Beobachter mit traditioneller psychiatrischer Ausbildung sie wahrscheinlich als psychotisch bezeichnen.

Wir wählen als Beispiel einen sehr komplexen Übergangsritus: das Okipa-Fest der Mandan, eines Stammes von Prärie-Indianern, die an den Ufern des Missouri lebten. Wir haben dabei absichtlich einen Ritus ausgewählt, der extremen körperlichen Schmerz und Verstümmelungen miteinschließt. Er zeigt, welch hohe Achtung manche Kulturen transformativen Erfahrungen entgegenbringen und wieviel sie dafür zu opfern bereit sind. Natürlich sind viele ähnliche Riten nicht annähernd so radikal.

Das Kernstück des Okipa-Festes war zwar die Initiation junger Männer ins Erwachsenenleben und den Stand des Kriegers, aber es umfaßte auch zeremonielle Tänze zur Sicherung erfolgreicher Büffeljagden und zur Befriedung böser Geister sowie ein Fest, um das Absinken der mythologischen Flut zu feiern.

Am Anfang des Ritus führte eine zeremonielle, mit weißem Ton angemalte Gestalt in einem prächtigen Gewand die Gruppe der jungen männlichen Initianden, die mit verschiedenen Tonfarben bedeckt waren, zu der Zeremonienstätte. Diese Gestalt repräsentierte den Ersten Mann, den Ursprünglichen Ahnen. Gemeinsam betraten sie eine große, runde Hütte und setzten sich dort entlang

der Wände. Nachdem er seine heilige Medizinpfeife geraucht hatte, hielt der Erste Mann den Initianden eine ermutigende Rede und ernannte einen alten Medizinmann zum Zeremonienmeister.
Zu dessen Aufgaben gehörte es, sicherzustellen, daß keiner der jungen Männer aus der Hütte floh oder während der viertägigen Vorbereitung auf die Prüfung aß, trank oder schlief. Außerdem hielt er durch Gebete die Verbindung zum Großen Geist aufrecht und bat um Erfolg für das Unternehmen. Während dieser Vorbereitungszeit unterzogen sich die Teilnehmer einer Reihe von Ritualen und führten außerhalb der Hütte rund um das Große Kanu, eine Erinnerung an die Flut, verschiedene unterhaltende Darbietungen auf. Sie sangen Gebete an den Großen Geist, in denen sie um beständige Büffelvorräte und Mut für die jungen Initianden baten.
Ein Großteil ihrer Energie war auf die Anrufung des Bösen Geistes gerichtet, O-Kee-hee-dee. (Das Bemühen, mit den dunklen Aspekten der Existenz zurechtzukommen, ist für die Übergangsriten und Heilungszeremonien in vielen Kulturen charakteristisch.) Am vierten Tag erschien schließlich eine maskierte Gestalt. Sie stellte O-Kee-hee-dee dar, war fast nackt und überwiegend schwarz mit gelegentlichem Weiß dazwischen angemalt. Dieser böse Geist stürmte, geschmückt mit einem kolossalen hölzernen Penis, der einen schwarzen Schaft und einen roten Kopf hatte, in das Dorf. Er rannte wild herum, jagte die Frauen und richtete Verwüstungen an.
Die allgemeine Panik und das Chaos bauten sich immer weiter auf, bis sie einen plötzlichen Wendepunkt erreichten. Der Zeremonienmeister stellte sich dem Bösen Geist und machte ihn durch den Zauber seiner magischen Pfeife bewegungsunfähig. Seiner magischen Kräfte beraubt, wurde O-Kee-hee-dee besonders von den Frauen gequält, verspottet, erniedrigt und zum Dorf hinausgejagt. Die siegreiche Rückkehr der Frauen mit seinem gigantischen Penis als Trophäe war das Signal für den Beginn der Prüfung in der Hütte.
Dort wurden die jungen Initianden an Seilen von der Erde hochgezogen, an denen Spieße befestigt waren, die ihnen ins Fleisch stachen. An den Spießen hingen schwere Gewichte wie Schilde,

Bogen, Köcher und Büffelschädel, und die Initianden wurden mit einer Stange im Kreis gedreht, bis sie bewußtlos wurden. Dann ließ man sie zur Erde hinuntergleiten, und wenn sie ihr Bewußtsein wiedererlangt hatten, schlug man ihnen mit einem Beil die kleinen Finger ab und opferte diese dem Großen Geist. Die Gewichte ließ man an ihren Körpern hängen, und so brachte man sie nach draußen zum Zeremonienplatz.
Das abschließende Stadium des Okipa-Festes war das »Letzte Rennen«. Die jungen Männer mußten in großen Kreisen rennen und dabei die Gewichte mit sich schleppen. Jeder versuchte, länger durchzuhalten als seine Genossen, ohne zusammenzubrechen oder zu »sterben«, wie das genannt wurde. Selbst wenn sie durch die körperliche Anstrengung und wahnsinnige Schmerzen vollkommen erschöpft waren und ohnmächtig wurden, wurden sie weiter herumgezogen, bis alle Gewichte herausgerissen waren. Ihre geschundenen Körper lagen solange auf der Erde, bis die Initianden wieder zu Bewußtsein kamen und durch die Menge zu ihren Hütten torkelten. Dort wurden sie von ihren Verwandten empfangen, die ihnen zu ihrer großen Leistung gratulierten. Man meinte, die unreifen Jünglinge, die sie gewesen waren, seien bei dieser Prüfung gestorben und als Erwachsene und tapfere Krieger wiedergeboren worden.
Was auch immer Menschen des Westens von solchen extremen Erfahrungen und Verhaltensweisen denken mögen, Zeremonien dieser Art führen meist zu einer beachtlichen Steigerung des emotionalen und physischen Wohlbefindens, einem Anwachsen der persönlichen Stärke und Unabhängigkeit, Gefühlen von tiefer Verbundenheit mit der Natur und dem Kosmos, von sozialer Zugehörigkeit und Zusammenhalt. Die inneren Erfahrungen und die äußeren Ereignisse des Übergangsritus vermitteln dem Initianden eine profunde Botschaft, die Kerneinsicht aller menschlichen Transformationsprozesse einschließlich spiritueller Krisen: Man kann das Chaos der Grenzbereiche und des Sterbens durchleiden, die Erfahrung der totalen Auslöschung machen, und sich bei der Rückkehr doch wie neugeboren, verjüngt und stärker als zuvor fühlen. Sich dessen bewußt zu sein, vermindert die Angst

vor dem Tod erheblich und vergrößert die Fähigkeit, das Leben zu genießen.

Zwar wurde bei dem Okipa-Übergangsritus ein wichtiger Teil der transformativen Prüfung in realistischer und konkreter Weise umgesetzt, aber er ist nicht die einzige mögliche Form. Verschiedene, sehr viel sanftere bewußtseinsverändernde Techniken können ähnliche Sequenzen von Leiden, Tod und Wiedergeburt auslösen, indem sie die eigenen inneren Quellen der Psyche aktivieren. Eine rein symbolische Erfahrung dieser Art hat genau die gleichen Auswirkungen auf den Menschen, der sie macht. Bei spirituellen Krisen treten Episoden dieser Art oft spontan auf.

Das dritte Stadium in van Genneps Triade ist die Inkorporation. Dazu gehört die Wiedereingliederung des Individuums in seine Gemeinschaft in einer neuen sozialen Rolle, wie sie von der Art des Zeremoniells vorgegeben ist: als Erwachsener, Mutter oder Vater, Krieger und so weiter. Der Mensch, der zurückkommt, ist jedoch nicht derselbe wie der, der in den Initiationsprozeß eintrat. Als Ergebnis einer tiefen psychischen Transformation hat er nun eine sehr viel offenere Sicht der Welt, ein besseres Selbstbild und ein anderes Wertesystem. All das ist das Ergebnis einer absichtlich eingeleiteten Krise, die den Wesenskern des Initianden erreicht und zuweilen erschreckend, chaotisch und desorganisierend ist. Die Übergangsriten sind daher ein weiteres Beispiel für eine Situation, in der vorübergehende Desintegration und Aufruhr zu größerer geistiger Gesundheit führen.

Die beiden bisher besprochenen Beispiele für »positive Desintegration«, die schamanische Krise und die Übergangsriten, haben viel gemeinsam, unterscheiden sich aber auch in wichtigen Punkten. Die schamanische Krise überfällt die Psyche des zukünftigen Schamanen unerwartet und ohne Vorbereitung. Sie ist per se spontan und autonom. Die Übergangsriten dagegen sind ein Produkt der Kultur und folgen einem vorhersagbaren Zeitplan. Die Erfahrungen der Initianden sind das Ergebnis spezifischer bewußtseinsverändernder Methoden, die von früheren Generationen entwickelt und immer wieder vervollkommnet wurden. In Kulturen, die sowohl Schamanen achten wie Übergangsriten durchführen, gilt die schamanische Krise als eine den Übergangsriten weit überlegene Form der Initiation. Sie tritt als Ergebnis einer höheren Macht bei einzelnen Menschen auf und wird daher als Hinweis auf eine göttliche Wahl und eine besondere Berufung betrachtet.

Mythologie, die Heldenreise und ritueller Wahnsinn

> *Nichts ist vortrefflicher als jene Mysterien, die uns aus einer ungebildeten und rohen Lebensweise zu wahrer menschlicher Bildung erzogen und zu kultivierten Menschen gemacht haben... Durch sie haben wir nicht nur die Unterweisung erhalten, wie man mit Freude lebt, sondern auch wie man mit einer Hoffnung auf Besseres stirbt.*
>
> *Cicero,* De Legibus[32]

Die uralten Mysterien von Tod und Wiedergeburt lieferten einen weiteren wichtigen sozialen Kontext für transformative Erfahrungen. Dabei identifizierten sich die Initianden mit verschiedenen mythologischen Gestalten, die gestorben und wieder ins Leben zurückgeführt worden waren.

Die Funktion der Mythologie in Psyche und Gesellschaft

Man geht gewöhnlich davon aus, Mythen seien ein Produkt des menschlichen Intellekts und seiner Vorstellungskraft. Unsere eigenen Annahmen sind radikal anders. Neben unseren persönlichen Erfahrungen auf dem Gebiet hat uns sehr stark die Arbeit von C. G. Jung und besonders die langjährige enge Freundschaft mit dem Mythologen Joseph Campbell beeinflußt. Die Arbeit dieser beiden bahnbrechenden Denker führte zu einer begrifflichen Revolution im Verständnis der Mythologie. Nach Jung und Campbell sind Mythen keine fiktiven Geschichten über die Abenteuer von imaginären Charakteren in nichtexistenten Ländern und daher zufällige Produkte der individuellen menschlichen Phantasie. Sie entstammen dem kollektiven Unbewußten der Menschheit und sind Manifestationen der uranfänglichen organisierenden Prinzipien der Psyche und des Kosmos, die Jung Archetypen nannte. Archetypen bringen sich durch die individuelle Psyche und ihre tieferen Prozesse zum Ausdruck, aber weder entspringen sie dem menschlichen Geiste noch handelt es sich um dessen Produkte. Sie sind ihm quasi übergeordnet und fungieren als seine Leitprinzipien. Nach Jung können gewisse mächtige Archetypen sogar historische Ereignisse und das Verhalten einer Kultur beeinflussen. Das »kollektive Unbewußte«, so Jungs Name für den Ort, an dem die Archetypen angesiedelt sind, stellt das gemeinsame kulturelle Erbe der ganzen Menschheit über die Jahrtausende dar.

Die grundlegenden archetypischen Themen in ihrer allgemeinsten und abstraktesten Form treten weltweit in der gesamten Mythologie auf. In verschiedenen Kulturen und unterschiedlichen Epochen der Geschichte kann man spezifische Variationen dieser grundlegenden mythologischen Motive finden. Ein mächtiger universaler Archetyp ist etwa der der Großen Muttergöttin. In verschiedenen Kulturen nimmt diese Gestalt die Form einer spezifischen lokalen Muttergöttin an wie etwa Isis, die Jungfrau Maria, Kybele oder Kali. Ähnlich läßt sich das Konzept von Himmel, Paradies und Hölle in vielen Kulturen der Welt finden, aber die spezifische Form dieser archetypischen Reiche wechselt.

Der Heros in tausend Gestalten

Nachdem er viele Jahre lang systematisch die Mythologien unterschiedlicher Kulturen dieser Welt studiert hatte, veröffentlichte Joseph Campbell 1948 sein bahnbrechendes Buch *Der Heros in tausend Gestalten*, ein Meisterwerk, das in den Jahrzehnten danach profunden Einfluß auf eine beachtliche Zahl von Denkern der verschiedensten Richtungen hatte. Campbell analysierte ein breites Spektrum von Mythen aus verschiedenen Teilen der Welt

und erkannte dabei, daß sie alle Variationen einer universalen archetypischen Formel enthielten, die er den Monomythos nannte. Das war die Geschichte eines Helden, mal männlich, mal weiblich, der die Heimat verläßt und nach phantastischen Abenteuern als vergöttlichtes Wesen zurückkehrt. Campbell stellte fest, daß der Archetyp der Heldenreise gewöhnlich drei Stadien aufweist, die denen ähneln, die wir schon als charakteristische Sequenzen bei traditionellen Übergangsriten beschrieben haben: Trennung, Initiation und Rückkehr. Der Held verläßt den vertrauten Boden oder wird durch eine äußere Kraft gewaltsam von ihm entfernt, er wird durch eine Reihe von außergewöhnlichen Prüfungen und Abenteuern transformiert und schließlich in einer neuen Rolle wieder in die ursprüngliche Gesellschaft eingegliedert.
Die Grundformel für die Heldenreise läßt sich in Campbells eigenen Worten so zusammenfassen:

> Der Held verläßt die Welt des gemeinen Tages und sucht einen Bereich übernatürlicher Wunder auf, besteht dort fabelartige Mächte und erringt einen entscheidenden Sieg, dann kehrt er mit der Kraft, seine Mitmenschen mit Segnungen zu versehen, von seiner geheimniserfüllten Fahrt zurück.[33]

Campbells forschender und klarer Intellekt war nicht damit zufrieden, die Universalität dieses Mythos über Raum und Zeit hinaus zu erkennen. Seine Neugier trieb ihn zu der Frage, was denn diesen Mythos universal macht. Warum spricht das Thema der Heldenreise alle Kulturen und Länder zu allen Zeiten an, auch wenn sie sich in jeder anderen Hinsicht unterscheiden? Und seine Antwort hat die Einfachheit und unnachgiebige Logik aller brillanten Einsichten: Der Monomythos der Heldenreise ist eine Metapher für die inneren Erfahrungen während einer transformativen Krise und beschreibt ihre Erfahrungsgebiete. So wie die transformative Krise universal relevant ist, so ist es auch der Mythos.

Campbell selbst war sich der Tatsache bewußt, daß die Abenteuer der Schamanen während der initiatorischen Krise und die der Initianden bei den Übergangsriten besondere Beispiele für die Heldenreise waren. Im Jahr 1968 lernte er den Jungschen Analytiker John Perry kennen, der viele Jahre lang mit jungen Klienten extensiv psychotherapeutisch gearbeitet hatte, die traditionell als psychotisch bezeichnet würden. Im Laufe dieser Arbeit hatte Perry auf alle unterdrückenden Medikamente verzichtet. Als Folge seines Kontaktes zu Perry und dessen Material erkannte Campbell die großen Ähnlichkeiten zwischen dem Symbolismus der Heldenreise und den Bildern, die bei vielen spontan auftretenden außergewöhnlichen Bewußtseinszuständen vorkommen, und er erweiterte seine Definition des Monomythos, so daß sie bestimmte Formen von Psychosen einschloß.

Ein typischer Mythos der Heldenreise beginnt, wenn das normale Leben des Protagonisten plötzlich durch das Eindringen von Elementen unterbrochen wird, die magischer Natur sind und zu einer anderen Ordnung von Realität gehören. Campbell nennt diese Einladung zum Abenteuer einen Ruf. In der Sprache der Psychologie können wir sie als das Auftauchen von Elementen aus dem tiefen Unbewußten, besonders seinen archetypischen Ebenen, in das Alltagsbewußtsein bezeichnen. Wenn der Held auf die Einladung reagiert und die Herausforderung annimmt, begibt er sich in ein Abenteuer, zu dem Besuche in fremden Territorien, Begegnungen mit phantastischen Tieren und übermenschlichen Wesen und zahllose Prüfungen gehören. Nach erfolgreicher Beendigung der Reise kehrt der Held wieder nach Hause zurück und führt ein vollkommenes und lohnendes Leben als vergöttlichtes Geschöpf – weltlicher Führer, Heiler, Seher oder spiritueller Lehrer.

Wie der Heros des Monomythos erhält auch der Mensch in einer spirituellen Krise einen Ruf. Der subtile Film, der unser Alltagsleben von der erstaunlichen Welt unseres Unbewußten trennt, wird durchsichtig und bricht schließlich ganz zusammen. Die tiefen Inhalte der Psyche, derer wir uns gewöhnlich nicht bewußt sind, brechen in der Form von Bildern, mächtigen Emotionen und merkwürdigen Körpergefühlen ins Bewußtsein ein. Eine dramatische visionäre Odyssee in die Tiefen der Psyche hat ihren Anfang genommen. Wie bei den Heldengeschichten, die wir aus der Mythologie kennen, gehören dazu dunkle Mächte und erschrekkende Monster, Gefahren aller Art und Begegnungen mit übernatürlichen Wesen sowie magische Interventionen.

Wenn die Herausforderungen dieser inneren Reise angenommen und die Schwierigkeiten erfolgreich überwunden wurden, werden die Erfahrungen zunehmend lohnender und streben einem positiven Ausgang zu. Oft kann man die eigene göttliche Natur erkennen und Einsichten in die universale Ordnung erlangen. Erfahrungen einer Begegnung mit der Großen Muttergöttin oder dem Göttlichen Vater können dazu beitragen, daß man ein besseres Gleichgewicht zwischen den männlichen und den weiblichen (Yang- und Yin-) Aspekten der eigenen Persönlichkeit aufbauen kann. Die falschen Vorstellungen und irrigen Strategien der Vergangenheit werden sichtbar, und man spürt, wie ein erfüllenderes und produktives Leben in Zukunft aussehen könnte.

Wenn man die Erfahrung zu einem natürlichen Ende gelangen läßt, ihre Gültigkeit bestätigt wird und angemessene Unterstützung vorhanden ist, kann man radikal transformiert in das gewöhnliche Leben zurückkehren. Viele emotionale und psychosomatische Schwierigkeiten sind in dem transformativen Prozeß ausgebrannt und eliminiert worden, das Selbstbild und die Selbstakzeptanz sind deutlich besser geworden und die Fähigkeit, das Leben zu genießen, hat zugenommen. Die Intuition ist oft deutlich gestärkt und die Fähigkeit, als Berater oder Führer für andere Menschen in emotionalen Krisen zu arbeiten, ist verbessert worden. All dies kann zu einem starken Bedürfnis führen, das Element des Dienens zu einem wichtigen Bestandteil des eigenen Lebens zu machen. Wenn die Ergebnisse auch vielleicht nicht so glorreich sind wie der Ausgang der mythologischen Heldenreise, so sind sie doch ähnlich und die Metapher recht passend.

Häufig kommt jedoch etwas, das als visionäres Abenteuer begann, nicht zu einem erfolgreichen Ende. In manchen Fällen kann man sich dem Ruf widersetzen, und es gelingt einem, an der gewöhnlichen Realität mit all ihren alten Problemen und Begrenzungen festzuhalten. Eine weitere Möglichkeit ist die Unfähigkeit, die Reise zu vollenden. In dem Fall taucht man tief in die Abgründe des Unbewußten und ist nicht in der Lage, zurückzukehren und die gewöhnliche Realität zu bewältigen. Dies ist unglückseligerweise das Schicksal vieler Menschen in unserer Kultur, die sich einer spirituellen Krise ohne richtige Unterstützung und grundlegendes Verständnis stellen müssen.

Tod und Wiedergeburt von Göttern und Helden

Ein besonders kraftvolles Thema, das mit bemerkenswerter Häufigkeit in der Mythologie der Heldenreise auftaucht, ist die Begegnung mit dem Tod und die sich daran anschließende Wiedergeburt. Die Mythologien aller Zeiten und Länder kennen dramatische Geschichten von Helden und Heldinnen, die in das Reich der Toten hinabgestiegen und nach der Überwindung von unvorstellbaren Hindernissen mit besonderen Kräften versehen auf die Erde zurückgekehrt sind. Die legendären Schamanen verschiedener Kulturen, die Zwillinge aus dem Maya-Epos Popul Vuh und die griechischen Helden Odysseus und Herkules sind hervorstechende Beispiele für solche mythischen Gestalten.

Ebenso häufig sind Geschichten über Götter, Halbgötter und Helden, die gestorben sind oder umgebracht wurden und daraufhin in einer neuen Rolle ins Leben zurückkehren – durch die Erfahrung des Todes und der Wiedergeburt erhöht und unsterblich geworden. Das zentrale Thema der jüdisch-christlichen Religion in diesem Zusammenhang, die Kreuzigung und Wiederauferstehung Jesu Christi, ist da nur ein Beispiel. In weniger offensichtlicher, symbolischer Form wird dasselbe Motiv manchmal als Erfahrung beschrieben, von einem gräßlichen Ungeheuer verschlungen und dann wieder hinausgewürgt zu werden oder auf wundersame Weise fliehen zu können. Die Beispiele hierfür reichen von dem griechischen Helden Jason und dem biblischen

Jona bis zur Heiligen Margarete, die angeblich von einem Drachen gefressen und durch ein Wunder gerettet wurde.

Wenn man bedenkt, wie universal und wichtig diese Themen in der Weltmythologie sind, ist es auch interessant zu sehen, daß Sequenzen von psychologischem Tod und Wiedergeburt zu den am häufigsten beobachteten Erfahrungen während außergewöhnlicher Bewußtseinszustände gehören, seien sie durch verschiedene Mittel herbeigeführt oder spontan aufgetreten. Sie spielen in dem Prozeß der psychischen Transformation und spirituellen Öffnung eine extrem wichtige Rolle. Viele alte Kulturen waren sich dieser Tatsache wohl bewußt und entwickelten Initiationsverfahren, die eng an die Mythen von Tod und Wiedergeburt gekoppelt waren.

Die Mysterien von Tod und Wiedergeburt

In vielen Teilen der Welt dienten die Mythen von Tod und Wiedergeburt als ideologische Basis für heilige Mysterien, kraftvolle rituelle Ereignisse, bei denen Einzuweihende den psychischen Tod und Wiedergeburt erfuhren. Die Mittel, diese veränderten Bewußtseinszustände herbeizuführen, ähnelten denen, die bei schamanischen Vorgängen und Übergangsriten eingesetzt wurden: Trommeln, Singen, Tanzen, Veränderung des Atemrhythmus, Begegnung mit körperlichem Streß und Schmerz und scheinbar oder tatsächlich lebensbedrohende Situationen. Zu den für diesen Zweck wirksamsten Mitteln gehörten verschiedene Pflanzen mit psychoaktiven Eigenschaften. In manchen Fällen ist der bewußtseinsverändernde Prozeß dieser Riten nicht bekannt. Entweder wurde er geheimgehalten, oder die Information ging mit der Zeit verloren.

Die bei den Initianden ausgelösten kräftigen und oft erschreckenden und verwirrenden Erfahrungen wurden als Gelegenheit betrachtet, Kontakt zu den Gottheiten und den göttlichen Reichen herzustellen. Sie galten als notwendig, wünschenswert und letzten Endes heilend. Es deutet sogar einiges darauf hin, daß die Ansicht

herrschte, man könne sich vor echtem Wahnsinn schützen und ihn verhindern, wenn man sich freiwillig diesen extremen Geisteszuständen aussetzte.
Das läßt sich an dem griechischen Mythos von Dionysos illustrieren, der die Bürger von Theben einlud, mit ihm den Taumel der Bacchanalien, einen orgiastischen Ritus mit wilden Tänzen und dem Freisetzen verschiedener Emotionen und instinkthafter Triebe, zu feiern. Er versprach ihnen, daß dieses Ereignis sie an Orte bringen würde, die sie nicht einmal im Traum für möglich hielten. Als sie ablehnten, zwang er sie zu dem Größeren Tanz des Dionysos, einem Anfall gefährlichen Wahnsinns, in dem sie ihren Prinzen für ein wildes Tier hielten und töteten. Wie dieser populäre Mythos andeutet, waren sich die alten Griechen der Tatsache bewußt, daß die gefährlichen Kräfte, die wir in unserer Psyche bergen, eine Gelegenheit erhalten müssen, im richtigen Rahmen zum Ausdruck zu kommen.
Die kraftvollen psychischen Ereignisse, denen die Initianden bei den Mysterien von Tod und Wiedergeburt begegneten, hatten zweifellos ein bemerkenswertes Potential für Heilung und Transformation. Hier können wir uns auf das Zeugnis zweier großer Köpfe der griechischen Philosophie berufen, Platon und Aristoteles. (Die Tatsache, daß dieses Zeugnis aus Griechenland, der Wiege der westlichen Zivilisation stammt, ist dabei von besonderer Bedeutung, da es Westlern allzu leicht fällt, die Beweise aus dem Schamanismus oder Übergangsriten zu ignorieren, da sie Kulturen entstammen, die unserer eigenen Tradition fremd sind.)
In seinem Dialog mit dem Titel »Phaedrus« unterscheidet Platon zwischen zwei Arten von Wahnsinn. Die eine entspringt menschlicher Krankheit, die andere göttlicher Intervention oder, wie wir es in der Sprache der modernen Psychologie sagen würden, archetypischen Einflüssen, die aus dem kollektiven Unbewußten stammen. Bei der zweiten Art unterscheidet er weiter vier verschiedene Typen, die er spezifischen Göttern zuordnet: den Wahn des Liebenden – Aphrodite und Eros; den der prophetischen Verzückung – Apollo; den der künstlerischen Inspiration – den Musen; den der rituellen Ekstase – Dionysos. Platon lieferte eine

lebhafte Beschreibung des therapeutischen Potentials von rituellem Wahn, wobei er als Beispiel eine weniger bekannte Variante der griechischen Mysterien, die Korybantischen Riten, verwendete. Nach seiner Darstellung führte wildes Tanzen zu Flötenklängen und Trommelrhythmen, das in einem explosiven emotionalen Freisetzen gipfelte, zu einem Zustand tiefer Entspannung und Gelassenheit.
Platons großer Schüler Aristoteles hat als erster ausdrücklich gesagt, das volle Erfahren und Freisetzen von unterdrückten Emotionen, was er *Katharsis* (wörtlich »Reinigung« oder »Ausbrennen«) nannte, stelle eine wirksame Behandlungsmethode für geistige Störungen dar. Er verlieh außerdem seiner Meinung Ausdruck, die griechischen Mysterien böten einen starken Rahmen für diesen Prozeß. Nach Aristoteles erlebten die Initianden durch Wein, Aphrodisiaka und Musik eine außergewöhnliche Erregung der Leidenschaften, auf die eine heilende Katharsis folgte. In Übereinstimmung mit der Grundannahme der Mitglieder des Orpheus-Kultes, einer der wichtigsten Mysterienschulen seiner Zeit, war Aristoteles davon überzeugt, daß das Chaos und die Raserei der Mysterien einer späteren Ordnung zuträglich seien.
Dieses Verständnis von der Beziehung zwischen intensiven emotionalen Zuständen und Heilung kommt dem Konzept der spirituellen Krise und entsprechender Behandlungsstrategien sehr nahe. Dramatische Symptome sind nicht notwendigerweise ein Hinweis auf Pathologisches. In manchen Zusammenhängen sind sie eher als Manifestationen diverser beunruhigender Inhalte und Kräfte zu sehen, die zuvor schon im Unbewußten existierten. Von diesem Standpunkt aus ist es wünschenswert und heilend, sie ins Bewußtsein zu bringen und sich ihnen zu stellen. Die Beliebtheit und die weite Verbreitung der Mysterien in der Welt des Altertums deuten darauf hin, daß die Teilnehmer sie als psychisch relevant und förderlich empfanden. Die berühmten Mysterien zu Eleusis in der Nähe von Athen wurden fast zweitausend Jahre lang ohne Unterbrechung alle fünf Jahre durchgeführt.
Wir möchten kurz auf die wichtigsten Mysterien von Tod und Wiedergeburt hinweisen, die früher in verschiedenen Teilen der

Welt stattfanden. Die bei diesen Riten dargestellten archetypischen Themen tauchen regelmäßig in den Erfahrungen von modernen Menschen des Westens auf, die sich in tiefe Selbsterfahrungstherapie begeben oder in eine spirituelle Krise geraten. Für sie, und für diejenigen, die ihnen bei ihrem Prozeß zur Seite stehen, können Kenntnisse der Mythologie, der man auf diesen inneren Reisen begegnet, wichtige Richtlinien sein.

Zu den ältesten Mysterien von Tod und Wiedergeburt gehören die babylonischen und assyrischen Riten von Ishtar und Tammuz. Sie fußten auf dem Mythos von der Muttergöttin Ishtar, die in die Unterwelt, das von der furchtbaren Göttin Ereshkigal regierte Reich des Todes, hinabsteigt, um ein Elixir zu suchen, das ihren toten Sohn und Mann, Tammuz, wieder zum Leben erwecken könnte. Gemäß esoterischer Interpretation symbolisierte der Mythos von Ishtars Reise in die Unterwelt und ihrer erfolgreichen Rückkehr die Gefangenheit von Bewußtsein in Materie und seine Befreiung durch die Wirkung von geheimen spirituellen Lehren und Vorgängen. Wenn sie sich entschieden, sich einer Prüfung zu unterziehen, die der von Ishtar ähnelte, konnten die Initianden die spirituelle Befreiung erreichen.

Im alten Ägypten wurden die Initianden in den Tempeln von Isis und Osiris unter Anleitung der Hohepriester schwierigen Prüfungen ausgesetzt, um die Angst vor dem Tod zu überwinden und Zugang zu esoterischem Wissen über das Universum und die Natur des Menschen zu erlangen. Während dieses Vorgangs erlebten die Initianden die Identifikation mit dem Gott Osiris. Nach dem Mythos, der diesen Mysterien zugrundeliegt, wurde er von seinem bösen Bruder Seth getötet und zerstückelt und dann von seinen Schwestern Isis und Nephtys wieder zum Leben erweckt.

Im alten Griechenland und den angrenzenden Ländern gab es viele heilige Riten. Die Eleusinischen Mysterien beruhten auf einer esoterischen Interpretation des Mythos von der Göttin Demeter und ihrer Tochter Persephone. Persephone wurde von Pluto, dem Gott der Unterwelt, entführt, aber auf Intervention von Zeus unter der Bedingung freigelassen, daß sie ein Drittel jedes Jahres wieder in

das Königreich Plutos zurückkehre. Dieser Mythos, der meist als Gleichnis für das zyklische Wachstum der Pflanzen in den Jahreszeiten galt, wurde für die Initianden von Eleusis zu einem Symbol für das spirituelle Ringen der Seele, die periodischem Wechsel von Gefangenschaft in Materie und Freiheit unterliegt.
Ein weiteres Beispiel für die griechischen Mysterien ist der Orphische Kult, der sich um die Legende des vergöttlichten Barden Orpheus dreht, den unvergleichlichen Musiker und Sänger, der die Unterwelt aufsuchte, um seine geliebte Eurydike von den Fesseln des Todes zu befreien. Die Dionysischen Riten oder Bacchanalien beruhten auf der mythologischen Geschichte vom jungen Dionysos, der von den Titanen zerstückelt wurde und wiederauferstand, als Pallas Athene sein Herz rettete. Bei den Dionysischen Riten erlebten die Initianden die Identifikation mit dem ermordeten und wiedergeborenen Gott durch berauschende Getränke, orgiastische Tänze, wilde Läufe durch die Landschaft und den Verzehr rohen Tierfleisches.
Ein anderer berühmter Mythos über einen sterbenden Gott ist die Geschichte des Adonis. Seine Mutter Smyrna war von den Göttern in einen Myrrhebaum verwandelt worden. Nachdem ein wilder Eber seine Geburt aus dem Baum möglich gemacht hatte, wurde ihm aufgetragen, ein Drittel jedes Jahres mit Persephone und den Rest mit Aphrodite zu verbringen. Alljährlich wurden in vielen Teilen von Ägypten, Phönizien und Byblos von diesem Mythos inspirierte Mysterienspiele inszeniert. Die eng verwandten Phrygischen Mysterien wurden im Namen von Attis abgehalten, einer Gottheit, die sich entmannte und später von der Großen Muttergöttin Kybele wiedererweckt wurde.
Diese Beispiele sind keineswegs eine umfassende Aufzählung der alten Mysterien und Mysterien-Religionen. Ähnliche Vorgänge rund um Tod und Wiedergeburt finden sich in der Mithra-Religion, in der nordischen Tradition, bei den Druiden und in der präkolumbianischen Maya-Kultur. Sie treten außerdem als Elemente der Initiation in verschiedene Geheimorden und -gemeinschaften und in vielen anderen Zusammenhängen auf.

Sakrales Königstum und das königliche Drama von Tod und Wiedergeburt

Bevor wir das Reich von Mythos und Ritus verlassen, möchten wir einen kurzen Hinweis auf eine Phase der kulturellen Entwicklung geben, die durch die Arbeit von John Perry besondere Bedeutung für die Erforschung spiritueller Krisen gewonnen hat. In der Evolution der großen Kulturen dieser Welt, einschließlich derer, die unseres Wissens keinen Kontakt untereinander hatten, gibt es eine Periode, die sich als die Ära des sakralen Königtums oder, in Perrys Worten, als »die archaische Ära des inkarnierten Mythos« bezeichnen läßt. Während dieser Zeit, in der auch die ersten städtischen Siedlungen entstanden, wurde der König kulturell als eine buchstäbliche Inkarnation Gottes gesehen. Diese Art von Gesellschaft finden wir in der Geschichte Ägyptens, Mesopotamiens, Israels, Roms, Griechenlands, der nordischen Länder, des Iran, Indiens, Chinas und Mittelamerikas (bei den Tolteken und Azteken).

Völlig unabhängig voneinander feierten alle diese Kulturen ausgedehnte Neujahrsfeste, bei denen ein rituelles Drama aufgeführt wurde, das von der Person des Königs handelte und bestimmte Standardthemen hatte. Nachdem der Ort des Ritus zum Mittelpunkt der Erde ernannt worden war, schilderten dramatische Sequenzen den Tod des Königs und seine Rückkehr zu den Anfängen von Zeit und Schöpfung. Darauf folgten seine Neugeburt, die heilige Hochzeit und die Apotheose als messianischer Held.

All dies geschah im Kontext eines kosmischen Konflikts, zu dem ein dramatisches Aufeinanderprallen von Gegensätzen gehörte – der Kampf zwischen den Kräften von Licht und Dunkelheit und die Konfrontation zwischen Gut und Böse. Ein wichtiger Teil des königlichen Dramas war die Umkehrung der sexuellen Polaritäten, die durch die Teilnahme von Transvestiten zum Ausdruck kam. Die symbolische Aufführung endete mit einer Schilderung einer erneuerten Welt und einer revitalisierten Gesellschaft. Diesen Riten sprach man entscheidende Bedeutung für das Fortbestehen und die Stabilität von Kosmos und Natur und das Wohlergehen der Gesellschaft zu.

Bei seiner systematischen therapeutischen Arbeit mit Klienten, die spontane Episoden von außergewöhnlichen Bewußtseinszuständen erlebten, kam Perry zu einer erstaunlichen Schlußfolgerung: Viele dieser Zustände kreisten um dieselben Themen wie die oben beschriebenen Neujahrsdramen. Wie bereits im vierten Kapitel erwähnt, nannte er diese wichtige Form von transformativer Krise Erneuerungsprozeß. Die Tatsache, daß die Erfahrungen, aus denen er sich zusammensetzt, so erstaunliche historische Parallelen haben, hat weitreichende Bedeutung. Sie stellt eine entscheidende Herausforderung der Ansicht dar, es handele sich bei diesen Zuständen um Hinweise auf Geisteskrankheit. Ihre archetypischen Themen sind offensichtlich sinnvoll mit der Evolution des Bewußtseins auf der kollektiven und vielleicht auch auf der individuellen Ebene verbunden, und es ist sehr unwahrscheinlich, daß ihr reicher und komplexer Inhalt das Produkt einer Verzerrung von mentalen Prozessen durch eine pathologische Schädigung des Gehirns sein können.

Dramatische mythologische Sequenzen, die Tod und Wiedergeburt und andere Themen aufzeichnen, sind sowohl bei den Selbsterfahrungstherapien wie bei Episoden von spirituellen Krisen sehr häufig. Dieses mythologische Material taucht in außergewöhnlichen Bewußtseinszuständen spontan ohne jedes Programmieren und häufig zur Überraschung aller Beteiligten aus der Tiefe der Psyche auf. Archetypische Bilder und ganze Szenen aus der Mythologie verschiedener Kulturen findet man oft auch bei Menschen, die kein intellektuelles Wissen über die mythischen Gestalten und Themen haben, denen sie begegnen. Dionysos, Osiris und Wotan sowie Jesus Christus scheinen in der Psyche der modernen Menschen des Westens zu wohnen und in außergewöhnlichen Bewußtseinszuständen lebendig zu werden.

Das spirituelle Erbe der großen Religionen

Die Dämonen greifen an,
manche werfen Berggipfel in flammenden Farben;
manche werfen entwurzelte Bäume und Stangen aus Eisen oder Kupfer;
manche werfen Kamele und Elefanten mit furchterregenden Augen,
Schlangen und entsetzliche Reptilien mit giftigen Blicken,
und andere Dämonen die Köpfe von Ochsen.

Buddhas Begegnung mit Kama Mara, Lalitavistara Sutra[34]

Das Studium der Geschichte der großen Weltreligionen und ihrer heiligen Schriften ist für das Verständnis der spirituellen Krisen von großer Bedeutung. Selbst ein flüchtiger Blick auf dieses Material enthüllt, daß all die religiösen Bewegungen, die die menschliche Geschichte geprägt haben, von den visionären Erfahrungen transpersonaler Realitäten inspiriert und wiederholt neubelebt wurden.

Die mystischen Traditionen und klösterlichen Orden vieler Religionen haben Kartographien der Geistesverfassungen hinterlassen, in die man an wichtigen Schnittstellen der spirituellen Praxis geraten kann – einschließlich der verschiedenen Hindernisse und Härten. Menschen in spirituellen Krisen treffen auf viele der gleichen Schwierigkeiten, und ihr Prozeß folgt oft denselben Stadien. Daher stellen diese Karten wichtige Führer für den Menschen in der Krise und alle, die ihm dabei helfen wollen, dar. In vielen Fällen haben die Erfahrungen tatsächlich mit archetypischen Formen zu tun, die für ein bestimmtes religiöses System spezifisch sind, etwa den Hinduismus, den Buddhismus oder die christliche Mystik. Auf den folgenden Seiten werden wir daher einen Blick auf einige der Kartographien werfen, die denjenigen besonders nützlich sein können, die mit einer spirituellen Krise zu tun haben.

Die Veden, die heiligen Schriften der ältesten Religion Indiens und die Grundlage des Hinduismus, werden zwar keiner bestimmten Person zugeschrieben, aber man weiß, daß sie auf den göttlichen Enthüllungen alter Seher beruhen. Gemeinsam mit den Upanishaden, späteren Texten, die die Philosophie der Veden und ihre spirituelle Botschaft weiterentwickelten und verfeinerten, sind sie nicht nur für Indien und den Fernen Osten, sondern auch für spirituell Suchende auf der ganzen Welt eine unerschöpfliche Quelle der Inspiration gewesen.

Die verschiedenen Yoga-Schulen bieten hochentwickelte Praktiken an, durch die der einzelne die Verbindung mit seiner göttlichen Essenz oder Atman-Brahman zu erreichen sucht. Die mystische Literatur Indiens ist eine wahre Goldgrube an Informationen, die auf vielen Jahrhunderten profunder transpersonaler Erfahrungen zahlloser vorzüglicher spiritueller Meister aufbauen. Die Essenz der Yoga-Lehren ist in den Yoga-Sutras von Patanjali, dem legendären indischen Philosophen und Sprachgelehrten, zusammengefaßt. Eine Landkarte für innere Erfahrungen, die für Leute in einer spirituellen Krise von besonderem Interesse ist, ist die indische Vorstellung der sieben Zentren psychischer Energie, den Chakras, und der kosmischen Energie, die als Kundalini bezeichnet wird. Wir haben bereits darauf hingewiesen, daß eine der häufigsten Formen von psychospirituellen Krisen eine deutliche Ähnlichkeit zu den Beschreibungen des Kundalini-Erwachens aufweist. Für Menschen in dieser Form von transformativer Krise können die Lehren über die Chakras unschätzbares Verständnis und Führung bedeuten.

Nach der Lehre des Kundalini-Yoga liegen die Chakras an einer Linie entlang der Wirbelsäule zwischen dem Kreuzbein und dem Scheitelpunkt des Kopfes. Obwohl sie funktionale Verbindungen zu wichtigen Organen haben, sind sie nicht-materieller Natur und gehören zum energetischen oder »feinstofflichen« Körper. Jedes Chakra ist mit einer bestimmten Art, die Welt zu sehen, und charakteristischen Einstellungen und Verhaltensweisen assoziiert.

Außerdem ist jedes Chakra mit spezifischen mythologischen Realitäten und archetypischen Wesen verwandt. Beim spirituellen Erwachen wird Kundalini oder die Schlangenkraft, die sonst schlafend am unteren Ende der Wirbelsäule liegt, aktiviert und fließt nach oben, öffnet, reinigt und erleuchtet die Chakras. Während dies geschieht, hat der Betroffene oft reiche und dramatische Erlebnisse, die je nachdem, auf welches Chakra der Prozeß gerade abzielt, charakteristische Formen aufweisen.

Buddhismus

Wie viele andere große religiöse Systeme nahm auch der Buddhismus mit einer dramatischen »spirituellen Krise« seines Gründers, Gautama Buddha Shakyamuni, seinen Anfang. Nach den Schriften war seine eifrige Suche nach Erleuchtung voll visionärer Abenteuer. Während seiner Meditation erlebte er das Erscheinen von Kama Mara, dem Meister der Welt der Illusion, der ihn vom spirituellen Pfad ablenken wollte. Kama Mara führte den Buddha mit seinen drei üppigen und verführerischen Töchtern in Versuchung: Unzufriedenheit, Entzücken und Durst. Als er damit keinen Erfolg hatte, schickte er eine Armee von Dämonen, die ihn mit diversen unheilvollen Waffen, sintflutartigen Regenfällen, Stürmen, flammenden Felsen, kochendem Schlamm und heißer Asche umzubringen drohten.

Als er in derselben Nacht unter dem Bodhi-Baum saß, gewann der Buddha tiefe Einsichten in seine früheren Inkarnationen und erlangte das »göttliche Auge«, das Geschenk des inneren Sehens. »Als er die Erleuchtung erreichte, bebten die zehntausend Welten zwölfmal, bis an die Küsten des Meeres. Auf allen Bäumen wuchsen Lotusblüten. Und das System der zehntausend Welten war wie ein Blumenstrauß, der wirbelnd durch die Luft fliegt.«

Diese Erzählung mag wie ein naives Märchen klingen, aber die Arbeit mit Leuten in außergewöhnlichen Bewußtseinszuständen zeigt, daß die Psyche eines normalen Menschen kraftvolle und überzeugende Sequenzen ähnlicher Art hervorbringen kann.

Zusätzlich zu den Berichten von den visionären Erfahrungen des Buddha enthält die buddhistische Literatur zahlreiche Beschreibungen der Bewußtseinszustände, die in der spirituellen Praxis vorkommen. Am umfassendsten und ausführlichsten ist vielleicht der enzyklopädische Text Abhidharma, der auf Gautama Buddhas Abhandlungen aus vierzig Jahren beruht und von seinen Jüngern aufgezeichnet wurde. Die jahrhundertealte Tradition des Vajrayana, der tibetischen Version des Buddhismus, bietet sorgfältige und hochentwickelte Karten des spirituellen Pfades wie die Sechs Yogas von Naropa.

Zen ist eine Schule des Buddhismus, die es ablehnt, Doktrinen und Schriften zu folgen, und in Anspruch nimmt, die direkte Vermittlung des Geistes oder der Essenz von Buddhas Lehren zu ermöglichen. Es ist wohlbekannt, daß in der Zen-Praxis eine Vielfalt von beunruhigenden wie auch ekstatischen und verführerischen Erfahrungen bei der Meditation auftreten können. Diese reichen von biographischem Material zu mythologischen Visionen und Erinnerungen an frühere Inkarnationen. Die Zen-Meister haben jedoch wenig Interesse daran gezeigt, diese Phänomene zu katalogisieren, und bezeichnen sie mit dem allgemeinen Begriff *makyo*. Die Schüler werden ermutigt, ihnen keine besondere Aufmerksamkeit zu widmen, sondern einfach zu sitzen, sie zu beobachten und in der Erfahrung durch sie hindurch und über sie hinaus zu wandern.

Aber die Zen-Schüler bleiben nicht ganz ohne Landkarten für ihre Praxis. Statt ganz spezifisch verschiedene Arten und Ebenen von Erfahrungen zu beschreiben, verweisen die Karten des Zen auf größere Transformationen des Bewußtseins und die Stadien der inneren Entwicklung. Am bekanntesten sind darunter die sogenannten »Ochsenbilder«, auf denen die Stadien des spirituellen Pfades in einer Serie von einfachen Zeichnungen dargestellt werden, die verschiedene Situationen mit einem Mann und einem Ochsen darstellen. Diese Bilder repräsentieren die zehn Stadien oder »Jahreszeiten der Erleuchtung« von dem Moment an, in dem der Suchende sich der Möglichkeit der Erleuchtung bewußt wird, bis zu der Zeit, zu der er der persönlichen Befreiung entsagt hat,

um anderen zu helfen, und als Weiser in die Welt des Alltagslebens zurückkehrt.
Eine weitere, ähnliche Karte ist der Zen-Kreis, ein einfaches Diagramm, auf dem die Veränderungen des Bewußtseins während der spirituellen Praxis durch eine Bewegung entlang eines Kreises symbolisiert werden. Der Ausgangspunkt bei null Grad steht für die Geistesverfassung, in der man sich mit der Welt der Namen und Formen identifiziert und sie als Polaritäten wahrnimmt, wie als angenehm/unangenehm oder gut/böse. Die 90-Grad-Stellung auf dem Kreis repräsentiert die Ebene von Bewußtseinsentwicklung, auf der man wahrnimmt, daß alles aus dem Nichts kommt und in das Nichts verschwindet. An diesem Punkt werden Form und Leere austauschbar. Die 180-Grad-Position steht für den Zustand von Bewußtsein, in dem die ganze Welt der Form illusorisch scheint und nichts wirklich existiert. Der 270-Grad-Punkt repräsentiert ein Reich von Magie und Wundern. Der Geist scheint alle Begrenzungen überschritten zu haben und alles Vorstellbare ist möglich.
Das Ende der Reise wird von dem 360-Grad-Punkt symbolisiert, der auch null Grad ist. Diese Situation hat eine psychologische Entsprechung zu der Tatsache, daß dieser Zustand in gewisser Weise derselbe ist wie zu Beginn der Reise, aber zugleich deutlich anders. Man kehrt in die gewöhnliche Welt zurück, aber man sieht sie ohne Anhaftung und Werturteile, einfach so, wie sie ist. An diesem Punkt verschwinden selbst die Unterscheidungen zwischen den durch die verschiedenen Positionen auf dem Kreis repräsentierten Zuständen, und man erkennt, daß die gesamte Kartographie nur ein Lehrmittel war.
Dieselbe Situation wird in einem Zen-Spruch noch prägnanter zusammengefaßt: »Wenn Du Dich auf die Reise begibst, sind Berge nicht länger Berge und Flüsse keine Flüsse mehr. Wenn Du die Reise zu Ende gemacht hast, sind Berge wieder Berge und Flüsse wieder Flüsse.« Dieses Prinzip illustriert die Grundthese, auf der das Konzept der spirituellen Krise beruht: Auf dem Weg zu größerer Klarheit und Gesundheit muß man oft Stadien durchqueren, in denen es merkwürdige und desorganisierende Geistes-

verfassungen gibt. Ist die Krise erfolgreich beendet, kehrt man zur Alltagsrealität zurück, die zwar genau die gleiche ist wie zuvor, die aber doch auf ebenso subtile wie tiefgreifende Weise radikal transformiert wurde.

Die jüdisch-christliche Tradition

Direkte visionäre Erfahrungen haben auch bei den jüdisch-christlichen Religionen eine große Rolle gespielt. In der berühmten Episode aus dem 2. Buch Moses erscheint Jahwe dem verblüfften Moses in einem brennenden Dornbusch. Er stellt sich selbst als Gott von Moses Vätern vor und enthüllt seine Absicht, die Menschen Israels aus Ägypten nach Kanaan zu führen, auf daß sie sich dort niederlassen. Im Alten Testament gibt es buchstäblich Hunderte von Episoden, in denen Visionen von Gott oder seiner Stimme beschrieben werden. Die Linie, die mit Moses begann, setzt sich mit Salomo, Samuel, Daniel, Elias, Hesekiel, Jeremia, Jesaja, Johannes dem Täufer und anderen fort.

Mächtige visionäre Erfahrungen waren auch in der frühchristlichen Geschichte von entscheidender Bedeutung. Das Neue Testament kennt viele Situationen, in denen Christus mit Gott kommuniziert, sowie mehrere Vorfälle, bei denen seine Jünger und Anhänger Erfahrungen mit dem Himmel, körperlosen Wesen, Engeln und dem heiligen Geist machen. Während Christi Aufenthalt in der Wüste erschien ihm der Teufel und unterwarf ihn schmerzhafter Versuchungen, bot ihm weltliche Macht an und versuchte, ihm Zweifel an seinem göttlichen Ursprung einzugeben.

Der römische Bürger und strikte Pharisäer Saulus von Tarsus hatte auf dem Weg nach Damaskus eine erschütternde Begegnung mit blendendem Licht, übernatürlichen Tönen und dem Erscheinen Jesu Christi. Das verwandelte ihn von einem eingeschworenen Feind der Nazarener-Sekte zu einem leidenschaftlichen Anhänger Jesu und machte ihn zu der wichtigsten Gestalt in der Geschichte der christlichen Kirche.

Ein klassisches Beispiel für spirituelle Krisen bildet in der Geschichte des Christentums das Leben des Heiligen Antonius, der während seiner Einsamkeit in der Wüste viele visionäre Versuchungen und Kämpfe mit dem Teufel erlitt. In diesen Visionen erschien ihm der Teufel in der Gestalt eines unschuldigen Knaben, als ergebener Mönch, der ihm während seiner Fastenzeiten Brot brachte, als sinnliche Frau und in der Form verschiedener angsterregender Ungeheuer und wilder Tiere. Manchmal schlug der Prinz der Dunkelheit Antonius brutal und ließ ihn wie tot liegen. Antonius kehrte von diesen psychischen Anstrengungen als gesunder, vernünftiger und anerkannter Kirchenvater zurück.

Visionäre Erfahrungen sowohl ekstatischer wie quälender Natur finden sich im Leben der Hildegard von Bingen, der Teresa von Avila, des Johannes vom Kreuz und vieler anderer christlicher Heiliger. Die Literatur der Wüstenväter wie Evagrius, die alle unter extremen physischen Bedingungen eine strenge Praxis ausübten, ist eine reiche Quelle von Informationen über die Schwierigkeiten auf dem spirituellen Pfad.

Manche christlichen Schreiber haben versucht, die Stadien des Pfades und die Schwierigkeiten, auf die der Suchende treffen kann, auf systematische und verständliche Weise darzustellen. Zu den berühmtesten christlichen Landkarten dieser Art gehört die »Himmelsleiter«, geschrieben im siebten Jahrhundert vom heiligen Johannes Climacus, einem Einsiedler und Abt des Klosters der heiligen Katharina auf dem Berg Sinai. Darin werden die Lehren der Wüstenväter über die spirituelle Entwicklung zusammengefaßt und dreißig unterscheidbare Schritte definiert, von dem Verzicht auf das weltliche Leben auf der ersten Sprosse bis zu Glaube, Hoffnung und Mildtätigkeit auf der obersten.

Die *Pilgerreise zur seligen Ewigkeit*, die berühmte Allegorie des puritanischen Pfarrers und Schriftstellers John Bunyan, beschreibt die Evolution der menschlichen Seele als vielfältige mühsame Abenteuer durch viele spezifische Gefahren und Hindernisse auf dem Weg zur himmlischen Stadt. Der Autor schöpft aus seiner eigenen erschütternden spirituellen Krise, die die Form eines profunden psychischen Todes und einer Wiedergeburt annahm und sein Leben vollkommen transformierte.

Das vermutlich berühmteste der christlichen Bücher für die spirituelle Suche ist *Die innere Burg*, geschrieben im sechzehnten Jahrhundert von der Heiligen Teresa von Avila. Die Burg ist ein Symbol für den Fortschritt der Seele von ihrem frühesten unvollkommenen Zustand bis zu der Zeit, wo sie schließlich die mystische Hochzeit erfährt. Sie wird als fabelhaft reiches Gebäude geschildert, das aus sieben Häusern oder Wohnungen besteht, von denen das siebte und mittlere der Wohnort der Heiligen Dreieinigkeit ist, die in den Tiefen der Seele residiert. Der Weg des Mystikers wird als Abkehr von der äußeren Realität und Eintritt in die innere Welt, um sich in der Umarmung Gottes zu finden, beschrieben.

Islam

Die prophetische Vision des Mohammed begann, als er in einer Grotte auf dem Berg Hira in der Nähe von Mekka meditierte. Dort hatte er eine Vision des Erzengels Gabriel. Der übergab ihm eine Schriftrolle, die ihm enthüllte, Allah habe ihn zu seinem Propheten erwählt. Einige Jahre später trat er die »wundersame Reise des Mohammed« an. Unter der Führung von Gabriel besuchte er die sieben Himmel, die Gärten des Paradieses und die infernalischen Regionen von Gehenna. Er hatte noch weitere Begegnungen mit den göttlichen Reichen durch visionäre Zustände, Träume und das Hören des gesprochenen Wortes.

Die verschiedenen Sufi-Orden, die mystischen Zweige des Islam, haben über die Jahrhunderte profunde Kenntnisse des Bewußtseins und der menschlichen Psyche einschließlich der Hindernisse und Schwierigkeiten auf dem spirituellen Pfad angesammelt. Dieses Wissen wurde dadurch möglich, daß die Sufis Wert auf die persönliche Begegnung mit dem Göttlichen und die Vereinigung mit Gott legen, was sie mit den Mystikern aller Zeiten und Länder verbindet. Zu den einfachen Methoden, die die Sufis entwickelt haben, um diesen Zustand zu erreichen, gehören wirbelnde oder rhythmische Bewegungen des Körpers, Singen und Atemtechniken.

Eine der berühmtesten unter den Sufi-Landkarten des Bewußtseins ist al-Harawis Abhandlung *The Stages of Pilgrims toward God.* Sie beschreibt den spirituellen Pfad von seinem Beginn bis zur Vereinigung mit dem Absoluten in Form von zehn Stadien oder Häusern, einschließlich der Tugenden, die ein jedes von ihnen erfordert, und der Schwierigkeiten, auf die man treffen könnte. Eine weitere berühmte spirituelle Kartographie stammt von Simnani. Ihm zufolge schreitet die Schöpfung des Kosmos in sieben Stadien von der göttlichen Essenz zu der Welt des Menschen und der Natur voran. Bei der Rückkehr durchläuft man dieselben Stadien in umgekehrter Reihenfolge und steigt durch sieben feinstoffliche, nicht-körperliche Aspekte des Selbst auf. Eine besonders schöne Parabel der Suche ist Attars Konferenz der Vögel, in der die spirituelle Reise als die Suche einer Schar von Vögeln nach Simurgh, dem legendären König der Vögel, geschildert wird.

In der Geschichte der verschiedenen Religionen und ihren heiligen Schriften gibt es viele weitere Beispiele, die illustrieren, welch kritische Rolle visionäre Erfahrungen im spirituellen Leben der Menschheit spielen. Aber diese Auswahl sollte genügen, um die Tatsache zu demonstrieren, daß an der Wiege aller großen religiösen Systeme die mystischen Enthüllungen ihrer Gründer, Propheten, Heiligen und wichtigen Jünger standen. Sie zeigen zudem, daß die mystischen Zweige der Religionen und ihre klösterlichen Orden solche Erfahrungen in Ehren gehalten, kraftvolle Methoden zu ihrer Herbeiführung entwickelt und der Nachwelt genaue Kartographien der inneren Reise hinterlassen haben.
Ein tiefes Bewußtsein der Tatsache, daß solche profunden transpersonalen Zustände möglich, daß sie uns allen zugänglich sind und die authentischen Dimensionen der Existenz enthüllen, ist vermutlich die treibende Kraft hinter allen religiösen Systemen. Die aus der Vergangenheit ererbten Beschreibungen der Stadien des spirituellen Weges und seiner Wechselfälle sind heute noch genauso relevant wie vor Jahrhunderten. Sie sind wertvolle Informationsquellen für ein besseres Verständnis der modernen spirituellen Krisen.

Der gemeinsame Nenner der hier betrachteten Bereiche ist eine tiefe transkulturelle Überzeugung, daß es außergewöhnliche Zustände von Bewußtsein gibt, die heilend, transformativ und enthüllend sind. Wenn sie auch manchmal eine große Herausforderung darstellen, so können sie doch sehr zuträglich sein, wenn sie im richtigen Kontext auftreten und wenn diejenigen, die damit zu tun haben, ausreichende Kenntnisse über den Prozeß und die damit verbundenen Erscheinungsformen haben. Außerdem ist es wichtig, daß Menschen, die spontane Episoden dieser Art erfahren, beschützt und unterstützt werden. Und es scheint lohnend, Methoden zu entwickeln, die solche transformativen Erfahrungen in einem sozial sanktionierten und unterstützenden rituellen Rahmen herbeiführen können.
Vom praktischen Gesichtspunkt aus zeigen die historischen und anthropologischen Daten deutlich die Notwendigkeit, Menschen in spirituellen Krisen einen nicht-pathologischen Kontext für ihre Erfahrungen und allgemeine Karten der von ihnen durchquerten inneren Welten zu geben. An diesen Elementen fehlt es meist aufs Schmerzhafteste, wenn Menschen des Westens mit transformativen Krisen konfrontiert werden. Sie müssen sich völlig unvorbereitet den diffizilen Reichen der Psyche stellen. Dazu kommen dann noch die Komplikationen, die durch die stigmatisierenden Etikettierungen der Psychiatrie entstehen.
Die Beobachtungen aus anderen Zeiten und Kulturen weisen sogar genau auf die Notwendigkeit hin, soziale Systeme zur Unterstützung zu schaffen – therapeutische Teams, Behandlungszentren und Rückzugsmöglichkeiten, informierte Familien und Freundeskreise, Gemeinschaften und Gruppen, die auf einer Philosophie aufbauen, die von einem echten Verständnis außergewöhnlicher Bewußtseinszustände getragen wird. Die westliche Kultur beginnt jetzt, eine höhere Ebene von Informiertheit in bezug auf diese Zustände zu erreichen. Vielleicht werden Menschen in psychospirituellen Krisen schon in der nahen Zukunft Verständnis, Mitgefühl und intelligente Unterstützung erhalten.

7 Moderne Landkarten des Bewußtseins

Gleich der Giraffe und dem Schnabeltier sind die Wesen, die die entlegenen Zonen der Psyche bewohnen, äußerst unvorstellbar. Dennoch gibt es sie, sie sind wahrnehmbare Realitäten, und als solche können sie von niemandem unbeachtet gelassen werden, der ehrlich versucht, die Welt, in der wir leben, zu verstehen.

Aldous Huxley, Himmel und Hölle[35]

Wir haben in dem vorhergehenden Kapitel gesehen, daß die Kulturen aller Zeiten ein profundes Interesse an außergewöhnlichen Bewußtseinszuständen gezeigt haben. Sie haben wirksame Mittel entwickelt, diese herbeizuführen und die unterschiedlichen Stadien der spirituellen Reise beschrieben. Jahrhunderte oder vielleicht sogar Jahrtausende lang wurde dieses Wissen von einer Generation an die nächste weitergegeben, wobei es im Laufe dieses Prozesses immer verfeinerter und vollkommener wurde. Zu Beginn der Moderne, als die westliche Wissenschaft noch in den Kinderschuhen steckte, wurden diese uralten Weisheiten verworfen und durch Modelle der Psyche ersetzt, die auf einer streng materialistischen Philosophie der Natur aufbauten. Als die neue Disziplin der Psychiatrie ihre Prinzipien und Kriterien an die spirituelle Geschichte der Menschheit anlegte, wurden mystische Zustände und große religiöse Persönlichkeiten in das Reich der Psychopathologie verwiesen.

In der ersten Hälfte dieses Jahrhunderts stand die akademische Psychiatrie unter dem Einfluß dreier wesentlicher Orientierungen: der biologischen Denkweise, des Behaviorismus und der Psychoanalyse. Jede lieferte ihre eigene Interpretation der menschlichen Psyche und Kultur und reduzierte die Komplexität des mentalen Lebens entweder auf organische Prozesse im Gehirn, auf einfache physiologische Reflexe oder auf primitive instinkthafte Impulse. Keines dieser Systeme ließ Raum für Spiritualität und ihre Rolle im Leben des Menschen.

Dramatische Entwicklungen in den fünfziger und besonders in den sechziger Jahren brachten ernsthafte Herausforderungen für ein so begrenztes Verständnis von Psychologie mit sich. Das entscheidende Element dabei war, daß viele Fachleute und Laien selbst Erfahrungen mit kraftvollen Technologien des Heiligen aus verschiedenen Kulturen und ihren modernen Analogien machten. Dies führte zu der Erkenntnis, daß wir im Laufe unserer entschlossenen Suche nach Logik und nüchterner Rationalität die vielen mächtigen Werkzeuge und das unschätzbare empirische Wissen unserer Ahnen übersehen hatten.

Den Schlüssel zu dieser Erkenntnis lieferten mehrere Einflüsse: das Masseninteresse an den meditativen Praktiken der mystischen Traditionen aus Ost und West, das Experimentieren mit schamanischen Techniken, die psychedelische Forschung und die Entwicklung von bewußtseinsverändernden Methoden wie Biofeedback und sensorischer Deprivation in Forschungslabors. Ehrliche persönliche Berichte einer neuen Generation von Anthropologen über ihre Erfahrungen in schamanischen Kulturen und wissenschaftliche Studien von Nah-Tod-Erfahrungen stellten die traditionelle Psychiatrie und Psychologie vor neue Herausforderungen. Manche der Forscher, die diese Interessengebiete systematisch untersuchten, gelangten zu der Schlußfolgerung, die ewige Weisheit verdiene eine neuerliche Prüfung, und die wissenschaftlichen Konzepte und Glaubenssätze zu diesem Thema müßten überarbeitet und erweitert werden.

Psychedelische Therapie und Holotrope Atemarbeit®

Wie Stan in seinem Vorwort erwähnte, hat ihn seine klinische Forschung mit Psychedelika davon überzeugt, daß die Territorien der menschlichen Psyche nicht auf das Freudsche Unbewußte und Erinnerungen an das postnatale Leben begrenzt sind. Psychedelische Sitzungen führten Menschen wiederholt in Erfahrungsbereiche, die von den verschiedenen alten Karten des Bewußtseins her bekannt waren, die aber in den Modellen der traditionellen west-

lichen Psychiatrie nicht vorkamen. Diese frühen Beobachtungen zeigten die Notwendigkeit, eine ausführliche Kartographie des Unbewußten zu entwickeln, die nicht nur die biographische Ebene, sondern auch zwei weitere Bereiche umfaßte – den perinatalen und den transpersonalen. Später zeigte sich, daß diese Kartographie in Wirklichkeit eine um die Daten aus der Bewußtseinsforschung des 20. Jahrhunderts erweiterte, moderne Version der immerwährenden Landkarte war.
Obwohl die neue Karte der Psyche auf Beobachtungen aus der psychedelischen Arbeit beruhte, gab es deutliche Hinweise darauf, daß sie nicht nur für psychedelische Sitzungen von Bedeutung war, sondern für alle außergewöhnlichen Bewußtseinszustände und die Psyche des Menschen im allgemeinen. Es wurde immer offensichtlicher, daß die pharmakologische Wirkung von LSD und ähnlichen Substanzen keine psychologischen Inhalte erzeugte. Man konnte sie am besten als unspezifischen Katalysator sehen – einen Mittler, der die Psyche energetisieren und die Manifestation von bislang unbewußten Inhalten möglich machen konnte. Dies fand weitere Bestätigung durch die Tatsache, daß sich solche Erfahrungen auch in den Bewußtseins-Landkarten von Kulturen finden ließen, die keine Psychedelika, sondern starke nicht-pharmakologische Methoden einsetzten, um das Bewußtsein zu verändern.
Es war jedoch schwierig, die Möglichkeit, daß die Erfahrungen doch von den psychedelischen Substanzen produziert wurden, ganz auszuschließen. Unsere letzten Schatten des Zweifels lösten sich radikal auf, als wir Mitte der Siebziger eine Methode der tiefen erfahrenden Selbsterforschung und Therapie, die wir jetzt Holotrope Atemarbeit® nennen, entwickelten und systematisch in unseren Workshops einzusetzen begannen.
Diese Methode, bei der einfache Mittel wie schnelleres Atmen, Musik und Töne und eine bestimmte Art von Körperarbeit kombiniert werden, kann das gesamte Spektrum von Erfahrungen induzieren, die wir früher bei psychedelischen Sitzungen gesehen haben. Diese Erfahrungen sind im allgemeinen sanfter, und der Betroffene hat mehr Kontrolle über sie, aber ihre Inhalte sind im

wesentlichen gleich, obwohl keine Drogen eingenommen werden. Der Hauptkatalysator ist hierbei nicht eine mächtige und mysteriöse psychoaktive Substanz, sondern der denkbar natürlichste und grundlegendste physiologische Prozeß – die Atmung.

Die durch die Holotrope Atemarbeit® ausgelösten Erfahrungen haben eine sehr stark heilende und transformierende Wirkung. Da bei verschiedenen Formen von spontanen psychospirituellen Krisen grundsätzlich gleiche Arten von Erfahrungen vorkommen, haben die Beobachtungen aus den holotropen Sitzungen große theoretische und praktische Bedeutung für das Konzept der spirituellen Krisen. Sie legen nahe, daß solche Krisen echte Ausdrucksformen der menschlichen Psyche sind und nicht künstliche Produkte eines pathologischen Prozesses und daß es sich um spontane Versuche des Organismus handelt, sich selbst zu heilen und seine Funktionsweisen zu vereinfachen.

Viele holotrope Sitzungen lassen schwierige Emotionen oder diverse unangenehme Körpergefühle an die Oberfläche kommen. Ihr volles Auftauchen macht es einem möglich, sich von ihrem störenden Einfluß zu befreien. Die allgemeine Regel bei der holotropen Arbeit lautet, daß man sich eines Problems dadurch entledigt, daß man sich ihm frontal stellt und es durcharbeitet. Das ist ein Prozeß des Ausräumens und Vernichtens alter Traumata. Er öffnet häufig den Weg zu sehr angenehmen oder sogar ekstatischen und transzendentalen Erfahrungen und Gefühlen.

Es ist bemerkenswert, daß so elementare Mittel wie schnelleres Atmen und Musik ein ganzes Spektrum von kraftvollen Erfahrungen auslösen können, die denen bei psychedelischen Sitzungen wie auch bei spirituellen Krisen sehr ähnlich, wenn nicht gar mit ihnen identisch sind. Aufgrund der tiefen Übereinstimmung, die zwischen diesen drei Zuständen besteht, ist eine neue Kartographie der Psyche für sie alle ein nützlicher Führer. Intellektuelle Kenntnisse der inneren Territorien und ein Verständnis der Stadien des transformativen Prozesses können für Menschen, die außergewöhnliche Bewußtseinszustände erfahren, seien sie nun geplant und mit bekannten Mitteln herbeigeführt oder unerwartet und spontan, eine große Hilfe sein.

Eine Landkarte der inneren Reise

Das Spektrum der Erfahrungen in außergewöhnlichen Bewußtseinszuständen ist extrem breit. All diese Erfahrungen scheinen jedoch in drei Kategorien zu fallen. Einige sind biographischer Natur und stehen in Beziehung zu verschiedenen postnatalen traumatischen Ereignissen im Leben. Bei einer zweiten Gruppe dreht es sich hauptsächlich um zwei Themen: Sterben und Geborenwerden. Sie scheinen tief mit dem Trauma der biologischen Geburt verbunden. Die dritte große Kategorie schließt Erfahrungen ein, die als transpersonal bezeichnet werden können und weit über die Grenzen der gewöhnlichen menschlichen Erfahrung hinausreichen. Sie sind eng mit dem Jungschen kollektiven Unbewußten verbunden.

Biographische Erfahrungen: Postnatale Erinnerungen wiedererleben

Wenn die unbewußte Psyche aktiviert wird, sind die ersten leicht verfügbaren Erfahrungen Erinnerungen an Ereignisse, die sich im Leben des Menschen nach der Geburt abgespielt haben. Solange der Prozeß auf dieser Ebene bleibt, tauchen diverse unerledigte Themen aus der Vergangenheit im Bewußtsein auf und werden zum Inhalt der Erfahrung. Man weiß aus der traditionellen Psychotherapie, daß der Zugang zu dieser Ebene des Unbewußten wichtig für die therapeutische Arbeit ist. Dieser Bereich ist von den biographisch orientierten Therapeuten gründlich erforscht und kartographiert worden.

Man muß hier jedoch unbedingt darauf hinweisen, daß unerledigte biographische Themen nicht notwendigerweise auf psychische Traumata beschränkt sind. Häufig werden körperliche Gefahren wie Krankheiten, Operationen oder Beinahe-Ertrinken wiedererlebt, bei denen man extremen Emotionen und Körperempfindungen begegnet. Erinnerungen an körperliche Traumata bilden oft die Quelle ernster emotionaler und psychosomatischer Probleme wie Depressionen, verschiedene Phobien, Asthma, Migräne und schwere Muskelschmerzen. Diese Symptome können sich dramatisch verringern oder sogar ganz verschwinden, wenn man die ihnen zugrundeliegenden Erinnerungen ins Bewußtsein bringt.

Perinatale Erfahrungen: Der Prozeß des psychischen Todes und der Wiedergeburt

Da wir uns unter gewöhnlichen Umständen nicht an die Details unserer Geburt erinnern können, haben die meisten Fachleute und auch Laien Schwierigkeiten zu glauben, sie könnten psychisch signifikant sein. Aber die neuere Forschung hat wiederholt die ursprünglichen Gedanken von Freuds Schüler Otto Rank über die herausragende Rolle, die das Geburtstrauma und sogar pränatale Einflüsse im Leben des Menschen spielen, bestätigt und verfeinert. Diese Ergebnisse haben ein ganz neues Feld hervorgebracht: die pränatale und perinatale Psychologie.

Wenn die außergewöhnlichen Bewußtseinszustände tiefer werden, bewegen sich die Erfahrungen meist über die postnatale Biographie hinaus auf zwei entscheidende Aspekte des menschlichen Lebens zu – seinen Anfang und sein Ende. Auf der perinatalen Ebene sind Geburt und Tod fein miteinander verflochten, was die Tatsache wiederzuspiegeln scheint, daß die Geburt des Menschen ein schwieriges und potentiell lebensbedrohendes Ereignis ist. Viele von uns haben einen Vorgeschmack des Todes bekommen, als wir im Geburtskanal darum rangen, unsere Existenz auf dieser Welt beginnen zu können. Wenn jemand die Erinnerungen an die Geburt durchlebt, sieht er sich oft extremen Formen von Angst vor dem Tod, Kontrollverlust oder Wahnsinn ausgeliefert. Das führt dazu, daß er sich sehr ungewöhnlich verhält und sein Zustand einen psychoseähnlichen Charakter aufweisen kann.

Wenn das Material aus der perinatalen Ebene des Unbewußten ins Bewußtsein auftaucht, setzt eine starke Beschäftigung mit dem Tod ein. Die Betroffenen können von einer intensiven Angst vor dem Tod überwältigt werden, todesverwandte Bilder sehen und zu der Überzeugung gelangen, ihr Leben sei tatsächlich biologisch bedroht. Diese Erfahrungen wechseln sich mit einem dramatischen Ringen darum ab, geboren zu werden oder sich aus einer sehr ungemütlichen Form von Eingeschlossensein zu befreien. Manchmal fallen sie sogar damit zusammen. In dieser Situation kann man das Trauma der eigenen biologischen Geburt wiedererleben. Der Prozeß kann sich aber auch wie eine spirituelle Geburt anfühlen – eine kräftige mystische Öffnung und Wiederverbindung mit dem Göttlichen.

Diese Erfahrungen sind oft mit mythologischen Motiven aus dem kollektiven Unbewußten durchsetzt, die C. G. Jung als Archetypen beschrieben hat. Einige können Figuren von Gottheiten sein, die für Tod und Wiedergeburt stehen, andere porträtieren die Unterwelt und die Hölle oder umgekehrt das Paradies und die himmlischen Reiche. Der konkrete Symbolismus, der mit diesen archetypischen Themen einhergeht, kann aus jeder Kultur der Welt bezogen werden und ist in keiner Weise auf vorhandene intellektuelle Kenntnisse der betreffenden Gebiete beschränkt. Die perinatale Ebene des Unbewußten stellt daher die Schnittstelle zwischen dem individuellen und dem kollektiven Unbewußten dar.

Ist die perinatale Ebene erst einmal aktiviert, beginnt ein komplexer psychischer Prozeß von Tod und Wiedergeburt. Dazu gehören bestimmte klar unterscheidbare Erfahrungsmuster, die von spezifischen Emotionen, Körpergefühlen und symbolischen Bildern charakterisiert werden. Eine genauere Untersuchung enthüllt, daß diese Muster mit den Stadien der biologischen Geburt verwandt sind – von dem Zustand vor dem Beginn der Entbindung bis zu dem Moment, an dem man auf die Welt kommt.

Es würde den Rahmen dieses Buches sprengen, all die Eigenarten dieser Verbindungen im Detail zu erörtern. Wir werden sie hier aber kurz umreißen, da sie für das Verständnis vieler Aspekte von spirituellen Krisen wichtig sind. Eine ausführlichere Beschreibung findet sich in Stanislav Grofs Buch *Das Abenteuer der Selbstentdeckung*.

Das amniotische Universum. Das pränatale intrauterine Leben kann man als das »amniotische Universum« bezeichnen. Der Fötus scheint sich keiner Grenzen bewußt zu sein und nicht zwischen dem Inneren und dem Äußeren differenzieren zu können. Dies spiegelt sich in der Natur der Erfahrungen, die mit dem Wiedererleben der Erinnerung an den pränatalen Zustand zusammenhängen. Bei Episoden ungestörter pränataler Existenz kann man Gefühle von riesigen Gebieten ohne Grenzen oder Schranken haben. Man identifiziert sich mit Galaxien, interstellaren Räumen oder dem gesamten Kosmos. Oder man macht die Erfahrung, der ganze Ozean zu sein, im Meer zu schweben oder sich mit verschiedenen Meerestieren wie Fischen, Delphinen oder Walen zu identifizieren. Dies scheint die Tatsache zu reflektieren, daß der Fötus im wesentlichen ein Wassergeschöpf ist. Manche haben auch Visionen von Mutter Natur – sicher, wunderschön und so bedingungslos nährend wie eine gute Gebärmutter: üppige Obsthaine, reife Getreidefelder, landwirtschaftlich genutzte Terrassen in den Anden oder unverdorbene polynesische Inseln. Die Bilder aus den mythologischen Reichen des kollektiven Unbewußten, die oft in diesem Zusammenhang erscheinen, porträtieren verschiedene himmlische Reiche und Paradiese.

Menschen, die Episoden von intrauterinen Störungen wiedererleben, sogenannte »schlechte Gebärmutter-Erfahrungen«, spüren eine dunkle und ominöse Bedrohung und haben oft das Gefühl, sie würden vergiftet. Sie sehen vielleicht Bilder von verseuchtem Wasser und Giftmüllhalden, die vermutlich die Tatsache reflektieren, daß viele pränatale Störungen durch toxische Veränderungen im Körper der schwangeren Mutter ausgelöst werden. Sequenzen dieser Art können mit Visionen von erschreckenden dämonischen Wesen einhergehen. Wer noch gewalttätigere Störungen der pränatalen Existenz wiedererlebt, wie etwa eine drohende Fehlgeburt oder versuchte Abtreibung, der erfährt gewöhnlich irgendeine Form von universaler Bedrohung oder blutige apokalyptische Bilder vom Ende der Welt. Dies spiegelt wiederum die engen Verbindungen zwischen Ereignissen in der eigenen biologischen Geschichte und den Jungschen Archetypen.

Das kosmische Verschlungenwerden. Menschen, die den eigentlichen Beginn der Geburt wiedererleben, haben meist das Gefühl, sie würden in einen riesigen Strudel gesaugt oder von einem mythischen Tier gefressen werden. Sie können auch die Erfahrung machen, daß die ganze Welt irgendwie verschlungen wird. Sie sehen dann tatsächlich Bilder von reißenden archetypischen Monstern wie Seeungeheuern, Drachen, Riesenschlangen, Taranteln und Tintenfischen. Diese Erfahrung einer überwältigenden Bedrohung des Lebens kann zu intensiver Angst und allgemeinem Mißtrauen führen, die an Paranoia grenzen. Andere haben das Gefühl, sie stiegen in die Tiefen der Unterwelt hinab, in das Reich des Todes oder die Hölle.

Kein Ausgang. Das erste Stadium der Geburt ist dadurch gekennzeichnet, daß die Gebärmutterkontraktionen, die Wehen, den Fötus immer wieder einengen und die Cervix (Gebärmutterhals) noch nicht geöffnet ist. Jede Kontraktion verursacht neuen Druck, und der Fötus wird von Sauerstoffmangel bedroht. Dieses Stadium wiederzuerleben, ist eine der schlimmsten Erfahrungen, die ein Mensch machen kann. Man fühlt sich wie in einem klaustrophobischen Alptraum gefangen, ist quälendem physischen und emotionalen Schmerz ausgesetzt und spürt äußerste Hilflosigkeit und Hoffnungslosigkeit. Gefühle von Einsamkeit, Schuld, von der Absurdität des Lebens und existentieller Verzweiflung erreichen metaphysische Ausmaße. Wer in diese mißliche Lage gerät, gelangt oft zu der Überzeugung, daß diese Situation nie enden wird und daß es keinen Ausweg gibt.

Das Wiedererleben dieses Stadiums der Geburt geht meist mit Sequenzen einher, die von Menschen, Tieren und sogar mythologischen Wesen in einer ähnlich schmerzhaften und hoffnungslosen Lage handeln. Man identifiziert sich mit Gefangenen in unterirdischen Verliesen und den Insassen von Konzentrationslagern oder Irrenanstalten und spürt den Schmerz des gefangenen Wildes in der Falle. Man kann sogar die unerträglichen Torturen der Sünder in der Hölle, die Agonie von Christus am Kreuz oder

von Sisyphus spüren, der in den Tiefen des Hades seinen Stein den Berg hinaufrollen mußte.
Es ist nur natürlich, daß jemand, der vor diesem Aspekt der Psyche steht, zögert, sich damit zu konfrontieren. Tiefer in diese Erfahrung hineinzugehen, scheint so zu sein, als nähme man die ewige Verdammnis an. Aus der spirituellen Literatur weiß man aber, daß dieser Zustand der Dunkelheit und abgrundtiefen Verzweiflung ein Stadium der spirituellen Öffnung ist, das eine unglaublich reinigende und befreiende Wirkung haben kann.

Das Ringen zwischen Tod und Wiedergeburt. Viele Aspekte dieser reichen und prächtigen Erfahrung lassen sich aus ihrer Verbindung mit dem zweiten klinischen Stadium der Geburt verstehen, dem Weg durch den Geburtskanal, wenn sich die Cervix geöffnet hat. Neben den Elementen, die als natürliche Ableitungen der Geburtssituation leicht zu verstehen sind, wie etwa Sequenzen von titanischen Kämpfen mit starkem Druck und Energien oder Szenen von blutiger Gewalt und Torturen, gibt es andere, die einer besonderen Erklärung bedürfen.
Es scheint im menschlichen Organismus einen Mechanismus zu geben, der extremes Leiden, besonders wenn dies mit Ersticken zu tun hat, in eine merkwürdige Form von sexueller Erregung verwandelt. Das erklärt, warum es beim Wiedererleben der Geburt oft zu einer großen Vielfalt an sexuellen Erlebnissen und Visionen kommt. Man kann eine Kombination von sexueller Erregung und Schmerz, Aggression oder Angst spüren oder verschiedene sadomasochistische Sequenzen, Vergewaltigung und Situationen sexuellen Mißbrauchs erfahren oder pornographische Bilder sehen. Die Tatsache, daß der Fötus in den letzten Stadien der Geburt verschiedenen Arten von biologischem Material begegnen kann – Blut, Schleim, Urin und selbst Fäkalien – scheint die Erklärung dafür zu sein, daß auch diese Elemente bei den Sequenzen von Tod und Wiedergeburt eine Rolle spielen.
Diese Erfahrungen gehen oft mit spezifischen archetypischen Elementen aus dem kollektiven Unbewußten einher, besonders solchen, die mit heroischen Figuren und Gottheiten verwandt sind,

die Tod und Wiedergeburt repräsentieren. In diesem Stadium haben viele Leute Visionen von Jesus Christus, vom Kreuzweg und von der Kreuzigung oder identifizieren sich tatsächlich in vollem Maße mit dem Leiden Christi. Andere nehmen Verbindung zu solchen mythologischen Themen und Gestalten wie dem ägyptischen Götterpaar Isis und Osiris, dem griechischen Gott Dionysos oder der sumerischen Göttin Inanna und ihrem Abstieg in die Unterwelt auf.

Das häufige Auftauchen von Motiven, die mit verschiedenen satanischen Ritualen und dem Hexensabbat verwandt sind, scheint mit der Tatsache zusammenzuhängen, daß das Wiedererleben dieses Stadiums der Geburt dieselbe merkwürdige Kombination von Emotionen, Sinneswahrnehmungen und Elementen aufweist, die auch die archetypischen Szenen der Schwarzen Messe und der Walpurgisnacht kennzeichnen: sexuelle Erregung, Aggression, Schmerz, Opfer und Begegnungen mit normalerweise abstoßendem biologischen Material – und all das geht mit einem eigenartigen Gefühl von Heiligkeit oder Numinosität einher.

Viele Menschen begegnen kurz vor der Erfahrung der (Wieder-) Geburt dem Motiv des Feuers. Das ist ein etwas rätselhaftes Symbol. Seine Verbindung mit der biologischen Geburt ist nicht so direkt und offensichtlich wie viele der anderen symbolischen Elemente. Man kann das Feuer entweder in seiner gewöhnlichen Form oder in der archetypischen Variante der reinigenden Flammen erleben. In diesem Stadium des Prozesses kann das Gefühl entstehen, der Körper stünde in Flammen, können Visionen von brennenden Städten und Wäldern oder die Identifikation mit Verbrennungsopfern vorkommen. In der archetypischen Version scheint das Brennen eine reinigende Wirkung zu haben, alles zu zerstören, was korrupt ist, und das Individuum für die spirituelle Wiedergeburt vorzubereiten.

Die Erfahrung von Tod und Wiedergeburt. Wenn die Erinnerung, die in das Bewußtsein aufsteigt, den Moment der eigenen biologischen Geburt betrifft, erlebt man oft Tod und Wiedergeburt. Hier vollendet man den vorangegangenen schwierigen Prozeß der Austreibung durch den Geburtskanal und erlangt eine explosive Befreiung, wenn man das Licht erreicht. Dabei erlebt man oft verschiedene spezifische Aspekte dieses Stadiums der Geburt als konkrete und realistische Erinnerungen wieder. Dazu können die Erfahrungen der Anästhesie, der Druck der Zange und die Sinneswahrnehmungen gehören, die mit den diversen geburtshilflichen Eingriffen oder postnatalen Maßnahmen zu tun haben.

Um zu verstehen, warum das Wiedererleben der biologischen Geburt in der Form von Tod und Wiedergeburt stattfindet, muß man erkennen, daß das, was geschieht, mehr ist als einfach eine Wiederaufführung des ursprünglichen Ereignisses. Da der Fötus während des Geburtsvorgangs vollkommen eingeschlossen ist und keine Möglichkeit hat, die damit verbundenen extremen Emotionen und Sinneswahrnehmungen auszudrücken, bleibt die Erinnerung an dieses Ereignis psychisch unverdaut und wird nicht assimiliert. Ein Großteil unserer späteren Selbst-Definition und unserer Einstellungen zur Welt ist stark von der beständigen Mahnung an die Verletzbarkeit, Unzulänglichkeit und Schwäche infiziert, die wir bei der Geburt erlebt haben. In gewissem Sinne sind wir zwar anatomisch geboren, haben diese Tatsache aber emotional noch nicht eingeholt.

Das »Sterben« und die Agonie während des Kampfes um die Wiedergeburt reflektieren den wirklichen Schmerz und die lebensbedrohliche Situation des biologischen Geburtsprozesses. Aber der Ich-Tod, der unserer Wiedergeburt vorausgeht, ist der Tod unserer alten Konzepte davon, wer wir sind und wie die Welt ist, wie sie durch die traumatische Prägung der Geburt geschmiedet wurden. Wenn wir diese alten Programmierungen dadurch löschen, daß wir sie ins Bewußtsein aufsteigen lassen, werden sie irrelevant, und in gewissem Sinne sterben sie. So erschreckend wie dieser Prozeß sein mag, in Wirklichkeit ist er doch sehr heilend und transformierend.

Auf den Moment des Ich-Todes zuzugehen, kann sich wie das Ende der Welt anfühlen. Paradoxerweise trennt uns zwar nur ein kleiner Schritt von der Erfahrung der radikalen Befreiung, aber wir haben ein Gefühl von alles durchdringender Angst und einer bevorstehenden Katastrophe riesigen Ausmaßes. Es kommt uns so vor, als würden wir alles verlieren, was wir sind. Zugleich haben wir keine Ahnung, was auf der anderen Seite ist oder ob da überhaupt etwas ist. Diese Furcht bringt viele Leute dazu, sich dem Prozeß in diesem Stadium zu widersetzen, was dazu führt, daß sie in diesem problematischen Gelände steckenbleiben.

Überwindet man die metaphysische Angst, der man an dieser wichtigen Kreuzung begegnet, und entscheidet sich, den Dingen ihren Lauf zu lassen, erfährt man die totale Auslöschung auf allen Ebenen – physische Zerstörung, emotionales Desaster, intellektuelle und philosophische Vernichtung, letztendliches moralisches Versagen und sogar die spirituelle Verdammnis. Bei dieser Erfahrung scheinen alle Bezugspunkte – alles, was im Leben des Individuums wichtig und bedeutungsvoll ist – gnadenlos zerstört zu werden.

Unmittelbar nach dieser totalen Auslöschung – der Landung auf kosmischem Grund – wird man häufig von Visionen von Licht überwältigt, das eine übernatürliche Leuchtkraft und Schönheit aufweist und meist als göttlich wahrgenommen wird. Wer das überlebt, was die ultimativen apokalyptischen Erfahrungen zu sein schienen, erlebt nur wenige Sekunden später phantastische Darbietungen von Regenbögen, Pfauenfeder-Mustern und himmlischen Szenen. Er fühlt sich gerettet, erlöst und gesegnet und findet seine göttliche Natur und kosmischen Status wieder. In diesem Moment wird er oft von einer Welle positiver Emotionen für sich selbst, andere Menschen, die Natur und die Existenz im allgemeinen überflutet. Diese Art von heilender und lebensverändernder Erfahrung tritt auf, wenn die Geburt nicht zu schwächend oder durch starke Anästhesie beeinträchtigt war. Wenn letzteres der Fall war, muß der Betreffende auf dem Gebiet der damit zusammenhängenden Traumata psychologisch arbeiten.

Transpersonale Erfahrungen

Jenseits der biographischen und der perinatalen Bereiche in der Psyche liegt das transpersonale Reich. Dies ist ein moderner Begriff für eine Vielfalt von Erfahrungen, die in anderen Zusammenhängen als spirituell, mystisch, religiös, magisch, parapsychologisch oder paranormal bezeichnet werden. Dieses gesamte Gebiet war in der Vergangenheit vielen Fehlinterpretationen und wilden Verzerrungen ausgesetzt. Ein von den üblichen Mißverständnissen freies Wissen um die Natur und die grundlegenden Charakteristika der transpersonalen Phänomene ist für das Verständnis und die Behandlung von spirituellen Krisen von großer Bedeutung.

Die bemerkenswerte Natur der transpersonalen Phänomene wird deutlich, wenn wir sie mit unserer Alltagswahrnehmung der Welt und den Begrenzungen, die wir für zwingend und unvermeidbar halten, vergleichen. Im gewöhnlichen oder »normalen« Bewußtseinszustand nehmen wir uns selbst als feste materielle Körper und unsere Haut als Grenze und Verbindungsglied zur äußeren Welt wahr. In den Worten des berühmten Schriftstellers und Philosophen Alan Watts, der die spirituellen Lehren des Ostens für die Menschen des Westens interpretiert und zugänglich gemacht hat, führt uns das zu dem Glauben, wir seien ein »hautverkapseltes Ich«.

Wir sind in unserer Wahrnehmung der Welt üblicherweise durch die Reichweite unserer Sinne und die Struktur der Umwelt begrenzt. Wir können keine Schiffe jenseits des Horizonts und keine Gegenstände sehen, von denen wir durch eine feste Mauer getrennt sind. Es ist uns unmöglich, Menschen an fernen Orten zu beobachten oder zu hören. Wir können nichts schmecken, was nicht in unserem Mund ist, keine Blume riechen, wenn der Wind von uns wegbläst, nicht die Beschaffenheit eines Gegenstands spüren, ohne ihn anzufassen. Mit unseren gewöhnlichen Sinnen können wir nur das erfahren, was hier und jetzt geschieht – an dem Ort, wo wir uns momentan befinden, und im gegenwärtigen Moment.

In transpersonalen Zuständen scheinen all diese Begrenzungen transzendiert. Wir können uns selbst als ein Spiel von Energien oder ein Feld von Bewußtsein erleben, das nicht auf ein physisches Gefäß beschränkt ist. Das kann sich weiter zu einer Identifikation mit dem Bewußtsein anderer Menschen, ganzer Gruppen oder sogar der gesamten Menschheit entwickeln. Dieser Prozeß kann über die Grenzen des Menschen hinausführen und verschiedene Tiere, Pflanzen und selbst anorganisches Material und Ereignisse einschließen. Es scheint, als ob alles, was sich im Alltagsleben als Objekt erfahren läßt, in außergewöhnlichen Bewußtseinszuständen ein entsprechendes Gegenstück in einer subjektiven Erfahrung hat. Im transpersonalen Zustand können wir tatsächlich zu dem werden und uns mit dem identifizieren, was wir gewöhnlich als von uns getrennte Elemente wahrnehmen – wie etwa Personen, Tiere, Bäume und kostbare Steine.

Zeit und Raum hören auf, Begrenzungen zu sein; man kann diverse historisch und geographisch weit entfernte Ereignisse so lebhaft erfahren, als fänden sie hier und jetzt statt. Es ist möglich, an Sequenzen teilzunehmen, die die eigenen Ahnen, tierische Vorfahren und Menschen in verschiedenen Kulturen und Zeiten der Vergangenheit betreffen, die überhaupt nicht genetisch mit uns verwandt sind. In manchen Fällen ist das mit einem Gefühl des persönlichen Erinnerns verbunden.

Die Welt der transpersonalen Phänomene bietet eine weitere intellektuelle und philosophische Herausforderung. Häufig gehören dazu Wesenheiten und Reiche, die in der westlichen Weltsicht nicht als Teil der objektiven Wirklichkeit gelten, wie Gottheiten, Dämonen und andere mythologische Persönlichkeiten aus verschiedenen Kulturen oder auch Himmel, Fegefeuer und Höllen. Diese Erfahrungen sind so überzeugend und wirklich wie diejenigen mit Elementen, die uns aus unserem Alltagsleben vertraut sind. Die transpersonalen Zustände unterscheiden daher nicht zwischen der realen Welt, die wir mit anderen teilen, und der mythologischen Welt der archetypischen Formen.

An dieser Stelle scheint es angemessen, eine Frage zu stellen, die vermutlich so manchem skeptischen Leser und Vertreter der traditionellen Sichtweise der westlichen Wissenschaft auf der Zunge liegt: Warum sollte den transpersonalen Phänomenen so viel Bedeutung beigemessen werden, und welche Relevanz hat diese Diskussion für das Problem der spirituellen Krise? Schließlich heißt die Tatsache, daß die menschliche Psyche solche Erfahrungen produziert, und daß die Menschen, die sie machen, sie als subjektiv wirklich und überzeugend empfinden, nicht, daß man sie als authentische Verbindungen mit verschiedenen Aspekten des Universums ernst nehmen müßte.

Das häufigste Argument derer, die sich weigern, auf die transpersonalen Phänomene zu achten, ist die Aussage, dies seien zufällige und bedeutungslose Produkte eines von einem unbekannten Krankheitsprozeß betroffenen Gehirns. Nach dieser Sichtweise entspringen die reichen Inhalte unseren Erinnerungen. Wir leben in einer Kultur, in der wir großen Mengen von Informationseingaben durch Zeitungen, Zeitschriften, Fernsehen, Radio, Filme, Schulbildung und die Bücher, die wir lesen, ausgesetzt sind. Alles, was wir erleben, wird mit photographischer Genauigkeit in unserem Gehirn gespeichert. Unter gewissen Umständen erschafft unberechenbare zerebrale Aktivität aus diesem reichen Material zahllose Bildfolgen. Diese sind bedeutungslos, ohne jede Relevanz, und dienen in keinster Weise dem Verständnis des menschlichen Geistes.

Das mag denen, die nur oberflächlich mit den Daten und Fakten vertraut sind, eine brauchbare Erklärung zu sein scheinen. Eine sorgfältige und systematische Untersuchung von transpersonalen Erfahrungen zeigt jedoch, daß es sich um außergewöhnliche Phänomene handelt, die eine beachtliche Herausforderung für die wissenschaftliche Weltsicht des Westens darstellen. Auch wenn sie in dem Prozeß der tiefen Selbsterforschung, häufig nach Erinnerungen an Ereignisse aus der Kindheit, an die Geburt oder das intrauterine Leben, vorkommen, lassen sie sich nicht ausschließlich als Prozesse im menschlichen Gehirn erklären. Ohne die Vermittlung der Sinne können sie oft direkten Zugang zu Informationen über das Universum liefern, die unmöglich durch konventionelle Kanäle erworben sein können.

In Sequenzen aus dem Leben von Vorfahren und der Geschichte der eigenen Rasse, aus anderen Kulturen und »früheren Leben« lernt man häufig neue und genaue Details über Kleidung, Waffen, Rituale, Architektur und soziale Strukturen der jeweiligen Kultur und historischen Zeit. Wir haben oft beobachtet, wie Leute, die sich mit verschiedenen Tieren identifizierten, erstaunliche Einsichten in deren Psychologie, instinkthaftes Verhalten und spezifische Gewohnheiten gewonnen oder sogar in spontanen Bewegungen deren Balztänze aufgeführt haben. Diese Information ging oft weit über ihre Kenntnisse in den entsprechenden Wissensgebieten hinaus. Gelegentlich tauchen auch durch Erfahrungen der Identifikation mit Pflanzen oder anorganischen Prozessen in der Natur neue Informationen auf.

Noch erstaunlicher ist, daß Menschen, die in veränderten Bewußtseinszuständen verschiedene archetypische Reiche besuchen und dort wohnenden mythologischen Wesen begegnen, oft mit Informationen zurückkommen, die sich durch eine Untersuchung der Mythologie der entsprechenden Kulturen verifizieren lassen. Beobachtungen dieser Art waren es, die Carl Gustav Jung vor vielen Jahren zum Konzept des kollektiven Unbewußten und der Annahme führten, jedes Individuum könne unter bestimmten Voraussetzungen Zugang zu dem gesamten kulturellen Erbe der Menschheit erlangen.

Wenn dennoch Zweifel an der Authentizität der in transpersonalen Zuständen erworbenen Erfahrungen bestehen sollten, lassen sich diese leicht durch die Ergebnisse der Untersuchungen der Außer-Körper-Erfahrungen widerlegen, bei denen sich das Bewußtsein vom Körper löst, an entfernte Orte »reist« und genau beobachtet, was dort geschieht. Dies kommt bei spirituellen Krisen vor, bei Sitzungen in der Selbsterfahrungstherapie und besonders häufig in Nah-Tod-Situationen. Thanatologen haben das in sorgfältig kontrollierten Studien bestätigt.

Neben der Authentizität ist ein weiterer wichtiger Aspekt der transpersonalen Zustände, der das Krankheitsmodell in Frage stellt, ihr bemerkenswertes heilendes und transformatives Potential. Jeder, der Zeuge einer unter günstigen Bedingungen verlaufenen spirituellen Krise geworden ist, wird es schwierig finden, nicht zu der Überzeugung zu gelangen, dies sei ein intelligenter Schachzug seitens der Psyche. Viele emotionale und psychosomatische Störungen scheinen neben biographischen Erinnerungen und perinatalem Material ihre Quelle in transpersonalen Konstellationen zu haben, die dicht an der Oberfläche liegen. Diese können unter anderem die Form von Erinnerungen an frühere Leben, Identifikationen mit verschiedenen Tieren und dämonischen Archetypen annehmen. Wenn solche unbewußten Inhalte während einer transformativen Krise oder bei der Selbsterfahrungstherapie voll ins Bewußtsein aufsteigen, verlieren sie ihren störenden Einfluß auf das Alltagsleben. Das kann zu einer dramatischen Heilung vieler emotionaler und sogar körperlicher Probleme führen.

Transpersonale Erfahrungen, die mit positiven Emotionen – wie Gefühle von Einssein mit der Menschheit und der Natur –, Zuständen von kosmischer Einheit, Begegnungen mit glückseligen Gottheiten und der Vereinigung mit Gott assoziiert sind, spielen in dem heilenden und transformativen Prozeß eine besondere Rolle. Während die verschiedenen schmerzhaften und schwierigen Erfahrungen die Psyche reinigen und den Weg zu den angenehmeren öffnen, repräsentieren die ekstatischen und vereinenden Zustände die Essenz des wahren Heilens.

Bei spirituellen Krisen treten die hier beschriebenen Erfahrungen, die biographischen, die perinatalen und die transpersonalen, in diversen spezifischen Kombinationen auf, die die früher beschriebenen unterschiedlichen Formen oder Arten von transformativen Krisen bilden. Die eben untersuchte Kartographie kann daher als allgemeine Matrix für spirituelle Krisen gesehen werden. Sie kann, und war es auch schon häufig, eine große Hilfe für Menschen sein, die diesen fordernden und beanspruchenden Prozeß durchlaufen.

DRITTER TEIL

In zwei Welten leben

8 Strategien für das Alltagsleben

Die beiden Welten, die göttliche und die menschliche...
sind in Wahrheit eins. Der Bereich der Götter ist eine vergessene Dimension der Welt, wie wir sie kennen.

Joseph Campbell, Der Heros in tausend Gestalten[36]

Stellen Sie sich vor, es sei ein ganz normaler Tag, und Sie seien auf dem Weg zur Arbeit. Sie haben eine unruhige Nacht hinter sich, wurden von lebhaften Träumen unter Beschuß genommen, in denen Sie im Sterben lagen. Sie haben stechenden Schmerz und überwältigende Angst gespürt, als Sie das Blut aus Ihren Wunden strömen sahen. Die Gesichter der Menschen um Sie herum waren lebendig und bedrohlich. Es schien alles ganz wirklich zu sein, so als geschähe es tatsächlich. Sie sind ein paar Mal atemlos erwacht und waren erleichtert, in Sicherheit zu sein, nur um dann wieder in den quälenden Schlaf hinüberzugleiten.

An diesem strahlenden Frühlingstag werden Sie auf Ihrer Fahrt weiter von den körperlichen Leiden und den schmerzlichen Emotionen aus dem Traum verfolgt. Ihr Wachzustand scheint einfach eine Fortsetzung der nächtlichen Aktivität zu sein; es fällt Ihnen schwer, die beiden auseinanderzuhalten. Der Inhalt des Traumes wechselt zwar, aber Sie fühlen sich schon seit einiger Zeit von den nächtlichen Abenteuern Ihres Geistes heimgesucht. Gegen Abend sind Sie erschöpft, und Sie beginnen, depressiv zu werden.

Sie merken, daß die Erfahrungen stärker werden, wenn Ihr Widerstand nachläßt. So war es bei der Grippe letzte Woche und nach ein paar schlaflosen Nächten. Manchmal sehen Sie kurze Visionen von Szenen aus anderen Zeiten und Orten oder von mythologischen Gestalten. Und Sie haben getan, was Sie konnten, um die Wellen von Wut und Angst zu unterdrücken, die unerwartet über Sie kamen.

Außerdem haben merkwürdige Körpergefühle Sie irritiert; wenn Sie ruhig sind, schüttelt sich Ihr Körper manchmal ganz automa-

tisch, und Sie spüren irgendeine Art von Strom durch Ihre Glieder fließen. Zuweilen liegt ein Druck auf der Brust, und Sie haben neuerdings häufig lähmende Kopfschmerzen. Sie sind gelegentlich gehetzt und ängstlich, auch wenn es von außen so aussieht, als hätten Sie alles gut im Griff. Sie fühlen sich so, als ob Sie ein Doppelleben führen würden: die trügerische Fassade von Normalität und Fröhlichkeit, die Sie der Welt zeigen, und eine geheime, verwirrte Realität, über die Sie schwer sprechen können. Sie beginnen, sich von sozialen Aktivitäten zurückzuziehen, da Sie nie wissen, wann diese merkwürdigen Erfahrungen wieder zuschlagen werden.

Heute haben Sie vor dem Vorstand Ihrer Firma einen wichtigen Vortrag zu halten, und Sie sind sich nicht sicher, ob Sie sich soweit zusammenreißen können. Dauernd tauchen blitzartige Fetzen aus Ihrem Traum auf, und die scheinen genauso wirklich, wie Ihre Aktivitäten im Büro. Sie haben Mühe, sich zu konzentrieren. Ihre Kopfschmerzen sind wieder da, und Sie fühlen sich ausgesprochen furchtsam, als ob es bei diesem Treffen um Leben oder Tod ginge.

So sieht es aus, wenn man mitten in einer spirituellen Krise steckt und dennoch versucht, im gewöhnlichen Leben normal weiterzumachen. So fühlt es sich an, wenn man in zwei Welten zu leben versucht. Eine Welt ist die gewohnte, alltägliche Wirklichkeit, in der man gewisse Erwartungen zu erfüllen, Rollen zu spielen und Verpflichtungen nachzukommen hat. Die andere ist der Bereich unter der Alltagsschicht, der riesige Teich des Unbewußten, der unbekannte Möglichkeiten enthält. Wenn das innere Reich immer zugänglicher wird, dringt es in die gewöhnliche Bewußtheit ein, und die Trennung zwischen den beiden Gebieten beginnt sich aufzulösen.

Diese Grauzone ist es, die dem Individuum in einer transformativen Krise Schwierigkeiten macht. Sie sind weder hier noch dort, weder in der äußeren Realität noch in den inneren Reichen wirklich präsent, und die daraus entstehende Spannung kann großes Unbehagen auslösen. Wenn Sie sich mit dem Menschen in obigem Beispiel identifizieren, werden Sie vielleicht entdecken, daß Ihr intensiver innerer Prozeß desorganisierende Auswirkungen auf Ihr Funktionieren im Alltag hat und daß Ihre Sorge um Ihre Effektivität in der Welt die Angst verstärkt, die als Teil des spirituellen Prozesses ohnehin bereits sehr stark im Vordergrund steht. Wenn Ihr Erwachen relativ sanft verläuft, kann es Ihnen genügen, mit den vorübergehenden Ungelegenheiten zu Rande zu kommen, die auftauchen, wenn Sie versuchen, diese beiden Wirklichkeiten ins Lot zu bringen. Vielleicht lassen Sie sich aber aktiver darauf ein und fühlen sich getrieben, etwas zu *tun*, um die Situation leichter zu machen.

Im folgenden wird es um praktische Wege gehen, in einer spirituellen Krise zu leben und sie durchzuarbeiten. Viele der Ansätze bauen auf dem persönlichen Wissen auf, das während Christinas täglichem Bemühen, die Manifestationen des Kundalini-Erwachens zu ertragen, und Stans Erfahrungen daraus, mit ihr zu leben und ihr zu helfen, entstanden ist. Andere entstammen der langjährigen klinischen Forschung über außergewöhnliche Bewußtseins-zustände, die Stan als experimenteller Psychiater durchgeführt hat. Außerdem haben wir durch unsere gemeinsame Arbeit mit Tausenden von Menschen bei unseren Workshops und Trainingsgruppen und den regelmäßigen Kontakt mit dem Spiritual Emergence-Netzwerk eine Menge gelernt. Wir haben mit vielen Leuten gesprochen, die irgendeine Form von spiritueller Krise erlebt haben, und als wir ihre Lebensstrategien mit unseren eigenen verglichen, stellten wir fest, daß ihre Lösungen den unseren sehr ähnlich oder sogar identisch waren.

Vieles von dem, was wir beschreiben, kann zuhause im Rahmen des Alltagslebens getan werden, oft mit der Unterstützung von Familie, Freunden und aufgeschlossenen Fachleuten. (Wir haben im Anhang III einige Vorschläge für Ärzte, Therapeuten und Berater zusammengestellt, die möglicherweise hinzugezogen werden könnten.)

Ihre Einstellung zu Ihrer spirituellen Krise

Es ist für Sie wichtig zu wissen, daß viele der Probleme, die im Laufe Ihrer spirituellen Krise auftreten – mit Ihren Beziehungen, mit Zuhause, dem Beruf und der Gesundheit –, sich als Teil des transformativen Prozesses auflösen werden – und nicht nur durch Ihre eigenen zwanghaften Bemühungen. Es ist uns nicht möglich, Ihnen Ratschläge oder Lösungen für diese Schwierigkeiten als solche anzubieten. Statt dessen können wir Ihnen versichern, daß Sie wieder mit der Alltagswelt verbunden sein werden, wenn Sie den Entwicklungsprozeß voranschreiten lassen, wenn die innere Welt, die so viel Unbehagen bereitet, voll zum Ausdruck kommen kann. Zusätzlich werden Sie höchstwahrscheinlich besser mit Ihrem Leben umgehen können und Einsicht in die Frage gewinnen, warum die augenscheinlichen Probleme für Ihre Entwicklung nötig waren.

Sie mögen das Gefühl haben, Ihre spirituelle Krise hätte ein Eigenleben, träte ungebeten in Ihr Leben ein und schritte in ihrem eigenen Tempo voran, ohne Rücksicht darauf zu nehmen, ob das zeitlich oder sonstwie paßt. Trotz der Tatsache, daß die schiere Existenz während dieser Zeit eine beachtliche Herausforderung sein kann, die viel Zeit und Energie beansprucht, können Sie im Alltag angenehmer leben, wenn Sie mit dem Heilungsprozeß kooperieren und aktiv mitarbeiten. Ihre Einstellung zu einem solchen Ereignis ist von kritischer Bedeutung: Solange Sie sich von Angst, Widerstand, Unglauben oder Verleugnung einschränken lassen, kann eine Gelegenheit, die Ihr Leben verändern könnte, stark gehemmt oder sogar verhindert werden.

Nach unserer Erfahrung wird ein solcher Prozeß, wenn er erst einmal in Bewegung gekommen ist, nicht aufhören, bis er sein natürliches Ende erreicht hat. Die intensive Periode des Erwachens kann einige Zeit dauern, manchmal ein paar Monate, manchmal einige Jahre. Es mag Zeiten geben, in denen der transformative Prozeß offensichtlicher oder belastender ist, aber im allgemeinen ist er beständig, bis er sein Ende erreicht. Ängstlich auf ihn zuzugehen oder zu versuchen, ihn vorzeitig zu unterbinden, ist

kontraproduktiv. Sie werden vermutlich feststellen, daß eine widerstrebende Einstellung diesen natürlichen Prozeß schwieriger macht. Das führt dazu, daß er dann viel länger dauert.
Wenn es Ihnen möglich ist, ein grundsätzliches Gefühl von Kooperation mit und sogar Enthusiasmus für Ihre spirituelle Krise aufrechtzuerhalten, wird der gesamte Prozeß leichter und vermutlich auch kürzer sein. Und Sie haben eine gute Chance, von dieser Reise mit dem Gefühl zurückzukehren, etwas geleistet und gesiegt zu haben, statt voller Scham und Unbehagen. Wie können Sie also lernen, an diesem wichtigen Prozeß mitzuarbeiten?
Menschen in spirituellen Krisen wissen oft intuitiv, was für sie richtig ist, haben aber Schwierigkeiten, diese Einsichten in die Tat umzusetzen. Für uns hat es sich als sinnvoll erwiesen, zwei allgemeine Strategien anzuwenden. Die erste und wichtigste ist die, eine Situation zu schaffen, in der Sie sich den inneren Erfahrungen, die an die Oberfläche wollen, ganz stellen und somit durch sie hindurch gehen und aus ihnen lernen können. Die zweite ist die, Maßnahmen anzuwenden, die den Prozeß behindern und seine Auswirkungen auf das Alltagsleben vorübergehend einschränken, wenn die Umstände das erfordern. Wir werden uns nun beide genauer anschauen.

Sich der eigenen spirituellen Krise stellen

Wenn unbewußte Emotionen und Erfahrungen zugänglich werden, sind sie auf dem Wege, gereinigt oder von Körper und Geist freigesetzt zu werden. So kann beispielsweise ein Mann, der ein Leben lang Angst vor geschlossenen Räumen hatte, bei einer spirituellen Krise seine Geburt wiedererleben, einschließlich der intensiven Gefühle des Erstickens und farbiger Visionen von engen Tunneln. Danach kann seine Klaustrophobie verschwinden, und er hat vielleicht die Einsicht gewonnen, daß es seine Erinnerung an die Geburt war, die jahrelang knapp unter der Oberfläche seiner Bewußtheit lag und ihn von Flugzeugen oder Fahrstühlen ferngehalten hatte. Indem er sich dieser Erinnerung mit all ihren

Komplexitäten voll stellt, löscht er sie aus seinem Unbewußten. Wenn sie einmal ganz ausgeschieden ist, wird sie nie zurückkehren.

Sie werden vermutlich feststellen, daß es notwendig und angemessen ist, mit dem breiten Spektrum von Emotionen, Erfahrungen und Energien zu arbeiten, die bei einer spirituellen Krise an die Oberfläche kommen können. Manchmal haben Sie keine andere Wahl, als sich ihnen so zu stellen, wie sie auftauchen. Sie können sich von ihnen völlig verzehrt und unfähig fühlen, diese Schwankungen unter Kontrolle zu bringen. Wenn der Prozeß nicht besonders überwältigend ist, ist es vielleicht hilfreich, irgendeine, nicht so beeinträchtigende Methode zu finden, die Ihnen hilft, sich den Erfahrungen zu stellen und die mit ihnen einhergehenden Energien und Emotionen auszudrücken.

Es gibt viele Arten, aktiv mit den Elementen Ihrer spirituellen Krise umzugehen, wenn sie auftauchen. Zu einigen dieser Ansätze gehört, eine wirksame Therapie oder Beratung anzufangen, sich einer unterstützenden Gruppe anzuschließen, mit einem kundigen Lehrer regelmäßig spirituelle Übungen zu machen oder mit einem geübten Körpertherapeuten zu arbeiten. Diese Art von Hilfe ist *extrem wichtig* und oft *sehr notwendig*, und wir werden im zehnten Kapitel Ratschläge geben, wie Sie solche Unterstützung finden und auswählen können. Vorläufig schauen wir zunächst einmal, was Sie für sich selbst tun können.

Die folgenden Vorschläge sind besonders dann nützlich, wenn der Prozeß nicht so überwältigend ist, daß Sie sich nicht selbst helfen könnten. Wenn Sie sich sehr starken Emotionen und Erfahrungen ausgeliefert fühlen, raten wir Ihnen, sich statt dessen einen mitfühlenden Menschen zu suchen, der Sie dabei unterstützen kann.

Spielen Sie Musik, die die Emotionen und Erfahrungen hervorruft, und bringen Sie diese durch Töne und Bewegung zum Ausdruck. Wählen Sie Musik, die die Erfahrungen, die Sie machen, verstärkt. Legen Sie sich aufs Bett oder auf den Fußboden, und lassen Sie diese Gefühle zum Ausdruck kommen. Vielleicht müssen Sie weinen oder schreien, zittern, singen oder sich auf andere Weise bewegen. Das bringt vorübergehend oft deutliche Erleichterung. Vielleicht stellen Sie fest, daß Sie die gleiche Wirkung durch Tanz oder Yoga erreichen können. Es ist dabei wichtig, daß Sie Ihre Aufmerksamkeit auf die innere Bewegung gerichtet halten, so daß Sie die inneren Erfahrungen nicht mit der äußeren Umgebung durcheinanderbringen.

Arbeiten Sie aktiv mit Ihren Träumen. Das kann Ihnen Einsichten in Ihre eigene innere Welt geben, wie sie arbeitet, und was darin enthalten ist. Sigmund Freud, der Vater der Psychoanalyse, nannte Träume den »Königsweg zum Unbewußten«. Während einer spirituellen Krise sind Ihre Träume oft Fortsetzungen oder Vollendungen von Erfahrungen, die Sie in Ihrer Wachzeit machen. Manchmal tauchen Antworten, die Sie sich schon zu finden bemüht haben, im Schlaf auf. Träume können oft lehrreich oder vorhersagend sein. Versuchen Sie, Papier und Stift neben dem Bett liegen zu haben, und schreiben Sie Ihre Träume immer auf: gleich morgens oder, wenn Sie nachts davon aufwachen, sofort. Halten Sie sich dann eine ruhige Zeit am Tag frei, um mit den Traumbildern zu spielen, sie vielleicht sogar zu malen. Stellen Sie sich Fragen zu den Bildern, oder führen Sie einen Dialog mit den Traumgestalten. Fragen Sie sich selbst nach den Bedeutungen und Ursprüngen der dazugehörigen Gefühle, und schauen Sie sich die Antworten an, die Ihnen dazu kommen.
Vielleicht finden Sie einen anderen Menschen, mit dem Sie regelmäßig Ihre Träume teilen können. Das geht am besten mit jemandem, der zwar Mitgefühl hat, aber eine objektive Perspektive wahren kann. Es gibt mehrere gute Bücher, die Anleitungen für die Arbeit mit Träumen bieten, darunter *Kreativ träumen* von Patricia Garfield.

Verwenden Sie künstlerische Ausdrucksmittel. Das wird Ihnen helfen, Ihre Erfahrungen dadurch zu verstehen und zu verarbeiten, daß Sie ihnen eine äußere Form geben. Zeichnen, Malen und Bildhauerei erlauben Ihnen zudem, starke körperliche und emotionale Energien zu kanalisieren, und dabei könnten Sie sehr wohl einige neue Aspekte von sich selbst entdecken. Der große spanische Maler Francisco Goya hat beschrieben, wie er sein dramatisches inneres Leben immer besser dadurch meisterte, daß er die inneren Bilder auf die Leinwand bannte.

Die Verwendung von künstlerischen Ausdrucksmitteln bedarf in diesem Zusammenhang keinerlei persönlichen Talents. Es handelt sich dabei einfach um ein kraftvolles Werkzeug, das Einsicht in einen sehr dynamischen und oft verwirrenden Prozeß gewinnen hilft. Da lebhafte Bilderwelten bei spirituellen Krisen oft eine wichtige Rolle spielen, ist es für Sie vielleicht besonders wertvoll, diese Visionen durch Zeichnungen oder Malerei nach außen zu bringen. Es kommt nicht darauf an, ob die dabei entstehenden Bilder figürliche Darstellungen, abstrakte Formen oder Farbspiele sind. Manchmal machen Ihre Produkte Ihnen in dem Moment gar keinen Sinn, aber nach einiger Zeit werden sie oft zu einer wichtigen Unterstützung für das Verständnis Ihrer Erfahrung. Manche führen statt eines geschriebenen Tagebuchs ein »Bilder-Buch«, in das sie am Anfang oder Ende eines jeden Tages eine Zeichnung oder ein kleines Gemälde machen.

Mit Ton zu arbeiten, kann eine sehr befriedigende Art sein, einen Teil der emotionalen und physischen Bewegung des Prozesses zum Ausdruck zu bringen. Dieses leicht formbare, griffige Material ist ein wunderbares Ventil für intensive Gefühle und Energien, und seine dreidimensionalen Eigenschaften können Ihnen zu einem weiteren Blickwinkel auf Ihre inneren Bilder verhelfen. Wenn Sie während einer spirituellen Krise mit Ton arbeiten, sollten Sie, wie bei jeder anderen Form von künstlerischer Ausdrucksweise, versuchen, sich ganz auf den Prozeß des Arbeitens mit diesem Material und die durch diese Aktivität aufkommenden Einsichten zu konzentrieren, statt sich Sorgen um das fertige Produkt zu machen.

Es lohnt sich, einen Vorrat an Tempera-Farben, Pinseln, Markierungsstiften (einschließlich Gold und Silber, die oft benutzt werden, um das Leuchten der mystischen Zustände zu vermitteln), Wachsmalkreiden, Papier und Ton zur Hand zu haben.

Üben Sie gerichtete Meditation. Sich auf die Erfahrungen zu konzentrieren, die Sie machen, wird Ihnen helfen, Einsicht in bestimmte Bereiche Ihres Prozesses zu gewinnen. Viele Meditierende konzentrieren sich auf den Atem, eine Kerzenflamme oder einen heiligen Spruch oder ein Mantra, um den Geist zu beruhigen und sich den tieferen Reichen im Inneren zu öffnen. Dieser Zugang ist dem zwar verwandt, aber doch etwas anders. Hier können Sie körperliche oder geistige Entspannung nutzen, um Ihr Verständnis einer bestimmten Angelegenheit, eines Bildes, einer Emotion oder eines Problems, das als Teil Ihrer spirituellen Krise aufgetaucht ist, zu vertiefen, erweitern oder verfeinern, oder sich von einem Ort wegzubegeben, an dem Sie steckengeblieben sind. Es könnte Ihnen auch helfen, eine Erfahrung zu vollenden, die Sie nicht ganz abschließen konnten.

Sie können diese Art von Meditation noch morgens im Bett oder auch auf dem Fußboden machen. Legen Sie ruhige Musik auf, entspannen Sie sich und wandern Sie im Geiste zu einigen der visuellen Bilder, körperlichen Empfindungen, emotionalen Zuständen und Erinnerungen, die bei Ihrem inneren Prozeß eine bedeutende Rolle gespielt haben. Wenn Sie irgendeinen Aspekt oder ein Thema Ihrer Reise klären wollen, können Sie sich selbst sanft zu diesem Teil der Erfahrung führen und sich Anweisung geben, sie zu durchschreiten und zu fragen: »Was sehe ich um mich herum? Wie reagiere ich körperlich und emotional darauf? Was sagt es mir?« Lassen Sie sich von der sichtbar werdenden Information zu neuen Einsichten und zusätzlichem Verständnis Ihrer selbst führen.

Wenn es Zeit wird, Ihre Meditation zu beenden, führen Sie sich selbst in die Wirklichkeit des Alltags zurück und lassen sich dabei reichlich Zeit, Ihre Erfahrung zu Ende zu bringen. Wenn Sie den Raum um sich herum zu spüren beginnen, bewegen Sie sanft Ihren Körper und strecken sich. Wenn Sie die Augen wieder geöffnet haben, könnten Sie versuchen, das, was Sie gerade gefühlt oder gesehen haben, aufzuschreiben oder zu malen.

Diese Praxis beruht auf Prinzipien, die denen der »aktiven Imagination« ähneln, einem von C. G. Jung entwickelten Zugang zur

Traumarbeit. Bei der Arbeit mit der aktiven Imagination wird man aufgefordert, in einen Traum zurückzugehen und ihn als Erfahrung fortzusetzen. Der Inhalt dieses Prozesses wird dann mit der Hilfe eines guten Therapeuten analysiert. Eine gute Beschreibung dieser Methode findet sich in dem Buch *Begegnungen mit der Seele* von Barbara Hannah.

Entwickeln Sie einfache persönliche Rituale. Das tun viele Menschen, um sich selbst in den schwierigen Stadien eines Transformationsprozesses zu helfen. Dazu benutzen sie häufig Ansätze, die in verschiedenen spirituellen Traditionen praktiziert werden. Die sind oft sehr persönlich und wirken nicht unbedingt für jeden gleich. Ausprobieren könnten Sie beispielsweise diese einfache Reinigungsmeditation: Sie nehmen eine lange Dusche. Während Sie unter dem Wasserstrahl stehen, stellen Sie sich vor, daß das Wasser den ganzen Weg durch Ihren Geist und Körper fließt, allen negativen emotionalen Schutt wegspült und in den Abfluß laufen läßt. Das kann auch mit dem Bild des Feuers funktionieren. Beobachten Sie die Flammen im Kamin, und stellen Sie sich vor, daß die Hitze und die Kraft des Feuers um Sie herum und durch Sie hindurch strömen und die lästigen Hindernisse im Inneren verzehren.
Vielleicht finden Sie es hilfreich, darüber zu meditieren, daß Sie sich dadurch von den Schwierigkeiten befreien, indem Sie sie einer höheren Form von Macht übertragen oder eine größere Kraft um Hilfe bitten. Sie könnten zum Beispiel visualisieren, daß Sie Ihre Probleme riesigen, ursprünglichen Landschaften wie der Wüste, dem Meer, der Erde oder dem unendlichen Raum des Universums übergeben. Stellen Sie sich vor, Sie stünden auf einer Klippe hoch über dem weiten Meer. In der Hand halten Sie ein großes Bündel, in dem all Ihr Schmerz und Ihre Beschwerden verschnürt sind. Schauen Sie zu, wie Sie diese Last mit kraftvollem Schwung dem Meer überantworten, und sagen Sie dazu ausdrücklich: »Bitte, nimm mir das ab.« Oder man kann üben, sich mit imaginärem weißen oder blauen Licht zu umgeben, das als Schild gegen jedes Eindringen von unwillkommenen Elementen schützt.

Seien Sie bei der Suche nach Mitteln, die Situation leichter zu machen, kreativ. Es kommt nicht so sehr darauf an, *was* Ihnen dazu einfällt; wenn Sie fest daran glauben, daß es helfen wird, dann tut es das gewöhnlich auch. Das liegt vielleicht daran, daß Sie ein Gefühl von Meisterschaft oder Kooperation entwickeln, wenn Sie sich aktiv an einem Prozeß beteiligen, der zuweilen überwältigend oder nicht handhabbar erscheint.

Eine spirituelle Krise vorübergehend zügeln

Ideal wäre eine Situation, in der Sie sich beständig ganz auf Ihre spirituelle Krise einlassen könnten und nichts anderes zu tun hätten. Die Realität sieht für die meisten Menschen aber so aus, daß es wichtige Beziehungen gibt, um die man sich kümmern muß, tägliche Aufgaben, die erledigt werden wollen, Leute, die man treffen und Flugzeuge, die man erwischen muß. Dann muß die Arbeit mit den Fragen, Emotionen und Empfindungen einer spirituellen Krise auf bestimmte Zeiten begrenzt werden. Daraus ergibt sich die Frage: Wie kann ich meine inneren Aktivitäten so verlangsamen, daß ich sie irgendwie in Einklang mit meinen täglichen Aufgaben bringe?
Auf den folgenden Seiten werden wir ein paar Vorschläge machen, die bei uns selbst und anderen funktioniert haben. Wir müssen noch einmal betonen, daß eine Verlangsamung des Prozesses nicht die ideale Strategie und ganz gewiß nicht die endgültige Lösung ist. Dies sind vorübergehende Maßnahmen, die dazu dienen, zwischendurch etwas Erleichterung und Zeiten der Ausgewogenheit zu schaffen. Solange man extreme Eingriffe – wie etwa die dauernde Verwendung von Beruhigungsmitteln – vermeidet, schaden diese Maßnahmen nicht. Sie können die Dauer einer Krisenperiode verlängern, aber sie werden den bereits aktiven Impuls zur Transformation nicht völlig aufhalten.

Stellen Sie vorübergehend die aktive innere Erforschung ein. Wenn Sie das Gefühl haben, es sei ohnehin schon zu viel los, werden Sie vielleicht eine Zeitlang mit der therapeutischen Selbsterfahrung oder der Traumarbeit pausieren wollen. Wer sich ohnehin schon wacklig fühlt, will möglicherweise sein Unbewußtes nicht noch weiter aufrütteln. Falls Sie sich zu dieser Zeit in einer fortlaufenden Psychotherapie befinden, ist es wichtig, daß Sie mit dem Therapeuten darüber sprechen, warum Sie mit dieser tiefen Arbeit aufhören wollen, damit Sie auch weiterhin seine Unterstützung haben. Vermutlich werden Sie es auf der Basis, daß weitere aktive Exploration im Moment nicht angesagt ist, als hilfreich empfinden, Ihren Therapeuten weiterhin zu sehen, um mit ihm Ihre täglichen Probleme zu erörtern. Wenn Sie soweit sind, können Sie wieder auf Ansätze zurückgreifen, mit denen Sie weiter an Ihrem Prozeß arbeiten können.

Hören Sie vorübergehend mit jeder Form von spirituellen Übungen auf. Verschiedene geistige Ansätze sind darauf ausgerichtet, spirituelle Energien und Erfahrungen im Menschen zu wecken. Statt also an intensivem Gebet, Meditation oder rhythmischem Singen teilzunehmen, sollten Sie das alles ganz weglassen. Hören Sie mit Yoga, T'ai Chi und jeder anderen Art von Bewegungsmeditation auf. Gehen Sie nicht mehr zu spirituellen Workshops, und legen Sie eine Weile alle inspirierenden Bücher beiseite. Vermeiden Sie jede Aktivität, die auf die Sicht nach innen ausgerichtet ist. Auch dies ist eine vorübergehende Maßnahme. Wenn Ihr innerer Prozeß sanfter wird, werden Sie intuitiv wissen, wann es wieder Zeit ist, zu den Praktiken zurückzukehren, die für Sie wichtig sind.

Ändern Sie Ihre Ernährung. Nahrung kann bei einer spirituellen Krise ein sehr wichtiger Punkt sein. Es gibt verschiedene gängige Theorien über Ernährung und Diät, und wir wollen mit keiner von ihnen konkurrieren. Schließlich ist jeder Mensch anders, und so muß jeder herausfinden, was für ihn gut ist und was nicht. Wir bieten hier einfach einige unserer Erfahrungen und Beobachtungen an, die sich für uns als nützlich erwiesen und auch bei anderen Leuten Anklang gefunden haben.

Es ist hinlänglich bekannt, daß in den spirituellen Disziplinen Fasten und andere Manipulationen der Ernährung eingesetzt werden, um die Funktionsweisen sowohl des Körpers wie des Geistes so zu verfeinern, daß man leichter Zugang zu den meditativen Reichen findet. Wenn Sie also einen intensiven spirituellen Prozeß verlangsamen wollen, sollten Sie solche Ansätze vermeiden.

Während Ihrer Krise entwickeln Sie vielleicht ein Verlangen nach schwererem Essen und nehmen möglicherweise auch zu. Wir kennen überzeugte Vegetarier, die plötzlich von der Sehnsucht nach Fleisch übermannt werden. Einer unserer Freunde hat erzählt, daß ihn sein spirituelles Erwachen schließlich zu McDonalds geführt hat, wo er zum ersten Mal nach vielen Jahren wieder einen Hamburger aß. Er konnte humorvoll schildern, wie das Leuchten der vertrauten goldenen Bögen im Firmen-Signet für ihn zu einem mystischen Symbol für diesen Schritt auf seiner Reise wurde.

Jemand anderes beschreibt eine ähnliche Situation: »Ich fuhr zum Delikatessen-Laden und bestellte impulsiv ein halbes Pfund fast rohes Roastbeef. Huhn oder Fisch war nicht genug – es mußte rotes Fleisch sein, und das auch nicht zu gut gebraten. Als ich das erst mal runtergeschlungen hatte, fühlte ich mich viel besser.«

Nach einer Zeit, in der Sie tierisches Eiweiß gebraucht haben, werden Sie feststellen, daß gehaltvolles Getreide und Käse die gleiche Wirkung haben. Mehrere Leute haben uns erzählt, daß das schwerere Essen sie scheinbar »wieder auf den Boden« gebracht habe, wodurch sie sich physisch solider und weniger von ihren inneren Dramen beansprucht gefühlt hätten.

Zusätzlich werden Sie vielleicht feststellen, daß Sie andauernd an Schokolade, Kekse, Eis und andere Süßigkeiten denken, obwohl Sie bisher eigentlich nicht so darauf aus waren. Es kann Sie schockieren, sich selbst dabei zu beobachten, wie Sie extra in die Konditorei laufen, um diesem plötzlichen Begehren nachzugeben, zumal Sie das Ergebnis dieser neuen Gelüste auch noch auf der Waage ablesen. Aber die Zufuhr von Süßigkeiten oder Glukose kann einem wirklich helfen, sich wieder den Aktivitäten des Alltags zuzuwenden.

Glukose ist der Hauptnährstoff des Gehirns. Andere Kohlehydrate, Eiweiß und Fett müssen in Glukose verwandelt werden, bevor das Gehirn sie verwerten kann. Tiefe Erfahrungen mit starken Emotionen und intensive körperliche Aktivität erfordern eine Menge Energie und erschöpfen die Nährstoffe des Körpers, wodurch der Blutzucker sinkt. Die unzureichende Zufuhr von Zucker im Gehirn löst wiederum oft ungewöhnliche Erfahrungen aus. Dadurch entsteht für jemanden, der ohnehin bereits empfänglich für außergewöhnliche Bewußtseinszustände ist, ein Teufelskreis. In dieser Situation ist Glukose ein Mittel, mit dem dieser Kreis schnell und wirksam unterbrochen werden kann.

Wenn Sie die intensiven Zustände während Ihrer spirituellen Krise verlangsamen wollen, sollten Sie mit verschiedenen Nahrungsmitteln experimentieren, um herauszufinden, was bei Ihnen wirkt. Versuchen Sie schwerere Nahrung wie rotes Fleisch oder andere Eiweißquellen: Geflügel, Fisch, Bohnen, Käse oder andere Milchprodukte. Schließen Sie nahrhafte Getreide und herzhaftes Vollkornbrot in Ihre Diät ein. Und sorgen Sie dafür, daß etwas Zucker oder Honig da sind. Wenn Sie bis zu Ihrer spirituellen Krise erfolgreich nach einer bestimmten Diät gelebt haben und nun davon abkommen, sollten Sie wissen, daß diese neuen Verlangen vermutlich vergehen und Sie nicht zu einem neuen Ernährungsstil verpflichten werden.

Wir raten zu einer gründlichen medizinischen Untersuchung bei einem mitfühlenden Arzt, wenn Sie sich Sorgen um Diabetes oder Hypoglykämie machen. Außerdem kann das Verlangen nach bestimmten Nahrungsmitteln ein Hinweis auf einen echten Mangel sein. Andererseits simulieren gewisse vorübergehende körperliche Manifestationen bei einer spirituellen Krise echte medizinische Probleme. In Wirklichkeit entstammen sie jedoch alten Erinnerungen, Emotionen oder Erfahrungen, die nun an die Oberfläche gelangen. Medizinische Tests und Auswertungen werden dazu beitragen, zu unterscheiden, welcher Kategorie die Symptome angehören.

Viele Leute haben uns erzählt, daß sie während einer Zeit intensiver innerer Aktivität plötzlich Lust auf Alkohol oder Tabak hatten. Ein Drink oder eine Zigarette schien irgendwie zu helfen, sie wieder zu erden, und sie stellten fest, daß das Bedürfnis bald wieder nachließ, wenn ihre spirituelle Entwicklung weiter vorangegangen war. Wir haben ähnliche Berichte über starken Kaffee gehört. Im Gegensatz zu seiner üblicherweise stimulierenden Wirkung kann er auf manche Menschen einen entspannenden Effekt haben.

Vorsicht: Dieses Verlangen nach Tabak oder Alkohol ist zwar bei manchen nur ein Stadium in einem Prozeß mit vielen Facetten und geht ohne offensichtliche Auswirkungen vorbei, bei anderen aber, und besonders bei denen, die eine Veranlagung zu chemischer Abhängigkeit haben, kann es in einem Desaster enden. Die Verwendung solcher Chemikalien kann zu langfristigem Mißbrauch führen, der nur dazu dient, eine ohnehin komplexe Situation weiter zu erschweren. Für einen Süchtigen ist es leicht, ein bereits bestehendes ausgefeiltes System der Verleugnung um eine weitere Rationalisierung zu ergänzen: »Ich trinke diese Flasche Wein, weil mein spiritueller Prozeß das im Moment erfordert.« Aus diesem Grund empfehlen wir, in einer spirituellen Krise potentiell abhängig machende Substanzen nur mit *größter Vorsicht* anzuwenden.

Widmen Sie sich sehr einfachen, beruhigenden Aktivitäten. Komplizierte Projekte und solche, die große Konzentration verlangen, werden oft zu schwierig. Die für solche Aktivitäten erforderliche Aufmerksamkeit ist der für die spirituelle Praxis erforderlichen Introspektion verwandt und kann den Prozeß beschleunigen. Manchmal machen es die Gefühle von unbezähmbarer Energie, die mit einer spirituellen Krise einhergehen, unmöglich, längere Zeit stillzusitzen. Es fällt Ihnen vielleicht schwer zu lesen, zu nähen, zu malen oder Briefe zu schreiben, ohne die Symptome aufwallen zu spüren. Dasselbe kann für Fernsehen, Filme und Videos gelten. Es kann sich als schwierig erweisen, Auto zu fahren oder dem Verlauf einer Konversation zu folgen.

Wenn Sie feststellen, daß Sie mit solchen Aktivitäten Probleme haben, sollten Sie davon, wenn möglich, eine Weile Abstand nehmen. Bestimmte Lieblingsbeschäftigungen wie Lesen oder kreative Arbeit vorübergehend zu unterlassen, heißt nicht, sie für immer aus Ihrem Leben zu verbannen. Es bedeutet einfach, daß Ihre innere Welt derzeit so komplex ist, daß Sie es notwendig und hilfreich finden, Ihre Umgebung eine Weile etwas zu vereinfachen.

Versuchen Sie, kompliziertere Tätigkeiten durch einfachere zu ersetzen. Gartenarbeit ist ein wunderbarer Weg, sich zu erden. Dienlich sind auch einfache Aufgaben wie Geschirrspülen, Hausputz, die Fußböden zu wachsen oder Holz zu hacken und aufzuschichten. In vielen Ashrams oder Klöstern kehrt Tag für Tag derselbe Mensch die Böden. Das ist nicht einfach eine mühselige Aufgabe; es ist ein sehr direkter Weg, die Spannung zwischen den beiden Welten auszugleichen.

Treiben Sie regelmäßig Sport. Laufen, Gehen, Tanzen und Schwimmen können dazu beitragen, Sie wieder zu erden, und Kanäle bieten, durch die komplexe aufgestaute Energien freigesetzt werden. Diese Art von Aktivitäten ist anders als die Bewegungsmeditationen wie Yoga oder aktive Selbstexploration, die den Blick nach innen erfordern und darauf angelegt sind, den Prozeß zu beschleunigen oder zu verstärken.

Manche Ärzte verschreiben bei Depressionen Joggen als wirksames Gegenmittel, und das oft mit großem Erfolg. Hier gilt dasselbe: Nehmen Sie sich regelmäßig die Zeit für eine Sport- oder Bewegungsart, die dazu dient, Dampf abzulassen, statt die Energien, Emotionen und Empfindungen wieder auf sich selbst zurückzulenken. Nutzen Sie die Bewegung, wenn Sie laufen, tanzen oder Ihre Bahnen schwimmen, einfach dazu, Ihren Körper zu spüren, Ihre Verbindung mit der Erde oder dem Wasser, und was sich dabei in Ihren Muskeln tut. Das kann besonders dann hilfreich sein, wenn Sie mit Ihren inneren Erfahrungen so beschäftigt sind, daß Sie dazu neigen, Ihr körperliches Wohlergehen ganz zu vergessen.

Finden Sie heraus, welche Umgebungen und Menschen Ihren Prozeß anregen, und gehen Sie diesen eine Weile aus dem Weg.

Sie haben sich jahrelang ziemlich einfach in der Welt bewegen können und entdecken nun, daß es gewisse Situationen gibt, die Ihre spirituelle Krise anzuheizen scheinen. Wenn Sie auf dem Land leben, stellen Sie vielleicht fest, daß der Lärm und die mechanischen Vibrationen einer großen Stadt ungewöhnliche physische Energien, starke Emotionen und unerwartete Erfahrungen aktivieren. Auslöser können dabei der anhaltende Krach schwerer Maschinen oder sogar die subtilen, aber regelmäßigen Bewegungen von Bahn oder Flugzeug sein. Es ist wichtig, daß Sie herausfinden, welche Situationen eine solche Wirkung haben, und diese eine Weile meiden.

Außerdem kann die Gegenwart von Menschen mit einer besonders starken Persönlichkeit überwältigend auf Sie wirken, unabhängig davon, ob Sie die als positiv oder negativ empfinden. Während einer spirituellen Krise scheinen die persönlichen Grenzen oft sehr dünn, und Sie könnten sehr sensibel für die Welt um Sie herum werden. Das kann Ihnen das Gefühl geben, leicht die emotionalen Haltungen anderer Leute aufzunehmen. Wenn jemand Liebe und Mitgefühl ausstrahlt, mag seine Gegenwart beruhigend und nährend wirken. Wenn derselbe Mensch aber auch tatkräftig und dynamisch ist, kann selbst der positivste Kontakt eine Zeitlang zu viel sein.

Wir haben Geschichten von Leuten gehört, die es vorübergehend schwierig fanden, in der Nähe eines hoch entwickelten spirituellen Lehrers, Priesters oder Schamanen zu sein, da ihr Prozeß durch deren Gegenwart stimuliert zu werden schien. Dasselbe kann für die Anwesenheit einer Person gelten, die wütend, gehässig oder bestimmend ist. In Ihrem sehr empfänglichen Zustand kann sich diese Negativität für Sie extrem gewalttätig und sogar schädlich anfühlen.

Seien Sie sich Ihrer Reaktionen auf verschiedene Leute und Umgebungen bewußt. Wenn Sie den Verlauf Ihrer spirituellen Krise dämpfen wollen, müssen Sie vorläufig Situationen meiden, in denen Sie emotional, körperlich oder mental zu stark stimuliert werden oder in denen Sie sich für die Welt um Sie herum auf unangenehme Weise empfänglich fühlen. Vermutlich werden Sie, wenn Ihre transformative Krise vorüber ist, nicht mehr so leicht davon betroffen sein.

Ein allgemeiner Vorschlag für diejenigen, die ihren Entwicklungsprozeß verlangsamen wollen: Achten Sie auf Einfachheit. Lassen Sie all die Situationen und Aktivitäten weg, die Sie beunruhigen, und bemühen Sie sich um einen unkomplizierten Lebensstil. Das heißt nicht, daß die komplexe Welt und die Beschäftigung mit Aktivitäten, die Sie früher anregend fanden, auf ewig unerreichbar bleiben werden. Wenn die intensive Periode der Veränderung beendet ist, können Sie sie wieder aufnehmen.

In zwei Welten zu leben, ist eine Herausforderung. Viele Schamanen und Heiler haben sich darauf trainiert, willentlich zwischen den Welten hin- und herzureisen. Aber die meisten von uns sind nicht so geübt, und wir können an der verwirrenden Schnittfläche zwischen der Alltagsrealität und den außergewöhnlichen Tiefen unseres Unbewußten klebenbleiben. Es ist sehr beruhigend zu wissen, daß diese Erfahrung vorübergeht, daß es Wege gibt, leichter mit dieser Phase unserer Transformation zu leben, und daß wir Hilfe bekommen können, wenn wir sie brauchen.

9 Richtlinien für Familie und Freunde

Ermutigt von dem dünnen Licht,
Bemühte sie sich um mehr,
Bis ihre Form zersprang,
Sie überschwenglich freisetzte.
Nun schwebt sie in den Höhen,
Glitzert in der Sonne
Und verschmäht die Erde.
Wird sie eines Tages sehen,
Daß das Licht auch hier ist,
Die Erde erleuchtet,
Ihre Kinder, Freunde und Lieben,
Das Hier und Jetzt?

Die Mutter einer jungen Frau
in einer spirituellen Krise

Mit jemandem zu leben, der eine spirituelle Krise durchmacht, ist für die Beteiligten oft sehr anstrengend. Alle Nahestehenden verwenden, ebenso wie der Betroffene selbst, viel Zeit und Energie auf die Veränderungen, die in ihr Leben kommen, und Freunde und Angehörige werden regelmäßig mit ihren eigenen Emotionen und Begrenzungen konfrontiert. Scheinbar normale und stabile Beziehungen werden durch einseitige abrupte Veränderungen der Interessen und des Verhaltens bedroht, die oft eine unwillkommene Anpassung auf seiten der anderen erfordern.

So unterschiedlich wie die Intensität des Transformationsprozesses sein kann, so verschieden können auch die Auswirkungen auf die Leute in der Umgebung sein. Wer einem Menschen nahesteht, der eine sanfte Metamorphose erlebt, bemerkt vielleicht nicht einmal, welche subtilen Veränderungen auftreten, und begleitet ihn ganz natürlich in neue und interessante Gebiete. Erst im Rückblick erkennt er, daß sein Verständnis, seine Werte und die Art und Weise, wie er zu sich selbst und der Welt steht, sich entwickelt haben, und daß der Wachstumsprozeß, der diese Veränderungen herbeiführte, einen verständlichen Verlauf hatte.

Wenn die Entwicklung jedoch offensichtlicher verläuft oder gar jedermanns ganze tägliche Aufmerksamkeit beansprucht, kann es für die Familienmitglieder und Freunde ziemlich fordernd sein, das mitzuerleben und daran teilzuhaben. Und wenn die spirituelle Entwicklung zu einer spirituellen Krise wird, kann der Streß für diejenigen, die emotional mit dem Betreffenden verbunden sind, wirklich riesengroß werden.

Da diese Situation und die dazugehörigen Interaktionen häufig sehr beanspruchend sind, behalten die meisten Leute keine positive, annehmende Haltung bei, sondern neigen dazu, mit Emotionen zu reagieren, die von Angst, Hoffnungslosigkeit und Verwirrung bis zu Verleugnung und Ablehnung reichen. Auf den folgenden Seiten wenden wir uns speziell an die Freunde und Angehörigen von Menschen, die eine spirituelle Krise durchmachen.

Wir werden keine spezifischen Ratschläge für den Umgang mit den zwischenmenschlichen Problemen geben, die auftauchen können, da jede Situation und Art von Beziehung anders ist. Es kann jedoch hilfreich sein, zu wissen, mit welcher Art von Verhalten man bei Menschen in einer transformativen Krise rechnen kann, und welche problematischen Reaktionen bei den Nahestehenden aufzukommen neigen. Einfach im voraus zu wissen, welche Themen vermutlich auftauchen werden, kann es für Freunde und die Familie leichter machen, damit umzugehen.

Bevor wir uns einigen konkreten Beispielen zuwenden, wie der Prozeß das Verhalten und damit auch die engen Beziehungen beeinflussen kann, möchten wir Sie bitten, sich mit folgender Geschichte zu beschäftigen:

Diana ist Ihre Tochter. Sie ist sehr gesellig, hübsch und geht gern aus sich heraus. Sie ist ruhig durch ihr Leben gegangen, hat alle ihr gestellten Aufgaben leicht bewältigt und war immer sehr zuverlässig und rücksichtsvoll gegenüber den Menschen in ihrer Umgebung. Sie war gut in der Schule und hat als Jugendliche an all den Aktivitäten teilgenommen, an denen die meisten jungen Leute Spaß haben. Sie hatte nie etwas mit Drogen zu tun oder Sachen gemacht, über die sie nicht mit ihrer Familie hätte sprechen können. Nach dem College heiratete sie ihre Jugendliebe, und gemeinsam schenkten sie Ihnen Ihre ersten Enkelkinder. Sie stehen sich noch immer sehr nahe und sehen sich regelmäßig an Wochenenden.

Plötzlich beginnt etwas sehr Merkwürdiges zu geschehen. Nachdem ihre beste Freundin bei einem Autounfall ums Leben gekommen ist, fängt Diana an, sich zu verändern. Sie spricht über alles mögliche, das sie früher nie interessiert hat und Ihnen vollkommen fremd ist. Sie hat Ihnen sogar einige der Bücher gebracht, die sie gelesen hat und von denen sie sagt, sie würden ihr Leben verändern. Eines ist über die Todes-Erfahrung, ein anderes handelt vom Leben nach dem Tod und in einem dritten ist von Reinkarnation die Rede. Dianas Sätze sind nun mit Worten wie *Karma, Energie, Einheit, Gott* und *Bewußtsein* gespickt, und sie wird ungeduldig, wenn Sie ihr sagen, daß Sie wirklich keine Ahnung haben, wovon sie spricht. Es ist Ihnen aufgefallen, daß sie launischer ist als früher, an einem Tag himmelhochjauchzend und am nächsten zu Tode betrübt.

Diana hat Ihnen aufgeregt erzählt, daß sie Hatha-Yoga macht, und sie zeigt Ihnen, wie sie in einer Ecke ihres Nähzimmers eine Art Altar eingerichtet hat. Nahebei liegt ein Kissen, auf dem sie sitzt, wenn sie meditiert. Außerdem hat sie aufgehört, sich groß zu schminken und Schmuck zu tragen, und verbringt viel Zeit mit neuen Freunden aus der Yoga-Gruppe. Die scheinen sehr offen und soweit in Ordnung zu sein, aber sie besprechen Themen, die Ihnen fremd sind. Seit sie sie kennengelernt hat, scheint sich Diana irgendwie innerlich von der Familie fernzuhalten. Sie sagt, sie habe Angst, Sie würden nicht verstehen.

Neulich hat Diana bei einem Telefongespräch ihre Unzufriedenheit mit ihrer Ehe, mit ihrem Ehemann, mit ihrer Rolle als Mutter geäußert. Das sieht ihr gar nicht ähnlich. Sie hat ihre Familie immer geliebt und sich in der Mutterrolle wohlgefühlt. Sie meint, ihr Mann sei unwillig, sich an ihren neuen Aktivitäten zu beteiligen, und es widerstrebe ihm sogar, über ihre derzeitigen Gedanken und Einsichten zu sprechen. Statt dessen verstecke er sich hinter der Zeitung oder ginge mit seinen Freunden zum Tennisspielen. Sie hat sich in letzter Zeit in ihrer Beziehung einsam gefühlt. Dazu kamen Schuldgefühle darüber, daß sie nichts an den auseinanderlaufenden Pfaden ändern kann, auf denen ihr Mann und sie zu wandeln scheinen. Sie macht sich Sorgen, daß sie sich nicht mehr so viel den Kindern widmet wie früher, weil sie mehr Zeit außer Haus verbringt.

Dianas Mann hat Ihnen anvertraut, daß er sehr beunruhigt ist, daß er nicht mehr weiß, was er mit Diana machen oder wie er mit ihr kommunizieren kann. Sie scheint sich mit ihren neuen Interessen, Aktivitäten und Freunden auf einen Alleingang zu begeben, ihr Leben hat keinen Platz mehr für ihn. Sie machen sich Sorgen, daß irgend etwas mit Ihrer Tochter nicht stimmt, und in den schlimmsten Momenten befürchten Sie, sie würde vielleicht verrückt werden. Sie fühlen sich nicht in der Lage, mit ihr umzugehen, und meinen, sie solle einen Psychiater aufsuchen.

Dies ist ein Szenarium, das in unterschiedlichen Formen in vielen Familien gespielt worden ist. Ein Familienmitglied oder Freund ändert abrupt sein Verhalten und seine Interessen und beginnt, ganz fremd zu agieren. Wenn er neue individuelle Bedürfnisse zum Ausdruck bringt und nicht mehr die üblichen Erwartungen erfüllt, können die ihm Nahestehenden Gefühle von Hilflosigkeit, Sorge, Frustration, Verurteilung oder Ablehnung entwickeln. Wir werden einige der spezifischen Verhaltensweisen beschreiben, mit denen die Umgebung eines Menschen in einer spirituellen Krise konfrontiert werden kann.

Verhaltensweisen und Einstellungen, die sich auf Freunde und Familie auswirken

Neue Einsichten und Bewußtheiten führen bei jemandem in einem transformativen Prozeß oft dazu, daß er *die täglichen Gewohnheiten und das äußere Erscheinungsbild verändert.* Ein notorischer Langschläfer stellt sich beispielsweise plötzlich den Wecker ganz früh, um zu meditieren oder zu beten. Oder jemand, der sich immer ziemlich konservativ gekleidet hat, verändert seine Gewohnheiten. Als Ausdruck seiner neuen inneren Freiheit tauscht er seine klassischen Hemden und Leinenanzüge gegen Jeans und legere Kleidung ein. Wenn es ganz extrem kommt, fängt er vielleicht an, spirituelle Gewänder anzulegen, sich eine ungewöhnliche Haartracht zu verpassen oder den Kopf kahl zu scheren.
Wer zu der Einsicht kommt, daß im Leben alles mit allem verbunden ist, kann eine neue ökologische Bewußtheit entwickeln. Dann wird plötzlich der große Familienkombi gegen ein ökonomischeres Fahrzeug eingewechselt oder ein plötzliches Interesse an der Wiederverwertung des Hausmülls entwickelt. Langjährige Liebhaber von Braten mit viel Soße werden zu Vegetariern und versuchen auch noch, andere zu ihren neuen Ernährungsregeln zu bekehren und die abzukanzeln, die ihre alte Art beibehalten. Viele andere neue Verhaltensformen sind subtiler, aber für die, auf die sie sich auswirken, dennoch spürbar.

Ein Mensch, der immer extrem nach außen gerichtet und gesellig war, wird abrupt *introspektiv, vermeidet gesellige Aktivitäten oder benimmt sich asozial.* Er kann Tage damit verbringen, allein zu sein, zu lesen, zu meditieren oder lange Spaziergänge zu unternehmen. Seine emotionalen Reaktionen schwanken ohne ersichtlichen Grund von einem Extrem ins andere. Der eigene Ehemann kommt einem heute sehr friedlich und annehmend vor, und am nächsten Tag ist er äußerst erregt und wütend. Entweder spricht er sehr viel über seine Ängste, oder er isoliert sich und wird vollkommen unkommunikativ oder deprimiert.

Manchmal finden Leute ihre neuen Erfahrungen und Einsichten so fesselnd, daß sie *die gewöhnliche Welt als trivial und irdisch ablehnen.* Sie verbringen ihre Zeit vielleicht lieber mit dem Engagement für Aktivitäten, die es ihnen erlauben, sich von ihrer täglichen Wirklichkeit zu entfernen. Ihre farbenprächtigen Visionen und kosmischen Einsichten können im Vergleich zu den weltlichen Bestrebungen verlockend und exotisch erscheinen und ihnen das Gefühl geben, sie verdienten ihre ausschließliche Aufmerksamkeit. Dies ist gewöhnlich nur eine vorübergehende Phase, eine wohlbekannte Ablenkung auf dem spirituellen Pfad, die entweder von allein verschwindet oder mit der Hilfe eines verständnisvollen Führers aufgelöst werden kann.

Wenn Menschen in einen transformativen Prozeß eintreten, wechseln häufig ihre Interessen, und sie möchten *über diese neuen Einsichten und Vorstellungen mit jedem diskutieren, der in Reichweite ist; sie werden urteilend und ungeduldig, wenn man ihre Anliegen nicht teilt.* Es handelt sich gewöhnlich um Konzepte oder Glaubenssätze, die einen Widerhall zu ihren Erfahrungen bilden und manchmal das zu erklären oder gültig zu machen scheinen, was zunächst wie ein mysteriöses Ereignis aussah. Da diese Gedanken dem Menschen in der spirituellen Entwicklung so bedeutsam erscheinen, geht er natürlich davon aus, auch alle ihm Nahestehenden würden sie nützlich finden.

Solche Leute entdecken oft Bücher, die sie so wichtig finden, daß sie sich getrieben fühlen, ihren Inhalt zu verbreiten, wobei sie leicht etwas messianisch wirken. Als ungebetene Geschenke landen diese Werke mit der dringenden Aufforderung, sie zu lesen und die in ihnen enthaltene Weisheit zu verdauen, bei verwirrten Verwandten und Freunden. Dieselben Leute werden plötzlich zu Vorträgen eines Lehrers oder Gurus über Themen eingeladen, die ihnen merkwürdig oder manchmal sogar bedrohlich für ihr wohletabliertes Glaubenssystem erscheinen. Unterhaltungen werden plötzlich ungemütlich, da das enthusiastische Familienmitglied das Gespräch regelmäßig von den vertrauten Themen wie den Nachrichten des Tages weglenkt und Fragen von kosmischer und universaler Bedeutung ansteuert.

Wer um so jemanden herum ist, hat vielleicht schon eine eigene Sicht der Welt, die für ihn auch gut funktioniert, und ist möglicherweise ganz zufrieden damit, da zu bleiben, wo er ist, oder fühlt sich von etwas Neuem eher bedroht. Er widersetzt sich dem begeisterten Drängen. Möglicherweise kann der von ihm geliebte Mensch leicht akzeptieren, daß das, was für ihn richtig ist, nicht zwingend auch für andere paßt, und sich ruhig weiter auf seinen Pfad begeben. Wenn er sich aber ohnehin in seinen Erfahrungen einsam fühlt oder Probleme mit Ablehnung hat, dann kann er das fehlende Interesse der Familie für eine Aussage über sich selbst halten. Das führt dazu, daß er über die urteilt, die nicht willens oder in der Lage sind, ihn auf seiner neuen Reise zu begleiten. Schließlich hat er das Gefühl, er habe das Licht der Wahrheit gesehen und die anderen stünden noch im Dunkel.

Menschen in einem transformativen Prozeß können *ihre Schwierigkeiten auf andere oder die sie umgebenden Umstände projizieren und die Schuld abwälzen.* Projektion liegt vor, wenn man nicht zu den eigenen Gefühlen und Einstellungen steht und sie anderen Leuten oder Situationen zuschreibt. Wer mit starken aggressiven Gefühlen zu kämpfen hat, kann andere als bedrohlich wahrnehmen oder seine Ängste als berechtigte Antwort auf äußere Umstände oder die angeblichen Aktivitäten anderer sehen. Ähnlich könnte er Emotionen wie Schuld nach außen tragen, um sich gegen die wahren Fragen zu verteidigen, die von innen kommen.

Projektion ist nicht auf negative Emotionen beschränkt; man kann auch positive Gefühle verleugnen und sie anderen zuschreiben.

Wenn jemand beispielsweise von einem starken Gefühl von Liebe überschwemmt wird, kann er das auf einen Menschen in der Nähe projizieren und zu der Überzeugung gelangen, dies sei ein Zeichen für eine besondere Bindung zwischen ihnen, statt zu erkennen, daß er eine Quelle des Mitfühlens im eigenen Inneren entdeckt hat.

Diese Verwechslung des inneren psychischen Prozesses mit der äußeren Wirklichkeit kann den Betreffenden andere Menschen oder seine Umgebung in einer Weise wahrnehmen lassen, die das reflektiert, was innen geschieht. Manchmal handelt er dann sogar diesen Wahrnehmungen entsprechend. Dieser Prozeß wird »Ausagieren« genannt. Wer die Liebe entdeckt hat, kann das Gefühl haben, er müsse auf den Menschen, der das Objekt der Projektion ist, zugehen und mit ihm eine feste Beziehung aufbauen. Die inneren und die äußeren Welten so durcheinander zu bringen, kann zu problematischen Situationen führen.

Eine weit verbreitete negative Projektion ist Schuld. Besonders wenn schwieriges emotionales Material von innen hochsteigt, fällt es leicht, die Leute um einen herum oder die Umstände für diese unangenehmen Gefühle verantwortlich zu machen. Wenn zum Beispiel jemand klaustrophobisch wird, kann er den anderen die Schuld zuweisen, weil sie ihn bitten, in einem Zimmer zu bleiben, statt sich selbst der Erfahrung zu stellen, im Geburtskanal stekkenzubleiben. Oder er schiebt dem Zimmer die Schuld zu und beschwert sich, es sei zu klein und erstickend.

Manche Leute in einem transformativen Prozeß *benutzen ihre Familien oder Freunde als Symbole für die Beschränkungen, die sie abwerfen.* Sie verwechseln ihre eigene Befreiung von inneren Begrenzungen mit einem tatsächlichen Entfernen von der Familie. Sie sind mit Lebensweisen unzufrieden, die nicht mehr zu ihrer neuen Weltsicht passen, und schieben die Schuld daran Menschen zu, die ihnen liebevoll nahestehen.

Diese Art von Verhalten trifft man besonders häufig in der Phase der spirituellen Krise an, in der es um Fragen der Loslösung geht. Hier erlangt man die Einsicht, daß der Schmerz und die Beschränkungen im Leben etwas mit dem Grad zu tun haben, mit dem man emotional an Rollen, Beziehungen und materiellem Besitz festhält. Um sich vom Leiden zu befreien, muß man diese Bindungen lösen. Es ist wichtig zu wissen, daß dies nicht notwendigerweise bedeutet, sich auch physisch von den Anhaftungen trennen zu müssen. Der Prozeß der Loslösung kann durch Meditation oder andere erfahrungsorientierte Methoden innerlich vollzogen werden, ohne die eigene äußere Welt in Gefahr zu bringen.

Es kommt jedoch häufig vor, daß diese Erkenntnis als Hinweis darauf verstanden wird, wie man sich im Leben verhalten solle. Jemandem, der dauernd Impulse verspürt, alte Anhaftungen loszulassen, mag es an der Einsicht mangeln, daß dies innerlich geschehen kann. Es kann ihm so vorkommen, als sei die Trennung von den Eltern, den Kindern, dem Partner, den Freunden, dem Job oder seinem Haus die einzig mögliche Art, diesem starken inneren Drang nachzugeben. Menschen in diesem Stadium können ihr Geld oder ihre Besitztümer weggeben und versuchen, einen spartanischen Lebensstil einzuführen.

Während einer spirituellen Krise können Leute *völlig von der Frage des Todes in Anspruch genommen sein.* Ob man nun Erinnerungen an Nah-Tod-Situationen begegnet, sich der eigenen Sterblichkeit stellt oder den Tod als einen Teil des Zyklus von Tod und Wiedergeburt erfährt, diese Frage kann oft profund und erschütternd sein. Durch die Echtheit der Gefühle und die überzeugenden physischen Manifestationen kann derjenige, der die Erfahrung macht, davon überzeugt sein, daß er wirklich stirbt oder sterben muß. Dieses Stadium kann manchmal verwirrend und erschreckend sein, wenn die Beteiligten diese Begegnung mit dem Tod in einer spirituellen Krise nicht richtig verstehen. (Wir haben dieses Phänomen im zweiten Kapitel ausführlich erörtert.)

Bei Menschen in einem transformativen Prozeß kann es zu *einer Veränderung ihrer sexuellen Reaktionen kommen.* Neue Erfahrungen und Einsichten können dramatischen Einfluß auf das haben, was bis dahin eine vorhersagbare und »normale« sexuelle Beziehung war. Diese Veränderungen können für den Partner sehr schmerzlich und verwirrend sein. Vielleicht hat jemand das Gefühl, seine wahre Bestimmung sei die Vereinigung mit Gott, nicht mit einem sterblichen Wesen wie Ehemann, Ehefrau, Geliebtem oder Geliebter, und die einzige Möglichkeit sei die, zölibatär zu leben.

Wer leichten Zugang zu mystischen Erfahrungen hat oder gern in diese Reiche entflieht, versucht vielleicht, diese über die Sexualität zu erreichen. Die Emotion und die Kraft einer starken sexuellen Begegnung können solche Leute in transpersonale Erfahrungen befördern, die sie von der üblichen personalen Interaktion entfernen. Wenn beide Partner auf einer ähnlichen spirituellen Reise sind, kann das sehr aufregend und einsichtsfördernd sein. Bewegt sich aber nur einer in diese Richtung, kann die Veränderung auf Kosten des anderen Partners gehen. Er oder sie fühlt sich verloren, außen vor, zurückgelassen oder vielleicht nur als Werkzeug für die transzendentalen Zustände des anderen benutzt.

Bei Formen der spirituellen Entwicklung wie dem Kundalini-Erwachen spürt man enorme körperliche und spirituelle Energien, die jeden Kanal nutzen, um sich auszudrücken. Da ist das sexuelle Ventil eine offensichtliche und starke Möglichkeit. Die Energien fühlen sich so stark an, daß man meint, es würde etwas geradezu Katastrophenartiges geschehen, wenn man sich in den Orgasmus fallen läßt: Man selbst oder der Partner werden sterben, die Welt wird explodieren oder das Universum einstürzen.

Wenn jemand mit diesen Gefühlen den Orgasmus doch zuläßt, kann sein Körper von einer kraftvollen Energie erfüllt werden, die die Wirbelsäule hinaufsteigt und in die Glieder fließt. Sie führt oft zu gewaltigen Zuckungen und unfreiwilligen Atemrhythmen. Frauen erleben oft multiple Orgasmen als Mittel zur Freisetzung dieser intensiven Kundalini-Kraft. Das schafft natürlich keine vertraute, romantische sexuelle Situation. Die merkwürdigen Bewegungen, das Zittern und die automatische Atmung sowie die oft merkwürdigen Gefühle können für den nichtsahnenden Partner ziemlich erschreckend sein.

Eine weitere Schwierigkeit taucht auf, wenn jemand in einer spirituellen Krise ungelöste sexuelle Probleme auf den Partner projiziert. Der Prozeß rüttelt oft viele alte Erinnerungen wach, und wie bei anderen Themen ist es leicht, dem Partner die Schuld für das zuzuschieben, was man gerade fühlt. Wenn eine Frau zum Beispiel gerade am Thema Inzucht arbeitet, fällt es ihr in dem sehr offenen und verletzlichen Rahmen des Liebesspiels leicht, die Eigenschaften dessen, der sie belästigt hat, auf ihren Geliebten zu übertragen. Da die meisten Beziehungen ohnehin schon ihnen innewohnende Probleme haben, spüren die Paare zusätzlichen Streß, wenn sie mit den merkwürdigen sexuellen Entwicklungen fertigwerden müssen, die Teil einer spirituellen Öffnung sein können. Wenn eine Beziehung schon ernsthaft gefährdet ist, können häufige Projektionen und unvertraute sexuelle Ausdrucksweisen bestehende Schwierigkeiten noch vergrößern.

In einer Zeit des medialen Erwachens können Menschen *extrem intuitiv und sensitiv* im Umgang mit ihnen Nahestehenden werden. Dann berichten sie plötzlich von hellseherischen Träumen und Einsichten oder weisen beunruhigende intuitive Kenntnisse über Themen im Leben anderer Menschen auf. Angehörige oder Freunde, die bisher nicht mit solchen Phänomenen vertraut sind, kann es sehr verwirren, wenn jemand plötzlich gewisse Geheimnisse zur Diskussion stellt oder ihnen genau voraussagt, wie es ihnen ergehen wird. Wer intuitiv besonders offen ist, kann ein klares Verständnis der Gefühle, Charakterzüge und Interaktionsmuster zeigen, die die Familie und Freunde an den Tag legen.

Menschen in einem transformativen Prozeß *können sich von bedeutungsvollen Gleichzeitigkeiten (Synchronizitäten) geleitet fühlen, die mit den ihnen Nahestehenden zu tun haben.* Plötzlich entdecken sie überall Verbindungen und stellen fest, daß einige davon sich mit dem Leben der Menschen um sie herum überschneiden. Manche Leute finden Synchronizitäten besonders spannend, schreiben ihnen enorme Bedeutung zu und profitieren von deren Führung. Anderen machen sie angst, weil sie fürchten, ihre wohlgeordnete Welt von Ursache und Wirkung sei in Gefahr.

Wie Familie und Freunde reagieren

Familie und Freunde können ein breites Spektrum an Reaktionen auf jemanden zeigen, der einen dramatischen Transformationsprozeß durchmacht. Ihre Gefühle können von sehr positiv bis zu extrem negativ reichen. Manche fühlen sich von der Aufregung gefangen, die ein solches Ereignis bietet, und sind, ohne unbedingt zu wissen warum, bereit zu kooperieren. Sie spüren, daß sie aus dieser Erfahrung etwas Bedeutendes dazugewinnen. Von Leuten, die einer jungen Frau durch eine dramatische Episode einer spirituellen Krise hindurchhalfen, stammen Bemerkungen wie: »Ich spüre für das, was sie mir gegeben hat, Dankbarkeit und Ehrfurcht«. »Ich bin von Karen so berührt und so dankbar für die Möglichkeit, bei ihr zu sein... Es fällt mir schwer zu gehen.« »Danke, Karen, daß Du mich daran erinnert hast, wie wichtig es ist, daß ich den Menschen zeige, daß ich sie gern habe, und daß ich dem Prozeß vertrauen kann, den zu bezeugen und zu unterstützen ich hier bin.«

Unglückseligerweise sind die Reaktionen auf einen solchen Prozeß oft nicht so positiv. Wenn Sie auf eine solche Erschütterung Ihres Lebens nicht vorbereitet sind oder keine Ahnung haben, was mit Ihrem Kind, Partner, Freund, Vater oder Mutter geschieht, antworten Sie vielleicht mit Verleugnung, Verwirrung, Angst, Schuldgefühlen oder Urteilen. Lassen Sie uns einige der möglichen Reaktionen genauer betrachten.

Sie leugnen vielleicht, daß irgendwas nicht in Ordnung ist. Wenn Leute eine Situation und die damit einhergehenden Gefühle nicht erkennen wollen, schützen sie sich oft auf diese Weise. So jemand kann sich selbst über das belügen, was los ist, um sich zu versichern, es sei alles unter Kontrolle. Oder er ignoriert die Situation und hofft, sie würde sich geben.

Verleugnung erscheint gewöhnlich in vielen Beziehungen in Verbindung mit einer Vielfalt von Problemen, wie etwa zwischenmenschlichen Konflikten, emotionalem, sexuellem und physischem Mißbrauch, Alkoholismus und Drogenabhängigkeit. Man-

che Leute weigern sich so lange, zuzugeben, daß irgend jemand in der Familie irgendein Problem hat, bis es so offensichtlich wird, daß man es nicht mehr ignorieren kann.
Das kann auch vorkommen, wenn jemand in der Familie eine spirituelle Krise hat. Vielleicht ist es zu schmerzhaft, Ihre Mutter mit den emotionalen Wechselbädern ringen zu sehen, die mit einem Transformationsprozeß einhergehen. Also tun Sie so, als sei gar nichts los, oder sagen sich, sie sei einfach überarbeitet oder prämenstruell. Oder Sie glauben nicht an die spirituellen Erfahrungen, von denen Ihnen Ihr Freund erzählt, also ignorieren Sie sie und hoffen, daß sie vorübergehen.

Kurt ist ein junger Mann, der in eine spirituelle Krise geriet, die von niemandem in der Familie anerkannt wurde, bis es fast schon zu spät war. Er wurde von Gefühlen und Erfahrungen übermannt, die mit dem Tod zu tun hatten, und hatte keinerlei Vorstellung, daß es ein wichtiger Wendepunkt sein könnte, sich ihnen zu stellen. Wenn er mit seinen Eltern über seine Angst und Verzweiflung zu sprechen versuchte, versicherten sie ihm immer, es würde schon alles gut werden, und daß er vermutlich einfach nicht ausreichend schlafen würde.
Er wußte nur, daß irgend etwas in ihm sterben mußte. Er trug sich mit Gedanken an Selbstmord und schluckte schließlich eine Überdosis der Schlaftabletten, die seine Mutter im Hause hatte. Glücklicherweise überlebte er, und nach einigen Familienberatungen gab sein Vater zu: »Ich habe mir einfach nicht erlaubt, die Probleme zu sehen, die Kurt hatte. Meine Liebe für ihn hat sie weggewünscht, bis er sie so offensichtlich machte, daß ich sie nicht länger ignorieren konnte.«

Diese Art von Verleugnung kann ernste oder sogar tödliche Folgen haben.

Sie fühlen sich vielleicht verwirrt. Wenn Sie eine bestimmte Art von Beziehung mit jemandem gewohnt waren, kann es Sie sehr beunruhigen, wenn Sie mit einem neuen Verhalten und Lebensstil, veränderten Glaubenssätzen und einer anderen Sicht der Welt konfrontiert werden, die Ihnen unvertraut und fremd sind. Vielleicht stellen Sie sogar fest, daß Sie Ihre althergebrachten Meinungen darüber, wie die Dinge sein sollten, ändern oder sich mit

Emotionen auseinandersetzen, die lange Zeit gut verborgen waren. Das führt dazu, daß Sie sich vorübergehend desorientiert fühlen, vielleicht sogar Ihre eigene geistige Gesundheit in Frage stellen. Ihre übliche Klarheit im Denken und Ihre Fähigkeit, einfache Entscheidungen zu treffen, können nachlassen.

Sie fühlen sich vielleicht hilflos. Sie spüren vermutlich, daß Sie nichts tun können, um zu helfen. Manche Leute reagieren darauf so, daß sie versuchen, die Situation zu kontrollieren. Der von Ihnen geliebte Mensch steckt in einem Prozeß, der von allein, auf vorgegebenen Bahnen und mit einem eigenen Zeitplan abläuft. Seine Emotionen, Erfahrungen und Enthüllungen kommen oft unerwartet, und der Mensch, der sie erlebt, kann sich der Situation vollkommen ausgeliefert fühlen.

Die normale Reaktion eines liebenden Freundes oder Familienmitgliedes ist die, die Dinge einfacher zu machen, die Schwierigkeiten zu einem Ende bringen zu wollen. Da der Prozeß aber, so ähnlich wie eine Grippe, seinen eigenen Lauf nehmen muß, kann man nicht sehr viel tun. Wenn man sich dieser Tatsache bewußt wird, entsteht daraus oft ein natürliches Gefühl von Hilflosigkeit.

Sie haben vielleicht Angst. Die intensiven Emotionen (Depression, Wut, Angst, Ekstase), die emotionalen Ausdrucksformen (Weinen, Toben, Schreien, Lachen) und die physischen Manifestationen (Zittern, Zuckungen, rasende Tänze), die bei einer spirituellen Krise auftreten, können einen erschrecken, wenn man so etwas noch nie gesehen oder bei sich selbst zugelassen hat. Außerdem können für einen unvorbereiteten Beobachter ungewöhnliche Erfahrungen wie ein dramatisches Wiedererleben der Geburt, eine realistische Sterbesequenz oder die Identifikation mit einem Ungeheuer recht alarmierend sein.

Selbst Situationen, bei denen die äußeren Manifestationen relativ mild sind, können erschreckend wirken. Wenn ein Ihnen nahestehender Mensch dauernd über Tod und Loslösung spricht oder sich mit unbekannten spirituellen Praktiken beschäftigt, könnte Sie das beunruhigen. Und die Tatsache, daß Sie sehr wenig

Möglichkeiten haben, den Verlauf des Prozesses zu ändern, kann angst machen, wenn Sie es gewohnt sind, die Dinge unter Kontrolle zu haben.
Angehörige können zudem befürchten, daß vielleicht auch mit ihnen selbst etwas nicht stimmt, wenn mit einem anderen Familienmitglied etwas nicht in Ordnung ist. Wenn sie den Betreffenden als krank wahrnehmen, machen sie sich vielleicht Sorgen, daß dieser Zustand durch die Familiengeschichte oder latente genetische Anormalitäten hervorgerufen sein könnte. Sie mögen sich insgeheim fragen: »Wenn sie krank ist, heißt das, daß ich es auch sein könnte?« Und dann versuchen sie manchmal zu beweisen, daß diese Person schwach und labil ist, um selbst dagegen recht »normal« zu erscheinen.

Sie fühlen sich vielleicht bedroht. Die intensiven Erfahrungen des anderen können auch bei Ihnen unerwünschte Emotionen und Reaktionen auslösen. Wenn ein Mann tiefes Mißtrauen gegenüber seiner eigenen geistigen Gesundheit hat, kann es seine Gefühle ziemlich aufwühlen, wenn er sieht, daß sich sein Sohn in einer Weise verhält, die ihm verrückt erscheint. Für jemanden, der mit seiner eigenen Angst vor dem Tod ringt, ist es extrem beunruhigend, viel Zeit mit einem geliebten Menschen zu verbringen, der häufig über das Sterben und das Leben nach dem Tod spricht.
Diese Art von Sorgen kommen auf ganz unterschiedliche Weise zum Ausdruck. Leute, die eine Therapie gemacht haben oder in spirituellen Praktiken geübt sind, erkennen vielleicht ihre Reaktionen, sind bereit, sie zu besprechen und an ihnen zu arbeiten. Anderen kann es an der Einsicht mangeln, daß eben diese Reaktionen auch etwas über sie selbst enthüllen. Sie werden dann immer defensiver, um ihre eigenen schmerzhaften Gefühle nicht anschauen zu müssen.
Manchmal finden Freunde oder Familienmitglieder es bedrohlich, daß ein von ihnen geliebter Mensch eine Richtung eingeschlagen hat, vor der sie Angst haben oder in die sie nicht folgen können. Sie bleiben mit der Frage zurück: Wenn er sich weiter verändert,

was sagt das dann über mich? Und die Beziehung? Werde ich zurückbleiben? Vielleicht fühlen sie sich auch außen vor oder sind sogar neidisch auf den Prozeß des anderen.

Sie entwickeln vielleicht Schuldgefühle. Die Beschäftigung mit jemandem in einer spirituellen Krise kann Eltern zu der Meinung bringen, die Tatsache, daß ihr Sohn oder ihre Tochter solche Erfahrungen macht, habe etwas mit Unzulänglichkeiten ihrer Erziehung zu tun. Ein Vater, der einen Teil der Krise seiner Tochter miterlebt hat, fühlte sich dafür teilweise verantwortlich und hat sich später bei ihr dafür entschuldigt, daß er in ihrer Kindheit nicht ausreichend oft für sie erreichbar war. Da war zwar etwas dran, aber später konnte er erkennen, daß seine gelegentliche Abwesenheit nicht der eigentliche Grund für ihre Episode war.
Eine Ehefrau kann Schuldgefühle wegen der Uneinigkeit und Spannungen haben, die es in der Beziehung gab, und sich fragen, ob die neuen Interessen, Erfahrungen und emotionalen Schwankungen ihres Mannes durch die von ihr verursachten Probleme ausgelöst wurden. Ein Vorgesetzter, der gerade einen seiner Verkäufer zur Rede gestellt hat, kann sich verantwortlich fühlen, wenn er dann hört, dieser Angestellte habe sich eine Weile freigenommen, um mit einer spirituellen Krise fertigzuwerden.

Sie empfinden vielleicht Scham. Das hängt oft mit Schuldgefühlen zusammen. Wenn Sie das Gefühl haben, die spirituelle Krise des von Ihnen geliebten Menschen sei das Ergebnis von etwas, das Sie getan oder nicht getan haben, dann meinen Sie vielleicht auch, daß diese Situation ein schlechtes Licht auf Sie wirft, auf Ihren Charakter oder Ihre Familie. Sie machen sich vielleicht Sorgen, daß andere Sie kritisieren und ablehnen werden, wenn sie es herausfinden. Das kann dazu führen, daß Sie Kontakt zu Menschen meiden, die in Wirklichkeit für Sie in einer Zeit, in der Sie emotionale Unterstützung brauchen, eine Hilfe sein könnten. Und vielleicht sind Sie unnötig hart mit sich selbst.

Sie werden vielleicht urteilend. Manche Leute versuchen, die Sicherheit und Stabilität ihrer eigenen Weltsicht dadurch zu festigen, daß sie den geliebten Menschen für schwach, labil, krank oder verrückt erklären. So verteidigen sie sich gegen die Gefühle von Schuld, Angst und Scham und erlauben sich selbst, eine Position der relativen Stärke und Festigkeit einzunehmen. Damit können sie der Möglichkeit ausweichen, sich selbst als Reaktion auf die Krise ändern zu müssen.

Marsha war eine medial begabte Frau, die mit ihrer Familie in Kalifornien in einer Stadt am Meer lebte. Eines Tages kam sie von einem Spaziergang am Strand zurück und erzählte ihren Eltern von einer wunderbaren mystischen Enthüllung, die über sie gekommen war, als sie am Wasser stand. Sie war von weißem Licht überflutet worden und hatte die Einheit der gesamten Existenz erlebt. Sie war ekstatisch, sehr tief von dem bewegt, was ihr widerfahren war, und bereit, es mit ihren Lieben zu teilen. Nach einer kurzen Beratung beschloß die Familie, Marsha habe offensichtlich den Verstand verloren und gehöre in ein Krankenhaus. Ihre spirituelle Bewußtheit war für diese Menschen, die sich der Verteidigung ihrer eigenen Definition von Wirklichkeit widmeten, nicht akzeptabel.

Wir haben schon Familien gesehen, die auch dann noch bei dieser verurteilenden Einstellung bleiben, wenn jemand erfolgreich durch eine spirituelle Krise hindurch ist und wieder vollkommen zufriedenstellend in der äußeren Welt agiert. Sie bleiben bei der Meinung, daß das Leben des Betreffenden nie wieder »normal« sein wird, da er eine solche Episode hatte. Gelegentlich stellen sie Fragen wie: »Tommy, beschäftigst Du Dich immer noch mit diesen verrückten übersinnlichen Sachen?« Außerdem haben sie ein waches Gespür für jeden Hinweis darauf, daß etwas nicht stimmen könnte. Wenn ihr Sohn beispielsweise Schwierigkeiten hat, mit dem Vater auszukommen, schreiben die Eltern solche Probleme sofort der Tatsache zu, der Junge sei schließlich »krank« gewesen. Auf diese Weise machen sie es sich sehr einfach und verleugnen ihren eigenen Beitrag zu der Situation.

Sie finden vielleicht jemanden oder etwas, dem Sie die Schuld geben können. Freunde oder Familienmitglieder geben die

Schuld vielleicht dem, der die transformative Krise durchmacht (»Er muß irgend etwas getan haben, womit er das verdient hat«), dessen Freunden oder Partner (»Das wäre nie passiert, wenn sie nicht in der Kirche diesen Mann kennengelernt hätte«) oder bestimmten Aktivitäten (»Es muß an diesem Kurs liegen, den er macht«). Oder sie beschuldigen sich selbst oder sogar Gott.

Sie lehnen vielleicht sowohl den Menschen wie den Prozeß ab. Manche Leute wollen nichts mit etwas zu tun haben, das so fremdartig und so erschreckend ist. Sie ziehen es vor, daß jemand anderes sich damit beschäftigt. Diese Haltung treibt Freunde und Familien oft dazu, denjenigen in der Krise sofort ins Krankenhaus einzuliefern, ohne Rücksicht darauf zu nehmen, wie er selbst mit der Erfahrung umgeht.

Was Familie und Freunde tun können, um zu helfen

Viele von uns übernehmen Verantwortungen in der Absicht, sie perfekt zu erfüllen. Da der Prozeß der spirituellen Entwicklung sich unserer Kontrolle entzieht, werden alle Illusionen, die wir über unsere Fähigkeiten hatten, den Verlauf eines solchen Vorfalls lenken zu können, schnell zerschlagen. Wir sind gezwungen, uns mit dem Gefühl zufriedenzugeben, wir täten unser Bestes. Es ist sowohl erleichternd wie spannend zu erkennen, daß die Beschaffenheit des Transformationsprozesses es unmöglich macht, ihn auszutricksen oder festzunageln, und daß wir unmöglich die volle Kontrolle erlangen können. Wir verstehen bald, daß wir gemeinsam mit dem Menschen, den wir unterstützen wollen, wachsen und uns verändern müssen, wenn wir Hilfe anbieten.

Es folgen einige Richtlinien, die für uns und andere, die mit spirituellen Krisen gearbeitet haben, hilfreich waren. Diese Vorschläge sind zwar darauf angelegt, den Menschen in der Krise zu unterstützen, aber wir hoffen, daß sie die Situation für alle Beteiligten leichter machen können.

Werden Sie sich Ihrer eigenen Motivationen bewußt, weshalb Sie Unterstützung geben. Das mag einfach erscheinen, ist es aber oft nicht. Manche Leute bieten aus eigennützigen Gründen Hilfe an: Sie haben einen Hang zum Dramatischen, sie sind neugierig und möchten das Phänomen studieren, sie haben Angst vor ihrem eigenen Wahnsinn und möchten die außergewöhnlichen Erfahrungen eines anderen Menschen kontrollieren, sie wollen ihre Effektivität als Leute mit Fachwissen oder einer Ausbildung beweisen, sie haben ein unbefriedigtes Bedürfnis, jemanden zu bemuttern, sie definieren sich selbst dadurch, daß sie »hilfreich« sind.
Vergewissern Sie sich, daß Ihre eigenen Motive klar sind und daß Sie zwar vermutlich im Gegenzug Befriedigung und Liebe erhalten werden, daß dies aber für Sie nicht der eigentliche Grund ist, Hilfe anzubieten. Seien Sie dort, weil Sie echte Zuneigung für den anderen empfinden und ihm auf seiner Reise beistehen wollen.

Lassen Sie zu, daß der Transformationsprozeß sich entfaltet, und seien Sie bereit, ihn mit Vertrauen und Geduld zu unterstützen. Der Beistand, den Sie bieten, darf nie den natürlichen Verlauf der Erfahrung beeinträchtigen. Ihre Aufgabe ist nicht die, zu kontrollieren oder zu manipulieren, sondern einfühlsam die Entwicklung zu unterstützen, dem Menschen zu helfen, ein Hindernis zu überwinden, wenn er steckenbleibt, und eine liebevolle Umgebung zu schaffen. Stehen Sie für Gespräche und häufige Umarmungen zur Verfügung, massieren Sie ihm den Rücken und lassen Sie ihn Ihre Fürsorglichkeit spüren.
Es dauert oft eine ganze Weile, das Vertrauen zu entwickeln, diese Haltung ganz in die Praxis umzusetzen. Da hilft es, sich klarzumachen, daß schon viele Menschen spirituelle Krisen durchlebt haben und daß die Ergebnisse meist sehr produktiv waren. Behalten Sie im Hinterkopf, daß das Ende vermutlich nicht über Nacht kommen wird, geben Sie Ihre emotionale Hilfe, und schauen Sie zu, wie Ihr Vertrauen sich entwickelt, wenn Sie die großen und kleinen Veränderungen eintreten sehen. Wenn Ihnen wirklich der Glaube an den positiven Ausgang des Prozesses fehlt, können Sie an die vielen anderen Menschen denken, die ihn durchlebt haben.

Versuchen Sie, sich damit näher bekannt zu machen, bis Sie genug Beweise gesammelt haben, daß sich ein solches Vertrauen entwickeln kann.
Ein paar Worte zum Thema Geduld: Viele von uns sind an sofortige Befriedigung gewohnt. Wir bekommen, was wir wollen und wann wir es wollen, und diese Haltung bringen wir auch dem Reich des Spirituellen entgegen. Wir erwarten das Erlangen bestimmter Ziele und das Erreichen gewisser Stadien nach unseren eigenen Zeitplänen, und das heißt meistens eher früher als später. Dieser zielorientierte Ansatz hat bei vielen Menschen des Westens Frustrationen ausgelöst, wenn sie sich spirituellen Bestrebungen widmeten. Jeder, der Teil einer transformativen Krise ist, lernt demütig, daß der Prozeß seine Zeit braucht, um zu einem guten Ende zu kommen, und daß eines der besten Dinge, die wir tun können, ist, zusätzlich zu unserem Vertrauen auch Geduld zu haben.

Seien Sie mit dem anderen Menschen und sich selbst ehrlich. Menschen in spirituellen Krisen nehmen oft sehr genau wahr und durchschauen jede Unehrlichkeit der Leute um sie herum. Um eine Beziehung des Vertrauens aufrechterhalten zu können, müssen diejenigen, die bei ihnen sind, sehr bei der Wahrheit bleiben. Das heißt nicht, daß Sie brutal offen sein oder jede Wahrnehmung oder jedes Gefühl aussprechen müssen. Antworten Sie nur ehrlich auf Fragen und halten Sie, wenn das möglich ist, den geliebten Menschen über die Situation informiert, sagen Sie ihm, was um ihn herum geschieht, was Sie tun, und wer noch dabei ist.

Unterlassen Sie das Urteilen. Dazu gehört, anzuerkennen, daß der Transformationsprozeß von einer tieferen Weisheit geleitet wird. Solange wir urteilen, sei es über die andere Person oder uns selbst, stellen wir Barrieren zwischen uns und den Menschen in der Krise. Wir sind Experten, und der in der spirituellen Krise ist krank; wir sind gesund, und er ist verrückt; unsere Welt ist in Ordnung, und seine fällt offensichtlich auseinander. Oder wir urteilen über uns selbst negativ, sagen uns, der von uns geliebte

Mensch habe etwas Besonderes, das uns abgeht. Es ist sehr wichtig, diese Art von Urteilen aufzugeben und die Einstellung zu entwickeln, daß Sie beide gemeinsam ein aufregendes Abenteuer erleben, eine Heldenreise machen. Die hat ihre mühsamen Seiten und ihre Gipfelerlebnisse. Der andere ist der Abenteurer, und Sie sind sein Partner. Dies ist eine Reise, die Sie ein andermal vielleicht selbst unternehmen werden.

Ein Zugang, der ein solches Annehmen des anderen Menschen und seiner Erfahrungen einschließt, wird die Barrieren zwischen Ihnen schmelzen lassen und die Reise viel leichter machen. Das heißt nicht, daß Sie alles, was geschieht, begeistert aufnehmen müssen. Das wird während der schwierigsten Passagen vielleicht gar nicht möglich sein. Es ist jedoch entscheidend, daß Sie die Einstellung bewahren, daß jeder Schritt Teil eines größeren Entfaltens ist, dessen Bedeutung ersichtlich sein wird, wenn es vollendet ist.

Bieten Sie Rückenstärkung. Wer in einer spirituellen Krise steckt, hat oft das Gefühl, er sei der einzige, der je eine solche Erfahrung gemacht hätte. Er fühlt sich isoliert und ängstlich, oder vielleicht auch erhöht und grandios. Es ist generell hilfreich, zu erklären, daß dies eine transformative Reise ist, die letzten Endes evolutionär und heilend wirkt, auch wenn sie sich in dem Moment nicht so anfühlen mag. Beschreiben Sie, daß sie viele Stadien hat, von denen einige unangenehm und fordernd sind, daß es aber möglich ist, sie zu durchschreiten. Erinnern Sie daran, daß die damit einhergehenden Geistesverfassungen vorübergehender Natur sind und oft als Stadien der Reinigung der Psyche verstanden werden können, die zu einer neuen, gesünderen Seinsweise führen. Lassen Sie Ihren Reise-Partner wissen, daß der schnellste Weg aus einer schwierigen Erfahrung der ist, sich ihr direkt zu stellen, und daß das oft Mut erfordert. Erinnern Sie ihn daran, daß sich die Gefühle und Empfindungen auflösen werden, wenn er sich ihnen voll und mit Unterstützung stellt. Dann kann er Einsicht in ihre Ursprünge gewinnen.

Wenn zum Beispiel der, dem Sie helfen, mutlos ist und das Gefühl hat, das Ringen fände nie ein Ende, dann erinnern Sie ihn daran, daß er dem Prozeß seinen Lauf lassen soll, ohne sich allzusehr zu widersetzen, und daß er dann sein natürliches Ende erreichen wird. Wenn Ihr Freund oder Verwandter Angst hat, können Sie ihm versichern, daß solche Reaktionen üblich und erlaubt sind. Vielleicht können Sie ihn sanft dahin führen, daß er sich den erschreckenden Gefühlen und Erinnerungen stellt.

Es ist wichtig, daß Sie Menschen, die sich entfremdet fühlen, sagen, daß sie nicht allein sind, daß schon viele Leute ähnliche Erfahrungen gemacht haben. Erinnern Sie sie daran, daß diese Art von Geistesverfassung in der Geschichte wohlbekannt und von all denen, die sich um Spiritualität bemühten, hoch angesehen und gesucht war. Auf der anderen Seite dieses Gefühls von Abgetrenntheit ist ein Gefühl von Einheit; hinter Ablösung steht ein Gefühl von stärkerer Verbundenheit.

Wenn dieser Mensch vor einer Erfahrung des Wahnsinns steht, können Sie ihn wissen lassen, daß diese Gefühle vertraute und natürliche Aspekte der persönlichen Transformation sind, die ihn letzten Endes zu einem höheren Grad geistiger Gesundheit führen werden. In einem Zustand der Desorganisation werden oft Begrenzungen und Engstirnigkeiten zerstört. Wenn er da durch ist, wird der Betroffene eine neue Ordnung finden.

Sie können einen ähnlichen Ansatz verwenden, wenn jemand vor der Erfahrung des Todes steht. Sie müssen sich sicher sein, daß der Mensch wirklich gesund ist und im Falle irgendwelcher Zweifel eine medizinische Untersuchung fordern. Sagen Sie ihm, daß das symbolische Sterben einer der wesentlichen Wendepunkte im Prozeß der Transformation ist, und erwähnen Sie dabei vielleicht den so klar kartographierten Zyklus von Tod und Wiedergeburt. Auf der anderen Seite einer vollständigen Erfahrung des Todes steht ein neues Leben, eine neue Art der Existenz, ein neues Selbst. Nach solchen Bestätigungen können Sie dann sagen: »Mach nur weiter und stirb innerlich.« Erinnern Sie dabei den anderen daran, daß sich diese psychische Erfahrung sehr wirklich anfühlen kann.

Setzen Sie Ihre Intuition ein. Das ist der Teil von Ihnen, der Ahnungen hat und ohne rationales Denken direktes Wissen und Verständnis erlangen kann. Mit jemandem zusammenzusein, der mit einer nichtrationalen Erfahrung wie einer spirituellen Krise beschäftigt ist, verlangt eine Menge Intuition: Da es keine fixen Lösungen gibt, sind oft spontane Antworten gefordert. Selbst diejenigen, die schon viele spirituelle Krisen erlebt haben, müssen für alle Möglichkeiten offen bleiben, da die Erfahrung eines jeden Menschen einzigartig ist.
Es ist ein guter Ausgangspunkt, Hinweise von denen aufzugreifen, die sich in der Krise befinden, und bereit zu sein, damit zu experimentieren. In ihrem eigenen intuitiven Zustand wissen sie oft, was sie brauchen. Manche Nahrungsmittel sind richtig, manche falsch, Körperkontakt kann auf manchen Streckenabschnitten hilfreich sein und auf anderen stören, Menschen oder Gegenstände im Umfeld können an einem Tag passend und am nächsten unangemessen sein. Seien Sie bereit, auf solche Vorschläge zu hören und sie zu befolgen.

Vermeiden Sie es, unangemessene Botschaften zu schicken. Da Menschen in einer spirituellen Krise häufig sehr offen und intuitiv sind, empfangen sie ganz leicht sowohl die verbale wie die nichtverbale Kommunikation der Menschen in ihrer Umgebung. Eigene Zweifel oder Ängste in bezug auf das, was sie durchmachen, verleihen ihnen ein gutes Gespür für die Bestätigung solcher Gefühle durch die anderen von ihnen geachteten Anwesenden.
Gehen Sie mit Worten sorgfältig um. Wenn Sie Ausdrücke wie *verrückt*, *krank*, *psychotisch* oder *manisch* verwenden, wird der von Ihnen Betreute sie vermutlich als Urteile verstehen, die die Hoffnungslosigkeit seiner Situation unterstreichen. Vermeiden Sie offensichtliche Etikettierungen, Klassifikationen oder negative Bewertungen. Sprechen Sie beispielsweise nicht von Symptomen, sondern von Manifestationen, von Möglichkeiten und Abenteuern statt von Krise, von Aufregung statt von Angst, von einer Episode statt von Krankheit.

Achten Sie auf die Sprache Ihrer Handlungen; viele Reaktionen enthalten versteckte Botschaften. Wenn Sie Angst vor dem Prozeß haben und ihn zu einem Ende bringen wollen, tun Sie vermutlich Dinge, die genau das vermitteln: Sie versuchen vielleicht, den anderen zu früh wieder in die Aktivitäten des Alltags zurückzuführen, oder bitten ihn, sich zu einem Zeitpunkt zusammenzureißen, an dem er sich gerade auf eine wichtige Erfahrung der Desintegration zubewegt. Sollte der andere gerade sehr auf die innere Welt eingestimmt sein, bitten Sie ihn vielleicht, Augenkontakt mit Ihnen herzustellen, statt ihn bei dem zu lassen, was sich in ihm abspielt. Ihr Freund oder Verwandter könnte diesen Botschaften glauben oder auch wissen, daß sie nicht wahr sind. Dann wird er sich von Ihnen zurückziehen oder aufgeregt und schwer erreichbar werden.

Werden Sie offen, empfänglich und bereit zuzuhören. Menschen in einem Transformationsprozeß brauchen oft einen Resonanzboden, jemanden, mit dem sie ihre neuen Einsichten teilen können. Wenn wir ihnen zuviel darüber erzählen, was sie erleben, unsere Analysen andienen und Vorschläge machen, was zu tun wäre, machen wir damit die Situation eher noch komplizierter. Bei den extremeren Formen von spirituellen Krisen haben die Leute oft Probleme im Umgang mit allzuvielen verbalen Mitteilungen. Wir müssen lernen, unsere Urteile und Gefühle von Kontrolle aufzugeben und statt dessen zuzuhören und unsere Vorstellungen nur dann einzubringen, wenn es angemessen ist oder man darum bittet.

Wer eine intensive spirituelle Krise durchmacht, erlebt häufig einen solchen Ausbruch des Unbewußten, daß er diesen Erfahrungen und Emotionen durch Worte, Töne, Lieder oder Gedichte Luft verschaffen muß. Halten Sie sich zur Verfügung und lauschen Sie still von einem meditativen und geduldigen Punkt in Ihrem Inneren aus. Wenn das, was zum Ausdruck kommt, bei Ihnen einen mitfühlenden Widerklang auslöst, wird sich der andere dieses Gefühls bewußt sein, ohne daß Sie dazu viel sagen oder tun müßten.

Manchmal ist das, was Sie zu hören bekommen, beleidigend oder bedrohlich; werden Sie dann ganz ruhig, versuchen Sie, die Situation als Zeuge hinzunehmen, ohne sich in das emotionale Drama hineinziehen zu lassen. Wenn Sie selbst das Ziel dieser Äußerungen sind, ist das schwieriger. Denken Sie in dem Fall daran, daß die Behauptungen dieses geliebten Menschen vermutlich von Emotionen und Erinnerungen gefärbt sind, die wenig mit Ihnen zu tun haben. Dies ist offensichtlich nicht die richtige Zeit, sich auf eine Auseinandersetzung einzulassen. Beziehungsfragen sollten so lange aufgeschoben werden, bis die spirituelle Krise zu einem befreienden Ende gekommen ist.
Es könnte Ihnen helfen, diese schwierigen Stellen zu meistern, wenn Sie sich selbst als riesigen, leeren Raum sehen, der die Fähigkeit hat, alles aufzunehmen, ohne negative Wirkungen zu spüren. Oder stellen Sie sich vor, Sie seien unsichtbar und die Worte des anderen gingen glatt durch Sie hindurch.

Seien Sie bereit, auch körperlich Trost zu spenden. Menschen in spirituellen Krisen werden Ihnen oft sagen, wann sie berührt, umarmt oder gehalten werden wollen. Vielleicht fühlen sie sich sehr verletzbar und suchen Schutz, vielleicht sehr zärtlich und voll des Bedürfnisses, ihrer Liebe durch Berührung Ausdruck zu verleihen. Wenn sie die Geburt wiedererlebt haben, kommen sie sich oft wie Säuglinge vor, die genährt werden wollen. Wer in seiner Kindheit wenig emotionale Wärme erlebt hat, möchte vielleicht zum Ausgleich viel gehalten werden, um die innere Leere auszugleichen. Vielleicht hat er auch das Gefühl, er hätte keine Verbindung mehr zu dieser Welt und sucht deswegen den Kontakt zu einem geerdeten Freund. Deswegen ist es notwendig, daß die Betreuer bereit sind, Körperkontakt zu bieten, wenn sie darum gebeten werden.
Viele von uns haben Hemmungen und Vorbehalte, wenn es um Berührungen geht, aber es könnte sich als notwendig erweisen, diese persönlichen Überlegungen eine Weile zurückzustellen und auf das Bedürfnis zu reagieren, wenn es geäußert wird. Wenn Sie selbst gelassen sind, kann das Angebot eines warmen Kör-

pers, der tröstet und nährt, für den Menschen in der Krise sehr heilsam sein.
Um sich selbst wohlzufühlen, müssen Sie Ihre eigenen Grenzen setzen. Sexuelle Kontakte sind nicht angemessen, wenn Sie nicht schon vorher eine intime Beziehung hatten, und in manchen Stadien sollte man sie vorübergehend selbst als Ehe- oder Liebespartner vermeiden. Wenn jemand verletzbar ist, regrediert oder gerade an einer schwierigen Erinnerung arbeitet, kann es für ihn sehr verwirrend und schmerzhaft sein, wenn Sie Ihre eigenen sexuellen Belange einbringen. Sollten seine Erlebnisse mit starken sexuellen Impulsen zu tun haben, versucht er vielleicht, jemanden in seinem Umfeld erotisch anzumachen, um sich auf die äußere Welt konzentrieren zu können und der Tiefe der eigenen inneren Erfahrung auszuweichen.
Es ist vollkommen in Ordnung, wenn Sie liebevoll, aber klar Ihre eigenen Grenzen setzen. Erinnern Sie Ihren Partner dann daran, daß es wichtig und zuträglich ist, sich den Gefühlen und Emotionen innerlich zu stellen, und helfen Sie ihm, sich mehr der inneren Erfahrung zuzuwenden als Ihnen. Für den Fall, daß Sie Schwierigkeiten haben, ihn zur Kooperation zu bringen, und die Situation ungemütlich wird, ist es nützlich, einen weiteren Helfer im Hintergrund zu haben, der Sie dann ablösen kann. Vorzugsweise sollte das jemand sein, der nicht so viel sexuelle Anziehungskraft für den Menschen in der Krise hat.

Gestatten Sie sich, spielerisch und flexibel zu sein. Wenn Sie zu starr oder sehr um die Kontrolle in Ihrem eigenen Leben besorgt scheinen, könnte sich der Mensch, der sich gerade verändert, davon bedroht oder irritiert fühlen. Wenn Sie statt dessen eine flexible Haltung und die Bereitschaft entwickeln können, seiner Erfahrung in jede Richtung zu folgen, wird Ihnen wahrscheinlich ein stärkeres Gefühl von Kooperation und Willigkeit entgegenkommen.
Erlauben Sie sich zu experimentieren. Schließlich ist dieser Prozeß unglaublich kreativer Natur. Bieten Sie Ihrem Freund oder Verwandten nicht gleich eine Schlaftablette an, wenn er Probleme hat, nachts zur Ruhe zu kommen. Schlagen Sie statt dessen einen

Spaziergang oder ein heißes Bad vor. Vielleicht können Sie ihm mit einer geführten Meditation helfen, die ihn sanft nach innen bringt. Probieren Sie aus, ob ihm eine Fuß- oder eine Rückenmassage guttun.
Auch wenn der Transformationsprozeß sehr wichtig und ernsthaft ist, muß man Humor haben und spielerisch sein, wenn das angemessen ist. Wenn jemand in der Krise beispielsweise viel singt und tanzt, findet er es vielleicht schön, wenn Sie dabei mitmachen. Der Helfer kann durch das Eintreten in die Welt des anderen zeigen, daß er ihn annimmt.

Sorgen Sie, wenn möglich, für männliche und weibliche Helfer. Es gibt Zeiten, in denen es für den Menschen in dem Prozeß belanglos ist, wer bei ihm weilt, solange derjenige aufmerksam und fürsorglich ist. Bei anderen Gelegenheiten, besonders bei den anstrengenderen Formen einer spirituellen Krise, kann es ein bestimmtes Bedürfnis nach einem Mann oder einer Frau geben. Wenn jemand gerade seine Geburt oder eine frühe Kindheitserinnerung wiedererlebt hat, möchte er vielleicht von einer Frau gehalten werden, die die Rolle der Mutter spielt. Wenn es bei der Erfahrung um den Vater oder eine andere männliche Figur geht, kann es wichtig sein, Kontakt zu einem Mann zu haben. Aus diesen Gründen ist es immer günstig, Helfer beiderlei Geschlechts zur Verfügung zu haben.
Für einen Vater, eine Mutter, Ehepartner, Geschwister oder enge Freunde kann es schwierig sein, als der Protagonist einer Erinnerung anwesend zu sein, die der Mensch wiedererlebt. Wenn etwa eine Frau eine Inzesterfahrung mit ihrem Vater wiedererlebt, wäre natürlich die Anwesenheit des Vaters in diesem Moment für beide schmerzhaft und verwirrend. Wenn ihr Ehemann dabei ist, könnte er schlicht deswegen zum Ziel ihrer Wut und Angst werden, weil er eben in der Nähe ist. Dieser Ausbruch der Ehefrau könnte die weitere Beziehung vergiften. In solchen Fällen ist es wichtig, auf einen Helfer zurückgreifen zu können, zu dem keine intime Beziehung besteht, da der am ehesten mit den Emotionen umgehen kann, die da zum Ausdruck kommen.

Was Familie und Freunde für sich selbst tun können

Da Sie für den Menschen in der Krise echte Liebe empfinden und sich um ihn sorgen, passiert es leicht, daß Sie Ihre eigenen Bedürfnisse vergessen oder müde werden, weil Sie zuviel Zeit und Energie abgeben. Was können Freunde und Angehörige tun, um solche Probleme zu vermeiden und dazu beizutragen, daß sie die Anforderungen einer spirituellen Krise bei einem anderen meistern und sogar davon profitieren? Gibt es Mittel, ein solches Ereignis für Sie selbst leichter zu machen? Hier sind ein paar praktische Vorschläge:

Informieren Sie sich. Die wichtigste Strategie für Freunde und Angehörige ist die, ein Verständnis dafür zu entwickeln, was eine spirituelle Krise ist, wie sie sich von Geisteskrankheit unterscheidet, was man zu erwarten hat, und wie damit umzugehen ist. Ein Großteil der Angst und Verwirrung, der Urteile und Schuldgefühle im Umfeld einer transformativen Krise entspringt einem Mangel an Wissen. Lesen Sie alles, was Sie zum Thema finden, und sprechen Sie mit Leuten, die persönliche Erfahrungen damit gemacht haben. Da das Feld der spirituellen Krisen ein relativ neues Thema ist, gibt es nicht sehr viel allgemein zugängliche Literatur über die genauen Phänomene. Diese Situation wird sich zweifellos ändern, da immer mehr Bücher und Artikel zu diesem Thema erscheinen.
Wer mehr Informationen sucht, findet am Schluß dieses Buches eine entsprechende Literaturliste. Viele Veröffentlichungen über transpersonale Psychologie, spirituelle Praktiken, Mystik, Mythologie und Anthropologie sprechen zwar die Frage der spirituellen Krise nicht direkt an, dienen aber doch dem Begreifen dieses komplexen Phänomens.

Holen Sie sich Unterstützung bei anderen. Besprechen Sie die auftretenden Gefühle und Sorgen mit jemandem, der etwas davon versteht. Dies wird vermutlich die Antwort auf einige Ihrer Fragen über spirituelle Krisen bringen und Gefühle von Isoliertheit vertreiben. Nehmen Sie sich die Zeit, mit sachkundigen Freunden,

Mitgliedern von spirituellen Gemeinschaften oder Leuten zu reden, zu denen Sie etwa durch das Spiritual Emergence-Netzwerk Kontakt bekommen. Suchen Sie einen einsichtigen Therapeuten oder spirituellen Lehrer, dessen theoretischer Rahmen auch die Erfahrungen bei einer spirituellen Krise einschließt, und nutzen Sie diese Quelle.

Es könnte eine gute Vorbereitung für den Umgang mit den Dingen sein, die bei einer spirituellen Krise auftauchen, sich selbst im Rahmen von Therapie oder Workshops der erfahrenden Selbsterforschung auszusetzen. Sie können sowohl durch das Zusammensein mit anderen, die sich ihren Emotionen und tiefen persönlichen Fragen stellen, wie durch Ihre eigenen Erfahrungen eine Menge lernen.

Wir wünschen uns, daß unterstützende Gruppen für Angehörige und Freunde von Menschen in spirituellen Krisen gegründet werden. Dort könnten Leute mit ähnlichen Erfahrungen ihre Sorgen aussprechen und einander zu Trost, Informationen und wirksamen Strategien verhelfen. Lehrreich sind in dem Zusammenhang das Zwölf-Schritte-Programm der Anonymen Alkoholiker, das von AL-ANON (Angehörigengruppen von Alkoholikern), das der Gruppen von erwachsenen Kindern von Alkoholikern und das der EA-Gruppen (Emotions Anonymous), die von Menschen geschaffen wurden, die in direkten Beziehungen zu Leuten mit Suchtverhalten stehen.

Setzen Sie fest, in welchem Umfang Sie bereit und in der Lage sind, an der Transformation des geliebten Menschen teilzunehmen. Jeder Angehörige und Freund hat sein eigenes Bündel von Gefühlen über die spirituelle Krise dieses Menschen. Wir sind davon überzeugt, daß jeder erkennen muß, wie weit er an dem Prozeß teilnehmen will, und daß er sich danach richten soll. Vielleicht finden Sie es nützlich und wichtig, bei den intensiven Strecken der Erfahrung dabeizusein: Sie entdecken, daß Sie wirklich helfen können und daß das Mitgefühl und die Liebe, die Sie als Antwort darauf bekommen, Ihre Belohnung dafür sind, daß Sie da sind.

Es hat jedoch keinen Sinn, sich zu der Teilnahme zu zwingen, wenn Ihnen das zuviel Streß macht. Sie müssen vielleicht erkennen, daß Sie mit den Geschehnissen einfach nicht umgehen können. Ziehen Sie sich, wenn es andere Unterstützung für denjenigen in der Krise gibt, sanft und liebevoll zurück, und kommen Sie erst dann wieder, wenn Sie sich mit der Situation wohler fühlen. Sie können dem geliebten Menschen ruhig und ehrlich erklären, warum Sie gehen, und ihm sagen, daß das nichts über den Grad Ihrer Zuneigung aussagt. Es ist vielmehr eine offene Anerkennung Ihrer eigenen Bedürfnisse, die zu den bereits bestehenden Spannungen beitragen könnten, wenn sie unausgesprochen blieben. Der andere hat vielleicht schon Ihr Unbehagen verspürt, und dann wird er darüber erleichtert sein, daß Sie sich zurückziehen.

Geben Sie die Vorstellung auf, Sie könnten die Situation in Ordnung oder unter Ihre Kontrolle bringen. Dieses Problem ist aus den Zwölf-Schritte-Programmen für Familien mit Alkoholikern oder anderen Süchtigen wohlbekannt: Einer in der Familie hat ein Drogenproblem, und die anderen verwenden viel Zeit und Energie darauf, eine Situation in Ordnung bringen zu wollen, die ihrem eigenen Lauf folgt und eine selbständige Dynamik aufweist. Das führt zu Frustration, Wut und Ablehnung, die eine ohnehin angespannte Umgebung weiter aufheizen. Die Lage ändert sich erst, wenn alle ihre Machtlosigkeit eingestehen (der Süchtige über die Droge, die Angehörigen über den Süchtigen und seine Krankheit). Sowohl der Süchtige wie seine Angehörigen kapitulieren vor der Tatsache, daß ihr Ich die Situation nicht unter Kontrolle hat, und beginnen sich statt dessen auf die Hilfe einer Höheren Kraft ihrer eigenen Definition zu verlassen – auf einen anderen Menschen, eine Gruppe, auf die eigene tiefere Weisheit oder auf Gott.

Die Analogie stimmt zwar nicht genau, da ein Mensch in einer spirituellen Krise nicht krank ist, aber es gelten doch viele der gleichen Überlegungen. Der Versuch, einen Prozeß vorherzusehen, zu kontrollieren oder auszubügeln, der größer und weiser ist als jedes Individuum, ist absurd und frustrierend. Andererseits ist niemand in dieser Situation vollkommen hilflos. Solange wir wissen, daß unser rationales Ich dabei nicht die Rolle des Experten spielt, daß ein tieferer Einfluß die Kontrolle hat, ist es uns möglich, Liebe und Beistand zu geben – wie eine Hebamme einer werdenden Mutter.

Nutzen Sie die Situation als Möglichkeit, an sich selbst zu arbeiten. Die Emotionen und Erfahrungen eines anderen Menschen können Parallelen bei Ihnen selbst aufwerfen. Wenn Sie Zeuge davon werden, wie Ihre Tochter mit Angst und Furcht kämpft, können Sie plötzlich spüren, daß auch Sie ängstlich sind. Wenn sie sich auf einen Zustand der Erweiterung und des Friedens zubewegt, entdecken Sie vielleicht in sich selbst eine Sehnsucht nach innerer Gelassenheit. In Situationen wie diesen können Sie Gefühlen begegnen, die lange versteckt waren. Die Tatsache, daß sie jetzt zugänglich sind, ist eine wunderbare Gelegenheit, sich ihnen zu stellen.
Wenn solche Entwicklungen eintreten, suchen Sie sich vielleicht irgendeine Art von Therapie oder spiritueller Praxis. Das braucht Sie gar nicht von dem Entwicklungsprozeß des anderen abzulenken. Im Gegenteil: Dadurch, daß Sie klarer empfinden können, bestärken Sie ihn vielleicht noch und erreichen durch eine gemeinsame Erfahrung eine intensivere Bindung an den anderen Menschen.

Gehen Sie Aktivitäten nach, die Kraft, Inspiration und Erleichterung bringen. Das wird Ihnen helfen, besser mit den Belastungen der spirituellen Krise Ihres Freundes oder Angehörigen fertigzuwerden. Manche Leute schließen sich einer Gruppe an, nehmen an einer erfüllenden kreativen Veranstaltung wie einem Malkurs teil oder treiben einen Sport wie Laufen, der ihnen die notwendige Vitalität verleiht, mit dem umzugehen, was auf sie zukommt. Andere verbringen Zeit draußen im Freien oder widmen sich einer Form spiritueller Praxis wie Meditation oder Gebet. Stellen Sie fest, was für Sie richtig ist, und nehmen Sie sich dafür regelmäßig Zeit. Die Kraft, der Frieden und die Anerkennung, die Sie darin finden, werden Sie nicht nur im Zusammenleben mit dem Menschen in der Krise unterstützen, sondern auch in jedem anderen Aspekt Ihres Lebens.

Seien Sie gut zu sich selbst. Viele von uns sind es gewohnt, um den Preis unserer eigenen Bedürfnisse für andere zu sorgen. Vergessen Sie daher nicht, ausreichend zu schlafen, regelmäßig nahrhafte Mahlzeiten einzunehmen und sich Bewegung zu verschaffen. Kümmern Sie sich weiter um die täglichen Aufgaben und häuslichen Verantwortlichkeiten. Schließlich können lange Spaziergänge oder Sport, Eintragungen ins Tagebuch, der Besuch eines komischen Films, ein entspannendes Bad oder eine Massage wunderbar therapeutisch wirken, wenn Sie der Intensität einer spirituellen Krise ausgesetzt waren.

10 Wer kann helfen und wie?

»Das wird ja immer merkwürderlicher!« schrie Alice... »Ich zieh' mich auseinander wie das längste Fernrohr, das es je gegeben hat! ... Ach, ihr armen Füßchen, wer wird euch nun Schuhe und Strümpfe anziehn? Ich wenigstens werde dazu nicht mehr in der Lage sein, denn ich bin viel zu weit weg und kann nicht mehr für euch sorgen...«

Lewis Carroll, Alice im Wunderland[37]

Bei einer spirituellen Krise, sei sie nun sanft oder allumfassend, braucht der Betroffene oft einen Bezugs- oder Stützpunkt, jemanden, der in der Alltagsrealität geerdet ist und von seinem Standpunkt aus versichern kann, daß alles in Ordnung ist. Wer jenseits der üblichen Wirklichkeit schwebt und neue Territorien erkundet, braucht einen anderen, der die Drachenschnüre festhält; wer in die Tiefen taucht, braucht ein Rettungstau. Diese Erfahrungen und Gedanken sind merkwürdig, stark, ehrfurchteinflößend und desorientierend. Es wirkt beruhigend, wenn man fragen kann, ob man auf dem richtigen Weg sei, und von einer vertrauenswürdigen, erdgebundenen Stimme hört: »Es ist in Ordnung, Du bist sicher, die Welt ist noch hier, und ich bin es auch. Geh ruhig wieder zurück zu Deinem Abenteuer.«
In diesem Kapitel werden wir erörtern, wer die Drachenschnüre halten kann, wonach man ausschauen und was man vermeiden sollte, wenn man Hilfe braucht. Aber bevor wir praktische Vorschläge machen, wollen wir die Geschichte der spirituellen Krise einer jungen Frau erzählen. Sie liefert lebhafte Beispiele für die Art von Fragen, denen jemand in einer solchen Situation und auch diejenigen, die helfen wollen, ausgesetzt sind.

Die Geschichte von Karen

Karen ist eine anmutige junge Frau Ende Zwanzig, blond und geschmeidig. Sie strahlt eine weiche, verträumte Schönheit aus. Äußerlich wirkt sie eher schüchtern und still, aber sie ist sehr aufgeweckt und körperlich aktiv. Ihre Kindheit war schwierig. Ihre Mutter beging Selbstmord, als Karen drei Jahre alt war, und sie wuchs mit einem alkoholsüchtigen Vater und dessen zweiter Frau auf. Dieses Elternhaus verließ sie ungefähr im Alter von achtzehn Jahren, erlebte danach immer wieder depressive Phasen und hatte wiederholt mit zwanghaften Eßanfällen zu kämpfen.

Sie reiste viel, studierte und entdeckte ihre Liebe zum Jazz-Tanz, wurde eine vorzügliche Tänzerin und gab gelegentlich auch Unterricht. Sie sang gerne und erwarb als geschickte Masseuse fachliche Kompetenz. Karen ließ sich auf dem Land nieder, wo sie Peter kennenlernte und mit ihm zusammenzog. Er ist ein sanfter und fürsorglicher Mann. Sie heirateten zwar nicht, bekamen aber gemeinsam eine Tochter, Erin, die sie beide sehr lieben.

Karens Geschichte beschreibt das dramatische Ende des Kontinuums, das von einer sanften, langsamen spirituellen Entwicklung bis zu der extremen spirituellen Krise reicht. Aber dennoch werden viele der Fragen, die ihre Erfahrung betreffen, für jeden gelten, der einen transformativen Prozeß durchmacht. Vieles von dem, was wir beschreiben werden, konnten wir selbst beobachten.

Fünf Tage vor dem Beginn ihrer Episode begann Karen ein Mittel gegen Eingeweideparasiten zu nehmen, das sie an dem Tag wieder absetzte, an dem die Erfahrung begann. Der Beipackzettel enthielt den Hinweis, daß es in seltenen Fällen zu einer Nebenwirkung kommen könne, die als »psychotische Reaktionen« bezeichnet wurde. Es ist schwierig, genau zu bestimmen, welche Rolle das Medikament zu Beginn des Ereignisses gespielt haben mag. Wenn es auch möglicherweise als Auslöser gedient hat, läßt doch die Tatsache, daß solche Nebenwirkungen relativ selten auftreten, den Schluß zu, daß es sich dabei nur um einen von vielen Faktoren gehandelt hat, die dem Beginn der Episode vorausgegangen waren. Was auch immer der Ursprung war, ihr Zustand enthielt alle

Elemente einer echten spirituellen Krise. Die dauerte dreieinhalb Wochen an und machte ihr normales Leben unmöglich, da sie rund um die Uhr Aufmerksamkeit erforderte. Als Karen ein paar Tage lang in dieser Krise gesteckt hatte, machten uns einige ihrer Freunde, die von unserem Interesse an diesem Gebiet wußten, auf sie aufmerksam und baten uns, uns um sie zu kümmern. In den letzten zweieinhalb Wochen dieser Episode sahen wir sie dann fast täglich.

Karens Helfer

Wie viele spirituelle Krisen begann auch Karens schnell und unerwartet. Karen wurde so von ihren Erfahrungen gefesselt und absorbiert, daß sie weder sich selbst noch ihre dreijährige Tochter versorgen konnte, die bei ihrem Vater blieb. Unter der Aufsicht eines mitfühlenden Arztes wechselten ihre Freunde einander Tag und Nacht in der Betreuung ab.

Die sich daraus ergebende Situation war eine Geste der Liebe und Sorge seitens der teilnehmenden Menschen und kein hochentwickeltes, durchgeprüftes professionelles Bemühen. Da Karen offensichtlich Hilfe brauchte, und die Menschen um sie herum zögerten, sie traditionellen psychiatrischen Behandlungsmethoden auszusetzen, wurde weitgehend improvisiert. Die meisten der Betreuer waren nicht primär darauf ausgerichtet, mit spirituellen Krisen zu arbeiten.

In der Zeit von Karens Episode haben wir eine Menge darüber gelernt, was funktioniert und was nicht, und das, was wir sahen und erlebten, gab uns viel Mut. Es ist ein faszinierendes Beispiel dafür, welches Potential diese Art von Arbeit hat, wenn sich Ärzte und andere mit besonderer Ausbildung in spirituellen Krisen primär darauf ausrichten.

Als Karen unmöglich ohne Hilfe weitermachen konnte, beschlossen einige ihrer Freunde, sie auf dieser Reise zu unterstützen. Es gab zwar unterschiedliche Vorstellungen davon, wie das ablaufen sollte, aber alle waren sich einig, daß sie es möglichst vermeiden

wollten, Karen ins Krankenhaus zu bringen. Zu ihren engen Freunden gehörte ein erfahrener Therapeut, der die Organisation der Helfer und die Verantwortung für viele der Entscheidungen übernahm, die in Hinsicht auf Karens Pflege getroffen wurden.
Karen wurde von ihrem eigenen Haus in eines gebracht, in dem einige ihrer Freunde wohnten. Dort hatte man sorgfältig ein Zimmer vorbereitet: das gesamte Mobiliar war, mit Ausnahme eines Bettes, herausgeräumt worden, so daß es keine scharfen Kanten oder harten Flächen gab, an denen sie sich verletzen konnte. Der Boden und die Wände waren mit Matratzen und großen Kissen bedeckt. Von dem Zimmer gingen ein Bad und eine winzige Küche ab. Der Arzt, der in der Nähe wohnte, untersuchte Karen zu Beginn der Krise, um sicherzustellen, daß sie physisch gesund war. Während der ganzen Episode überwachte er weiter ihren Zustand und sorgte dafür, daß sie ausreichend Nahrung, Wasser und Vitamine erhielt.
Ihre Freunde richteten dann einen »Betreuungsdienst« ein: je zwei trugen sich rund um die Uhr für Schichten von zwei bis drei Stunden ein. Viele der Helfer hatten eine Ausbildung in verschiedenen therapeutischen Richtungen und brachten Erfahrung in der Arbeit mit anderen Menschen mit. Ihr Engagement entstand aus Freundschaft zu Karen und echtem Interesse an dem Prozeß einer spirituellen Krise. Obwohl die meisten von ihnen mit tiefgehenden emotionalen Zuständen vertraut waren, waren nur sehr wenige je in die Lage gekommen, jemandem bei einem so langen und schwierigen Prozeß zu helfen. Die Fürsorge war daher nicht immer gleichbleibend, aber im wesentlichen wirksam.
Jeder, der mitmachte, wußte, daß Karens Prozeß nicht nur für sie selbst physisch und emotional beanspruchend sein würde, sondern auch anstrengend für ihre Betreuer. Die Schichten wurden daher relativ kurz angesetzt, so daß Karen gute Unterstützung bekommen konnte, ohne daß die Helfer innerlich ausbrannten.
Vor der Zimmertür lag ein Notizbuch, in dem die Helfer ihr Kommen und Gehen und ihre Eindrücke von Karens Zustand vermerkten, aufschrieben, was sie gesagt oder getan, gegessen und getrunken hatte, und mit welchen Verhaltensweisen die nächsten

rechnen könnten. Jeder Betreuer hatte seine eigene Art, bei ihr zu sein. Manche arbeiteten aktiv mit ihr und setzten verschiedene therapeutische Methoden ein, die ihr halfen, sich den auftauchenden Emotionen und Erfahrungen zu stellen. Andere saßen einfach bei ihr, wenn ihr Unbewußtes sie überflutete, boten ihr Wärme und Kraft und die Gewißheit, in Sicherheit zu sein.

Karens Erfahrungen

Am ersten Tag ihrer Episode bemerkte Karen, daß ihre Sicht plötzlich klarer war, nicht so »weich und verschwommen« wie sonst. Sie hörte Frauenstimmen, die ihr sagten, sie würde nun eine heilsame und wichtige Erfahrung machen. Als sie in die Welt ihres Unbewußten zu gleiten begann, bat sie eine Freundin um Hilfe. Die erkannte bald darauf die Tiefe und das Ausmaß von Karens Zustand und organisierte und mobilisierte den Betreuungsdienst. Sie setzte sich mit einigen ersten Helfern in Verbindung, und als andere von der Situation hörten, boten auch sie ihre Unterstützung an.

Karens Körper wurde tagelang von großer Hitze durchströmt, und sie hatte Visionen von Feuer und roten Feldern. Manchmal hatte sie das Gefühl, von Flammen verschlungen zu werden. Um den extremen Durst zu löschen, von dem sie meinte, er rühre von diesem inneren Brennen her, trank sie sehr viel Wasser. Sie schien durch die Episode von einer enormen Energie hindurchgetragen zu werden, die sich in sie ergoß und zu vielen Ebenen ihres Unbewußten und den dort lagernden Erinnerungen, Emotionen und anderen Gefühlen und Empfindungen führte. Karen wurde ganz kindhaft und erlebte biographische Ereignisse wie den Selbstmord ihrer Mutter und die darauf folgenden physischen Mißhandlungen ihrer Stiefmutter wieder. Einmal veränderte sich plötzlich eine Kindheitserinnerung daran, daß sie mit einem Gürtel geschlagen wurde, zu dem Gefühl, sie sei eine leidende Afrikanerin, die auf einem überfüllten Sklavenschiff ausgepeitscht würde.

Sie kämpfte sich durch den physischen und den emotionalen Schmerz ihrer eigenen biologischen Geburt und erlebte wiederholt, wie sie selbst ihre Tochter zur Welt gebracht hatte. Sie begegnete dem Tod häufig und in vielen Erscheinungsformen, und ihr Beschäftigtsein mit dem Sterben löste bei den Betreuern die Sorge aus, sie könne suizidgefährdet sein. Aber die Sicherheit ihrer Umgebung und die wache Beobachtung der Helfer machten einen solchen Vorfall unwahrscheinlich. Alle beobachteten sie genau, immer war jemand bei ihr und ermutigte sie, die Erfahrungen im Inneren zu halten, statt sie auszuagieren.
Zeitweilig hatte sie das Gefühl, in Verbindung mit ihrer toten Mutter und einer Freundin zu stehen, die ein Jahr zuvor bei einem Autounfall ums Leben gekommen war. Sie sagte, sie würde sie beide vermissen und sehne sich danach, sich zu ihnen zu gesellen. Bei anderen Gelegenheiten meinte sie, sie würde andere Leute sterben sehen oder selbst sterben. Ihre Helfer sagten ihr, daß es möglich ist, den Tod symbolisch zu erfahren, ohne tatsächlich physisch zu sterben. Sie baten sie, die Augen geschlossen zu halten, und ermutigten sie, diese Sterbesequenzen innerlich ganz zu erfahren und den damit verbundenen schwierigen Emotionen Ausdruck zu verleihen. Sie machte mit, und bald ließ sie die intensive Konfrontation mit dem Tod hinter sich und machte andere Erfahrungen.
Ein paar Tage lang wurde Karen von Sequenzen überrollt, zu denen Elemente des Bösen gehörten. Manchmal meinte sie, eine alte Hexe zu sein und an magischen Opferritualen teilzunehmen. Bei anderen Gelegenheiten spürte sie ein furchtbares Ungeheuer in ihrem Inneren. Als dieses diabolische Biest seine dämonischen Energien zum Ausdruck brachte, stieß Karen zornige Rufe aus und rollte sich, wilde Grimassen schneidend, auf dem Boden herum. Ihre Helfer erkannten, daß dieser Ausbruch nicht gegen sie gerichtet war, beschützten sie und redeten ihr zu, weiterzumachen.
Manchmal kreisten ihre Erfahrungen um Sexualität. Nachdem sie einige traumatische Erinnerungen aus ihrer eigenen sexuellen Geschichte wiedererlebt hatte, spürte sie eine starke Energiequelle

im Becken. Bis dahin hatte sie Sexualität als niederen, instinkthaften Impuls betrachtet, und nun hatte sie eine profunde spirituelle Erfahrung, die zu derselben Einsicht führte wie einige esoterische Traditionen sie vertreten: Der sexuelle Impuls ist nicht einfach ein biologischer Trieb, sondern auch eine göttliche, spirituelle Kraft. Sie hatte das Gefühl, die erste Frau zu sein, der diese Bewußtheit zuteil wurde, und brachte eine neue Achtung für ihre mystische Rolle als lebensspendende Mutter zum Ausdruck.

Während eines anderen Zeitabschnitts fühlte sich Karen eins mit der Erde und ihren Bewohnern, wobei sie befürchtete, beide würden bald zerstört werden. Sie sah, daß der Planet und seine Bewohner auf die Vernichtung zusteuerten, und äußerte klare und detaillierte Einsichten über die Lage der Welt. Sie hatte Bilder von amerikanischen und sowjetischen Politikern »mit den Fingern am Abdruckknopf« und gab genaue und oft humorvolle Kommentare zur internationalen Politik ab.

Einige Tage lang zapfte Karen direkt einen kraftvollen Strom von Kreativität an und drückte viele ihrer Erfahrungen in Form von Liedern aus. Es war erstaunlich zu beobachten: Wenn ein inneres Thema ins Bewußtsein aufgestiegen war, dachte sie sich ein Lied aus oder erinnerte sich an eines und sang sich dann durch diese Phase des Prozesses hindurch.

Karen war extrem medial, hochgradig sensitiv und sehr genau auf die Welt um sie herum eingestimmt. Sie konnte jeden in ihrem Umfeld »durchschauen« und wußte oft im voraus, was die Menschen sagen oder tun würden. Ein Helfer hatte über Karen gesprochen, bevor er hineinging, um sie zu sehen. Als er das Zimmer betrat, war er überrascht, wie genau Karen seine Unterhaltung wiedergeben konnte. Sehr zur Verlegenheit der Betroffenen machte sie ganz offene Bemerkungen über die persönlichen oder zwischenmenschlichen Spiele, die sie wahrnahm, und sie trat sofort jedem mit Ablehnung gegenüber, der zu kontrollierend oder rigide war, und weigerte sich, mit diesem Menschen zu kooperieren.

Nach etwa zwei Wochen begannen einige der schmerzhaften, schwierigen Zustände nachzulassen. Karen hatte zunehmend wohltuende, lichterfüllte Erfahrungen und fühlte sich immer mehr mit einer göttlichen Quelle verbunden. Sie sah ein heiliges Juwel in ihrem Inneren, eine leuchtende Perle, von der sie das Gefühl hatte, sie symbolisiere ihre wahre Mitte, und sie verbrachte viel Zeit damit, zärtlich mit ihr zu sprechen und sie zu nähren. Sie erhielt aus einer inneren Quelle Anweisungen, wie sie sich selbst lieben und gut zu sich sein solle, und sie spürte, wie die emotionalen Wunden in Herz und Körper geheilt wurden. Sie sagte, sie habe das Gefühl, etwas Besonderes zu sein, »neugeboren«, eine zweite Geburt durchlaufen zu haben, und meinte: »Ich öffne mich dem Leben, der Liebe, dem Licht und dem Selbst.«

Als Karen sich allmählich dem Ende dieser Erfahrung näherte, wurde sie immer weniger von ihrer inneren Welt beansprucht und entwickelte wieder mehr Interesse an ihrer Tochter und den anderen Menschen in ihrer Umgebung. Sie begann, regelmäßiger zu essen und zu schlafen, und war zunehmend besser in der Lage, sich selbst um einige ihrer täglichen Bedürfnisse zu kümmern. Sie wollte ihre Erfahrung zu einem Ende bringen und nach Hause zurückkehren, und es wurde ihr klar, daß auch die Leute um sie herum bereit waren, die Episode abzuschließen. Lange Stunden und andauernde Aufmerksamkeit hatten an ihren Kräften gezehrt, und so waren sie zwar willens, noch etwas Zeit mit ihr zu verbringen und mit ihr zu reden, aber sie mußten auch zu ihrem eigenen Leben zurückkehren. Karen und ihre Helfer trafen die Vereinbarung, daß sie versuchen würde, die Verantwortung der täglichen Pflichten für ihre Tochter und sich wieder selbst zu übernehmen.

Mit der wachsenden Verbindung zur Alltagsrealität begann Karen ihre Erfahrungen gedanklich zu analysieren. Zum ersten Mal hatte sie das Gefühl, in einen negativen Prozeß verwickelt gewesen zu sein. Die einzige Art, sich selbst diese Ereignisse logisch zu erklären, war die, daß etwas schiefgegangen sein mußte. Vielleicht hatte sie wirklich den Verstand verloren. Das Stadium der Selbstzweifel ist bei spirituellen Krisen weit verbreitet. Es tritt ein, wenn die Menschen wieder aus den dramatischen Manifestationen auftauchen. Es ist ihnen peinlich, und sie beginnen, über ihr unge-

wöhnliches Verhalten zu urteilen. Manche haben dieses Gefühl mit dem verglichen, das man hat, wenn man nach einer heftig und ausgelassen durchfeierten Nacht mit einem mächtigen Kater aufwacht. Dann fragt man sich bedrückt: »Was habe ich getan?« »Wer hat das alles gesehen?« »War das denn in Ordnung?« Viele dieser Sorgen vermischten sich mit den Botschaften, die Karen von den Menschen in ihrem Umfeld erhielt: Es war nun an der Zeit, wieder zu den Belangen des Alltags zurückzukehren.
Karen ging nach Hause zu Erin und Peter, wo sie schnell wieder lernen mußte, in der Welt des Alltags zu funktionieren. Sie schrieb in ihr Tagebuch:

> Meine Hausaufgaben könnten jetzt heißen:
> Verbindung zu Freundinnen aufnehmen,
> Langsamer werden,
> Aufräumen,
> Wieder gesund werden.
> Und -
> Offen bleiben,
> Offen für Herz und Himmel,
> Für Erde, Leben, Liebe,
> Pflanzen, Hunde, Fliegen usw.
> Und Raum für meine Bedürfnisse lassen.

Karen war noch immer sehr klapprig und oft starken Emotionen und Erfahrungen ausgesetzt. Da sie in einer ländlichen Umgebung lebte, konnte sie glücklicherweise viel Zeit im Freien verbringen, wo sie sich weiterhin den noch immer starken physischen Energien, Erinnerungsfetzen und anderen Erfahrungen stellen und sie so zum Ausdruck bringen konnte, wie sie auftauchten. Sie verbrachte sporadisch Zeit mit mitfühlenden Freunden, hatte aber keinen weiteren beständigen Kontakt mit anderen, die ihr hätten helfen können. Allmählich trat ihre innere Welt zurück, und sie nahm wieder ihre alten vertrauten Funktionsweisen auf.
Der Versuch des Freundeskreises, Karen zu helfen, zeigte die mit einer improvisierten und eingeschränkten Situation einhergehen-

den Mängel. Dazu gehörte beispielsweise, daß die Kräfte der Helfer irgendwann erschöpft waren. Dennoch war das eine viel gesündere Alternative als es ein Krankenhausaufenthalt und unterdrückende Medikation gewesen wären, da Karen so viele schwierige Aspekte ihrer Vergangenheit durcharbeiten konnte. Außerdem ließ man sie einen Großteil ihrer Episode ohne die Vorstellung durchmachen, sie sei krank. Gleich nach dem Auftauchen beschrieb sie ihre Erfahrung so: »Ich habe meinen Spiegel zerbrochen« und »Ich habe meine Schale durchbrochen«. Wenn sie traditionell behandelt worden und zu der Überzeugung gelangt wäre, sie sei krank, hätte sie diese Einstellung, die das Zerbrechen alter Begrenzungen und das Freisetzen von etwas Neuem spiegelt, vielleicht gar nicht entwickeln können.

Zwei Jahre später sagte Karen in einem Gespräch über ihre Erfahrungen, sie stehe der Episode mit gemischten Gefühlen gegenüber. Viele Aspekte dessen, was mit ihr geschah, kann sie durchaus schätzen. Sie sagt, sie habe eine Menge Wertvolles über sich selbst und ihre Fähigkeiten gelernt und durch ihre Krise Weisheit gewonnen, die sie jederzeit anzapfen könne. Karen hat innere Reiche besucht, von deren Existenz sie keinen Schimmer hatte, hat enorme Kreativität durch sich hindurchfließen gespürt und die zuvor erschreckenden Erfahrungen von Tod, Geburt und Wahnsinn überlebt. Ihre Depressionen sind ebenso verschwunden wie ihre Tendenz zu übermäßigem Essen.

Schwierige Emotionen sind seltener geworden, und Karen hat in ihrem Singen einen entspannten, volleren Ausdruck, in ihrem Tanz ein breiteres Spektrum von Bewegung und ein ernsthaftes Interesse an Malerei entwickelt. Sie erzählte uns, sie fühle sich energiegeladen und erregt, wenn sie über die Episode spräche, und sei sehr bereit, mehr zu lernen, das ihr helfen würde zu verstehen, was mit ihr geschehen ist.

Andererseits steht Karen einigen Aspekten ihrer Krise auch kritisch gegenüber. Den machtvollen Zuständen während ihrer Episode konnte sie zwar nicht ausweichen, aber sie hat das Gefühl, sie sei auf die damit verbundene harte, schmerzhafte Arbeit nicht vorbereitet gewesen. Trotz der Tatsache, daß sie drei Wochen lang

viel Unterstützung bekommen hat, meint sie, sie sei noch nicht so weit gewesen, sich in den Alltag hinauszutrauen, als die Erschöpfung der Helfer dies erforderlich gemacht hätte. Seit dieser Zeit fehlt es ihr an Kontakten zu Leuten, mit denen sie ihre Erfahrungen weiter hätte verarbeiten können. Sie betrachtet sich selbst auf Grund dieser Episode als irgendwie »anders« (was indirekt auch ihre Familie und ihre Freunde so zum Ausdruck bringen), und sie hat ihre Erfahrung gern dadurch abgewertet, daß sie sich auf die negativen Aspekte konzentrierte.
Viele dieser Probleme wären vermeidbar gewesen, wenn Karen sofort nach ihrer Krise beständige und fachkundige Unterstützung gehabt hätte – etwa in einem offenen Zentrum – und über einen längeren Zeitraum weiter Hilfe in Form einer laufenden Therapie, einer Unterstützungsgruppe oder spiritueller Praxis.

Wer kann helfen?

Lassen Sie uns mit der Geschichte von Karen im Hinterkopf einen Blick darauf werfen, welche Mittel für jemanden wie sie und auch für Leute mit milderen Verlaufsformen von spirituellen Krisen zur Verfügung stehen oder stehen könnten.
Echte Zuneigung oder Liebe von seiten derjenigen, die mit einem Menschen in einer spirituellen Krise zu tun bekommen, ist unbedingt notwendig. Ohne das wird man leicht in Manipulationen und kontrollierende Spiele verwickelt, die den Prozeß behindern und den verletzen, der ihn durchmacht. Es ist nicht immer zwingend, daß es ausgebildete Fachleute sind, die jemandem bei einer transformativen Krise helfen. Eine gut vorbereitete Familie oder Gruppe von Freunden kann sich in der Lage fühlen, mit dem Transformationsprozeß des geliebten Menschen umzugehen, besonders wenn er eher mild verläuft. Im Idealfall sollten die Helfer durch Lektüre oder Beratung einige Vorstellungen von der Dynamik des Prozesses, seinem positiven Potential und heilenden Eigenschaften haben. Manchmal kann ein intuitiver Mensch ohne

fachliche Kenntnisse hilfreich sein, aber das ist deutlich die zweitbeste Lösung.

Andererseits gibt es Zeiten, zu denen das Wissen und die Erfahrung eines mitfühlenden Psychologen, Psychiaters, Arztes, Pfarrers, Sozialarbeiters oder transpersonalen Psychotherapeuten wesentlich sind. Angehörige und Freunde könnten bis zu einem gewissen Punkt klarkommen und dann die Hilfe eines Menschen mit Kenntnissen und Ausbildung auf dem Gebiet brauchen. Wenn die Situation extreme mentale, emotionale und physische Zustände einschließt und lange fortdauert, wird es notwendig sein, die Hilfe eines Arztes zu beanspruchen, um medizinische Komplikationen auszuschließen, und jemanden zu suchen, der außergewöhnliche Wirklichkeiten kennt und versteht.

Wir haben Geschichten von Ehepartnern, Angehörigen oder Freunden gehört, die einem geliebten Menschen ohne jede fachliche Ausbildung oder auch nur Verständnis der mächtigen Erfahrungen intuitiv durch eine spirituelle Krise geholfen haben. Der daraus entstehende Streß und die Verwirrung machen diese Art von einsamem Ansatz alles andere als ideal, und wir würden nie zu so etwas raten.

Da das Gebiet der spirituellen Krisen relativ neu ist, gibt es in dieser Zeit des Übergangs mehr Bedürfnis nach Hilfe als Menschen, die sie bieten können. Es macht uns Mut, daß sich immer mehr Leute persönlich und beruflich für transpersonale Psychologie interessieren und Ausbildungen erhalten, die tiefe emotionale und spirituelle Zustände anerkennen und mit ihnen arbeiten. Wir sind uns aber auch bewußt, daß es vermutlich noch eine Weile dauern wird, bis das Verständnis von transformativen Krisen weiter verbreitet ist und die notwendige Versorgung wirklich zur Verfügung steht.

In der Zwischenzeit können wir auf das hinweisen, was es schon gibt, und einige der allgemeineren und spezifischeren Vorstellungen umreißen, die in der nächsten Zukunft verwirklicht werden könnten. Da jede Situation andere Erfahrungen mit wechselnden Intensitätsgraden, unterschiedlichen Persönlichkeiten und verschiedenen Umgebungen beinhaltet, ist es schier unmöglich, denen, die helfen wollen, ein immer gültiges und definitives Patentrezept zu liefern. Bitte passen Sie unsere Vorschläge Ihrer eigenen Situation an.

Eine Tag- und Nacht-Einrichtung. Wo auch immer wir auf unseren weltweiten Reisen über spirituelle Krisen gesprochen haben, ist die Frage aufgetaucht: Wo können wir eine gute Einrichtung finden, die nach den von Ihnen angesprochenen Vorstellungen arbeitet? Es war entmutigend, immer wieder zugeben zu müssen, daß es nicht sehr viele gibt. Im Anhang II umreißen wir unseren Traum von solchen Einrichtungen. Das grundlegende Konzept ist das eines Ortes, an dem Menschen eine spirituelle Krise in Sicherheit und mit der Unterstützung von Personal durchleben können, das in transpersonalen Ansätzen ausgebildet ist und als Teil der Vorbereitung seine eigenen Erfahrungen auf diesem Gebiet gemacht hat.
Wir wissen, daß manche Krankenhäuser ihren Patienten erlauben, ihre Erfahrungen auszuleben, ohne sie durch Medikamente oder andere Interventionen zu behindern. Das sind jedoch Ausnahmen, die oft von dem Einfluß des Betreuenden abhängen. Und es geschieht vermutlich ohne ein Verständnis der transpersonalen Natur des Prozesses und seines heilenden Potentials. Außerdem ist eine Klinik für den, der sich dorthin begibt, immer ein Hinweis darauf, daß er krank ist.

Ein Betreuer-Dienst. Durch unsere Beschäftigung mit dem Gebiet der spirituellen Krisen haben wir mehrfach Situationen kennengelernt, bei denen Freunde und Angehörige die notwendige Anleitung und Unterstützung arrangiert und einen Betreuungsdienst wie bei Karen auf die Beine gestellt haben. Das kam vor, wenn Hilfe rund um die Uhr erforderlich war und keine entsprechende Einrichtung zur Verfügung stand. Wenn auch die Betreuung durch Laien gelegentlich schon gutgegangen ist, gibt es doch offensichtliche Unzulänglichkeiten: einen Mangel an Verständnis von und Wissen um außergewöhnliche Wirklichkeiten und die Beurteilung des Prozesses durch jemanden, der darauf vollkom-

men unvorbereitet ist. Wir stellen uns einen Betreuungsdienst idealerweise so vor:
Der Mensch in der Krise bleibt, wie Karen, zu Hause oder in einer ähnlichen Umgebung. Der Betreuer-Dienst wird daher nicht an einem bestimmten Ort eingerichtet. Statt dessen halten sich diejenigen, die daran beteiligt sind, nach Bedarf zur Verfügung. Der Dienst wird von einem oder mehreren Fachleuten in Zusammenarbeit mit einem einfühlsamen Arzt organisiert. Diese Fachleute sind für die Arbeit mit spirituellen Krisen ausgebildet.
Die Betreuer wissen um die tiefen emotionalen und spirituellen Zustände und haben vorzugsweise selbst schon durch transpersonale Therapie, spirituelle Praxis oder ihre eigenen Krisen außergewöhnliche Realitäten erlebt. Wenn sich auch ihre spezifischen Ansätze unterscheiden mögen, ist ihnen eine zentrale theoretische und therapeutische Strategie gemeinsam, die das heilende Potential von spirituellen Krisen und die tiefe Weisheit des Prozesses anerkennt und ihnen vertraut.
Im Verlauf der Krise treffen sich die Betreuer regelmäßig mit den Koordinatoren, um die aufkommenden Fragen zu besprechen. Außerdem kommen sie nach der Episode wieder zusammen, um die Situation auszuwerten. Wenn es für den Menschen in der Krise wieder Zeit wird, ins Alltagsleben zurückzukehren, wird diese Entscheidung von allen Beteiligten, einschließlich des Betroffenen selbst, gefällt. Die Betreuer arrangieren für die kritischen Tage oder Wochen danach ein wirksames Hilfssystem für ihn – wie etwa offene Kliniken, professionelle Hilfe, Unterstützungsgruppen und regelmäßigen Kontakt mit anderen Leuten, die auch spirituelle Krisen durchgemacht haben. Das wird ihm helfen, die Erfahrungen anzunehmen und zu integrieren und die Selbsterforschung, falls notwendig, weiterzubetreiben.
Zu den Vorteilen eines Betreuer-Dienstes gehört neben der offensichtlichen Tatsache, daß die durch psychiatrische Etikettierungen und Medikationen entstehenden Komplikationen vermieden werden, auch der, daß man zu Hause oder in einer vertrauten Umgebung bleiben kann, in einer Situation, in der man sich wohl fühlt, mit Menschen, die man kennt und denen man vertraut.

Fachleute, die mit spirituellen Krisen vertraut sind. Es kann sich während eines transformativen Prozesses als angemessen erweisen, die Kenntnisse eines Sozialarbeiters, Psychologen, Psychiaters, Beraters oder Therapeuten heranzuziehen. Der ideale Therapeut dient dem, der auf einer tiefen und ausgedehnten Reise ist, deren Antworten und Einsichten sich oft der gewöhnlichen Logik widersetzen, als mitreisender Abenteurer. Sein konzeptioneller Rahmen sollte das breite Spektrum von Erfahrungen abdecken, die bei einer spirituellen Krise möglich sind. Ein solcher Helfer erkennt die förderliche Natur des transformativen Prozesses. Er nimmt die Symptome als Möglichkeiten für Heilung, nicht als Hinweise auf Krankheit. Er versucht nicht, sie zu unterdrücken, sondern arbeitet mit ihnen. Er vertraut darauf, daß der Klient, wenn er unterstützt und ermutigt wird, die schwierigen Stadien der spirituellen Krise hinter sich bringen und dadurch neue Kraft und größere Einsicht in den Prozeß gewinnen kann. Er weiß, wie man einen sicheren und unterstützenden Rahmen für tiefe persönliche Transformation schafft, und spürt, wann er den Klienten ohne jedes Eingreifen weitergehen lassen kann und wann er Führung anbieten muß.

Die Bedürfnisse, auf die der Therapeut antwortet, hängen von der Ebene der Erfahrung ab, mit der der Klient zu tun hat. Ringt er beispielsweise mit Kindheitserinnerungen, nutzt der Experte seine Kenntnisse der Biographie dazu, ihm zu helfen, die Vergangenheit zu entwirren. Wenn jemand seine Geburt wiedererlebt, bietet der Therapeut eine Technik an, die das leichter macht. Spricht die Erfahrung primär spirituelle, mythologische oder archetypische Reiche an, muß er mit diesen Ebenen arbeiten.

Wählt man einen Experten aus, der sich auf nur eines dieser Gebiete spezialisiert hat, weiß er vielleicht nicht, was er tun soll, wenn der Prozeß sich auf eine andere Ebene zubewegt. Ein Therapeut, dessen konzeptioneller Rahmen auf die postnatale Biographie beschränkt ist, wird möglicherweise versuchen, jemanden, der gerade die Göttliche Mutter erlebt, zu seinen Kindheitserinnerungen zurückzuführen und die bestehende Situation ignorieren. Der beste Helfer bei einer spirituellen Krise ist derjenige, der alle Möglichkeiten der menschlichen Erfahrung akzeptiert und dem Klienten leicht von einer Ebene zur anderen folgen kann, und das in jeder Richtung. Ein solcher Therapeut ist bereit, neue Strategien auszuprobieren, wenn sie angezeigt sind, und unterstützt eine mögliche therapie-ergänzende Beschäftigung mit spirituellen Praktiken.

Im Idealfall bieten der einzelne Therapeut oder das Team sowohl Gesprächs- wie Selbsterfahrungstherapie und sprechen die unterschiedlichen Erfahrungsebenen eines Klienten während seiner spirituellen Entwicklung an. Die Gesprächstherapie ermöglicht ein regelmäßiges Treffen mit einem aufgeschlossenen Therapeuten, um die persönlichen und zwischenmenschlichen Angelegenheiten zu besprechen, die im eigenen Leben auftauchen, und selbst Lösungen zu finden. Das kann ein besonders effektiver Weg sein, auf dieser Reise Einsicht, Führung und Sicherheit zu erlangen. Menschen, deren spirituelle Krise sehr intensiv ist, kann es helfen, sie später ins Leben zu integrieren.

Wenn man jedoch eine aktivere und beanspruchendere Form der spirituellen Krise erlebt, reicht die Gesprächstherapie allein nicht aus. Da steht Arbeit mit intensiven Energien, Emotionen und Erfahrungen an, über die man nicht einfach sprechen kann. Überwältigende Wut oder Angst lassen sich nicht einfach wegdiskutieren. Sie müssen als Teil des reinigenden Prozesses in einer sicheren und unterstützenden Atmosphäre zum Ausdruck gebracht werden. Viele Erfahrungstherapien, wie etwa die Holotrope Atemarbeit®, bieten diese Art von Situation. Um ganz wirksam sein zu können, müssen sie auf einem theoretischen Modell beruhen, das das gesamte Spektrum der menschlichen Erfahrung einschließlich der biographischen, perinatalen und transpersonalen Ebenen einschließt. Unter der Anleitung eines Helfers, der ein solches Verständnis hat, können Ansätze wie Gestalt, Bioenergetik, prozeßorientierte Psychotherapie und Neo-Reichianische Körpertherapie sehr wirksam sein.

Aufgeschlossene Ärzte. Da eine spirituelle Krise emotionale, spirituelle und körperliche Aspekte aufweist, kann es Zeiten geben, in denen Sie deutliche physische Manifestationen erleben, die biologischen Problemen ähneln. Dann ist es unbedingt notwendig, einen Arzt zu konsultieren, um sicherzustellen, daß die Schmerzen, das Herzklopfen oder die Zuckungen nicht medizinischen Ursprungs sind. Ideal wären die Dienste eines Arztes, der die Dynamik der spirituellen Krisen, ihre Manifestationen und ihre Prognose gut kennt. Er könnte dann zwischen den bei einem transformativen Prozeß üblichen Symptomen und denen biologischen Ursprungs unterscheiden und sie entsprechend behandeln. Da es sich dabei jedoch um ein relativ neues Gebiet handelt, gibt es nicht sehr viele Ärzte mit einer solchen Ausbildung.

Ein Arzt mit einer holistischen Orientierung könnte, auch wenn er sich nicht genau der mit einer spirituellen Krise einhergehenden Phänomene bewußt ist, eine offene Haltung haben und einen solchen Prozeß zu unterstützen bereit sein. Wenn man mit Ärzten ohne einen solchen Hintergrund spricht, empfiehlt es sich, die Erörterung aller metaphysischen Angelegenheiten zu vermeiden, da die Erfahrungen mißverstanden werden könnten. Beschränken Sie das Gespräch auf die Beschreibung der Symptome und die Tests, die deren Ursprung und Bedeutung ermitteln sollen.

Ein spiritueller Lehrer. Manchmal wird ein transformativer Prozeß Sie in eine Richtung führen, von der Sie mit der Zeit entdecken, daß sie zu einer bestimmten spirituellen Lehre gehört. Wer eine bestimmte Konstellation von physischen und emotionalen Manifestationen und Erfahrungen macht, könnte erkennen, daß er in einem Kundalini-Prozeß steckt, das erfahren hat, was die Zen-Buddhisten *kensho* oder den Zustand der Erleuchtung nennen, oder etwas erlebt hat, was einer schamanischen Initiation ähnelt. In einem solchen Fall könnten Sie es als hilfreich und sogar notwendig empfinden, einen guten Lehrer aus dieser Tradition zu suchen, der diese Erfahrungen gemacht hat, sie versteht und in anderen zu unterstützen weiß. Außerdem kann er Mittel anbieten, um Ihren eigenen Prozeß weiterzuführen, mit ihm zu arbeiten und ihn in die tägliche Praxis zu integrieren.

Es ist wichtig, daß man eine spirituelle Richtung findet, in der der

Prozeß unterstützt und anerkannt und nicht als etwas behandelt wird, das es zu unterdrücken oder abzulehnen gilt. Manche Traditionen, etwa das von Swami Muktananda und seinem Nachfolger gelehrte Siddha-Yoga, erkennen, erörtern und akzeptieren die emotionalen, physischen und spirituellen Erfahrungen von Meditierenden beim Sitzen. Manche charismatisch orientierten Kirchen sprechen sich aktiv für solche Zustände aus und betrachten sie als echte Ausdrucksformen von Hingabe und Manifestationen des Göttlichen.

Bei anderen Arten von Gebet und meditativer Praxis gibt es die Anweisung, aufsteigende Bilder und Empfindungen zu beobachten und vorüberziehen zu lassen. Die Lehrer raten stark vom emotionalen Ausdruck ab und ermutigen die Schüler, ihren Geist zur Ruhe zu bringen, statt sich von dem inneren Drama verführen zu lassen. Diese wirksamen subtileren Ansätze könnten vorübergehend für jemanden, der in einer reichen inneren Welt voller vielschichtiger Bilder schwimmt und sich getrieben fühlt, dramatische körperliche Bewegungen auszuführen, unangemessen sein.

Die Weisheit, Führung und Gegenwart eines fortgeschrittenen Lehrers kann sehr hilfreich sein. Wenn er viel innere Arbeit geleistet hat, sind die Ergebnisse seiner eigenen Transformation daran sichtbar geworden, wie er sein eigenes Leben führt und in welcher Beziehung er zu sich selbst und anderen steht. Mit solchen Lehrern Zeit zu verbringen, kann schon in sich heilend, unterweisend und inspirierend sein.

Aber nicht jeder, der von sich behauptet, ein spiritueller Lehrer zu sein, ist von solchem Format. Worauf man genau achten muß, wenn man einen spirituellen Lehrer oder einen Therapeuten sucht, werden wir später erörtern. An dieser Stelle soll nur als allgemeiner Hinweis genügen, daß er nicht Anspruch darauf erheben sollte, über eine exklusive Antwort auf die Fragen des Lebens zu verfügen, sondern vielmehr jemand ist, der Sie darin unterstützen und Sie dabei anleiten wird, Ihre eigenen Antworten zu finden.

Eine spirituelle oder therapeutische Gemeinschaft. Sich einer spirituellen oder therapeutischen Gemeinschaft anzuschließen, heißt nicht notwendigerweise, daß Sie ihr Ihr ganzes Leben widmen müssen. Falls Sie aber einen effektiven spirituellen Lehrer oder Therapeuten gefunden haben und entdecken, daß er mit einer solchen Gemeinschaft zu tun hat, könnten Sie erwägen, einige Zeit mit dieser Gruppe zu verbringen. Zu den traditionellen spirituellen Gruppierungen gehören buddhistische (*sanghas*), christlich-kontemplative, Ashrams und in den USA etwa auch die Bruderschaften der Indianer. Außerdem gibt es verschiedene therapeutische Gruppen, die sich um eine bestimmte Technik herum gebildet haben, und größere Zentren, die eine Vielfalt von unterschiedlichen Richtungen anbieten.

Entscheidend ist wieder, daß die Gruppe Kenntnisse über die Erfahrungen hat, die Sie machen, und mit Ihnen zu arbeiten und Sie zu unterstützen bereit ist, falls das notwendig sein sollte. In einem solchen Umfeld gibt es wahrscheinlich Leute, die die gleichen Erfahrungen gemacht haben wie Sie und Ihnen Anleitung geben können. Außerdem gibt es Orte, an denen man sich Gebet, Meditation, Chanting, schamanische Praktiken und therapeutische Methoden aneignen kann, die Ihnen helfen werden, Ihre Erfahrungen zugänglicher zu machen und zu integrieren.

Unabhängig von der Struktur einer spirituellen Disziplin hängt das Ausmaß der Freiheit, die jemandem in einer spirituellen Krise gewährt wird, oft vom einzelnen Lehrer ab. Ein Meister des Zen-Buddhismus hat uns von einem jungen Mann erzählt, der zum Lernen in ein *sangha* gekommen war. Als seine Erfahrungen sich zu einer Krise entwickelten, »sagten wir ihm, er solle aufhören zu meditieren. Wir steckten ihn in die Küche, wo er Gemüse schneiden sollte. Als er es nicht mehr schaffte, sich darauf zu konzentrieren, baten wir ihn, im Garten zu arbeiten. Als auch das Gärtnern eine zu anspruchsvolle Tätigkeit wurde, ließen wir ihn einfach auf die Weide hinaus, um herumzurennen und zu tun, was er tun mußte, bis er damit fertig war. Dann konnte er zu seiner meditativen Praxis zurückkehren.«

Dieser junge Mann hatte das Glück, die Unterstützung einer

mitfühlenden Gemeinschaft zu haben, die für das Spektrum der Erfahrungen, die er machte, offen war. Obwohl ihre strukturierte Zen-Praxis diese Art von Manifestationen nicht unterstützt, waren sie ausreichend tolerant und abenteuerlustig, um ihn seine Episode zu einem Ende bringen zu lassen. Diese Haltung ist jedoch unglückseligerweise keineswegs bei allen spirituellen Gruppen verbreitet.

Selbsthilfe-Gruppen. Eine Gruppe von Leuten, die ebenfalls spirituelle Krisen erlebt haben, kann sich für jemanden, der mitten in einer kritischen Periode steckt, als sehr hilfreich erweisen. Die bestehenden Selbsthilfe-Gruppen für Probleme wie Drogen- und Alkoholmißbrauch, Eßstörungen, Vergewaltigungstraumata und ähnliches setzen sich aus Laien in unterschiedlichen Stadien der Reise zusammen, die gemeinsame Erfahrungen und ähnliche Vorstellungen haben. Einem Menschen in der Krise bieten solche Gruppen eine Möglichkeit, seine Probleme und Gefühle zu besprechen. Er findet dort Mitgefühl und Verständnis. Zudem können die Gruppen Ihnen helfen, ein Gespür dafür zu entwickeln, wie und mit wem Sie über Ihre Erfahrungen sprechen können. Vermutlich wird es Sie enorm erleichtern, in der Gesellschaft von Menschen zu sein, die Sie sozusagen aus dem Bauch heraus verstehen und bereit sind, Ihnen zuzuhören, ohne zu urteilen. Bei ihnen können Sie ein Gefühl von Gemeinschaft empfinden und einige der Eindrücke von Einsamkeit und Isolation verlieren, die Sie zu der Meinung verleiten könnten, Sie seien der einzige, der je solche Erfahrungen gemacht hätte.

Jemand wie Karen könnte in den Monaten und vielleicht Jahren nach einer extremen Krise in einer solchen Gruppe enorme Bestätigung erfahren. Menschen, bei denen der Entwicklungsprozeß weniger dramatisch verläuft, könnten die Gruppe als fortlaufende, regelmäßige Unterstützung nutzen. Allerdings gibt es diese Art von Gruppen zwar für allerhand andere Bedürfnisse, unseres Wissens aber bisher nicht für Menschen, die in einer spirituellen Krise sind oder waren. Wenn man die Erfahrungen anderer Gemeinschaften nutzen würde, könnte man leicht mit dem Aufbau solcher Gruppen beginnen, die einer beachtlichen Zahl von Leuten wertvolle Dienste leisten würden.

Ein guter Körpertherapeut. Viele Richtungen der Körpertherapie gehen davon aus, daß wir unsere Emotionen und Erfahrungen irgendwie in unseren Muskeln speichern. Jemand mit einer Ausbildung in Massage oder einer anderen Form von Körperarbeit kann uns helfen, diese freizusetzen. Bei einer spirituellen Krise, während derer ohnehin Gefühle, Erinnerungen und Empfindungen zugänglich werden, kann jemand mit der entsprechenden Ausbildung den Prozeß vorantreiben.
Die Körperarbeit, die die muskulären Verspannungen löst, kann Bilder, Erinnerungen oder Emotionen freisetzen. Viele Menschen erkennen, daß sie physisch unterdrückte Erinnerungen an schmerzhafte Situationen sowie ihre eigenen Reaktionen darauf haben und daß die Körperarbeit hilft, sie zu befreien. Ideal ist ein Körpertherapeut, der bereit ist, seine Klienten zu ermutigen, einem möglicherweise bei der Sitzung auftretenden Bedürfnis nach Ausdruck nachzugeben.

Jemand, der selbst eine solche Krise erlebt hat. Wer selbst eine solche Transformation durchgemacht hat, meint dann oft, sein nächster Schritt müsse der sein, anderen zu helfen, die vielleicht genauso durcheinander, überwältigt, ängstlich, erregt oder verwirrt sind, wie er es auch war. Wenn er die Höhen und Tiefen des eigenen Entwicklungsprozesses erfahren hat, hat er ein einzigartiges Training aufzuweisen, das eine wertvolle Hilfe für andere sein kann. Das heißt nicht, daß er dem anderen auf messianische Weise seine Ideologie, Einsichten oder Enthüllungen aufdrückt, sondern daß er einfach zuhören und über seine eigene Reise sprechen kann, ohne zu erwarten, daß der andere in irgendeiner spezifischen Weise reagiert.
Die eigene Erfahrung gibt ihm zudem die Möglichkeit, den Prozeß eines anderen in all seiner Komplexität und Dramatik zu unterstützen. Schließlich kennt er diese Gebiete in- und auswendig. Da er selbst dort gewesen ist, urteilt er nicht und fühlt sich nicht

überlegen. Er hat seine eigene Heilung erlebt und daher Vertrauen in das positive Potential der Situation. Das ist eine ganz andere Art von Wissen als das durch Lektüre erworbene; es ist eine im Durchleben dieser Zustände gewachsene Weisheit. So wie rekonvaleszierende Drogenabhängige und Alkoholiker, die weiter an ihrem eigenen Wachstum mitarbeiten, zu den effektivsten Helfern bei der Behandlung anderer Menschen mit denselben Problemen gehören, so können diejenigen, die spirituelle Krisen erlebt und erfolgreich integriert haben, sehr wirksam mit anderen auf der gleichen Reise arbeiten.

Enge Freunde und Familienmitglieder. Das sind Menschen, die sich oft schon auf Grund ihrer bereits bestehenden Beziehung zu dem Menschen in der spirituellen Krise in der Rolle des Helfers wiederfinden, ob sie das nun wollen oder nicht. Ihre tiefe Bindung kann entweder hilfreich oder hinderlich sein. Ihr Vertrauen und ihre Liebe können eine emotional heilsame Umgebung schaffen. Wenn sie in der Nähe wohnen, können sie dem Menschen in der Krise vielleicht einen vertrauten und angenehmen Zufluchtsort bieten.

Eine Kombination all dessen. Ideal wäre es für jemanden in einer spirituellen Krise, all diese Ressourcen zur Verfügung zu haben und daraus ein maßgeschneidertes Programm für die eigenen spezifischen Bedürfnisse zusammenstellen zu können. Sie können regelmäßig mit einem guten Therapeuten arbeiten, der Ihren spirituellen Lehrer kennt und versteht und Ihnen Wege zeigt, wie Sie die Einsichten aus der Therapie mit den Lehren aus der spirituellen Praxis verbinden können. Zusätzlich können Sie an einer wöchentlichen Gruppe teilnehmen, durch die sich Ihr Freundeskreis um Menschen erweitert, die selbst das erlebt haben, was Sie durchmachen. Sie können von Zeit zu Zeit von Ihrem Lehrer angebotene Meditationsgruppen besuchen, die Ihre Erfahrungen und Ihr Verständnis vertiefen. Wenn Sie zu Ihrem Arzt gehen, können Sie offen über die anderen Elemente in Ihrem Leben sprechen, die Auswirkungen auf Ihre physische Kondition haben

könnten. Und wenn Sie nach Hause kommen, sind da Angehörige, die nicht nur verstehen, was los ist, sondern selbst aktiv mit ihrer spirituellen Entwicklung beschäftigt sind.
Wenn Sie jemand wie Karen sind, die eine Weile nicht mit den Anforderungen des Alltags fertigwerden konnte, kann Ihnen eine Tag- und Nacht-Einrichtung einen sicheren Platz bieten, an dem Sie sich vorübergehend aus der Welt zurückziehen können. Hier können Sie Ihre Krise in einer Atmosphäre von Verständnis und Liebe ausleben. Und wenn Sie in die Welt zurückkehren, werden Sie in der Lage sein, die oben genannten Möglichkeiten für weitere Heilung zu nutzen.

Wen und was man vermeiden sollte

Manche Situationen und Menschen stehen dem transformativen Prozeß im Wege, unterbrechen oder verlangsamen ihn, lassen ihn wie etwas anderes aussehen oder komplizieren ihn sonstwie. Da jeder Fall anders liegt und jeder individuelle Bedürfnisse hat, finden Sie vielleicht spezifische Dinge, die Sie der Liste zufügen wollen.
Gewisse Routinemaßnahmen sind kontraproduktiv. Tranquilizer und andere Medikamente können im Umgang mit bestimmten psychischen Störungen nützlich sein, aber wir halten ihre weitverbreitete Anwendung bei unbestimmten Ursachen für unangemessen. Wenn jemand eine echte spirituelle Krise durchmacht, werden Sedativa den Verlauf des Heilungsprozesses beeinträchtigen. Sie tragen oft zur Verwirrung und Desorientierung bei und bergen die Problematik möglicher Nebenwirkungen und chemischer Abhängigkeit. Die regelmäßige Verabreichung von Medikamenten ist eine Übermittlung der Botschaft, der Empfänger sei krank, statt einer Anerkenntnis der Möglichkeit, daß er sich auf dem Weg zur Ganzheit befindet. Aus diesem Grund ist bei der Verwendung von Medikamenten und anderen unterdrückenden Maßnahmen große Vorsicht geboten.

Das gleiche gilt für psychiatrische Etikettierungen. Auch wenn in manchen Fällen solche Definitionen dazu beitragen können, Patienten zu kategorisieren und zu behandeln, werden oft falsche Etiketten verteilt oder unzutreffende Diagnosen gestellt. Das gilt besonders für Menschen in spirituellen Krisen, die von wohlmeinenden Ärzten geradezu routinemäßig in falsche Schubladen gesteckt werden.

Man darf nicht vergessen, daß die meisten von uns Produkte einer Kultur sind, die den Transformationsprozeß als etwas betrachtet, dem man aus dem Wege gehen sollte. Wenn wir dennoch hineingeraten, denken wir automatisch, er sei schlecht oder wir seien krank. Wenn uns die Experten dann etikettieren und mit Medikamenten versehen, antwortet unsere ängstliche Seite: »Ich hatte recht. Bei mir läuft etwas furchtbar schief.« Es ist von entscheidender Bedeutung, daß sowohl die Menschen im Prozeß wie die Heilenden um sie herum die Betonung darauf verlagern, auf das Gesundungspotential zu achten und den Vorgang als Impuls zur Ganzheit zu sehen – als Chance, unsere Möglichkeiten zu erweitern.

Mitten in einer spirituellen Krise fühlen wir uns hilflos und begrüßen jede Form von Unterstützung. Dabei werden wir nur allzu bereit, unser Leben in die Hände eines anderen zu legen, der behauptet, er könne uns wieder in unsere ursprüngliche Verfassung zurückversetzen. Viele Therapeuten meinen, sie hätten die Ausbildung, die Techniken und das nötige Verständnis, einen Menschen so wieder »in Ordnung zu bringen«, wie es ein Mechaniker mit einem Auto macht. Diese Art von Ansatz wird für jemanden in einer spirituellen Krise nicht funktionieren, da er die Verantwortung für den Prozeß von der tiefen heilenden Weisheit in unserem Inneren auf den begrenzten Wirkungskreis eines Außenstehenden verlagert. Es ist daher wichtig, einem Therapeuten oder Führer aus dem Wege zu gehen, der sich selbst als Experte andient, als jemand, der die Antwort auf all Ihre Probleme hat.

Einen Therapeuten, Lehrer oder Führer auswählen

Wenn der Entwicklungsprozeß einen Punkt erreicht, an dem Ihre eigenen Mittel nicht mehr ausreichen oder Sie das Gefühl haben, die Situation sei für Ihre sonstigen Beziehungen zu belastend, wird es Zeit, Hilfe von außen zu suchen. Auch wenn das Gebiet der spirituellen Krisen relativ neu ist und es noch nicht viele Leute gibt, die eine spezielle Ausbildung für die Arbeit mit Menschen in transformativen Prozessen haben, stehen doch viele qualifizierte Führer zur Verfügung.

Im Laufe der Jahre haben wir unsere eigenen Richtlinien für die Auswahl eines guten Therapeuten, spirituellen Lehrers oder Transformations-Führers entwickelt. Hier einige unserer Vorschläge:

Er sollte über ausreichend Training in seiner Technik oder Disziplin verfügen. Im Idealfall hat der Betreuende persönliche Erfahrungen mit den Territorien, denen der Klient begegnet. So hat beispielsweise ein Gestalt-Therapeut oder jemand, der Holotrope Atemarbeit® anbietet, nicht nur eine gute Ausbildung in theoretischen Fragen, sondern auch eine Menge persönliche innere Arbeit mit seinem Ansatz geleistet, wodurch er sowohl dessen Macht wie auch sein therapeutisches Potential erfahren hat. Sein konzeptioneller Rahmen ist sehr breit und schließt alle möglichen Erfahrungsgebiete ein. Er ist bereit, seinem Klienten in jede sich als notwendig erweisende Richtung zu folgen.

Ein wirksamer Lehrer oder Therapeut ist bescheiden, hat Mitgefühl und ist dem Dienen verpflichtet. Er erhält eine ethische Haltung aufrecht, die die Manipulation anderer zugunsten persönlichen Gewinns verbietet. Er verweist seine Klienten immer auf ihre eigenen Ressourcen als den Schlüssel zu Kraft und Wachstum, statt sich die persönliche oder spirituelle Entwicklung selbst zugutezuhalten oder zum Objekt der Verehrung zu werden.

Eine weitere wichtige Qualifikation ist ein Sinn für Humor – die Fähigkeit, über sich selbst zu lachen, über jede gegebene Situation oder das gesamte kosmische Spiel. Ein Lehrer oder Führer mit dieser Eigenschaft nimmt sich selbst nicht allzu ernst, auch

wenn die Arbeit und die Beziehung zu ihr sehr wohl ernsthaft sind.
Entscheidend ist, daß es zwischen Schüler und Lehrer oder Therapeut eine Art Resonanz gibt. Die hat nichts mit dem zu tun, was Ihr Verstand Ihnen als angemessen eingibt, oder mit dem, wovon Sie meinen, sie *sollten* es tun; sie entsteht aus einem Gefühl von Vertrauen und Zuversicht sowie einer tiefen Anziehung, die dieser Mensch und seine Arbeit auf Sie haben. Da jemand in einer spirituellen Krise oft emotional verletzbar ist, beruhen seine Entscheidungen manchmal auf unerfüllten Wünschen statt auf gegenwärtigen Bedürfnissen. Aus diesem Grund empfiehlt es sich, die Wahl Ihres Therapeuten mit einem objektiven Dritten Ihres Vertrauens zu besprechen.
Vielleicht klingen Ihnen diese Qualifikationen zu streng, und Sie fragen sich: »Kann ich denn so jemanden finden?« Wir haben den *idealen* Therapeuten oder Lehrer beschrieben, und es mag sich als notwendig erweisen, einige Kompromisse einzugehen. Es gibt jedoch viele qualifizierte Leute, die nicht zu den wohlbekannten Ärzten, Schamanen oder Gurus zählen, und ohne viel Aufhebens in einem recht kleinen Kreis wirken. Es mag einige Mühe kosten, sie durch die Vermittlung von transpersonal orientierten Gruppen oder Instituten ausfindig zu machen, aber die zusätzliche Zeit und der Aufwand werden sich lohnen. Zu viele von uns sind bereit, unsere Existenz einfach in fremde Hände zu legen und zu bitten: »Ich komme mit meinem Leben nicht klar. Kümmere Du Dich darum.« Solch eine verzweifelte Selbstaufgabe kann zu großer Verwirrung führen und unter dem Einfluß einer unethischen, manipulativen und selbstsüchtigen Autorität sogar Schaden anrichten.
In allen spirituellen Disziplinen hat der Lehrer Unterweisungen, Praxis und vorzugsweise auch persönliche Erfahrungen hinter sich, bevor er soweit ist, andere anleiten zu können. In manchen Traditionen wird das Wissen von einem Lehrer nur in direkter Linie übertragen, auf eine Art, die über viele Jahre entwickelt, verfeinert und respektiert worden ist. Die scheinbar einfachen Techniken, die diese Eingeweihten verwenden, sind in Wirklich-

keit komplexe Praktiken, die zu meistern viele Jahre der Übung erfordert.
Ebenso vorsichtig gilt es Leute zu betrachten, die sich Therapeuten nennen, aber diese Arbeit schon nach einer sehr kurzen Beschäftigung mit einer der vielen verfügbaren Techniken aufgenommen haben. Ein spiritueller Lehrer hat viel Zeit darauf verwendet, seine Praxis zu entwickeln, und auch ein guter Therapeut verfügt über ausreichend persönliche und berufliche Erfahrung in seiner Therapieform. Er hat den Ansatz bis in die Tiefe durchdrungen, kennt seine Potentiale und Sackgassen genau.
Bei der Wahl eines Therapeuten können Sie ein ähnliches Interview führen wie bei einem Einstellungsgespräch. Zögern Sie nicht, Fragen nach Ausbildung und Qualifikationen, Definition der eigenen Rolle und Ausmaß der persönlichen und beruflichen Beschäftigung mit Spiritualität, außergewöhnlichen Zuständen und transpersonalen Ansätzen sowie eigenen spezifischen Anliegen zu stellen.
Die gleichen allgemeinen Richtlinien gelten für die Suche nach einem spirituellen Lehrer. In den esoterisch orientierten Zeitschriften finden sich Anzeigen für ein breites Spektrum von Lehrern und Disziplinen. Vielleicht lesen Sie ein Buch und möchten dann bei dem Autor oder jemandem aus derselben Disziplin lernen. Stellen Sie dem Lehrer und den Menschen in seiner Umgebung die gleichen Fragen, die Sie an einen Therapeuten richten würden, und behalten Sie dabei im Auge, welche Qualifikationen Sie wirklich suchen. Hören Sie auf Ihre innere Stimme und seien Sie sich gewiß, daß Ihre Entscheidung sich richtig *anfühlt.* Fangen Sie dann in dem Bewußtsein an, daß Sie Ihre Meinung ändern können, wenn es Hinweise darauf gibt, daß Sie die falsche Wahl getroffen haben, oder daß jemand Besserer auftaucht.
Gehen Sie Therapeuten, spirituellen Lehrern und Führern aus dem Weg, die rigide, begrenzt und dogmatisch sind. Solche Leute sind arrogant und ausschließend. Sie beanspruchen, *die* Antworten oder *den* Weg zu kennen. Sie zeigen wenig Humor und nehmen sich selbst und ihre Arbeit sehr ernst. Sie haben oft sehr wenig folgenreiche persönliche Arbeit geleistet und waren mög-

licherweise der Art, wie sie mit anderen arbeiten wollen, selbst nicht ausreichend ausgesetzt. Selbst wenn sie eine Ausbildung hatten, war die oft auf konzeptionelle Analysen und Theorie beschränkt und hatte sehr wenig mit der wirklichen menschlichen Erfahrung zu tun. Die Psychiater in dieser Kategorie fühlen sich weder mit den Emotionen anderer Menschen noch mit ihren eigenen wohl. Sie haben daher den Hang, Tranquilizer und andere Medikamente zu verschreiben, die die Probleme ihrer Klienten lösen sollen.

Nehmen Sie sich vor Therapeuten oder Lehrern in acht, die häufig von ihren Leistungen sprechen und Klienten oder Schüler erwähnen, die reich oder auf andere Weise prominent sind. Halten Sie sich von Führern fern, die sich damit rühmen, ihre Klienten oder Schüler wieder auf die Reihe gebracht zu haben, besonders wenn sie dabei Sätze benutzen wie »Ich hab ihre Höhenangst aus der Welt geschafft«. Sie sprechen damit sich selbst die Verantwortung für die Veränderungen zu, die stattgefunden haben. Solche Menschen können auch von Klienten oder Studenten abhängig werden, da sie so ihre eigene Identität bestimmen. Dann erhalten sie die Beziehung länger als nötig aufrecht, um eigene Bedürfnisse zu erfüllen.

Man weiß nicht immer, wo man mit der Suche nach einem guten Therapeuten oder spirituellen Lehrer beginnen soll. Das Branchenverzeichnis oder die örtliche Zeitung helfen da nicht viel weiter, aber das könnte sich ändern, wenn die Bedeutung der spirituellen Krisen bekannter wird.

Das Spiritual Emergence-Netzwerk (SEN) dient als Quelle von Informationen und Auskünften für Menschen in der Krise, (Adresse siehe S. 384). Wer in Holotroper Atemarbeit® ausgebildet ist, verfügt über die für dieses Gebiet notwendige Erfahrung und den entsprechenden konzeptionellen Rahmen (Adresse siehe S. 384). Hilfreich kann auch ein Jungscher Analytiker sein, der es gewohnt ist, mit starken emotionalen und körperlichen Gefühlen zu arbeiten. Der Jungianische Ansatz ist im allgemeinen eher etwas intellektuell, aber er geht von einem breiten Verständnis der möglichen Erfahrungen des Menschen aus, das auch eine spirituelle Dimension beinhaltet. Nehmen Sie Kontakt zum nächsten Jung-Institut auf, und erklären Sie, was Sie suchen. Wenn Sie in einer Selbsthilfe-Gruppe sind, können Sie die anderen fragen, ob sie jemanden kennen, der den Anforderungen einer transformativen Reise gegenüber offen und bereit ist, damit zu arbeiten.

In jeder Therapie-Schule gibt es außergewöhnliche Therapeuten. Eine Frau, die etwas durchmachte, was später als Kundalini-Erwachen erkannt wurde, fand einen Freudschen Therapeuten, der ihr sagte: »Ich habe keine Ahnung, was mit Ihnen geschieht, und ich weiß auch nicht, wo es Sie hinführt, aber ich bin bereit, Sie bei allem zu unterstützen, was Sie tun müssen.« Dank seiner Bereitschaft, ein Risiko einzugehen, und mit seiner Ermutigung konnte sie eine schwierige Periode der Transformation abschließen und zu einer gesünderen Beziehung zu sich selbst und der Welt gelangen.

Die Therapie ist oft so gut wie der Therapeut. Sie brauchen sich daher nicht auf bestimmte psychologische Schulen zu beschränken oder sich dem zu verschließen, daß Hilfe oft aus unerwarteten Ecken kommt. So kann jemand, der in Rebirthing ausgebildet ist, zwar die Wirklichkeit der Erinnerungen an die Geburt akzeptieren, aber dennoch der Möglichkeit von spirituellen Erfahrungen verschlossen gegenüberstehen, während ein anderer Rebirther seine Klienten vielleicht bereitwillig in jeder Richtung unterstützt, in die ihr Prozeß sie führt.

Ein paar weise Worte noch über all diejenigen, die sich vielleicht als Helfer andienen – Angehörige oder Freunde, die nicht bereit sind, nur als Hebammen oder Geburtshelfer bei einem Prozeß mit seiner eigenen Dynamik dabeizusein. Eine gute Möglichkeit, diejenigen, die wirklich dabeisein wollen, von denen zu unterscheiden, die nicht dahingehören, ist ein Blick auf ihre jeweiligen Motivationen. Wie bereits gesagt sollten alle, die sich wirklich beteiligen, ob Fachleute, Freunde oder Familienmitglieder, deswegen dort sein, weil sie den Menschen in der spirituellen Krise wirklich mögen, an das heilende Potential des Prozesses glauben und helfen wollen. Wenn Leute nur aus Neugier, aus dem Bedürfnis, Kontrolle auszuüben oder anzugeben, oder aus ihrem eigenen

Sehnen danach, gebraucht zu werden, dabeisind, wird ihre Anwesenheit vermutlich restriktiv und störend sein.
Es gibt auch bestimmte Umgebungen, die kontraproduktiv sind. Vermeiden Sie, wenn möglich, sterile institutionelle Formen, die die Betonung auf Krankheit legen, ebenso wie solche, die aus einer unflexiblen und dogmatischen Position heraus operieren, wie es manche Familien, Schulen, religiösen Organisationen und Gemeinschaften tun. Gehen Sie jeder Umgebung aus dem Weg, die Urteile, Zorn und Arroganz statt Liebe, Unterstützung und Aufmerksamkeit bietet. Wenn Ihnen keine andere Umgebung zur Verfügung steht, können Sie unter den dort Tätigen nach einzelnen Menschen suchen, deren Arbeitsweise von dem traditionellen Ansatz abweicht und die Ihren Bedürfnissen vielleicht aufgeschlossener gegenüberstehen.

11 Die Heimkehr

Die Welt um mich herum strahlt
und funkelt.
Ich danke für die Rückkehr
in mein wunderbares Heim!
Seine gütige Gegenwart
heißt mich willkommen,
wärmt mich,
umfängt mich
wie die großzügigen Arme liebender Eltern.
In diesem vertrauten Haus habe ich angefangen,
vor so langer Zeit.
Alles hier ist nun anders,
und doch ist es alles gleich.

Geschrieben nach einer spirituellen Krise

Die bisherigen Kapitel haben beschrieben, was bei einem Transformationsprozeß zu tun ist. Unsere Vorschläge galten den Menschen, die die Erfahrung machen, und ihren Begleitern. Nun kommt die Zeit, zu der man ins tägliche Leben zurückkehrt, sei es nach einem relativ subtilen Erwachen oder einer alles verzehrenden Krise. Mit welchen Gefühlen muß man in einer solchen Zeit des Übergangs rechnen? Was kann man in dieser Zeit gewinnen und was sind die Herausforderungen? Wie können Sie sich an der weiteren Integration Ihrer lebensverändernden Erfahrungen beteiligen? Und welchen dauerhaften Veränderungen können Sie entgegensehen?

Dies ist die Periode der Rückkehr nach Hause. Menschen in diesem Stadium erleben häufig, daß sie ein neues Zuhause in sich selbst gefunden haben, eine innere Quelle von Trost und Nahrung. Außerdem entdecken oder wiederentdecken sie oft bedeutungsvolle und tröstliche Elemente in der Welt um sie herum, etwa tragfähige Beziehungen zu ihnen Nahestehenden oder vertraute Umgebungen und Beschäftigungen. Da sich jedoch aufgrund der Ergebnisse einer spirituellen Krise so viel im Leben eines Menschen ändern kann, ist auch diese Zeit nicht frei von Herausforderungen.

Zu den allgemeinen Veränderungen gehört es, daß viele schwierige persönliche Probleme entfallen, positive Elemente im Leben dazukommen, Werte wechseln und die spirituelle Dimension stärkere Bedeutung erlangt. Das sind die Belohnungen, die sich Menschen auf ihrer Reise durch den transformativen Prozeß erarbeitet haben. Sie können die Empfindung haben, wiedergeboren und verjüngt zu sein. Sie fühlen sich ganz anders als zu Beginn der Reise, in eine gesündere Beziehung zu sich selbst und der Welt hineingeboren.

Das Gefühl von Erneuerung kann auf einen Schlag kommen oder auch nicht. Manche Leute erleben eine plötzliche Beendigung ihrer Krise und einen schnellen und leichten Übergang zu einer neuen, effektiven Art des Seins. Die meisten Menschen machen jedoch eine Zeit des Wiedereintritts durch, während derer sie sich ihrer selbst und ihres Platzes in der Welt unsicher sind.

Im allgemeinen hat keine der unterschiedlichen und manchmal dramatischen Erfahrungen, die wir beschrieben haben, irgendeinen Wert, wenn sie nicht in die gewöhnliche Wirklichkeit zurückgebracht und auf das Verhalten und die Aktivitäten des Alltags angewandt wird. Viele spirituelle Traditionen sprechen die Warnung aus, daß die transzendentalen Reiche verführerisch und wir versucht sein können, die Welt hier zu ihren Gunsten zu verlassen.

Vielleicht ist es für manche Menschen angemessen, sich in der ausschließlichen Hingabe an das Geistige von der Welt abzuwenden. In diese Kategorie gehören die ernsthaften Kandidaten für Ashrams und Klöster. Die meisten von uns finden jedoch ihre wahre Berufung in alltäglichen Beschäftigungen, Arbeit in der Welt und Beziehungen zu anderen Menschen. Durch unsere eigene Transformation können wir in den Aktivitäten unserer alltäglichen Existenz eine tiefe mystische Bedeutung entdecken. Und wir können die Einsicht gewinnen, daß jeder nennenswerte spirituelle Beitrag bei dem Menschen neben uns beginnt.

In das Alltagsleben zurückzukehren heißt nicht, alles aufzugeben. Es bedeutet vielmehr, daß wir das, was wir bei unseren Abenteuern in den unbewußten Reichen gewonnen haben, in den Bereich zurückbringen, in dem wir 24 Stunden am Tag leben. Wenn wir das tun, können wir die beiden Welten verschmelzen und entdecken, daß der göttliche Impuls überall ist. Wir lernen, ihn zu suchen und in allem um uns herum zu sehen, in jeder unserer Handlungen, in jedem Menschen, dem wir begegnen.

In *Der Heros in tausend Gestalten* beschreibt Joseph Campbell meisterhaft die Probleme des Wiedereintritts. Wie im sechsten Kapitel erörtert, reflektieren die Elemente der Heldenreise die inneren Erfahrungen eines Menschen auf dem Weg der Transformation. Der Held hat sein Zuhause, einen Ort der Sicherheit und bekannten Realität, verlassen und sich auf eine Expedition begeben, die ihn in Länder voller Geheimnisse und Abenteuer führt. Hier trifft er auf viele Herausforderungen und Initiationen. Wenn die letzte Prüfung überstanden ist, kehrt der Held an seinen Ausgangsort zurück. Die Umgebung und die Rollenverteilungen dort mögen gleich geblieben sein, aber der Held ist ganz anders. Durch die vielen Erfahrungen, die er unterwegs gemacht hat, hat er jetzt die Gaben von Weisheit und Verständnis entwickelt. Aber so voller neuer Einsichten fällt es dem Helden schwer, sich wieder in die alte Welt einzufügen. Campbells Beschreibung des zurückkehrenden Helden enthält auch einige der Erfahrungen, die gewöhnliche Menschen machen, wenn sie nach einer spirituellen Krise wieder in den Alltag eintreten:

> Das erste Problem des heimkehrenden Heros ist es, daß er nach der Erfahrung der seelenstillenden Vision der Erfüllung die vergänglichen Freuden und Leiden, Banalitäten und lärmvollen Gemeinheiten des Lebens wieder als real betrachten soll. Warum wieder in eine solche Welt eintreten? … Um sein Abenteuer zur Vollendung zu bringen, muß der zurückkehrende Held den Ansturm der Welt überstehen.[38]

So kann beispielsweise jemand, der in eine vertraute Situation zurückkehrt, auf eine Kultur und in ihr lebende Menschen treffen, die für seine neuen Fähigkeiten unempfänglich sind. Der wiedergeborene Held muß sich wieder in die längst vergessene Atmosphäre finden, wo Menschen, die nur Fragmente des Menschen sind, sich vollkommen glauben. Er muß noch den Zusammenprall der Gesellschaft mit seinem das Ich erschütternden, das Leben erlösenden Elixier bestehen und die Rückschläge auf sich nehmen, die ihm in Form von vernünftigen Bedenken, boshaftem Widerstand und auch von guten Menschen, deren Begreifen versagt, noch bevorstehen.[39]

Die Großartigkeit der transformativen Erfahrungen macht es vielen Leuten schwer, die scheinbar trivialen Aspekte der gewöhnlichen Wirklichkeit zu akzeptieren und willkommenzuheißen. Und sie stehen möglicherweise vor dem sehr realen Problem, daß ihre Alltagswelt nicht gerade empfänglich für ihre neugefundenen Entdeckungen ist.
Wir werden nun diese Übergangszeit zwischen einer spirituellen Krise und einer stabilisierten Existenz näher betrachten und einige praktische Ratschläge geben, die die Rückkehr erleichtern können. Außerdem machen wir ein paar Vorschläge für das Leben nach dieser Übergangszeit.

Von der spirituellen Krise zum täglichen Leben

Viele von uns können uns ganz gut um andere Leute kümmern und ihnen helfen, oft auf unsere eigenen Kosten. In der Zeit des Übergangs und auch danach sollte Ihre erste Priorität die sein, auf Ihre eigenen gesundheitsfördernden Bedürfnisse einzugehen. Bevor Sie Ihre Aufmerksamkeit nach außen richten, müssen Sie sich selbst nähren. Es folgen einige der Prüfsteine, denen Sie vermutlich begegnen werden, und allgemeine Vorschläge, wie mit ihnen umzugehen ist. Da Ihre Erfahrungen und Bedürfnisse einzigartig sind, werden Sie diese Ratschläge vermutlich variieren oder ihnen das für Sie genau Passende hinzufügen wollen.

Es fällt Ihnen vielleicht schwer zu wissen, wo Ihre Grenze ist und wo die äußere Welt anfängt. Nach einer spirituellen Krise können Sie das Gefühl haben, daß Sie auf Grund Ihrer Konfrontation mit diversen inneren Zuständen nicht mehr wissen, wie Sie sich als Individuum definieren sollen. In Ihren Erfahrungen haben Sie sich vielleicht in Tiere, Dämonen oder andere Menschen verwandelt, sind durch Raum und Zeit gereist, haben sich mit einem Priester im alten Mexiko oder einem Soldaten im Ersten Weltkrieg identifiziert. Sie könnten übersinnliche Erlebnisse gehabt haben, bei denen Sie aus Ihrem Körper hinausgeflogen oder mit jemand anderem verschmolzen sind. Unterwegs könnten Sie der Erfahrung unterworfen gewesen sein, daß Ihr Ich ausgelöscht wurde. Oder Einheitszustände erlebt haben, bei denen Sie im Kosmos aufgegangen sind und sich selbst als Teil eines vernetzten Gewebes von Bewußtsein gefühlt haben.

Und nun haben diese spontanen, desorientierenden Zustände aufgehört. Nach einem solchen inneren Ansturm ist es vollkommen natürlich, sich bei der Rückkehr in den Alltag der eigenen Grenzen unsicher zu sein. Wie sollte man sich nach der Erfahrung des Ich-Todes, bei dem man seine alte Selbst-Definition verloren hat, nicht fragen, was nun kommt? Wer sind Sie jetzt?

Wie bei vielen Elementen der spirituellen Krise geschieht auch hier der nächste Schritt gewöhnlich von allein, wenn man ihn zuläßt. Ihr neues Selbst taucht automatisch auf, und die beste Strategie ist die der Kooperation, des Geschehenlassens. Gönnen Sie sich Zeiten der Ruhe, und gestalten Sie Ihre äußere Welt möglichst unkompliziert. Machen Sie sich jeden Morgen eine kurze Liste der Dinge, die Sie an dem Tag tun müssen, und haken Sie dann alles ab, was erledigt ist. Geben Sie acht, sich nicht mit Dingen zu überfrachten, von denen Sie meinen, Sie *sollten* sie tun, und lassen Sie sich am nächsten Tag Raum für das, was Sie nicht fertig bekommen haben. Nutzen Sie auf sanfte Weise Ihre spirituelle Praxis, um Einsicht und Ausrichtung zu gewinnen. Bitten Sie Ihre höhere Quelle der Weisheit um Führung und Klarheit, während Sie in Ihr neues Selbst hineinwachsen. Sprechen Sie mit Ihrem Therapeuten, und entwerfen Sie gemeinsam eine therapeutische Strategie, die Ihren Bedürfnissen gerecht wird.

Sie könnten es als wichtig empfinden, sich selbst einige Grenzen zu setzen. Gewisse Beschäftigungen wie intensive Meditationsübungen oder schwierige Erfahrungs-Psychotherapie könnten in diesem Stadium unpassend sein. Sie brauchen vielleicht Zeit, ein festeres, besser definiertes Individuum zu werden, bevor Sie stärkere innere Zustände erfahren. Wenn Sie sich dann kraftvoller und sicherer fühlen, kann die weitere Erforschung des Inneren sehr hilfreich und aufregend sein.

Sie müssen vielleicht auch in Ihren Beziehungen Grenzen ziehen. Das kann sich, wenn Sie es gewohnt sind, ohne Rücksicht auf sich selbst für andere verfügbar zu sein, als schwierig erweisen. Lernen Sie, zu fühlen und auszudrücken, was Sie von den Menschen in Ihrer Umgebung und aus verschiedenen Situationen brauchen. Setzen Sie sich selbst Grenzen, und widmen Sie sich Beschäftigungen und Beziehungen, die Ihr zuweilen wackliges Selbstgefühl unterstützen.

Machen Sie sich keine Sorgen darüber, daß Sie durch die Rückkehr zu einer mehr Ich-zentrierten Psychologie die Einsicht verlieren könnten, daß Sie mehr sind als Ihr körperliches Wesen. Die Lebhaftigkeit Ihrer Erfahrung wird verblassen, aber weder die Erinnerung noch die Auswirkungen werden Sie je verlassen.

Sie fühlen sich vielleicht zerbrechlich, verletzlich oder zaudernd und müssen sich eine Weile davor schützen, daß zuviel von außen kommt. Sie tauchen aus einem anstrengenden Abenteuer auf, bei dem Ihr früheres Selbstbild und Ihre Weltsicht in Stücke gegangen sein können. Sie waren einem breiten Spektrum ungewohnter Erfahrungen ausgesetzt, und vermutlich fühlen Sie sich körperlich erschöpft. Eine Frau meinte in diesem Stadium: »Ich hatte das Bild, daß all meine winzigen Nervenendungen nach so viel innerer Aktivität ausgefranst waren und abschlafften, wie ein überladenes Stromkabel.«

Wir raten Ihnen wieder, sich reichlich Zeit zu nehmen, sich um sich selbst zu kümmern. Gestalten Sie Ihr Leben so einfach wie möglich, und geben Sie vorübergehend alle Beschäftigungen auf, die sich als zu anstrengend und komplex erweisen. Gönnen Sie sich das, was Ihnen guttut: heiße, entspannende Bäder, beruhigende Körperarbeit oder lange Spaziergänge. Vielleicht helfen Ihnen auch unkomplizierte, erdende Tätigkeiten wie Gartenarbeit, Kochen oder Fensterputzen. Da Ihr Körper sich von dem Streß erholen muß, brauchen Sie vielleicht mehr Schlaf als üblich. Gehen Sie früh ins Bett, schlafen Sie morgens aus und leisten Sie sich untertags ein Nickerchen, wenn Sie es brauchen.

Während einer spirituellen Krise vergißt man leicht alles über die normalen Eßgewohnheiten. Experimentieren Sie beim Wiederaufbau Ihrer Kräfte mit verschiedenen gesunden Lebensmitteln. Vielleicht finden Sie frisches Obst und Gemüse besonders attraktiv.

Nachdem Sie so ausschließlich mit Ihrer inneren Welt befaßt waren, könnten Sie es hilfreich und unterhaltsam finden, sich mal eine Weile mit Ihrer äußeren Erscheinung zu beschäftigen. So einfache Sachen wie eine andere Frisur oder etwas Neues zum Anziehen können Ihr neugefundenes Selbst ausdrücken und bestärken.

Vorübergehend könnten Sie das Gefühl haben, sich selbst im Umgang mit anderen Menschen und vor der Welt im allgemeinen schützen zu müssen. Es fällt Ihnen vielleicht schwer, sich stimulierenden Umgebungen wie großen, lauten Festen, den Straßen der Innenstadt, vollen Flughäfen oder einem anstrengenden Job auszusetzen. Vermeiden Sie solche Situationen dann eine Weile, so gut es eben geht. Das gleiche gilt für fordernde Beziehungen. Sie könnten Ihre Außenkontakte auf eine kleine Gruppe von unterstützenden Freunden und Angehörigen beschränken. Wenn Sie Kinder haben, können Sie jemanden suchen, der Ihnen bei der Betreuung hilft, und wenn Sie in einem helfenden Beruf tätig sind, weniger Klienten annehmen. Jeder, dem Sie wirklich wichtig sind, wird die vorübergehenden Grenzen respektieren, die Sie errichten müssen.

Sexuelle Beziehungen verdienen an diesem Punkt besondere Sorgfalt. Die meisten Menschen sind in intimen Situationen ohnehin verletzlich. Diese Empfindlichkeit kann bei jemandem, der gerade aus einer spirituellen Krise kommt und sich weit offen und empfänglich fühlt, noch um ein Vielfaches gesteigert sein. Vielleicht stecken Sie voll neugefundener Liebe und Verbundenheit und wollen diese Ihrem Partner physisch mitteilen. Wenn Sie dann aber in die Intensität einer sexuellen Begegnung geraten, können

Sie sich zerbrechlich und überwältigt vorkommen. Wieder gilt, daß Sie vielleicht erst ein stärkeres Gefühl für die eigenen Grenzen aufbauen müssen, bevor Sie sich einer so starken Interaktion mit einem anderen Menschen zuwenden.
Wenn Sie schon eine angenehme und vertrauensvolle Beziehung haben, könnten Sie Ihren Partner bitten, Sie oft zu umarmen und festzuhalten. Knuddeln kann zu dieser Zeit sehr beruhigend und nährend sein. Wenn Sie sich weniger sexuell fühlen als üblich, brauchen Sie sich keine Gedanken darüber zu machen, daß Ihr Intimleben auf ein Ende zugeht. Dies ist auch nur ein Stadium, und wahrscheinlich werden Ihre sich entwickelnde Kraft und das neue Selbstgefühl im Laufe der Zeit die zukünftigen Interaktionen noch schöner machen.
Ein paar Worte der Vorsicht möchten wir an die richten, die während dieser Zeit eine neue sexuelle Beziehung eingehen: Da Sie oft sehr empfindsam und verletzlich sind, könnten Ihre emotionalen Bedürfnisse intensiver sein als sonst. Dadurch geraten Sie möglicherweise unabsichtlich in eine Intimsituation, die mit der Zeit unangenehm oder sogar schädlich wird. Wenn Ihnen beispielsweise jemand in einem Moment der Bedürftigkeit körperliche Wärme und Nähe anbietet, könnten Sie von dem Menschen sehr abhängig werden und damit Ihre eigene Entwicklung und ihr eigenes Gefühl von Kraft ausbremsen. Vielleicht stellen Sie fest, daß Sie sehr fordernd werden, oder daß Ihr Partner Nutzen aus Ihrer Zerbrechlichkeit zieht, indem er Sie zu ungesundem Verhalten treibt oder in peinliche Situationen bringt.

Sie haben vielleicht weiterhin kurzzeitige und vorübergehende Wellen von Emotionen, Visionen, Einsichten oder anderen Erfahrungen, die von Ihrer spirituellen Krise übriggeblieben sind. Das geschieht sehr häufig. Der dramatische, beanspruchende Teil des Transformationsprozesses ist vorüber, Sie richten Ihre Aufmerksamkeit wieder auf die Alltagswelt und sind sich zutiefst der Überbleibsel der Erfahrung bewußt. Manchmal fühlen Sie eine scheinbar unangemessene Woge von Wut oder Angst – den Emotionen in der Krise ähnlich, aber weniger stark.

Körperliche Empfindungen wie Zittern, Hitzewellen oder verschiedene Schmerzen können in milderer Form wiederkehren. Oder Sie sehen vielleicht im Laufe des Tages irgend etwas, das Sie an ein Stück Ihrer Erfahrung erinnert oder sogar eine kurze Vision auslöst. Eine profunde Einsicht kann Sie in einem vollkommen unerwarteten Moment überraschen, von Ihrer alltäglichen Beschäftigung wegführen und Ihnen wieder Ihre Tiefen bewußt werden lassen.

Diese Wellen von Emotionen und Erfahrungen bedeuten nicht notwendigerweise, daß Sie wieder dabei sind, in die Tiefen Ihres Unbewußten zu tauchen. Es sind vermutlich übriggebliebene Fragmente aus Ihrem transformativen Prozeß, die weggeschwemmt werden, wenn Sie sich weiter heilen. Wenn sie auftreten, können Sie dafür dieselben Strategien verwenden, die sich während Ihrer Krise als wirksam erwiesen haben. Erfahrungstherapie, Meditationspraxis, körperliche Bewegung und kreative Ausdrucksformen sind alles gute Mittel, mit diesen Restbeständen umzugehen.

Lernen Sie, um Ihrer Beziehungen wie um Ihrer eigenen Gesundheit willen, nach diesen Überbleibseln auszuschauen, und halten Sie sie von Ihrem äußeren Leben getrennt. Achten Sie darauf, daß Sie diese Emotionen nicht auf andere Leute projizieren oder Ihren Lebensumständen die Schuld an Ihren ungelösten inneren Erfahrungen geben. Sie könnten zum Beispiel versucht sein, eine Welle übriggebliebener Wut auf Ihren schuldlosen Partner oder ahnungslose Kollegen zu projizieren und Ihre Emotionen dadurch zu rechtfertigen, daß Sie etwas an Ihrer Ehe oder Ihrem Job auszusetzen haben. Ein guter Therapeut, ein spiritueller Lehrer oder eine Unterstützungsgruppe können Ihnen in einem solchen Fall den Weg weisen.

Sie sind sich vielleicht unsicher, was Sie Leuten sagen oder wie Sie reagieren sollen. Wenn Sie aus Ihrer Krise herauskommen, fragen Sie sich wahrscheinlich, was denn eigentlich los war. Und es kann eine Weile dauern, bis Sie diese Frage befriedigend beantworten können. Die Erfahrungen treten sehr häufig vor dem intellektuellen Verstehen auf. Die logische Erklärung entwickelt sich oft erst allmählich durch die Auseinandersetzung mit Büchern, Lehrern oder anderen Menschen, die denselben Weg gegangen sind. Sie könnten daher eine Weile das Gefühl haben, nicht einmal zu wissen, wie Sie mit sich selbst über das sprechen sollen, was vorgefallen ist.

Oder Sie sind sehr aufgeregt über Ihre neuen Einsichten und verspüren den Drang, sie jedem mitzuteilen, der bereit ist zuzuhören. Vielleicht machen Sie sich sogar die Hoffnung, daß Ihre Weisheit anderen helfen könnte. Und wahrscheinlich gibt es in Ihrem Umfeld neugierige Menschen, die Ihre Transformation beobachtet und Ihnen dabei geholfen haben. Die wollen Ihnen vermutlich eigene Fragen stellen. Und Sie haben das Problem, etwas kommunizieren zu müssen, das Sie vielleicht selbst noch gar nicht verstanden haben.

Dazu kommt, daß Sie erst in Ihr neues Selbst hineinwachsen, sich verletzbar und Ihrer Grenzen unsicher fühlen. Sie wissen nicht genau, wie Sie sich benehmen sollen, und fühlen sich in Gegenwart anderer irgendwie verwirrt und unsicher. Vielleicht meinen Sie, man betrachte Ihre merkwürdigen Erfahrungen kritisch und befürchte, Sie würden sich weiterhin so ungewöhnlich aufführen. Manche Freunde oder Angehörige sind so erleichtert darüber, daß die dramatische Phase der Entwicklung vorüber ist, daß sie verkünden, nun könne alles »wieder normal werden«. Sie dagegen haben das Gefühl, daß Sie gerade eben erst eine lebenslange spirituelle Reise angetreten haben.

Im allgemeinen haben andere relativ wenig Ahnung von der Bedeutung Ihrer Erfahrung. Wenn sie einer materialistischen Weltsicht anhängen, können sie sich von dieser neuen Perspektive sogar bedroht fühlen. Sie andererseits spüren, daß Sie aus Ihrer spirituellen Krise mit weiteren Einsichten oder kreativen Gaben aufgetaucht sind, die dazu dienen können, anderen zu helfen. In *Der Heros in tausend Gestalten* beschreibt Joseph Campbell ganz wunderbar genau dieses Gefühl:

Wie aber kann man wieder das lehren, was tausend- und abertausendmal richtig gelehrt und falsch gelernt wurde in all den Jahrtausenden der Gescheitheit der Menschen? Das eben ist die letzte, abschließende Aufgabe des Helden ... Wie den Menschen, die sich auf die Evidenz der Sinneswahrnehmungen versteifen, die Botschaft der allzeugenden Leere übermitteln?[40]

Wie sollen Sie denn Ihre neue Sichtweise mit Leuten erörtern, die durch ihre eigenen Vorstellungen vom Leben beschränkt bleiben? *Sehr vorsichtig.* Das Problem der Kommunikation ist einer der heikelsten Aspekte der Heimkehr. Wir haben schon viel zu viele Leute kennengelernt, die versucht haben, über ihre Erfahrungen und Einsichten mit anderen zu sprechen, die überhaupt nicht darauf vorbereitet waren, solche Dinge zu hören – die nie einen Schimmer dieser Reiche erhascht haben und vermutlich ihrem eigenen Verständnis von sich und der Welt anhängen und es beschützen.

Was auch immer Sie solchen Leuten erzählen, kann auf taube Ohren treffen. Sie wollen oder können einfach nicht zuhören. Oder sie könnten in einer Weise reagieren, die Ihnen schadet. Arbeitgeber, Kollegen, Freunde und Familienmitglieder können sich von Ihren Berichten bedroht fühlen und sich zurückziehen oder aktiv dagegen ankämpfen. Fachleute mit einem nur begrenzten Verständnis des Prozesses könnten Sie mit pathologischen Etikettierungen versehen und Ihnen Behandlungsweisen empfehlen, die Ihrer weiteren Entwicklung entgegenstehen.

Es gibt eine gute Art, zwischen denen zu unterscheiden, die negativ reagieren könnten, und denen, die sich wirklich für Ihre Transformation interessieren. Ohne daß Sie viel sagen müßten, werden die meisten vermutlich irgendeine äußerliche Veränderung an Ihnen wahrnehmen. Vielleicht sehen Ihre Augen klar und leuchtend aus, strahlt Ihr Gesicht, geht von Ihnen eine neue Erregung oder ein innerer Friede aus. Das führt zu dem Ausruf, »Du siehst toll aus!« Und zu der Frage, »Was hast Du denn gemacht?« Statt sofort all Ihre tiefsten Erfahrungen zu enthüllen, sollten Sie lieber fragen, ob der andere Lust und Zeit hat, darüber ausführlicher zu sprechen.

Diese einfache Frage trägt dazu bei, die zu finden, die wirklich interessiert sind. Wenn jemand zwar mit einem schnellen Ja antwortet, aber dann gleich auf ein anderes Thema kommt, wissen Sie, daß er wahrscheinlich nur oberflächliches Interesse hat. Wenn Ihr Freund andererseits antwortet: »Oh ja. Wann können wir uns zusammensetzen? Ich möchte alles darüber wissen«, dann gibt es eine gute Chance, daß er es ernst meint. Aber selbst dann sollten Sie lernen, Ihre Geschichte sehr einfühlsam zu erzählen, Ihrem Zuhörer nur so viele Details und Einsichten zu geben, wie er auch sucht. Sie können dann in späteren Gesprächen immer noch mehr enthüllen.

Die spirituellen Disziplinen haben unterschiedliche Haltungen zu der Frage, ob man über die innere Reise sprechen sollte. Manche Schulen glauben, darüber zu sprechen, lenke von der Kraft der Erfahrung ab, und solche Diskussionen führten zu unerwünschten Eigenschaften wie Stolz und Selbstzufriedenheit. Viele Zustände sind ohnehin unbeschreibbar, und selbst den sprachgewaltigsten Mystikern fällt es schwer, sie in Worte zu fassen. Sie werden vermutlich feststellen, daß es unmöglich ist, etwas so Unfaßbares und Vorübergehendes wie eine überwältigende Todes-Erfahrung oder die Auflösung in den Kosmos in angemessenen Sätzen zu artikulieren.

Andere Traditionen sprechen sich dagegen für den Versuch aus, diesen Erfahrungen Ausdruck zu verleihen, da dies eine Möglichkeit sei, die inneren Zustände ins tägliche Leben zu integrieren. Wenn Sie mit Menschen darüber sprechen, die etwas davon verstehen, werden Sie selbst besser begreifen, was Ihnen geschehen ist. Außerdem lernen Sie, Ihre neuen Einsichten und Lehren auf die Welt des Alltags anzuwenden.

Sie werden Ihre eigene Strategie wählen und sich die Entscheidung vorbehalten müssen, sie im Laufe der Zeit zu ändern. Sie könnten zunächst eine Weile still bleiben wollen, bevor Sie mit anderen über Ihre Reise sprechen. Genauso könnte es sein, daß Sie es eilig haben, Ihre Erfahrungen zu erörtern, um sie so noch besser zu verstehen. Stellen Sie sicher, daß Ihre Gesprächspartner wirklich dafür empfänglich sind. In Frage kommt jemand, der auch einen solchen Prozeß durchlaufen hat, ein informierter Therapeut oder spiritueller Lehrer oder eine Unterstützungsgruppe.

Sie könnten versuchen, Ihre Erfahrungen durch Malerei, Schreiben, Gedichte, Tanzen oder Singen auszudrücken. Die Metaphern dieser kreativen Formen sind der symbolischen Sprache Ihrer inneren Welt ähnlich. Insgesamt gibt es in unserer Kultur mehr Toleranz für künstlerisch zum Ausdruck gebrachte Einsichten als für direkte verbale Übermittlung.

Was auch immer Sie tun, machen Sie nie den Fehler, Leute mit Ihren Einsichten zu konfrontieren, die sie gar nicht hören wollen. Manche von uns sind so enthusiastisch über die Veränderungen, die wir an uns selbst sehen, daß wir meinen, wir sollten alle daran teilhaben lassen. Wir könnten sogar so weit gehen, andere konvertieren zu wollen. Das wird zu Unbehagen und zwischenmenschlichen Problemen führen. Wir alle befinden uns in unterschiedlichen Stadien unserer eigenen Entwicklung. Wir alle verdienen Respekt für das, wer und wo wir an jedem beliebigen Punkt sind. Jeder von uns muß seine eigene Reise machen, und die Streckenführungen können ganz unterschiedlich sein.

Auch wenn es sich zunächst so anfühlen mag, heißt Ihre Erfahrung nicht, daß Sie etwas Besonderes oder anderen überlegen sind. Wenn Sie eine Enthüllung der transzendentalen Reiche oder Einsichten in das kosmische Wirken erlebt haben, sollten Sie daran denken, daß diese Erfahrung eigentlich jedem zugänglich ist. Sonst entwickeln Sie womöglich ein Gefühl von spirituellem Stolz und Großartigkeit, diesen sehr verführerischen, aber potentiell schädlichen Ablenkungen, die in den spirituellen Traditionen wohlbekannt sind. Seien Sie vorsichtig, wenn Sie merken, daß Sie glauben, *die* Antworten und eine besondere Mission zu haben, der Welt Ihre Botschaft zu vermitteln. Antworten, die für Sie wichtig sind, können für jemand anderen vollkommen unangemessen sein. Demut ist eine der wichtigsten Eigenschaften von wahrhaft spirituell entwickelten Menschen.

Sie verurteilen vielleicht Ihr Verhalten während der spirituellen Krise, schämen sich oder fühlen sich deshalb schuldig. Das gilt besonders für Menschen, die eine extreme Form der spirituellen Krise mit lebhaften Erfahrungen, dramatischen Bewegungen und emotionalem Ausdruck erlebt haben. Vielleicht erinnern Sie sich nicht an alles, was Sie gesagt oder getan haben. Und wenn Sie dann aus der Krise herauskommen, fragen Sie sich plötzlich: »Oh je, was habe ich getan? Wer war dabei? Und was haben die sich gedacht?«

Diese Art von Einstellung ist weit verbreitet, und sie stört die weitere Heilung. Das rationale Denken ist im Laufe eines transformativen Prozesses unser schlimmster Feind. Während einer starken Erfahrung war Ihre logische Welt vermutlich den irrationalen Reichen Ihres Unbewußten untergeordnet. Sie haben damals vermutlich Dinge gesagt und getan, die im Rahmen Ihrer Entwicklung zum damaligen Zeitpunkt anscheinend vollkommen passend waren. Wenn Sie aber nun zu Ihrer rationalen Existenz zurückkehren, scheint eben dieses Verhalten unangemessen und sogar unannehmbar zu sein.

Da die Spannung und das brennende Engagement nachgelassen haben, verblaßt die Lebhaftigkeit des Ganzen nun zu Erinnerungen. Ihr Verstand übernimmt und versucht, Ihr ungewöhnliches und scheinbar unlogisches Verhalten zu rechtfertigen. Immer wieder versuchen Menschen in diesem Stadium, die Bandbreite und die Bedeutung ihrer Erfahrung zu leugnen. Vielleicht versuchen Sie sich sogar Erfahrungen und Sichtweisen auszureden, die für Sie extrem wichtig waren. Oder Sie bemühen sich, ihre Auswirkungen dadurch zu mindern, daß Sie sie wegerklären: »Ich stand mächtig unter Streß und war einfach nicht ich selbst.«

Wenn Sie noch nicht verstanden haben, was mit Ihnen geschehen ist, und sich isoliert fühlen, könnten Sie sich sogar selbst davon zu überzeugen versuchen, daß Sie verrückt waren. Sie sind von der Erfahrung so erschüttert, daß Sie verzweifelt zum »normalen« Leben zurückkehren wollen. Sie haben so sehr die Kontrolle verloren, daß Sie wieder eine sorgfältig überwachte Existenz anstreben. Sie klammern sich an Ihr Konzept von Normalität, wollen wieder für sich selbst und die Sie umgebende Kultur annehmbar sein. Sie fühlen sich schuldig und werden selbst zu Ihrem strengsten Richter.

Das ist ein weiterer Punkt, an dem eine gute Gemeinschaft von verständnisvollen Leuten Sie unterstützen kann. Ein wissender Therapeut, ein spiritueller Lehrer oder die Gruppe und Reisegenossen können Ihnen helfen, die profunde Natur Ihrer lebensverändernden Erfahrung zu erkennen und zu achten.

Informieren Sie sich weiter über die Dynamik von spirituellen Krisen. Sie werden feststellen, daß viele transformativen Ereignisse dramatisch verlaufen. Lesen Sie die Beschreibungen der spirituellen Erfahrungen der Heiligen und Propheten und über die vierzig Tage Christi in der Wüste. Sie waren voll explosiver Herausforderungen. Hören Sie die evokative, emotionale Musik der charismatischen Kirchen. Lernen Sie etwas über Transformationsrituale in anderen Kulturen. Diese andächtigen Aufführungen sind fast alle ausdrucksstark, leidenschaftlich und kraftvoll. Sie zeigen die riesige, elementare spirituelle Kraft, die bei einer welterschütternden Erfahrung des Erwachens aktiv ist, und haben nichts von der höflichen, kontrollierten Politur, die die meisten sozialen Interaktionen glättet.

Wenn Sie erst einmal akzeptiert haben, daß Ihre Erfahrungen ein notwendiger Teil Ihrer spirituellen Entwicklung waren, werden Sie ihrem gewalttätigen Eindringen in Ihr Leben dankbar gegenüberstehen. Und Sie können sie weiterhin für das in Ehren halten, was sie in Ihrem Leben bewirkt haben. Aber gehen Sie weiter. Verweilen Sie nicht ewig bei dem, was gewesen ist. Vor Ihnen liegen noch viele aufregende Schritte.

Ihnen widerfährt soviel anderes, da ist eine extra Portion Schuld und Selbstverurteilung das Letzte, was Sie brauchen. Seien Sie nicht so hart mit sich selbst. Nutzen Sie eine Meditationsart, um Ihren Verstand zur Ruhe zu bringen und Ihre Fähigkeit zu entwickeln, seine Denksporttätigkeit zu beobachten, ohne sich davon beeinflussen zu lassen.

Es fällt Ihnen vielleicht schwer, Ihre Erfahrung intellektuell und philosophisch zu verarbeiten oder mit Ihrer alten Weltsicht in Einklang zu bringen. Das ist eine weitere recht häufige Herausforderung. Denken Sie daran, wie Ihre Weltsicht aufgebaut war, bevor Ihre Transformation begann. Vielleicht haben Sie geglaubt, Sie seien nichts anderes als Ihr Körper, daß Ihr Leben bei der Geburt begann und mit dem Tod enden wird. Ihr Potential zu erweitern, hieß damals, Ihren Verstand und Ihre mechanischen Fertigkeiten zu entwickeln und in der Welt voranzukommen. Ihre Wahrnehmung hing mit dem zusammen, was Sie sehen, schmecken, berühren, hören und riechen konnten. Liebe beruhte auf Sex und Sicherheit. Und Ihre Sehnsüchte hatten mit materiellem Erfolg zu tun.

Während Ihrer spirituellen Krise erleben Sie dann Ihre Geburt wieder und stellen sich dem Tod, und Sie erkennen, daß das Leben mehr ist, als Sie dachten. Sie haben verschiedene Außer-Körper-Erfahrungen und lernen, daß Sie mehr sind als ein physisches Wesen. Vielleicht werden Sie in einer lebhaften Szene aus dem alten Japan zu einem Samurai-Krieger und beginnen, über die Möglichkeit von Reinkarnation nachzudenken. Sie besuchen neue Reiche in sich selbst, sind plötzlich voll schöpferischer Ideen und neuer Einsichten und stellen fest, daß Ihr Potential unbegrenzt zu sein scheint. Nach vielen hellseherischen Träumen und intuitiven Wahrnehmungen erkennen Sie, daß Sie über mehr verfügen als nur Ihre fünf Sinne. Sie erfahren das mystische Einssein der gesamten Schöpfung und entdecken eine neue Bedeutung von Liebe. Und wenn Sie das alles gesehen haben, widmen Sie sich dem Bemühen um ein wahrhaft spirituelles Leben.

Stellen Sie sich, als würde das allein nicht schon reichen, vor, Sie seien jüdisch, und Ihre wichtigsten mystischen Visionen würden sich im Rahmen der arabischen Sufi-Tradition abspielen. Oder Sie seien überzeugter Katholik und Ihre signifikanten transformativen Zustände hinduistisch. Oder Sie seien ein Buddhist mit lebhaften christlichen Erfahrungen.

Wie kann man auch nur anfangen, über diese radikalen Abwendungen von der alten Weltsicht nachzudenken? Machen sie Sinn? Wie können Sie sie für sich selbst in ein Konzept bringen? Heißt das, daß Sie Ihre vertraute Identität sowie die darauf beruhenden Beziehungen aufgeben müssen?

Diese Art von Fragen beantworten sich bei vielen Menschen

automatisch. Wenn sie wieder aus ihrer Erfahrung auftauchen, fühlen sie sich annehmend und vollständig und haben kein großes Bedürfnis zu fragen, was los war. Die Erfahrung macht oft »aus dem Bauch raus« Sinn und spricht für sich. Andere Menschen ringen mit diesen Fragen. Sie haben um ihre alten Seinsweisen herum einen ganzen Lebensstil und ein Wertesystem aufgebaut, die sie nicht gern aufgeben wollen.

Eine hilfreiche Art, diese neuen Einsichten zu verdauen, ist Weiterbildung. Lesen Sie Bücher und sprechen Sie mit anderen Menschen. Wenn Sie Erfahrungen hatten, die sich in einer anderen Kultur abspielten, können Sie sich besonders deren Geschichte, Kunst und Literatur anschauen und herausfinden, ob sich dort eine Resonanz zu Ihrem neuen Bewußtsein findet. Falls immer wieder ein bestimmtes Symbol, etwa ein Schwan oder ein Kreis auftauchen, können Sie deren interkultureller Bedeutung nachgehen. Vielleicht finden Sie dabei Hinweise darauf, welchen Sinn sie in Ihrem Leben haben.

Umgeben Sie sich mit Menschen, die ein ähnliches Verständnis haben wie das, das sich bei Ihnen entwickelt. Schließen Sie sich einer Gebets- oder Meditationsgruppe an, die Praktiken aus der Tradition anbietet, der Sie innerlich begegnet sind. Das heißt nicht, daß Sie sofort alles akzeptieren müßten, was dort gelehrt wird. Aber einfach dort zu sein, kann Ihnen weitere Hinweise auf Ihre eigene innere Richtung liefern. Das könnte – muß es aber nicht – heißen, daß Sie sich vorübergehend oder auf Dauer von Freunden oder Organisationen lösen müßten, die Ihre alte Weltsicht repräsentieren. Manchen Menschen fällt es leicht, ihre neue Richtung einzuschlagen und dabei in der alten Umgebung zu bleiben, anderen nicht.

Eine spirituelle Krise zu haben heißt nicht, daß Sie automatisch gezwungen wären, Ihre alten Lebensweisen aufzugeben. Auch wenn sich innerlich viel verändert hat, können Sie immer noch dieselben Aktivitäten und Beziehungen aufrechterhalten. Sie stellen einfach eine neue Art von Verbindung zu ihnen her. Es könnte jedoch geschehen, daß Sie Ihre Lebensumstände für unvereinbar mit Ihren neuen Sichtweisen und Werten halten. Sie wollen in

Umgebungen sein, die sich mehr mit dem decken, was Sie werden. Und Sie müssen mit Menschen zusammensein, die verstehen.

Das gleiche gilt für religiöse Traditionen. Sie sind vielleicht in einer gläubigen Familie oder Gemeinschaft aufgewachsen. Als Ihre Transformation begann, hatten Sie plötzlich bedeutsame Erfahrungen, die mit einem anderen Glauben zusammenhingen. Sie haben vielleicht begonnen, Ihr eigenes Glaubenssystem in Frage zu stellen und zu überlegen, ob Sie das jetzt aufgeben müssen. Das kann, besonders wenn die Menschen um Sie herum Ihnen Druck machen zu bleiben, wo Sie waren, ein sehr schwieriges Dilemma sein.

Glaubenssätze, die Ihnen wichtig gewesen sind, müssen Sie nicht unbedingt wegwerfen. Manche Leute entscheiden sich jedoch dafür. Sie wechseln vielleicht zu einer anderen Tradition und finden dort eine tiefe Resonanz, die Sie bisher noch nie so erlebt haben. Viele entwickeln Interesse an den mystischen Dimensionen aller Religionen und erkennen, daß es der mystische Kern ihrer eigenen Religion war, der sie dabeigehalten hat. Vielleicht sehen sie jeden Glauben als einen anderen Pfad zu demselben Ziel und entwickeln eine universale, ökumenische Haltung, eine Art planetarer Spiritualität.

Andere entfernen sich nur vorübergehend von ihrer eigenen Tradition und kehren später mit einer neuen Einstellung zu ihr zurück. Eine Freundin von uns, die in einem orthodoxen jüdischen Haushalt aufgewachsen war, erlebte ihr Erwachen in einem hinduistischen Kontext. Sie verbrachte einige Jahre mit einem ostindischen Lehrer. Dabei erwarb sie Wissen und lernte Praktiken, die für ihre Entwicklung wertvoll waren. Sie erkannte, daß ihre Probleme mit ihrer eigenen Tradition mit dem dogmatischen und ausschließenden Ansatz ihrer Familie zu tun hatten. In ihren mystischen Zuständen hatte sie den Wert eines Lebens kennengelernt, das auf ihrer neuen, umfassenden, vereinenden Sichtweise beruhte. Aber die Sehnsucht nach ihrer eigenen Tradition blieb, und sie kehrte schließlich zur jüdischen Religion zurück. Diesmal aber wandte sie sich deren mystischen Seiten zu, wie sie sich im Chassidismus und der Kabbalah finden.

Sie spüren vielleicht nacheinander starke Wellen von Erleichterung, Demut, Ehrfurcht, Gnade, Dankbarkeit und Staunen.
Nun kommen wir zu einigen der angenehmsten Herausforderungen. Ebensogut wie die Wogen übriggebliebener Emotionen wie Wut oder Angst können Sie Wellen von positiven Emotionen oder Erfahrungen zu spüren beginnen. Wenn viele der aufrüttelnden Zustände verblassen, kann Ihr ganzes Sein in Erleichterung sinken. Der Druck der intensiven inneren Zustände ist weg, und Sie fühlen sich entspannter und ausgeglichener.

Vielleicht haben Sie sich einige Ihrer elementarsten Aspekte angeschaut, wie Ihre Angst vor dem Tod oder Ihre destruktiven Impulse. Oder Sie waren voll Demut angesichts eines profunden inneren Strahlens. Das hat dazu geführt, daß Ihr falscher Stolz nachgelassen hat, und Sie nun eine neue Bescheidenheit spüren. Viele Barrieren zwischen Ihnen und dem Rest der Menschheit sind entfernt worden.

Sie spüren vielleicht Ehrfurcht vor dem Ausmaß und der Qualität Ihrer Erfahrungen und fühlen sich von einer größeren Macht gesegnet, die Sie über die rauheren Wegstrecken geleitet hat. Sie sind nicht nur dankbar dafür, daß Sie viele der Schwierigkeiten hinter sich haben, sondern auch dafür, daß Sie für neue Dimensionen und Potentiale in Ihrem Innern erwacht sind. Bei der Rückkehr von Ihrer Reise können Sie voller Staunen über die Unermeßlichkeit Ihrer Erfahrung und die neuen entdeckten Reichtümer Ihres täglichen Lebens sein.

Ganz gewöhnliche Momente wecken ganz außergewöhnliche Gefühle. Bei einem Waldspaziergang bemerken Sie ein Nest mit Jungvögeln und spüren eine starke Woge der Verbundenheit mit der schöpferischen Kraft des Universums. Ein funkelndes Fenster in einem Hochhaus erregt Ihre Aufmerksamkeit, und Sie machen noch einmal die Erfahrung völliger Klarheit. Sie hören beeindruckende Choralmusik und werden von Gefühlen der Ehrfurcht und Verehrung für die unermeßlichen Dimensionen des kreativen Geistes bewegt. Sie verbringen einen ruhigen Moment mit Ihrem Kind und fühlen sich darin von Gnade überflutet.

In Ihrem Inneren ist ein neuer, positiver Platz geschaffen worden.

Die von ihm ausstrahlenden Zustände sind zwar nährend und heilend, aber sie gehen meist vorbei. Sie können lernen, mit ihnen zu arbeiten, sie zu entwickeln und auszudehnen. Lassen Sie sich Zeit für Reflexion und schöpferische Beschäftigungen wie Malen oder Schreiben. Gehen Sie in der freien Natur spazieren. Setzen Sie sich Situationen und Aktivitäten aus, die diese Gefühle stimulieren: Hören Sie beispielsweise erhebende Musik, oder arbeiten Sie im Garten.

Sie finden es vielleicht schwierig, die ungewohnten positiven Erfahrungen, die in Ihr Leben kommen, anzunehmen, und Sie wissen vielleicht nicht, wie Sie mit dieser neuen Kraftquelle umgehen sollen. Viele von uns sind es so gewohnt, uns abzumühen, daß wir gar nicht wissen, was wir tun sollen, wenn wir uns besser zu fühlen beginnen. Wir haben so viel Zeit damit verbracht, uns unzureichend zu fühlen und unsere Ängste und Phantasien zu bekämpfen, daß wir wenig anderes kennen. Plötzlich einen recht beständigen Fluß von positiven Emotionen zu spüren, kann ein ziemlicher Schock sein. Meist reagieren wir darauf so, daß wir an den noch bestehenden Schmerzen und Problemen festhalten, weil sie uns eben vertraut sind. Wir könnten uns sogar Beschäftigungen wie militante politische Anliegen oder schwierige Beziehungen suchen – und sie auch finden –, um so unser fortdauerndes Ringen und unser Unglücklichsein zu sichern. Dieses lebenslange Muster ist oft nur schwer zu durchbrechen.
Wenn Sie soweit sind, wird weitere innere Exploration dazu beitragen, Zweifel zu beseitigen und die Wurzeln Ihres Zögerns auszumachen. Selbsterfahrungstherapie wird Ihnen helfen, die alten restriktiven Programmierungen (»Ich habe es nicht verdient, mich gut zu fühlen«; »Leben ist Leiden, und ich lebe, um zu leiden«; »Ich bin zu glücklich, ich arbeite nicht hart genug«) zu entdecken und auszuschalten. Sie werden feststellen, daß das Wegräumen dieser alten Gefühle Ihre neue Kraftquelle zunehmend stärker werden läßt.
Sie werden lernen, daß Sie es doch verdienen, glücklich, friedvoll und erfüllt zu sein, und daß das für jeden ein ganz natürliches Ziel

ist. Mit der Zeit werden Sie diesen neuen Kern in sich akzeptieren und in Ihrem täglichen Leben nutzen.

Sie ertappen sich vielleicht bei der Erwartung, daß Ihnen der Boden unter Ihrem neugefundenen Zustand wegbricht. Sie waren nun über Monate und Jahre extreme emotionale Höhen und Tiefen gewohnt. Sie haben gelegentlich einen Blick auf Heiterkeit und Weite erhascht, aber das hielt nie lange an und war von Ihren Problemen überschattet. Sie waren mehrfach überzeugt, nun endlich das Glück gefunden zu haben, aber immer ist dann irgend etwas passiert, und Ihre Welt schien wieder auseinanderzufallen. An dieses Muster haben Sie sich so gewöhnt, daß Sie davon ausgingen, diese unzuverlässige Berg- und Talfahrt sei bei allen üblich.

Bald nach Ihrer spirituellen Krise könnten Sie zu bemerken beginnen, daß die positiven Veränderungen in Ihrem Leben nicht verschwinden werden. Dann vergeht etwas Zeit, und Sie erkennen, daß Sie auf ganz leisen Sohlen durch den Tag geschritten sind und auf die abrupte Umkehr gewartet haben, die nicht eingetreten ist. Bei den meisten Menschen ist es so, daß diese starke und vitale Quelle nicht versiegt, wenn erst einmal ausreichend viele Barrieren zu ihrem positiven Potential entfernt worden sind. Es ist, als ob der Damm gebrochen wäre und das dahinterliegende Meer hineinströmen würde.

Das bedeutet nicht, daß Ihr Dasein nun immerzu glatt und glücklich sein wird. Sie werden weiterhin als Teil des Lebens auf alle möglichen Herausforderungen treffen. Aber durch Ihren neuen inneren Frieden und Ihre Klarheit hat sich Ihre Sichtweise dieser Nahtstellen verändert, und Ihre Reaktionen darauf sind sanfter und ausgewogener. Jemand hat uns das so beschrieben: »Früher waren Probleme Hindernisse, und ich bin durchs Leben gestolpert; nun sind sie Hürden auf meinem spirituellen Pfad.«

Sie sind Ihren Emotionen nicht mehr ausgeliefert. Folglich sind die emotionalen Höhen und Tiefen nicht mehr so extrem. Ein Bekannter in diesem Stadium sagte: »Ich weiß, daß ich nicht erleuchtet bin, aber es ist jetzt sehr viel mehr Licht in meinem Leben.«

Lassen Sie sich, wie bei anderen Aspekten der Heimkehr, reichlich Zeit, zu beobachten und sich an Ihren neuen Gaben zu erfreuen. Allmählich werden Sie lernen, sie als Teil Ihres erneuerten Selbst zu akzeptieren und Wege finden, sie in der Welt einzusetzen.

Sie haben vielleicht das Gefühl, daß es zwar noch mehr Arbeit zu tun gibt, Sie sich aber erst mal eine Weile auf aufbauende Beschäftigungen konzentrieren müssen. Viele Menschen, die sich auf eine Reise der Selbsterforschung begeben, entwickeln die Einsicht, daß unsere inneren Dimensionen zahlreich und endlos sind. Unsere fortgesetzte spirituelle Reise wird uns zu immer tieferen und weiteren Aspekten von uns selbst und dem uns umgebenden Geheimnis führen. Vielleicht erwartet Sie der in den mystischen Texten beschriebene Zustand der endgültigen Befreiung. Aber werden Sie sich bewußt, daß es vorher viel zu tun gibt. Nach Ihrer spirituellen Krise könnten Sie meinen, es warte noch ein riesiger innerer Bereich darauf, erforscht zu werden. Da gibt es Überbleibsel von Gefühlen wie Wut, Angst und Ablehnung, die noch der Heilung bedürfen. Vielleicht müssen Sie sich mit einem ungesunden Muster in der Beziehung zu Ihren Eltern, Ihrem Partner oder Freunden beschäftigen. Sie wissen, daß Sie noch mehr an sich arbeiten müssen, um noch klarer zu werden. Aber Sie haben so lange so viel getan, daß Sie einfach erschöpft sind.
Wenn Ihre Emotionen und Erfahrungen Ihren Alltag nicht allzusehr beeinträchtigen, ist weitere therapeutische Arbeit an diesem Punkt nicht unbedingt zu empfehlen. Bewahren Sie das Wissen, daß Sie irgendwann weitermachen müssen, und gewähren Sie sich eine Zeit der Ruhe und Erholung, bevor Sie sich in die nächsten Anstrengungen stürzen. Sie haben gerade eine wesentliche transformative Erfahrung hinter sich, bei der es sich vermutlich um eine der wichtigsten Phasen in Ihrem Leben handelt. Sie müssen sich ausreichend Zeit lassen, die Lehren aus Ihren Erfahrungen aufzusaugen, über sie nachzudenken und sich wieder aufzuladen.
Finden Sie heraus, was Ihnen guttut, und reservieren Sie sich jeden Tag Zeit, diesen Beschäftigungen nachzugehen. Vielleicht

gehen Sie schwimmen oder gönnen sich ein luxuriöses Bad, bei dem Sie die heilenden Eigenschaften des Wassers auskosten. Eine ruhige Meditation oder ein langer Lauf in den frühen Morgenstunden könnten die gleiche Wirkung haben. Es kann sein, daß Sie Ihrer Kleidung besondere Aufmerksamkeit widmen und einige Lieblingsstücke finden wollen, in denen Sie sich innerlich und äußerlich wohlfühlen. Was auch immer es sein möge, nehmen Sie sich so viel Zeit, wie Sie brauchen, um den Heilungsprozeß fortzusetzen. Vermutlich werden Sie selbst wissen, wann Sie wieder bereit sind, mit der aktiveren Arbeit an sich selbst weiterzumachen.

Wenn Sie nun immer mehr am Alltagsleben teilnehmen, werden Sie es als hilfreich empfinden, weiterhin einige der von uns vorgeschlagenen Strategien zu verfolgen. Schaffen Sie sich einen Lebensstil, zu dem Einfachheit, Zeit für Reflexion und wohltuende Beschäftigungen gehören. Machen Sie in Ihrer spirituellen Praxis und/oder irgendeiner Form von transpersonaler Therapie weiter. Schließen Sie Leute in Ihr Leben ein, die Ihre Weltsicht und Werte teilen.

Und nutzen Sie Ihre Erfahrung dazu, anderen zu helfen, wenn das angemessen ist. Dienst an anderen muß nicht mehr heißen, als Ihren Kindern wirklich zuzuhören, wenn sie jemanden brauchen, mit dem sie reden können, oder Ihrem Partner bei etwas zu helfen, das ihm wichtig ist. Das könnte auch beinhalten, für andere zur Verfügung zu stehen, die gerade eine Krise erleben, oder sich zur Mitarbeit bei einer helfenden Organisation wie dem Spiritual Emergence-Netzwerk zu melden.

Vielleicht spüren Sie die Neigung, Vorträge über die Lektionen zu halten, die Sie gelernt haben, oder einen Artikel darüber zu schreiben. Das Dienen ist jedenfalls in jeder Form dem Gebenden ebenso zuträglich wie dem Nehmenden. Es ist eine wunderbare Weise, jeder möglichen Tendenz entgegenzuwirken, zu lange bei den eigenen täglichen Problemen und Frustrationen zu verweilen. Wenn Sie sich eine Weile völlig auf jemand anderen konzentrieren, verblassen Ihre eigenen Sorgen oft von ganz allein. Halten Sie sich an die Volksweisheit, die besagt, daß man erst das wirklich besitze, was man weggeben könne. Schenken Sie Ihre neue Weisheit und die Vorteile Ihrer Heilung weiter, und Ihr Leben wird an Bedeutung gewinnen.

Die Belohnungen des neuen Selbst

In *Lalleshwari: Spiritual Poems by a Great Siddha Yogini* finden sich folgende Zeilen:

> Wenn deine Unreinheiten durch Leiden
> ausgebrannt sind,
> wirst du strahlender werden
> als ein Spiegel in der Sonne,
> reiner als
> die vollkommenste aller Perlen.[41]

Im Laufe der spirituellen Entwicklung werden viele der Schleier entfernt, die verdecken, wer man wirklich ist. Man kann eine positive persönliche Essenz zu spüren beginnen, die durch die im Inneren aufgestauten emotionalen, psychischen und physischen Erlebnisse verdeckt war. Mit der Auflösung oder Auslöschung dieser Blockaden brechen neue Dimensionen von einem selbst durch und werden stärker. Durch weitere Entwicklung und Pflege wird der essentielle spirituelle Kern zunehmend mächtiger, verfügbarer und im Leben des Menschen vorrangiger.

Viele Leute, die dieses Stadium erreichen, denken vorübergehend, sie seien »angekommen«. Aber oft stellen sie schnell fest, daß sie sich schon wieder bewegen, und erkennen, daß Selbsterforschung und Transformation ein fortlaufender Prozeß ist. Wenn sie sich erst einmal wiedergeboren fühlen, merken sie, daß es viel mehr Gelegenheiten für Tod und Wiedergeburt gibt. Sie sehen, daß es um so mehr zu tun gibt, je weiter sie gehen. Je mehr sie wissen, desto mehr gibt es zu wissen. Aber statt von dieser Einsicht entmutigt zu sein, freuen sie sich über den Tanz des Lebens, über seine Geheimnisse und Herausforderungen und ihre eigene Rolle als Teilnehmer. Durch ihre inneren Kämpfe haben sie eine neue Gelassenheit, Kraft und ein Gefühl von Meisterschaft erworben, die sie nun auf den weiteren Abenteuern des Lebens begleiten.

Die Lebensumstände jedes Menschen sind anders, und jeder spirituelle Pfad ist einzigartig. Manche Leute genießen dramatische Auflösungen und plötzlichen Zugang zu einigen dieser Belohnungen, viele andere erhalten nur einen Vorgeschmack davon. Sie wissen jetzt, daß es diese Versprechungen gibt, und entwickeln sich mit fortgesetzter Selbsterforschung langsam weiter. Viele entdecken diese Elemente als ein Ziel, das wir in der spirituellen Praxis beständig anstreben. An einem gewissen Punkt werden sie konstant und verfügbar. Obwohl wir während mancher Zeiten eine bessere Verbindung zu ihnen haben als zu anderen, kehren diese harmonischen Gefühle und Einstellungen gewöhnlich wieder. Behalten Sie das im Hinterkopf, und lassen Sie uns nun die Möglichkeiten betrachten, die einen auf der anderen Seite der persönlichen Transformation erwarten.

Viele Leute entdecken neue, positive Elemente in ihrer Alltagswelt. Sie entwickeln das Gefühl, daß der Prozeß des Lebens etwas ist, dem man vertrauen kann, den man nicht bekämpfen, dem man sich nicht widersetzen muß. Sie sind ruhiger, entspannter und mehr mit dem zufrieden, was sie haben. Nachdem sie während ihrer Krisen auf verschiedene schwierige Gebiete in sich selbst gestoßen sind, tauchen diese Menschen häufig mit einer tieferen Wertschätzung des Lebens im allgemeinen wieder auf. Wenn sie den Tod genau betrachtet haben, wird das Leben im Vergleich oft wertvoller, und sie können in ihm Aspekte erkennen und genießen, die sie vorher übersehen hatten.

Viele Menschen können nach einer transformativen Krise zentrierter im gegenwärtigen Augenblick sein. Früher haben sie vielleicht viel Zeit damit zugebracht, in der Vergangenheit zu leben oder sich mit der Zukunft zu befassen. Sie haben sich getrieben gefühlt, waren wettbewerbs- oder zielorientiert. Sie haben sich oft sehr ernst genommen, mußten dauernd ihren Wert beweisen oder vorankommen. Wenn sie erfolgreich waren, blieben sie meist unzufrieden und meinten, es gäbe immer noch mehr zu tun.

Nun verspüren sie nicht mehr so stark den Impuls, der Welt etwas beweisen zu müssen, da ihre eigenen inneren Bedürfnisse befriedigter sind. Sie sind frei geworden, den gegenwärtigen Augenblick und seine Geschenke zu genießen, und dadurch ist ihre besessene Zielorientierung verschwunden. Von ihren zügellosen Energien und störenden Emotionen befreit, sind viele nun mit dem glücklicher, was ihnen zur Verfügung steht, und fühlen sich zu den einfachen, unkomplizierten Aspekten ihres Lebens hingezogen.

Man kann ein neues Interesse daran entwickeln, Heiterkeit und friedvolle Bestrebungen im Leben zu kultivieren. Jemand, der früher bei Aufregung und Dramatik aufblühte, entdeckt jetzt, wie sich richtiger innerer Frieden anfühlt, und schaut, wie er den kultivieren und steigern kann. Er kann das Alleinsein besser genießen und zugleich andere menschliche Wesen besser würdigen. Die Zeit allein hat eine andere Qualität als die schmerzhafte Isolation und Einsamkeit, die er früher vielleicht verspürt hat. Nun schätzt er die ruhige Zeit der Meditation, Reflexion oder Kreativität. Diese allein verbrachte Zeit kann zu einem notwendigen und wichtigen Element werden, zu einer Gelegenheit, Verbindung zu sich selbst und den eigenen positiven Eigenschaften aufzunehmen.

Viele Leute können den Kontakt mit anderen nun besser genießen, da sie sich mit sich selbst wohler fühlen. Sie machen sich weniger Sorgen darum, ob andere sie billigen werden, wie sie sich präsentieren sollen oder ob sie erfolgreich sein werden. Statt dessen operieren sie oft aus einem grundlegenden Gefühl der Zufriedenheit und einem positiven Selbstbild heraus. Sie können andere besser akzeptieren und deren positive Eigenschaften ansprechen.

Vielleicht spüren sie auch, daß ihre Wahrnehmung gereinigt wurde, und sie eine größere sinnliche Empfänglichkeit für die Welt um sich herum haben. Sie könnten feststellen, daß sie ihre Umgebung klarer erfahren können, als ob ihre Sinne geschärft wären und sie Details besser würdigen könnten. Die Welt scheint lebendig und voller Reichtümer zu sein. Musik weist plötzlich zusätzliche Dimensionen auf, und das Essen schmeckt besonders gut. Wenn man früher in die Wüste ging, konnte man nur Dürre und Tod spüren; nun kann sich derselbe Mensch selektiv einer Vielfalt von Lebensformen, des exquisiten Spektrums von Tönen, des ewigen Charakters der Felsen und der Unendlichkeit des Raums bewußt sein.

Manche Menschen stellen fest, daß sie klarer denken können und plötzlich Zugang zu unangezapften Quellen von Kreativität in ihrem Inneren erlangen. Sie finden neue und schöpferische Wege, Konzepte zu entwerfen und Ideen zu vermitteln, oder fühlen sich von einem Strom neuer künstlerischer Inspiration erfüllt. Sie fühlen sich vielleicht zu neuen Beschäftigungen wie Schreiben, Malen, Tanzen oder Singen hingezogen oder finden neue kreative Ausdrucksmöglichkeiten in ihrem Beruf.

Die persönlichen Werte können sich ändern und neue zu wesentlichen Bestandteilen des Lebens werden. Diese Werte sind im Laufe der Entwicklung eines Menschen immer offensichtlicher geworden, und ohne sie zu leben, würde seinen gegenwärtigen Einsichten und seinem Verständnis zuwiderlaufen. Viele Leute entdecken beispielsweise eine neue Selbstakzeptanz, Toleranz gegenüber anderen und eine höhere Wertschätzung von Unterschiedlichkeiten. Nachdem sie während einer spirituellen Krise tief in die Erfahrung extremer Einsamkeit und Trennung getaucht sind, spüren sie nun bisher unbekannte Gefühle von Einheit und Verbundenheit mit allem und jedem. Früher meinten sie vielleicht, ihre Welt drehe sich um sie selbst. So waren sie immer mit ihrem persönlichen Prozeß und ihren eigenen Problemen beschäftigt. Diese Ich-zentrierte Tendenz läßt häufig mit dem Ende der Krise nach. Dann erweitern die Menschen ihren Blickwinkel ganz natürlich so, daß er auch andere einschließt. Sie können das Gefühl haben, etwas Besonderes und voller Gnade zu sein, und zugleich erkennen, daß andere ebenso einzigartig und gesegnet sind.

Manche Leute entdecken ein Bedürfnis nach Ehrlichkeit sowie Liebe und Mitgefühl für sich selbst, für andere, für die Welt. Nun, da sie die Krise hinter sich haben, empfinden sie oft einen heftigen

Respekt und liebevolle Fürsorge für das »alte Ich«, das jahrelang ein schweres Bündel von Problemen zu tragen hatte, wie für das »neue Selbst«, das mutig darum gekämpft hat, sein zu dürfen. Ihre eigene Mühsal läßt viele Menschen eine tiefere Verbundenheit mit dem Leiden anderer spüren.
Außerdem haben sie vielleicht eine mystische Erfahrung von der Einheit allen Lebens gehabt und erkennen, daß sie anderen nicht wehtun können, ohne sich selbst zu verletzen. Sie können eine tiefe Verpflichtung fühlen, jemand anderem das Leben leichter zu machen, und entdecken dabei, daß das auch ihrem eigenen dient. Sie interessieren sich vielleicht dafür, ihre neu gefundene Kraft und Einsicht dafür einzusetzen, anderen zu helfen.

Für viele Menschen wird Spiritualität zu einem wünschenswerten und notwendigen Teil des Lebens. Sie erkennen, daß das spirituelle Element in ihrem Leben gefehlt hat. Sie könnten im Laufe ihres Entwicklungsprozesses transzendentale Erfahrungen gehabt haben, durch die ihnen bislang verborgene Gebiete der Existenz bewußt wurden. Andere finden diese weitere Dimension erst nach der Konfrontation mit ihren eigenen schwierigen Aspekten. Wie auch immer es läuft, die meisten wollen in Kontakt mit diesen inspirativen und nährenden Dimensionen bleiben, wenn sie sie erst einmal entdeckt haben. Diese extensiven, neuen spirituellen Impulse in ihrem Inneren kommen in ihrem Leben auf vielfältige Weise zum Ausdruck:
Viele entdecken eine tiefe Verbindung zu einer inneren Quelle, einem höheren Selbst oder Gott und können die Welt als Ausdruck des Göttlichen erleben. Vor ihrem Erwachen hatten sie wahrscheinlich ihre eigenen Vorstellungen von Gott. Die stammten aus ihren Familien oder Religionen, aus ihren intellektuellen Analysen von Philosophie und Literatur oder aus ihren eigenen Spekulationen darüber, wie das Universum arbeitet. Vielleicht hatte ihr Konzept von Gott mit etwas zu tun, was unerreichbar oder externalisiert war und sich dem Wissen entzog. Das Göttliche war jenseits von ihnen und ihnen überlegen.
Viele Leute bekommen ihre erste Kostprobe einer direkten per-

sönlichen Verbindung mit dieser Quelle während ihrer spirituellen Krise. Da machen sie selbst Erfahrungen, die sie über das hinausführen, was sie früher gesagt oder gedacht haben. Sie nehmen Kontakt zu einem Potential auf, das größer ist als das, was sie mit eigenen Mitteln erreichen könnten. Diese Quelle liefert Antworten und Inspiration, Führung und Kraft, Schutz und Beistand. Wenn die Krise vorbei ist, bleibt diese Verbindung mehr oder weniger kontinuierlich bestehen, und oft spüren die Menschen, daß diese höhere Macht sie ohne ihr Wissen durch die Herausforderungen und Probleme ihrer Krise geführt hat.

Ihr Gott ist unmittelbar und in ihnen selbst zugänglich geworden, und das wird zu einem wichtigen und notwendigen Bestandteil ihrer täglichen Existenz. Vielleicht beginnen sie sogar, den gesamten Lebensprozeß als wundersames kosmisches Drama zu sehen, das sorgfältig von einer schöpferischen göttlichen Kraft inszeniert wird. Sie können auch das Gefühl haben, daß alles in der sie umgebenden Welt ein exquisiter Schaukasten für Gottes Kunsthandwerk ist.

Eine unserer Lieblingsgeschichten unterstreicht, wie wichtig eine wahre Erfahrung des Göttlichen ist. Ein Reporter der amerikanischen Zeitschrift *Time* hat mit dem berühmten Schweizer Psychiater C. G. Jung kurz vor dessen Tod ein Interview geführt. Darin fragt der Journalist, ob Jung an Gott glaube. Er antwortete: »Ich könnte nicht sagen, daß ich glaube. Ich weiß! Ich habe die Erfahrung gemacht, von etwas ergriffen zu werden, das stärker ist als ich selbst, etwas, das die Menschen Gott nennen.«

Durch die Entdeckung einer weisen Kraft, die sie führt, entwickeln viele Leute ein Vertrauen in den sich entfaltenden Prozeß des Lebens. Sie erfahren zunehmend den Glauben, daß ihre Existenz sich so entwickelt, wie sie es eben soll, vielleicht als Teil eines größeren Plans. Oft hören sie auf, sich gegen den Lauf des Lebens zu stellen, und merken, daß ihr Widerstand gegen dessen Dynamik gewöhnlich unnütze Schmerzen verursacht. Sie stellen fest, daß die Dinge besser laufen, wenn sie ihr Bedürfnis aufgeben, Kontrolle über die Situation zu bewahren, und sich von der tieferen Weisheit führen lassen.

Wenn die Menschen erst einmal erlebt haben, wie die spirituelle Dimension in ihrem Leben wächst, lernen sie oft auch, daß ihr Dasein ohne sie ärmlich und nichtig war. Zuvor mögen sie einigermaßen, wenn auch unglücklich, zu Rande gekommen sein, da sie sich der scheinbar endlosen Reiche nicht bewußt waren, die nun ihre Existenz so viel wertvoller machen. Sie entdecken, daß Spiritualität ein notwendiges Element ist, das ihr Leben bereichert und ihr Wohlbefinden steigert.

Solche Menschen wollen dann oft ihre spirituelle Natur aktiv weiterentwickeln. Es geht ihnen seit der Entdeckung dieses Höheren Selbst so viel besser, daß sie Interesse daran entwickeln, diese Dimension in ihrem Leben zu kultivieren. Manche haben das Bedürfnis, eine regelmäßige, tägliche spirituelle Praxis aufzunehmen, die dazu dient, ihren Kontakt mit ihrem tieferen Wesen zu verstärken und es in die Aktivitäten des Alltags einzubringen. Diese Menschen lernen, daß sie bei Wanderungen, durch Gebet, Meditation oder andere Formen von Andacht Verbindung zu ihrer spirituellen Quelle herstellen und sich auf deren Weisheit und Wohlwollen verlassen können. In ihren besten Momenten können sie spüren, daß alles, was sie im Laufe des Tages tun, eine Form von Meditation ist, eine Opfergabe an Gott oder eine Höhere Macht.

Lassen Sie uns nun, da wir uns dem Ende dieses Buches nähern, einen Blick zurück auf unsere Reise werfen. Wir haben das Potential der spirituellen Entwicklung untersucht und dabei im wesentlichen die Zeiten beleuchtet, in denen dieses ganz natürliche Entfalten zu einer Krise wird. Für einige von uns ist die Natur dieser Krise recht dramatisch und zerrüttend, ein Notfall. Bei anderen ist das nicht so. Lohnt es sich, diese Probleme und Herausforderungen, dieses Drama und diese Zerrüttung, diese Höhen und Tiefen zu durchleben? Wir meinen ja, und das tun mit uns auch viele andere, die den Nutzen dieses Abenteuers kennengelernt haben.

Und was bedeutet eine solche Transformation für unser Leben? Eine Antwort gibt die berühmte Geschichte von einem Zen-Schü-

ler und seinem Lehrer. Der Schüler fragt den Meister: »Was hast Du vor Deiner Erleuchtung gemacht?« Der Lehrer antwortete: »Ich habe Holz gehackt und Wasser geholt.« »Und was hast Du nach Deiner Erleuchtung gemacht?« Darauf erwiderte der Meister: »Ich habe Holz gehackt und Wasser geholt.«
Während einer spirituellen Krise verändert sich vieles, vielleicht alles. Der Pfad ist oft holprig und schwer zu begehen, aber er führt letztendlich zu Frieden und innerer Freiheit. Wenn Sie nach Hause kommen, hacken Sie vielleicht immer noch Ihr Holz und holen Ihr Wasser, aber Sie tun es auf vollkommen neue Weise. Und auch wenn Sie sich bewußt sind, daß die Erleuchtung noch auf sich warten läßt, können Sie doch unterwegs zunehmend mehr Licht finden.

Nachwort: Spirituelle Entwicklung und die globale Krise der Gegenwart

Die einzigen Teufel auf der Welt sind die,
die in unseren eigenen Herzen herumflitzen.
Dort gilt es, den Kampf zu führen.

Mahatma Gandhi

Wenn es Rechtschaffenheit im Herzen gibt,
wird es Schönheit im Charakter geben.
Wenn es Schönheit im Charakter gibt,
wird es Harmonie im Heim geben.
Wenn es Harmonie im Heim gibt,
wird es Ordnung im Staate geben.
Wenn es Ordnung im Staate gibt,
wird es Frieden in der Welt geben.

Konfuzius

Das zwanzigste Jahrhundert ist eine Periode noch nie dagewesener Triumphe für die menschliche Rasse gewesen. Die moderne Wissenschaft hat die Nuklearenergie entdeckt, Raketen entwikkelt, die Astronauten zum Mond tragen und unser Sonnensystem verlassen können, den DNA-Code geknackt und mit der Gentechnologie begonnen. Ein elektronisches Netzwerk aus Radio, Telephon, Fernsehen, Satelliten und Computern verwandelt derzeit das bruchstückhafte Mosaik von isolierten menschlichen Gemeinschaften in ein globales Dorf.

Aber die dunkle Seite des zwanzigsten Jahrhunderts ist ebenso überwältigend. In den Wahnsinn des Wettrüstens sind unvorstellbare Summen geflossen, und ein winziger Bruchteil des verfügbaren Arsenals an Atomwaffen könnte alles Leben auf der Erde zerstören. Ungezählte Millionen von Menschen sind im Holocaust, in den »Säuberungswellen« und Gulags des stalinistischen

Rußland und in den Gefängnissen anderer totalitärer Regime bestialisch gequält und ermordet worden. Viele weitere Millionen sind in den beiden Weltkriegen und zahllosen anderen gewalttätigen Auseinandersetzungen gestorben.

Die Menschheit lebt in beständiger Angst vor einem Atomkrieg, der zu einem radikalen Auslöschen des Lebens auf diesem Planeten führen würde. Und es entfalten sich schon zahlreiche andere Szenarien des Jüngsten Tages: die industrielle Verschmutzung von Wasser, Luft und Erde; die Bedrohung durch Nuklear-Unfälle; die Zerstörung der Ozonschicht; der Treibhaus-Effekt; der durch die rücksichtslose Abholzung der Regenwälder und die Vergiftung des Planktons entstehende Verlust an Sauerstoff; und die Gefahr von giftigen Zusatzstoffen in unserer Nahrung.

Während die technologisch entwickelten Länder ihren Traum vom unbegrenzten Wachstum verwirklichen, leben viele hundert Millionen Menschen im Elend, sterben durch Unterernährung oder Krankheiten, für die es effektive Behandlungsmethoden gibt. In den Industrienationen geht mit dem steigenden Reichtum eine rapide Zunahme von emotionalen Störungen, Selbstmord und Kriminalität einher.

Man übertreibt nicht, wenn man diese Situation als globale Krise bezeichnet. Diese gefährliche Entwicklung bedroht nicht nur den homo sapiens – wenn wir unter diesen Umständen den Namen überhaupt noch verdienen –, sondern auch alle anderen Lebensformen. Die Ursachen dieser Situation richtig zu identifizieren und wirksame Heilmittel zu finden, ist eine Frage von Leben oder Tod.

In Anbetracht der verfügbaren Ressourcen und der Fortschritte der Wissenschaft wären die Probleme von Hunger, Armut und den meisten krankheitsbedingten Todesfällen in dieser Welt unnötig. Kriege sind nicht nur eine psychologische Absurdität; Statistiken belegen auch, daß kein modernes Land je durch einen Krieg reicher geworden wäre. Militärische Auseinandersetzungen bedeuten immer eine sinnlose Zerstörung von ökonomischen Werten und Menschenleben. Es gibt keine echte Notwendigkeit, nicht-erneuerbare Reserven zu plündern und lebensnotwendige Ressourcen zu verschmutzen. Die Menschheit verfügt über die Mittel und das technologische Know-how, die Bevölkerung dieses Planeten zu ernähren, einen erträglichen Lebensstandard für alle zu garantieren, die meisten Krankheiten zu bekämpfen, die Industrie auf erneuerbare Energie umzustellen und Verschmutzung zu verhindern.

Diplomatische Verhandlungen, gesetzgeberische Maßnahmen, ökonomische und soziale Interventionen und ähnliche Bemühungen haben bisher sehr wenig Wirkung gezeigt, und es wird immer deutlicher, warum sie versagt haben. Heutzutage erkennen viele Leute, daß die Probleme, vor denen wir stehen, nicht wirklich politischer, militärischer, technologischer oder wirtschaftlicher Natur sind. Solche Ansätze sind nichts als Erweiterungen derselben Einstellungen und Strategien, die die globale Krise überhaupt erst bewirkt haben.

Die Probleme in der Welt haben zwar viele unterschiedliche Erscheinungsformen, aber sie alle sind nicht mehr als Symptome des einen zugrundeliegenden Faktors: des emotionalen, moralischen und spirituellen Zustands der modernen Menschheit. Sie stellen letzten Endes das kollektive Ergebnis der gegenwärtigen Bewußtseinsebene der individuellen Menschen dar. Die einzige wirksame und dauerhafte Lösung für diese Probleme liegt daher in einer radikalen inneren Transformation größerer Teile der Menschheit und der daraus folgenden höheren Bewußtheitsebene und Reife.

Die Aufgabe, vollkommen neue Werte und Ziele für die Menschheit zu erschaffen, mag zu unrealistisch und utopisch sein, um viel Hoffnung damit zu verbinden. Was wäre erforderlich, um die heutigen Menschen in eine Spezies von Individuen zu verwandeln, die zu friedlicher Koexistenz mit anderen Männern und Frauen – unabhängig von deren Hautfarbe, Sprache oder politischer Überzeugung – und zudem mit allen anderen Lebewesen fähig wären? Wie könnte die Menschheit mit profunden ethischen Werten, einem Gespür für die Bedürfnisse anderer und einer Bewußtheit der ökologischen Gebote ausgestattet werden? Eine solches Vorhaben klingt selbst für einen Science Fiction-Roman reichlich hochgegriffen.

Glücklicherweise scheint die Natur die notwendigen Mittel bereitgestellt und sogar schon Pilotstudien durchgeführt zu haben. Das Studium der spirituellen Entwicklung und Krise sowie die moderne Bewußtseinsforschung und neue Formen der Psychotherapie liefern die entsprechenden Informationen und Hinweise. Wir haben in diesem Buch beschrieben, welche Veränderungen bei Menschen auftreten, die kraftvolle mystische Erfahrungen machten und eine transformative Krise überwunden haben. Wir haben auch gesagt, daß sich ähnliche Veränderungen im Laufe systematischer spiritueller Praxis und tiefer Selbsterforschung beobachten lassen. Betrachten wir nun diese Transformation und ihre mögliche Bedeutung für die planetare Krise.

Zu den psychischen Kräften, die den gegenwärtigen Zustand der Menschheit charakterisieren und zu der globalen Krise beitragen, gehören eine starke Bereitschaft zu Gewalt, unersättliche Gier und Erwerbssucht und eine ständige Unzufriedenheit, die grenzenlosen Ehrgeiz und das Streben nach irrationalen Zielen erzeugt. Zusätzlich leiden die meisten Menschen unter einem ernsthaften Mangel an Bewußtheit dafür, daß wir aufs engste mit der Natur verbunden sind. Ihnen fehlt das ökonomische Gespür, das für das fortdauernde Überleben notwendig ist. Letztendlich scheinen all diese Charakteristika symptomatisch für eine ernsthafte Entfremdung vom inneren Leben und einen Verlust von spirituellen Werten zu sein.

Menschen, die durch verschiedene Erfahrungstherapien oder spontan in transformativen Krisen Zugang zu ihrem Unbewußten finden, haben die Gelegenheit, die Wurzeln solcher letztlich destruktiven Aspekte der menschlichen Natur zu finden und sie dadurch zu überwinden, daß sie voll ins Bewußtsein gehoben werden. Außerdem werden sie sich oft der transpersonalen Dimensionen ihres Wesens und ihres spirituellen Kerns oder Selbst bewußt.

Leute, die auf der Erfahrungsebene Verbindung zum transpersonalen Bereich ihrer Psyche haben, neigen dazu, eine neue Wertschätzung für ihre Existenz und Respekt für alle Lebensformen zu zeigen. Das spontane Auftauchen einer tiefen, ökologischen

Betroffenheit ist eine der beeindruckendsten Nachwirkungen von profunden mystischen Erfahrungen. Die Selbstakzeptanz nimmt zu, und mit ihr wächst die Toleranz gegenüber anderen. Unterschiede zwischen Menschen, seien sie im Geschlecht, in der Rasse, Hautfarbe, Sprache, politischen Überzeugung oder Religion zu finden, scheinen nun interessant und bereichernd statt bedrohlich zu sein.

Nach tiefen mystischen Erfahrungen erhalten die Interessen der Menschheit als ganzer, alles Leben und der gesamte Planet Priorität über die engen Interessen von einzelnen, Familien, politischen Parteien, Klassen, Nationen und Glaubensbekenntnissen. Was uns verbindet und was uns gemeinsam ist, wird wichtiger als die Unterschiedlichkeiten. Wenn die Fähigkeit, den gegenwärtigen Augenblick zu genießen, zunimmt, wird das unerfüllende Streben nach grandiosen Projekten und Zielen als Mittel, Zufriedenheit zu erreichen, immer weniger verlockend. Das führt dazu, daß das Leben immer weniger Kampf und immer mehr zu einem faszinierenden Spiel oder Abenteuer wird.

Die spirituelle Entwicklung könnte auf Grund der von ihr herbeigeführten positiven Transformation eine bedeutende Rolle in der Welt spielen, wenn sie bei einer ausreichend großen Zahl von Menschen einsetzen würde. Viele Forscher auf dem Gebiet der transpersonalen Psychologie glauben, daß das wachsende Interesse an Spiritualität und das häufigere Auftreten von spontanen mystischen Erfahrungen einen evolutionären Trend zu einer vollkommen neuen menschlichen Bewußtseinsebene repräsentieren. Manche gehen noch weiter und erwägen ernsthaft die Möglichkeit, daß diese beschleunigte spirituelle Entwicklung eine Bemühung der evolutionären Kräfte spiegelt, den derzeitigen selbstzerstörerischen Kurs der menschlichen Rasse zu ändern.

Diese Möglichkeit wirft neues Licht auf die Notwendigkeit, unterstützende Netzwerke für die Menschen zu schaffen, die eine Krise des spirituellen Erwachens erleben. Die Tatsache, daß die neuen Behandlungsangebote, die das transformative Potential von spirituellen Krisen ehren, den Betroffenen, den Freunden und Familien helfen, wäre allein schon mehr als genug, diese Arbeit zu rechtfertigen. Aber die Möglichkeit, daß solche Bemühungen einen wichtigen Beitrag zur Linderung der globalen Krise sein könnten, fügt dem eine weitere aufregende Dimension und starke Motivation hinzu. So hoffen wir, daß dieses Buch dazu beitragen wird, das Interesse an der spirituellen Dimension unserer Existenz zu steigern und das Leben derer zu erleichtern, die auf ihrer Reise zu den nächsten Stadien der persönlichen Evolution auf Schwierigkeiten treffen.

Anhang

Anhang I: Das Spiritual Emergence-Netzwerk

Christina hat das Spiritual Emergence-Netzwerk (SEN) im Frühjahr 1980 gegründet. Im Laufe der Jahre ist es zu einer internationalen Organisation angewachsen, die einen Auskunftsdienst, Weiterbildung und Informationen für Menschen in transformativen Prozessen und für deren Freunde, Familien und betreuende Fachleute bietet. SEN beruht auf einem erweiterten Verständnis der menschlichen Erfahrung, wie es die transpersonale Psychologie bietet, und widmet sich der Aufgabe, Menschen dabei zu helfen, einen Prozeß zu durchleben, der in unserer Kultur oft mißverstanden und falsch behandelt wird.

Nachdem wir persönlich einer spirituellen Krise ausgesetzt waren, begannen wir 1978 das, was wir daraus gelernt hatten, in unseren Workshops und Seminaren zu besprechen. Christina beschrieb, eher zögernd, ihre eigenen Erfahrungen, und Stan umriß die theoretischen Einsichten, die er in den Jahren seiner Arbeit mit veränderten Bewußtseinszuständen entwickelt hatte. Immer wieder antworteten die Zuhörer mit ihren eigenen evokativen Geschichten und stellten Fragen dazu.

Wir begannen zu erkennen, daß es eine beachtliche Zahl von Menschen gab, die transformative Erfahrungen gehabt hatten, über die sie noch nie mit irgend jemandem gesprochen hatten, weil sie befürchteten, für verrückt gehalten zu werden. Viele andere sagten, sie hätten den Fehler gemacht, den falschen Leuten von ihren Erfahrungen zu erzählen: Sie waren ins Krankenhaus eingewiesen worden, hatten Medikamente und psychiatrische Etiketten bekommen, obwohl sie tief in ihrem Inneren spürten, daß sie nicht in einen pathologischen Prozeß verwickelt waren. Fachleute auf dem Gebiet der geistigen Gesundheit, Ärzte und Pfarrer berichteten uns wiederholt von ihrer Unzufriedenheit mit den beruflichen Begrenzungen und ihrer eigenen, oft einsamen Arbeit, die sich von den traditionellen Ansätzen entfernte. Sie waren daran interessiert, ähnlich denkende Kollegen kennenzulernen, um sich gegenseitig zu unterstützen und Informationen auszutauschen.

Unsere Vorstellungen und die Hoffnung, ein alternatives Verständnis und eine andere Behandlung von veränderten Zuständen, die automatisch als psychotisch betrachtet wurden, bieten zu können, sprachen sich schnell herum. In dieser Zeit wurden wir plötzlich von Briefen und Anrufen von

Leuten überschwemmt, die sowohl um Hilfe baten wie ihre eigene Unterstützung anboten.
Als wir uns irgendwann von diesen Unmengen von Reaktionen recht überwältigt fühlten, sah Christina beim Meditieren ein Bild: Die Erdkugel war von einem großen Netz umhüllt. An jeder Verbindungsstelle funkelte ein Lichtpunkt. Diese wunderbare Erfahrung gab ihr das Gefühl, wir sollten damit beginnen, Leute systematisch miteinander in Verbindung zu bringen. Die, die Hilfe suchten, brauchten den Kontakt zu denen, die sie anboten, und umgekehrt. Wer schon mit Ansätzen arbeitete, die mit dem neuen Verständnis von spiritueller Entwicklung kompatibel waren, sollte mit denen zusammenkommen, die dieselbe Weltsicht hatten. Aber wie konnte das vor sich gehen?
Das Spiritual Emergence-Netzwerk war die Antwort darauf. Wir sprachen mit unserem Freund Dick Price am Esalen Institute im kalifornischen Big Sur. Sein eigener unglücklicher Ausflug in die Welt der psychiatrischen Kliniken hatte bei ihm schon seit einiger Zeit den Wunsch geweckt, zum Aufbau einer realen, lebensfähigen Alternative beizutragen. Dick bot uns in Esalen sowohl einen Arbeitsplatz wie ein kleines Stipendium für unseren Netzwerk-Koordinator. Ohne seine enthusiastische Unterstützung wäre SEN nie Realität geworden.
Der ursprüngliche Name, Spiritual Emergency-Netzwerk, wurde sehr bewußt als Wortspiel gewählt. Der Begriff *emergency* bezeichnet sowohl die Krise als auch das Auftauchen. Später erfolgte die Umbenennung in Spiritual Emergen*ce*-Netzwerk, um die Aufmerksamkeit mehr auf die positiven Aspekte des Phänomens zu lenken.
Unsere erste Koordinatorin war Rita Rohen. Als wunderbare, großherzige Frau, die sechs Kinder großgezogen hatte, brachte Rita ihre Lebenserfahrung und ihre beruflichen Fähigkeiten als Beraterin für Organisationsentwicklung und Familientherapeutin in diese Aufgabe ein. Gemeinsam richteten wir in einem gemieteten Haus in nächster Nähe von Esalen ein Zentrum für spirituelle Krisen ein.
Dort entwickelten wir mit der Unterstützung von zwei oder drei Studenten, die ein besonderes Interesse an spirituellen Krisen hatten, ein allererstes Trainingsprogramm für Helfer und ein internationales Hinweis- und Informationssystem. Wir erstellten eine Kartei mit den Namen, Anschriften und anderen relevanten Daten von Menschen, die Hilfe anboten, und begannen Leute, die Unterstützung brauchten, auf die Helfer in ihrer Nähe hinzuweisen. International wurden regionale Koordinatoren ausgewählt, die als Organisatoren des Netzwerks in ihrer Gegend arbeiteten und den Kontakt zu den Helfern in unserer Kartei hielten.
Außerdem begannen wir Artikel, Informationsblätter und anderes Lehrma-

terial zusammenzutragen und zu schreiben. Unsere kleine Bibliothek wuchs zusehends, oft durch die Freiexemplare von wohlwollenden Autoren. Wir druckten und verschickten regelmäßig Rundbriefe mit den wichtigsten Neuigkeiten. Wir reisten viel, sprachen bei ungezählten Workshops, Seminaren und Vorträgen und gelegentlich auch im Radio oder Fernsehen über unsere Gedanken und Träume. Wir boten fünftägige und einmonatige Programme über spirituelle Krisen an und erörterten die Möglichkeit, ein Zufluchtshaus für Menschen in der Krise einzurichten. Langsam erweiterten sich die Vorstellungen und die Dienste des Netzwerks.

Im September 1984 zog SEN in das Institute of Transpersonal Psychology in Menlo Park, Kalifornien. Das Projekt war für unseren uralten Computer, einige wenige Freiwillige und unser winziges Budget zu groß geworden. Rita hatte sich entschieden weiterzuziehen, und unser Reiseprogramm bedingte, daß wir uns zunehmend weniger für SEN engagieren konnten. Dazu war Dick Price, unsere Stütze und unser Fürsprecher bei Esalen, gestorben. Als das Institute for Transpersonal Psychology SEN eine neue Heimat anbot, nahmen wir gern an. Von diesem Institut stieß Susanna Davila zu uns und als Koordinatoren des Netzwerks zunächst Charles Lonsdale und später Megan Nolan, Nicola Kester und Jeneane Prevatt.

Seit dieser Zeit sind wir SEN lose als Berater verbunden und tragen zu dessen geschriebenen Materialien bei. Inzwischen arbeiten viel mehr Leute dort mit. Sie haben die in Esalen begonnenen Aktivitäten fortgesetzt und dem viele neue Dienstleistungen hinzugefügt. Sie haben die Kartei und die Telefonberatung weiter ausgebaut. Heute stehen fast zweitausend Helfer aus vielen Bereichen des Lebens zur Verfügung, darunter Psychologen, Sozialarbeiter, Psychotherapeuten, Psychiater, Menschen, die selbst spirituelle Krisen durchgemacht haben, Ärzte und Pfarrer. Das Ausbildungsprogramm von SEN umfaßt regelmäßige Workshops und Vorträge über Themen aus dem Umfeld von spirituellen Krisen sowie die Verbreitung von relevanten Artikeln, Bibliographien und Tonbändern.

Man hat Konferenzen für die auf dem Gebiet Tätigen organisiert und sich auf dem Wege der Förderung von Diskussionsgruppen, Trainingsseminaren, Tagungen und Forschungsprojekten bemüht, weitere Fachleute anzusprechen. Zu dem bestehenden Nachrichten-Rundbrief ist noch eine Zeitschrift gekommen.

Vor kurzem hat sich die Adresse des SEN geändert; sein Sitz ist derzeit Soquel in der Nähe von Santa Cruz, CA (Adresse siehe S. 384).

All diese Aktivitäten spielen sich in einem kleinen Büro ab, bei niedrigen Gehältern für die Angestellten und einer beeindruckenden Zahl von Freiwilligen. Dank der gelegentlichen Spenden und der Mitgliedsbeiträge schaffen die engagierten Mitarbeiter es so gerade eben, unzählige Anrufe zu beantworten und bei der Vielfalt der Aufgaben mitzuhelfen, die mit der Aufrechterhaltung eines internationalen Netzwerks einhergehen. Da das Feld der spirituellen Krisen so neu ist, war es für SEN schwierig, offizielle Beihilfen zu bekommen, da Forschungsprojekte meist zunächst ihre Reliabilität unter Beweis stellen müssen, bevor die Gelder fließen.

Die Mitarbeiter von SEN sammeln derzeit die klinischen Daten und Fallgeschichten derer, die sie um die Angaben von Helfern bitten, und sie hoffen, damit zu internationalen Zentren beitragen zu können, die so wie das in Santa Cruz arbeiten würden. Trotz ihres zunehmend reicheren Informations- und Datenmaterials haben sie bisher wegen finanzieller Beschränkungen noch keine aktive Forschung anregen können. Pläne für die Zukunft werden dieses Problem hoffentlich lösen.

SEN strebt außerdem an, mehr Mitarbeiter einzustellen, die Trainings für Fachleute, Semi-Professionelle und Laien durchführen können, die an Zentren mitarbeiten wollen, in denen man rund um die Uhr Hilfe findet. Um der Öffentlichkeit noch mehr zur Verfügung zu stehen, ist außerdem geplant, Teams auszubilden, die Menschen in spirituellen Krisen und ihre Familien zu Hause betreuen können. Auch daraus werden sich viele Forschungsansätze ergeben.

Die Mitarbeiter von SEN hoffen, Gemeinschaften, die lernen möchten, wie man mit spirituellen Krisen umgeht, als Berater zur Seite stehen zu können. Außerdem haben sie Pläne, sich dem Einsatz der Künste als einem Mittel, die transformativen Erfahrungen ins Alltagsleben zu integrieren, zuzuwenden. Daneben soll noch ein Programm für die wachsende Zahl junger Erwachsener erstellt werden, die ohne viel Unterstützung spirituelle Übergangsriten durchmachen.

In diesen ersten Jahren seiner Existenz hat das SEN eine Menge erreicht. Es ist in der Etablierung des Konzepts von der spirituellen Entwicklung und Krise einen großen Schritt weitergekommen. Es hat den Gedanken verbreitet, daß es Menschen möglich ist, einen kraftvollen transformativen Prozeß durchzumachen, der zwar dramatisch sein kann, aber nicht pathologisch ist. Es hat Fachleuten und anderen durch Weiterbildung geholfen, diese Menschen von denen zu unterscheiden, die einer medikamentösen Behandlung bedürfen. Und es hat ein noch ständig wachsendes unterstützendes Netzwerk geschaffen. Es gibt noch viel mehr zu tun, und alle, die zu SEN gehören, glauben, genau wie wir, daß ihre Arbeit eben erst beginnt.

Anhang II: Vision eines Sanktuariums

Über die Jahre haben wir auf unseren Reisen und bei den Vorträgen über transformative Krisen immer wieder die eine Frage gehört: Gibt es Orte, wo die Klienten die Erfahrung ohne traditionelle psychiatrische Interventionen und unter der Aufsicht eines Menschen machen können, der den Prozeß versteht?

Zwar hat es bereits einige Einrichtungen gegeben, die genau das möglich machen sollten, so etwa John Perrys Diabasis-Haus in San Francisco, aber letzten Endes mußten sie alle auf Grund finanzieller Probleme wieder schließen. Diese Schwierigkeit spiegelt das mangelnde kulturelle Verständnis von der Bedeutung der transformativen Reise. Die Versorgung bei Diabasis hat nur einen Bruchteil dessen gekostet, was die Psychiatrie-Kliniken berechnen, aber die Krankenkassen weigerten sich, die Rechnungen zu erstatten, da einer solchen alternativen Behandlung der Segen der Legitimation durch die zuständigen Fachleute fehlte.

Seit dieser Zeit hat sich eine Menge geändert. Die globale Krise, die steigenden Kosten für psychiatrische Behandlungen, das Wiedererwachen des Interesses an Spiritualität und die derzeitige Häufung von transformativen Krisen haben uns an den Punkt gebracht, wo solche geschützten Plätze lebensfähig sein könnten. Da die Verbraucher immer stärker nach einem anderen Verständnis und einer neuen Art von Pflege für Menschen in spirituellen Krisen rufen, werden sicher auch neue Möglichkeiten für Behandlungszentren auftauchen.

Wir glauben, daß Zentren für spirituelle Krisen so organisiert werden könnten, daß sie vom medizinischen Establishment und den Krankenkassen als effektive Alternativen zur traditionellen Psychiatrie anerkannt würden. Sie könnten sich leicht auf die gleiche Weise entwickeln, wie es die Entbindungszentren und Sterbekliniken als Antwort auf die Forderung der Öffentlichkeit nach einer menschlicheren und natürlicheren Behandlung von Geburt und Tod getan haben. Denn Geburt, Tod und spirituelle Transformation sind so wichtige Aspekte unseres Lebens, daß es dringend notwendig scheint, ihnen die jeweils passenden unterstützenden Umgebungen zu schaffen.

Es folgt unsere Vision eines rund um die Uhr zur Verfügung stehenden

Sanktuariums. Da dies ein relativ neues Feld ist, enthält dieses Modell Aspekte, die noch getestet, verändert und ergänzt werden müssen. Unsere Beschreibung ist recht allgemein. Die Details der Ausführung müßten der spezifischen Situation entsprechend entwickelt werden.

Die Philosophie. Das Konzept einer stationären Einrichtung für spirituelle Krisen beruht auf dem Verständnis, daß man dem transformativen Prozeß vertrauen und ihn unterstützen soll, statt ihn zu unterdrücken und unter Kontrolle zu bringen. Die Klienten gelten nicht als Patienten und die Mitarbeiter nicht als Experten. Jeder wird vielmehr als Teilnehmer an einem bestimmten Stadium einer evolutionären Reise gesehen. Manche haben mehr Wissen, Erfahrung und Fertigkeiten als andere, aber das kann sich mit der Zeit ändern. Die Mitarbeiter verpflichten sich der Aufgabe, einen Rahmen zu schaffen, in dem sich der Prozeß natürlich entfalten kann.

Der äußere Rahmen. In Idealfall liegt das Sanktuarium in einer natürlichen Umgebung, da Menschen in spirituellen Krisen oft sehr empfindsam und stark auf die sie umgebende Welt eingestimmt sind. Wenn das nicht möglich ist, muß für Klienten und Mitarbeiter die Möglichkeit bestehen, irgendwie Zugang zu Rasen, Bäumen, Stränden, Bergen, Sonnenschein, Gärten oder anderen Formen von Natur zu finden. Der Ort liegt in ausreichender Entfernung von anderen Gebäuden, so daß der bei Krisen häufige emotionale Ausdruck niemand anderen stören kann.
Das oder die Gebäude sind wohnlich und bequem, es gibt Raum für gemeinsame Aktivitäten und Gruppentreffen, Schlafzimmer und eine Küche. Ein oder zwei Zimmer mit wenig oder gar keinen Möbeln und abgepolsterten Wänden stehen denen zur Verfügung, die während kritischer Stadien in ihrem Prozeß einen sicheren Ort brauchen. Es gibt Badewannen oder Whirlpools für alle, die im Wasser Heilung und Beruhigung finden.
Die gesamte Umgebung ist ästhetisch befriedigend und sieht nicht nach Klinik aus. Der Ausstattung des Gebäudes widmen wir ebensoviel Aufmerksamkeit wie unseren eigenen vier Wänden, und es gibt immer viele Pflanzen und frische Blumen auf den Tischen. Die Mahlzeiten sind gesund und nahrhaft, und sie werden ebenso sorgfältig angerichtet wie zubereitet. Außerdem steht immer frisches Obst bereit.
Draußen ist ein wunderbar gepflegter Obst- und Gemüsegarten, in dem die Klienten graben und pflanzen können, um einen Ausgleich für ihre komplexen inneren Erfahrungen zu schaffen. Im Idealfall gibt es ein Schwimmbad, in dem sie die während des Prozesses hochkommenden Energien aktiv ausdrücken und ablassen können. Das gleiche ließe sich vielleicht durch Joggen in einem nahegelegenen Park erreichen.

Die Mitarbeiter. Die Mitarbeiter setzen sich aus Fachleuten für geistige Gesundheit, Semi-Professionellen und Laien zusammen. Alle sind persönlich der allgemeinen Philosophie verpflichtet, Ausdruck und nicht Unterdrückung zu fördern. Die genaue Zusammensetzung des Stabs hängt von den Erfordernissen jeder Situation ab. Es ist jedoch wichtig, gut ausgebildete Helfer zu haben, die bereit sind, andere in ihren Krisen zu unterstützen und sie hindurchzubegleiten.

Eine Bedingung ist für alle Beteiligten – Köche, Verwaltungsleute, Berater, Hausmeister, Ärzte und Helfer – gleich: Sie müssen nicht nur über theoretische Ausbildung, sondern auch über eigene Erfahrungen verfügen. Die können aus ihren eigenen spirituellen Krisen, aus einer Methode wie der Holotropen Atemarbeit® oder verschiedenen spirituellen Praktiken stammen, die zu ähnlichen Zuständen führen wie die, denen man bei einer transformativen Krise begegnet. Ihre eigenen Erfahrungen geben ihnen zusammen mit einer guten theoretischen Grundlage die Fähigkeit, von innen heraus den Prozeß, den sie bei anderen sehen, zu erkennen und zu verstehen. Daher können sie mit den Klienten entspannt, einsichtig und unterstützend umgehen. Ideal wäre es, wenn sie sich selbst täglich irgendeiner spirituellen Praxis widmen würden.

Ein informierter und unterstützender medizinischer Stab ist ein weiteres wesentliches Kriterium, da spirituelle Krisen oft physische Symptome mit sich bringen, die von Experten beurteilt werden müssen. Probleme wie Dehydration und Nahrungsmangel erfordern die Aufsicht eines wohlwollenden Arztes. Gelegentlich werden auch schwache Tranquilizer verschrieben, nicht als unterdrückende Behandlung, sondern um Leuten dabei zu helfen, sich nach langen und intensiven Perioden von Aktivität auszuruhen.

Die genaue Aufgabenverteilung der Mitarbeiter hängt von der Struktur des Zentrums ab. Da der Prozeß der spirituellen Krise sehr intensiv sein kann, ist es besser und gesünder, wenn die Mitarbeiter immer nur eine begrenzte Zeit mit Klienten verbringen.

Um zu vermeiden, daß sie innerlich ausbrennen, kann es sich empfehlen, kein permanentes stationäres Team zu haben. Statt dessen könnten sich die Mitarbeiter schichtweise abwechseln. Dazu könnten zeitweilig Menschen, die für die Arbeit mit spirituellen Krisen ausgebildet werden, als Assistenten hinzugezogen werden. Weitere Hilfe und zusätzliches Wissen gibt es vielleicht bei Leuten, die auf dem Gebiet der chemischen Abhängigkeiten arbeiten.

Dienstleistungen. Das allgemeine Programm beruht auf Flexibilität, Fürsorglichkeit und Abenteuerbereitschaft. Es stehen zwar viele Dienstleistungen zur Verfügung, aber kein Klient bekommt einen vorgeschriebenen

Behandlungsplan. Da der Transformationsprozeß seine eigene Weisheit, Dynamik und Zeitvorgaben hat, ist es unmöglich, seinen Verlauf vorherzusagen. Ein allgemeines Verständnis seiner Natur und Möglichkeiten liefert jedoch einen weiten Bezugsrahmen, innerhalb dessen man kreativ sein kann. In manchen Stadien des Prozesses machen die Klienten vielleicht sehr harte Zeiten durch, in denen sie jemanden brauchen, der aktiv mit ihnen arbeitet, wenn sie vor schwierigen Erfahrungen stehen. Die angemessene Unterstützung kann von tiefer Erfahrungstherapie zu einfachem persönlichem Kontakt und der Möglichkeit reichen, mit jemandem reden zu können, der versteht. Ein andermal müssen sie eine Weile allein und still sein oder sich kreativen Ausdrucksweisen, einfachen alltäglichen Beschäftigungen oder körperlich anstrengender Bewegung widmen können.

Wenn sie ihre Aufmerksamkeit wieder auf die Welt zurückzulenken beginnen, fragen sie nach Erklärungen und Bestätigung. Und wenn die Zeit kommt, wieder nach Hause zu gehen, brauchen sie Unterstützung dabei, wieder in die gewöhnliche Welt einzutreten und mit den Menschen in ihrem Alltag umzugehen. Viele der einzelnen Stadien haben wir in diesem Buch beschrieben, und diese Anregungen lassen sich beim Erstellen eines Behandlungsprogramms erweitern.

Zusätzlich dazu, daß es rund um die Uhr ausgebildete Helfer gibt, könnten zu den besonderen Dienstleistungen eines Zentrums für spirituelle Krisen regelmäßige Beratungen, Einzelsitzungen bei den Mitarbeitern, Sandspiel nach Kalff (siehe Anhang III), Erfahrungstherapie, Körperarbeit, Akupunktur, Malerei und Töpfern gehören. Dazu kommen Gärtnern und die Möglichkeit, sich körperlich auszuarbeiten. Den Klienten und Mitarbeitern steht eine umfassende Bibliothek mit Kunstbänden und Büchern über Mythologie, Religion und Symbolismus sowie eine große Sammlung von Photos und Bildern zur Verfügung, die Hinweise auf den Inhalt der Erfahrungen liefern könnten. Und dann gibt es auch eine gute Auswahl von Videobändern über verwandte Themen.

Die Mitarbeiter des Sanktuariums bieten dem Klienten nicht nur während seines Aufenthalts dort Unterstützung an, sondern auch dann, wenn er in die Welt zurückkehrt. Sie kennen mehrere offene Zentren, die für alle da sind, die mehr Zeit in einer geschützten Umgebung brauchen. Dort arbeiten Leute, die bereit sind, die Klienten bei ihrer Rückkehr in Beziehungen, Beruf und eine sozial beanspruchende Welt zu unterstützen, ihnen beizustehen und Mut zu machen. Schließlich leben dort Leute zusammen, die den gleichen Prozeß durchmachen, und jeder kann aus den Erfahrungen der anderen Gewinn ziehen. Erfolgreiche offene Zentren für chemisch Abhängige könnten hier einige Richtlinien liefern.

Das Zentrum für spirituelle Krisen bietet den Klienten außerdem ein

Nachsorgeprogramm in Form von fortlaufenden wöchentlichen Gruppen, individueller Beratung, Erfahrungstherapien und spiritueller Praxis an. Außerdem haben die Klienten Kontakt zu denen, die vor ihnen da waren und nun freiwillig zurückkommen, um als Laienhelfer in Garten und Küche mitzuwirken. Das gibt ihnen die Gelegenheit, Leute kennenzulernen, die einen ähnlichen Weg gegangen sind und viele ihrer Erfahrungen erfolgreich in ihr Leben integriert haben. Diese Art von Kontakt kann jemandem, der sich noch unsicher und wacklig fühlt, viel Hoffnung machen.
Der Mitarbeiterstab bietet auch regelmäßige Programme für Familien und Freunde von Menschen in spirituellen Krisen an. Sie erhalten sowohl in der Zeit, in der der Klient stationär da ist, wie danach Beratung und Informationen über die Dynamik des transformativen Prozesses, der vielleicht ganz plötzlich in ihr Leben eingebrochen ist. So können sie dann den geliebten Menschen bei seiner Rückkehr in die Welt besser unterstützen und verstehen, und sie können auch besser auf sich selbst achten.

Dieser Traum ist alles andere als vollständig. Eine wirklich umfassende Vision wird es vielleicht erst bei der tatsächlichen Planung und dem Aufbau eines Zentrums für spirituelle Krisen, einer Einrichtung, die als Modell für andere dienen könnte, geben. Und wir hoffen, daß es dann gar nicht lange dauern wird, bis ein ganzes Netzwerk solcher Sanktuarien, offener Zentren und unterstützender Gruppen das dringend gebrauchte Verständnis bieten können, das sich so viele Menschen wünschen.

Anhang III: Spirituelle Krisen und Fachleute für geistige Gesundheit

Wir haben beim Schreiben dieses Buches versucht, uns einem breiten Publikum verständlich zu machen. An dieser Stelle möchten wir einige Informationen hinzufügen, die vielleicht für Menschen mit einer Ausbildung in Psychiatrie, Psychologie und verwandten Gebieten von Interesse sind. Die Themen haben wir so gewählt, daß die von Fachleuten bei unseren Vorträgen und Workshops am häufigsten gestellten Fragen beantwortet werden.

Spirituelle Krisen und die heutige Wissenschaft

Viele Fachleute, und darunter selbst die, die der transpersonalen Psychologie und dem Konzept der spirituellen Krise grundsätzlich wohlwollend gegenüberstehen, finden es schwierig, diese Konzepte in Einklang mit ihrer traditionellen wissenschaftlichen Ausbildung zu bringen. Ein Denksystem, das absichtlich alles verwirft, was sich nicht wiegen und messen läßt, birgt keinerlei Öffnung für das Erkennen von kreativer kosmischer Intelligenz und spirituellen Realitäten oder so etwas wie transpersonalen Erfahrungen und dem kollektiven Unbewußten. In Wissenschaftskreisen wird die transpersonale Sichtweise häufig als etwas betrachtet, das nicht nur wissenschaftlich unbelegt, sondern auch mit strengem Denken grundsätzlich unvereinbar ist. Es scheint daher wichtig, einen Blick auf die jüngeren revolutionären Entwicklungen in der westlichen Wissenschaft zu werfen und zu zeigen, daß die von uns dargestellten Konzepte weder »unwissenschaftlich« noch »irrational« sind. Sie sind zwar deutlich unvereinbar mit dem Kartesianisch-Newtonschen Denken, stimmen aber im Grundton mit den revolutionären Entwicklungen in verschiedenen Disziplinen der modernen Wissenschaft überein, die oft als das neue Paradigma bezeichnet werden.
Lassen Sie uns zunächst das auf der Newtonschen Physik beruhende traditionelle Paradigma in der Wissenschaft des Westens und seine grundlegenden Annahmen über die Natur der Wirklichkeit und der Menschen betrachten.

Die Weltsicht der Kartesianisch-Newtonschen Wissenschaft

Die traditionelle Physik vor Einstein fußte auf der festen Überzeugung, das Universum sei materieller Natur und setze sich aus fundamentalen Bausteinen oder Atomen zusammen, die fest und unzerstörbar seien. Die Atome bewegten sich nach bestimmten festen Gesetzen im dreidimensionalen Raum und in der Zeit, von der man meinte, sie fließe gleichmäßig von der Vergangenheit durch die Gegenwart in die Zukunft. Die Newtonsche Wissenschaft betrachtete die Existenz des Universums als die Geschichte der sich entwickelnden Materie und den Kosmos als eine gigantische Supermaschine, deren Operationen vollkommen deterministisch waren. Wenn wir all die Faktoren, die in diesem Moment in der Welt wirken, identifizieren und messen könnten, sollten wir im Prinzip in der Lage sein, jede Situation in der Vergangenheit genau zu rekonstruieren und alles in der Zukunft präzise vorherzusagen. Das war in der Praxis nicht zu machen, da die Welt zu komplex war, um alle beteiligten Faktoren identifizieren und messen zu können.

Die Newtonsche Physik war als die intellektuelle Kraft hinter den wissenschaftlichen und industriellen Revolutionen extrem erfolgreich. Sie wurde zum Modell für wissenschaftliche Bemühungen auf anderen Gebieten, und ihre Beschreibung der materiellen Welt wurde die bestimmende Grundlage für die Diskussion aller natürlichen Phänomene einschließlich des Bewußtseins und des Menschen. In der von der Newtonschen Wissenschaft geschaffenen Weltsicht werden das Leben, Bewußtsein und schöpferische Intelligenz als zufällige Nebenprodukte von Materie betrachtet.

Menschliche Wesen werden als materielle Objekte mit Newtonschen Eigenschaften beschrieben, spezifischer als hochentwickelte Tiere und denkende biologische Maschinen. Die Grenzen des menschlichen Organismus sind absolut und mit der Hautoberfläche identisch. Im traditionellen Denken sind das Bewußtsein und die menschliche Psyche Produkte von neurophysiologischen Prozessen im Gehirn und, wie dieses Organ selbst, im Schädel enthalten. Geistige Aktivität beruht auf Information, die von den Sinnesorganen angesammelt wurde und im zentralen Nervensystem verstaut ist. Der Erwerb von Information und Kommunikation kann nur in materiellen Systemen wie dem Gehirn oder den physiochemischen Strukturen der Gene vorkommen und erfordert den Austausch von derzeit bekannten und meßbaren Energien. Außersinnliche Kommunikation und der Zugang zu neuer Information ohne die Vermittlung der Sinne gelten als unmöglich.

Zusätzlich ist die obige Beschreibung von der Natur der Wirklichkeit und der Menschen in der Vergangenheit im allgemeinen nicht als das gesehen worden, was sie ist, nämlich ein brauchbares Modell für die Organisation der Beobachtungen und des zu einer bestimmten Zeit in der Geschichte der Wissenschaft verfügbaren Wissens. Vielmehr wurde sie als definitive und akkurate Beschreibung der Wirklichkeit selbst betrachtet. Aus logischer Sicht wäre dies als eine schwerwiegende Verwechslung von »Landkarte« und »Gebiet« zu bezeichnen.

Der gegenwärtige Zugang zu geistiger Gesundheit und Krankheit ist ein direktes Ergebnis der verallgemeinerten Anwendung des Newtonschen Denkens auf psychiatrische Probleme. Aus seiner Sicht reflektiert das zentrale Nervensystem einfach die objektiv bestehende Welt. Alle Definitionen von Psychose betonen die Unfähigkeit des Individuums, zwischen subjektiven Erfahrungen und der Welt der Konsens-Realität, die oft als objektive Wirklichkeit bezeichnet wird, zu unterscheiden.

Ein normal funktionierendes menschliches Gehirn sollte das Universum richtig und genau reflektieren. Und da die traditionelle Wissenschaft meint, die Welt habe tatsächlich Newtonsche Eigenschaften, muß der, der gesund sein soll, sie in diesen Kategorien wahrnehmen. Eine ernsthafte Abkehr von der Erfahrung der »objektiven Wirklichkeit« läßt vermuten, daß irgendein pathologischer Prozeß das korrekte Funktionieren des Gehirns gestört haben muß. Ein solcher Mensch leidet dann eben an »Geisteskrankheit«.

Da die Konzepte der objektiven Wirklichkeit und das genaue Überprüfen der Realitätswahrnehmung Schlüsselfaktoren bei der Bestimmung der Frage sind, ob jemand geistig gesund ist, ist das wissenschaftliche Verständnis von der Natur der Realität hier absolut entscheidend. Jede grundlegende Änderung in der wissenschaftlichen Weltsicht muß weitreichende Konsequenzen für die Definition von Psychosen haben. Zwar hat es im Laufe dieses Jahrhunderts einige dramatische Veränderungen im wissenschaftlichen Verständnis der Realität gegeben, aber die traditionell arbeitenden Psychologen und Psychiater haben die für ihre Disziplin unvermeidlichen Konsequenzen bisher nicht akzeptiert.

Das neue Paradigma in der westlichen Wissenschaft

Radikale Entwicklungen in verschiedenen wissenschaftlichen Disziplinen haben nun zu einer Weltsicht geführt, die vollkommen anders ist als das Newtonsche Bild des Universums. Einige der radikalsten Veränderungen hat es in der Physik gegeben, dem Eckstein der mechanistischen Wissenschaft. Mit Einsteins Relativitätstheorie und der Quantenphysik wurden die traditionellen Konzepte von Materie, Raum und Zeit transzendiert. Das physische Universum wird nun als vereintes Netz von paradoxen, statistisch determinierten Ereignissen gesehen, in denen Bewußtsein und schöpferische Intelligenz eine entscheidende Rolle spielen.

Die Erkenntnis, daß das Universum kein mechanisches System, sondern ein komplexes Zusammenspiel von unterschiedlichen Arten und Frequenzen von Schwingungsphänomenen ist, hat den Boden für ein Verständnis von Realität bereitet, das auf vollkommen neuen Prinzipien beruht. Dieser Ansatz ist als der holographische bekannt geworden, da einige seiner bemerkenswerten Eigenschaften sich mit dem konzeptionellen Werkzeug des optischen Hologramms darstellen lassen. Zwei Wissenschaftler, die durch ihre Beiträge zu dieser aufregenden neuen Sichtweise der Realität bekannt geworden sind, sind der Physiker David Bohm und der Gehirnforscher Karl Pribram. Eine umfassende Erörterung des holographischen Verständnisses des Universums und des Gehirns würde den Rahmen dieses Buches sprengen. Das Thema ist ausführlich in meinem Buch *Geburt, Tod und Transzendenz* und anderen Veröffentlichungen abgehandelt, und wir müssen die interessierten Leser auf diese Quellen verweisen.

Ein für unsere Diskussion besonders relevanter Aspekt des holographischen Denkens ist die Möglichkeit einer ganz neuen Beziehung zwischen den Teilen und dem Ganzen. Information wird in einem holographischen System so verteilt , daß sie in jedem seiner Einzelteile enthalten und verfügbar ist. Das läßt sich sehr gut dadurch demonstrieren, daß man ein optisches Hologramm in viele Teile zerschneidet und zeigt, daß jedes Fragment in der Lage ist, das gesamte Bild zu reproduzieren.

Das Konzept der »verbreiteten Information« öffnet völlig neue Perspektiven für das Verständnis davon, wie transpersonale Erfahrungen direkten Zugang zu Informationen über verschiedene Aspekte des Universums vermitteln können, die außerhalb der konventionell definierten Grenzen des Individuums liegen. Wenn das Individuum und das Gehirn keine isolierten Einheiten sind, sondern integrale Teile eines Universums mit holographischen Eigenschaften – wenn sie in irgendeiner Weise Mikrokosmen eines viel größeren Systems sind –, dann ist es vorstellbar, daß sie direkten und unmittelbaren Zugang zu Informationen außerhalb ihrer selbst haben.

Unter den bedeutenden Kritikern des konventionellen Denkens sollten wir auch Gregory Bateson erwähnen, der gezeigt hat, daß alle Grenzen in der Welt illusionär und Geist und Natur untrennbar verbunden sind. Eine weitere grundlegende Herausforderung für das traditionelle Denken stellt die Arbeit des britischen Biologen Rupert Sheldrake dar. Er hat darauf hingewiesen, daß die herkömmliche Wissenschaft in ihrem einseitigen Bemühen um »energetische Verursachung« vollkommen das Problem des Ursprungs von Formen in der Natur vernachlässigt hat. Sein Konzept der morphischen Resonanz verweist darauf, daß Formen in der Natur und verschiedene Arten des Lernens von Feldern beherrscht werden, die von der derzeitigen Wissenschaft weder entdeckt noch gemessen werden können.

Die modernen Entdeckungen in der Psychologie und Psychiatrie waren ebenso überraschend und radikal wie die in den Naturwissenschaften. Auch Jungs Aussagen über das kollektive Unbewußte, die Archetypen und Synchronizität untergraben die Position der mechanistischen Wissenschaft und rütteln zudem an den Grenzen des eher prosaischen sogenannten »gesunden Menschenverstands«. Sie beschreiben die Psyche als universales Prinzip, das alle Existenz informiert und von der materiellen Welt der Konsens-Realität untrennbar ist. Und die transpersonalen Erfahrungen, die die moderne Bewußtseinsforschung entdeckt hat, weisen Eigenschaften auf, die die Grundfesten der traditionellen Glaubenssätze über die Beziehung zwischen Bewußtsein und Materie ins Wanken bringen.

Die neuen Ergebnisse legen nahe, daß Bewußtsein kein Produkt des menschlichen Gehirns ist. Es wird vom Gehirn zwar vermittelt, stammt aber nicht von dort. Die moderne Forschung hat verblüffendes Beweismaterial dafür erbracht, daß Bewußtsein ein gleichrangiger Partner von Materie sein könnte, vielleicht sogar ihr übergeordnet. Es wird immer deutlicher, daß ein wesentliches Merkmal von Existenz das ist, daß sie auf allen Ebenen unentwirrbar mit dem Gewebe des Universums verflochten ist.

Ein neues Bild des Menschen

Die Entdeckungen der letzten Jahrzehnte weisen deutlich darauf hin, daß die Psyche nicht auf die postnatale Biographie und das Freudsche individuelle Unbewußte beschränkt ist, und bestätigen die in vielen mystischen Traditionen vorkommende ewige Wahrheit, daß menschliche Geschöpfe mit allem, was ist, in Einklang stehen. Transpersonale Erfahrungen und ihr außergewöhnliches Potential machen diese Tatsache ganz deutlich.

Das neue Bild des Menschen ist paradoxer Natur und beinhaltet zwei komplementäre Aspekte. In Alltagssituationen und gewöhnlichen Bewußtseinszuständen mag es angemessen erscheinen, Menschen als biologische Maschinen zu sehen. Aber in veränderten Geistesverfassungen können sie auch die Eigenschaften unendlicher Bewußtseinsfelder aufweisen – Zeit, Raum und lineare Kausalität transzendieren. Dies ist das Bild, das die mystischen Traditionen seit Tausenden von Jahren beschreiben. Neuerdings hat es unerwartet Unterstützung aus den Bereichen der Thanatologie, Parapsychologie, Anthropologie, den Selbsterfahrungstherapien und der psychedelischen Forschung bekommen, sowie aus der Arbeit mit spirituellen Krisen.

All die Erfahrungen, die wir in unseren gewöhnlichen Bewußtseinszuständen haben, bestätigen die Vorstellung, wir seien Newtonsche Objekte in einer Welt mit Newtonschen Eigenschaften. Materie ist fest, der Raum ist dreidimensional, die Zeit linear und alles durch Ketten von Ursache und Wirkung miteinander verbunden. Diese Art, uns selbst und die Welt zu erfahren, können wir als *»hylotrope« Bewußtseinsform* bezeichnen (wörtlich »materie-orientiert«; aus den griechischen Wörtern *hyle* = »Materie« und *trepein* = »sich auf etwas zubewegen«). Im hylotropen Bewußtseinszustand können wir nie ganz, mit all unseren Sinnen, etwas anderes erfahren als den gegenwärtigen Augenblick und Ort.
Diese Situation steht in scharfem Kontrast zu der Art, in der wir uns selbst und die Welt in gewissen veränderten Bewußtseinszuständen erfahren, die bei der tiefen Meditation, Hypnose, Selbsterfahrungstherapie, psychedelischen Sitzungen und zuweilen auch spontan auftreten. Die bezeichnen wir als *»holotrope« Bewußtseinszustände* (aus den griechischen Wörtern *holos* = »ganz« und *trepein* = »sich auf etwas zubewegen«).
In diesem Zustand können wir ein breites Spektrum von Phänomenen erfahren; einige davon sind lebhafte Wiederaufführungen von vergangenen Ereignissen, andere Sequenzen von Tod und Wiedergeburt, wieder andere verschiedene Aspekte des transpersonalen Reiches. Sie liefern uns starke Erfahrungsbeweise dafür, daß die Welt der Materie nicht fest ist, daß all ihre Grenzen beliebig und wir selbst nicht materielle Körper, sondern endlose Bewußtseinsfelder sind. Sie zeigen auch, daß Newtons Zeit und Raum transzendiert werden können, und legen die Existenz von Wirklichkeiten und Wesen nicht-materieller Natur nahe.
Die traditionelle Psychiatrie hat alle Erfahrungen von holotropem Bewußtsein als pathologische Phänomene abgetan, obwohl der angebliche Krankheitsprozeß nie identifiziert wurde. Dies spiegelt die Tatsache, daß das alte Paradigma über keine ausreichende Erklärung für diese Erfahrungen verfügte und sie anders nicht deuten konnte. Das sorgfältige Studium der holotropen Erfahrungen zeigt jedoch, daß es sich nicht um pathologische Produkte des Gehirns handelt. Sie enthüllen vielmehr außergewöhnliche Möglichkeiten der menschlichen Psyche und wichtige Aspekte einer normalerweise unserer Bewußtheit verborgenen Realität.
Eine Beschreibung des Menschen, die Paradoxe beinhaltet, mag der Wissenschaft, die klare und logische Antworten fordert, zunächst merkwürdig und unannehmbar erscheinen. Es gibt jedoch einen bedeutsamen Präzedenzfall: In den dreißiger Jahren stießen die Wissenschaftler auf einen Widerspruch in der subatomaren Physik, das sogenannte Wellen-Partikel-Paradoxon, die Tatsache also, daß Licht und subatomare Materie sich in manchen Situationen als Partikel und in anderen als Wellen manifestieren können.

Dies kommt formal im Komplementaritätsprinzip von Niels Bohr zum Ausdruck, das besagt, daß diese beiden Aspekte, obwohl scheinbar unvereinbar miteinander, tatsächlich zwei komplementäre Aspekte desselben Phänomens darstellen. Und nun begegnen wir in den Wissenschaften vom Menschen einem ähnlichen Paradoxon.

Die Diagnose der spirituellen Krise

Zwei wichtige und häufig gestellte Fragen sind die, wie man eine spirituelle Krise diagnostizieren kann, und wie es möglich ist, zwischen transformativen Krisen, spiritueller Entwicklung und Geisteskrankheit zu unterscheiden. Um diese Fragen ernsthaft stellen zu können, müssen die Fachleute die Tatsache akzeptieren, daß Spiritualität eine legitime Dimension der Existenz ist und ihr Erwachen und ihre Entwicklung erwünscht sind.

Die Unterscheidungskriterien für spirituelle Entwicklung und spirituelle Krisen finden sich in Tabelle 1 auf Seite 59. Da es zwischen diesen beiden Zuständen keine scharfen Grenzen gibt, müssen diese Kriterien einfach als nützliche Richtlinien betrachtet werden. Das erste wichtige Kriterium ist die Intensität und Tiefe des Prozesses, die Art, in der er fließt, und das Ausmaß, in dem der Betreffende den Alltag meistern kann.

Ebenso wichtig ist die Einstellung zu dem, was geschieht – ob der Prozeß als aufregend und wertvoll oder als erschreckend und überwältigend erlebt wird. Und schließlich ist auch die Fähigkeit, die Begegnung mit dem Rest der Gesellschaft aufrecht erhalten zu können, von großer Bedeutung. Wie gut man differenzieren kann, mit welchen Leuten man über die Erfahrungen sprechen will, und welche Sprache man dabei benutzt, kann für die Frage, ob man in eine Klinik eingewiesen werden wird, bestimmend sein.

Wenn die Entscheidung getroffen wurde, daß jemand die Grenzen einer spirituellen Entwicklung überschritten hat und vor einer Krise steht, folgen als nächstes die diagnostischen Überlegungen. Die wesentlichen Kriterien zur Unterscheidung zwischen spirituellen Krisen, streng medizinischen Krankheiten und sogenannten Geisteskrankheiten haben wir wieder in Form einer Tabelle zusammengestellt (Tabelle 2 auf Seite 362 f.).

Die erste diagnostische Aufgabe ist die, alle durch klinische und Labortechniken feststellbaren medizinischen Zustände zu entdecken, die für die wahrnehmenden, emotionalen und anderen auftretenden Manifestationen verantwortlich sein könnten – etwa Enzephalitis, Meningitis oder andere Infektionskrankheiten, Gehirn-Arteriosklerose, Schläfentumore, Urämie und andere, von denen man weiß, daß sie das Bewußtsein verändern können.

Die psychologischen Symptome dieser organischen Psychosen lassen sich durch psychiatrische Untersuchungen und psychologische Tests deutlich von funktionalen Psychosen unterscheiden. Die Kriterien dafür finden sich in der ersten Spalte der Tabelle 2.

Wenn die angemessenen Untersuchungen und Tests die Möglichkeit ausgeschlossen haben, daß das Problem organischer Natur ist, muß als nächstes herausgefunden werden, ob der Klient in die Kategorie der spirituellen Krisen fällt – das heißt seinen Zustand von funktionalen Psychosen zu unterscheiden. Es gibt keine Möglichkeit, absolut klare Kriterien für die Unterscheidung zwischen spirituellen Krisen und Psychose oder Geisteskrankheit aufzustellen, da es diesen Begriffen selbst an objektiver wissenschaftlicher Validität mangelt. Man darf Kategorisierungen dieser Art nicht mit so präzise definierten Erscheinungen wie Diabetes mellitus oder perniziöser Anämie vergleichen. Funktionale Psychosen sind streng genommen keine Krankheit, und sie können nicht so genau identifiziert werden, wie es in der Medizin zur Erstellung einer differenzierten Diagnose nötig ist.

Die Aufgabe, zu unterscheiden, ob wir es in einem bestimmten Fall mit einer spirituellen Krise zu tun haben, bedeutet praktisch, daß wir einschätzen müssen, ob der Klient von den in diesem Buch beschriebenen Strategien profitieren könnte oder ob er auf traditionelle Weise behandelt werden sollte. Die Kriterien für eine Entscheidung dieser Art sind in der zweiten Spalte von Tabelle 2 zusammengefaßt. Der Inhalt einer typischen spirituellen Krise ist eine Kombination von transpersonalen, perinatalen und biographischen Erfahrungen. Er weist einen gewissen Grad von Kohärenz auf und dreht sich wahrscheinlich um eines der im vierten Kapitel beschriebenen Themen oder eine Kombination von diesen.

Zu den günstigen Zeichen gehören eine Biographie mit angemessener psychischer, sexueller und sozialer Angepaßtheit vor der Episode, die Fähigkeit, in Betracht zu ziehen, daß der Prozeß der eigenen Psyche entstammen könnte, ausreichend Vertrauen, um zu kooperieren, und die Bereitschaft, die Grundregeln der Behandlung anzuerkennen. Dagegen können eine lange Geschichte von ernsthaften psychologischen Schwierigkeiten und geringer sexueller und sozialer Anpassung im allgemeinen Vorsicht gebieten. Außerdem zeigen inhaltlich verwirrte und schlecht geordnete Erfahrungen, das Auftreten der Bleulerschen Primärsymptome von Schizophrenie, eine Häufung von manischen Elementen, der systematische Einsatz von Projektion und das Vorkommen von verfolgenden Stimmen und Einbildungen an, daß traditionelle Ansätze vorzuziehen sein könnten. Weitere negative Indikatoren sind starke destruktive und selbstzerstörerische Tendenzen und Verletzungen der Grundregeln der Behandlung.

Bei den Klienten, die in die Kategorie der spirituellen Krise passen, macht der Versuch, traditionelle psychiatrische Etikettierungen zu verwenden, sehr wenig Sinn. Da jedoch Ärzte mit traditioneller Ausbildung gewohnt sind, in solchen Begriffen zu denken und oft auch im Kontext des etablierten medizinischen Systems arbeiten müssen, werden wir hier kurz auf die Etikettierungen eingehen.

Die Möglichkeiten, die die offiziellen diagnostischen Untersuchungsmethoden den Fachleuten zur Beschreibung von Menschen anbieten, die eine spirituelle Krise durchleben, sind eindeutig unbefriedigend. Sie gelten im großen und ganzen für schizophrene, manisch-depressive und paranoide Reaktionen. Eine sorgfältige Analyse der Manifestationen der wesentlichen Arten von spirituellen Krisen zeigt, daß sie in keine der offiziellen Kategorien passen. Da die traditionelle Psychiatrie keine Unterscheidung zwischen psychotischen Reaktionen und mystischen Zuständen macht, erhalten nicht nur die Krisen der spirituellen Öffnung, sondern auch unkomplizierte transpersonale Erfahrungen oft ein pathologisches Etikett.

Diese Situation ist zu Recht von transpersonal orientierten Therapeuten und Forschern kritisiert worden. Der deutlichste und schärfste Kritiker der derzeitigen diagnostischen Praktiken auf diesem Gebiet ist David Lukoff, ein Psychiater an der Universität von Kalifornien in Los Angeles. Er hat die Notwendigkeit betont, zwischen mystischen Zuständen und psychotischen Reaktionen zu unterscheiden. Er meint, die Psychiatrie sollte zwei zusätzliche Kategorien für die Fälle haben, in denen das Mystische und das Psychotische einander überschneiden: mystische Zustände mit psychotischen Zügen und psychotische Zustände mit mystischen Qualitäten.

Unter den gegenwärtigen Umständen verdunkelt die Verwendung von diagnostischen Etikettierungen die Fragen und behindert das heilende Potential des Prozesses. Zusätzlich zu den sozial stigmatisierenden und psychisch schädigenden Auswirkungen schafft dies zu Unrecht den Eindruck, die Störung sei eine präzise identifizierte Krankheit, und dient der Rechtfertigung von unterdrückender Medikation als einer wissenschaftlich angezeigten Behandlung.

Therapeutische Techniken und Strategien für spirituelle Krisen

Veränderte Bewußtseinszustände machen es unbewußtem Material mit starker emotionaler Aufladung möglich, ins Bewußtsein aufzutauchen. Dieser Prozeß ist Ausdruck eines starken, spontanen Heilungspotentials, und er sollte unterstützt werden. Unter solchen Umständen sind emotionale und psychosomatische Symptome nicht Probleme, die es zu bekämpfen gilt, sondern Hinweise auf heilende Bemühungen des Organismus, die unterstützt, ermutigt und einer Vollendung zugeführt werden müssen.

Als Therapeuten müssen wir unseren Klienten diese grundlegende Philosophie erklären und uns sicher sein, daß sie sie verstanden haben, bevor wir weitergehen. Als nächster Schritt muß für eine sichere Umgebung gesorgt werden, in der der Mensch, mit dem wir arbeiten, nicht gestört wird, und wir uns keine Gedanken darum machen müssen, daß andere an lauten Geräuschen Anstoß nehmen könnten. Nachdem gewisse Regeln in bezug auf destruktives oder selbstzerstörerisches Verhalten festgesetzt worden sind, brauchen wir dann, wenn der Prozeß sehr aktiv ist, den Klienten nur noch zu ermutigen, er solle ihn sich entfalten lassen und mit dem in Einklang gehen, was geschieht.

In Fällen, wo es mehr um Entwicklung als um Krise geht oder bei denen die Transformation in eine Sackgasse geraten ist, ist es oft notwendig und angemessen, Ansätze zu verwenden, die aktivierend auf das Unbewußte wirken. Dabei kann es sich um verschiedene Kombinationen von Erfahrungstherapien, die im Kontext der humanistischen und transpersonalen Psychologie für emotionales Freisetzen entwickelt worden sind, und um Körperarbeit handeln. Wir setzen zu diesem Zweck die Methode der Holotropen Atemarbeit® ein. Diesen Ansatz haben wir ursprünglich für erfahrende Selbsterforschung und Heilung entwickelt, aber finden ihn auch in Situationen, in denen es um spirituelle Entwicklung und Krisen geht, sehr hilfreich.

Über die Holotrope Atemarbeit® werden wir etwas ausführlicher sprechen, da sie für das Problem der spirituellen Entwicklung von großer Bedeutung ist. Diese Methode kann starke transformative Erfahrungen auslösen und die spirituelle Entwicklung von Menschen, die schon in diesem Prozeß stehen, beschleunigen und vertiefen. Außerdem sind die grundlegenden therapeutischen Strategien dieser Arbeit mit denen identisch, die bei Menschen in psychospirituellen Krisen am besten zu wirken scheinen. Die Ausbildung in Holotroper Atemarbeit®, die die persönliche Atemerfahrung mit der Hilfe für andere verbindet, ist daher auch ein sehr effektives Training für Therapeuten, die mit Menschen in spirituellen Krisen arbeiten. Und schließlich läßt sich diese Methode auch bei einigen Leuten in transformativen Krisen als gute Möglichkeit einsetzen, Stillstand zu überwinden oder den Prozeß zu vertiefen und zu beschleunigen. Wer genauere Angaben sucht, dem sei Stanislav Grofs Buch *Das Abenteuer der Selbstentdeckung* empfohlen.

Wir verwenden die Bezeichnung *holotrop* auf zweierlei Weise – für die von uns entwickelte therapeutische Technik und für die von ihr induzierte Bewußtseinsform. Der Gebrauch des Wortes *holotrop* in bezug auf Therapie

Tabelle 2: Unterscheidung zwischen spiritueller Entwicklung und psychiatrischen Störungen

Charakteristika des Prozesses, die auf die Notwendigkeit eines medizinischen Herangehens an das Problem hinweisen	Charakteristika des Prozesses, die nahelegen, daß Strategien für spirituelle Entwicklung funktionieren könnten
Medizinische Kriterien	
Klinische Untersuchungen und Labortests decken eine physische Krankheit auf, die psychische Veränderungen bewirkt	Negative Ergebnisse von klinischen Untersuchungen und Labortests für eine physische Krankheit
Klinische Untersuchungen und Labortests decken einen Krankheitsprozeß im Gehirn auf, der psychologische Veränderungen bewirkt (neurologische Reflexe, Rückenmarksflüssigkeit, Röntgen usw.)	Negative Ergebnisse bei den klinischen Untersuchungen und Labortests für einen pathologischen Prozeß, der das Gehirn beeinflußt
Spezifische psychologische Tests weisen auf eine organische Schädigung des Gehirns hin	Negative Ergebnisse bei den psychologischen Tests für organische Schädigungen
Schädigung von Intellekt und Gedächtnis, umnebeltes Bewußtsein, Probleme mit der grundlegenden Orientierung (Name, Zeit, Ort), schlechte Koordination	Intellekt und Gedächtnis qualitativ verändert, aber intakt, Bewußtsein meist klar, gute grundlegende Orientierung, Koordination nicht ernsthaft gestört
Verwirrung, Desorganisation und gestörte intellektuelle Funktionen behindern die Kommunikation und Kooperation	Fähigkeit zu kommunizieren und zu kooperieren (gelegentlich könnte tiefes Involviertsein in den inneren Prozeß ein Problem sein)
Psychologische Kriterien	
Die persönliche Geschichte weist seit der Kindheit ernsthafte Schwierigkeiten mit zwischenmenschlichen Beziehungen auf; Unfähigkeit, Freundschaften zu schließen und intime sexuelle Beziehungen zu haben; schlechte soziale Anpassung, meist eine lange Vorgeschichte von psychiatrischen Problemen	Angemessene Funktionsweisen vor der Episode, die durch zwischenmenschliche Fertigkeiten belegt sind; einiger Erfolg in Schule und Beruf; Netzwerk von Freunden und die Fähigkeit zu sexuellen Beziehungen; keine ernsthafte psychiatrische Vorgeschichte

Schlecht organisierter und definierter Prozeßinhalt; unqualifizierte Veränderungen von Emotionen und Verhalten, unspezifische Desorganisation der psychischen Funktionen; Mangel an jedweder Bedeutung; kein Hinweis auf Entwicklungsrichtung; Entgleiten der Assoziationen; Inkohärenz	Sequenzen von biographischen Erinnerungen; Themen von Geburt und Tod; transpersonale Erfahrungen; möglicherweise die Einsicht, daß der Prozeß heilender oder spiritueller Natur ist; Wechsel und Entwicklung von Themen, oft bestimmbares Fortschreiten; Vorfälle von echter Synchronizität (für andere offensichtlich)
Autistischer Rückzug, Aggressivität oder kontrollierendes und manipulatives Verhalten behindert eine gute Arbeitsbeziehung und macht die Kooperation unmöglich	Die Fähigkeit, auch während Episoden mit dramatischen Erfahrungen, die spontan oder im Laufe der therapeutischen Arbeit auftreten, in Verbindung zu stehen und zu kooperieren
Die Unfähigkeit, den Prozeß als innerpsychische Angelegenheit zu sehen; Verwechslung von inneren Erfahrungen und Außenwelt, extensive Projektion und Schuldzuweisungen; »Ausagieren«	Bewußtheit der innerpsychischen Natur des Prozesses; ausreichende Fähigkeit, zwischen Innen und Außen zu unterscheiden, sich den Prozeß zu eigen zu machen; Fähigkeit, ihn internalisiert zu halten
Grundlegendes Mißtrauen; die Welt und alle Menschen werden als feindlich empfunden; Verfolgungswahn; akustische Halluzinationen von Feinden (»Stimmen«) mit sehr unerfreulichem Inhalt	Ausreichend Vertrauen, um Hilfe anzunehmen und zu kooperieren; kein Verfolgungswahn oder »Stimmen«
Durchbrechen der Grundregeln der Therapie (sich selbst und andere nicht zu verletzen, die Einrichtung nicht zu zerstören); destruktive und selbstzerstörerische (suizidale oder selbstverstümmelnde) Impulse und eine Tendenz, sie ohne Vorwarnung auszuleben	Die Fähigkeit, die Grundregeln der Therapie zu respektieren; keine destruktiven oder selbstzerstörerischen Gedanken und Tendenzen oder aber die Fähigkeit, über sie zu sprechen und Vorsichtsmaßnahmen zu akzeptieren
Das Verhalten gefährdet die Gesundheit und gibt Anlaß zu ernsthaften Sorgen (Weigerung, über längere Zeiträume hinweg zu essen oder zu trinken, Vernachlässigung der grundlegenden hygienischen Bedürfnisse)	Gute Kooperation in Belangen der physischen Gesundheit, der grundlegenden Versorgung und der Hygieneregeln

meint, das Ziel sei, die innere Fragmentierung sowie das Gefühl der Trennung zwischen dem Individuum und der Umgebung zu überwinden.
Wenn wir jemanden auf das holotrope Atmen vorbereiten, sprechen wir zunächst über die Arten von Erfahrungen, die bei diesem Prozeß auftauchen können. Das ist deswegen wichtig, weil der Durchschnittsmensch des Westens veränderten Bewußtseinszuständen völlig unwissend gegenübersteht und viele falsche Auffassungen und Vorurteile über genau die Erfahrungen hat, die potentiell am heilendsten sind. Wir versuchen, ganz klar die Botschaft zu vermitteln, daß Phänomene wie Sequenzen von Tod und Wiedergeburt, archetypische Visionen, Erfahrungen aus früheren Inkarnationen und Zustände von kosmischem Einssein absolut normal sind, und keine Rede von irgend etwas Pathologischem sein kann.
Gewöhnlich betonen wir, daß solche Erfahrungen regelmäßig bei dieser Form von Selbsterforschung auftauchen und daß schon viele andere sie erlebt haben. Dieser Teil der Vorbereitung soll dem Teilnehmer die Erlaubnis vermitteln, alle Inhalte, die aus der Tiefe der Psyche aufsteigen, anzunehmen und ihnen zu vertrauen. Außerdem ist diese Botschaft besonders für Menschen in einer transpersonalen Krise wichtig, deren Psyche von unbekannten Faktoren aktiviert ist. Viele der Schwierigkeiten in diesen Zuständen entstehen durch Widerstand gegen den Prozeß und den Unwillen oder die Unfähigkeit, mit seinem Heilungspotential zu kooperieren.
Außerdem besprechen wir die Technik der Holotropen Atemarbeit®, die Einzelheiten der Körperarbeit und die Grundregeln des Vorgehens. Wenn die Arbeit in einer Gruppe gemacht wird, was wir bevorzugen, atmet die eine Hälfte der Teilnehmer, während die andere als Begleiter fungiert, die eine sichere Umgebung schaffen und Unterstützung geben. In diesem Fall erhält auch die helfende Gruppe einige Richtlinien. Die Teilnehmer wählen dann einen Partner und entscheiden, wer von beiden anfängt. Natürlich können Leute in einer intensiven Form von transformativer Krise erst dann als Begleiter arbeiten, wenn sie sich stabilisiert haben.
Nach dieser Einführung beginnt die holotrope Sitzung. Diejenigen, die sich für die Atemarbeit entschieden haben, werden gebeten, sich auf Matratzen zu legen. Sie werden durch eine kurze Entspannungsübung geleitet, die ihre Aufmerksamkeit auf den Körper, den Geist und den Atem richtet. Wenn sie entspannt sind, schlagen wir ihnen vor, schneller zu atmen und sich dem Fluß der Musik zu öffnen, die während der ganzen Sitzung gespielt wird. Wir sagen ihnen, daß es entscheidend darauf ankommt, das analytische Urteilen einzustellen und Bilder, Emotionen und Körpergefühle völlig unzensiert und unbehindert auftauchen zu lassen.
Die Reaktion auf diese Kombination von beschleunigter Atmung, Musik und nach innen gerichteter Aufmerksamkeit ist von Mensch zu Mensch

verschieden. Nach einer viertel bis halben Stunde zeigen die meisten Teilnehmer starke aktive Reaktionen. Bei manchen bauen sich intensive Emotionen wie Trauer, Freude, Wut oder sexuelle Erregung auf. Die spezifische Reaktionsform hängt von dem Material ab, das aus dem Unbewußten aufsteigt. Andere spüren eine starke Zunahme an Körperspannung und bringen sie durch Zittern, Spasmen, Beckenbewegungen oder dramatische Gesten von Armen oder Händen zum Ausdruck. Sehr häufig tragen begleitende Visionen oder Erinnerungen dazu bei, die Quelle dieser Gefühle und Empfindungen zu identifizieren.

Gelegentlich verinnerlicht jemand die Erfahrung völlig und zeigt nach außen hin sehr wenig. Das heißt nicht notwendigerweise, daß er nicht reagiert. Wir haben viele kraftvolle und lebensverändernde Transformationen gesehen, die mit einem Minimum an äußerem Ausdruck von Gefühlen oder Körperbewegungen einhergingen. Es gibt in jeder Gruppe ein paar Leute, die so reagieren, daß sie immer entspannter werden, sich von Licht durchdrungen fühlen und ihre Grenzen zur äußeren Welt verlieren. Sie können ganz ohne vorhergehende Spannungen oder Anstrengungen direkt in eine profunde mystische Einheitserfahrung hineingleiten.

Diese starke, aber friedliche Erfahrung steht in direktem Gegensatz zu den in den medizinischen Standardwerken beschriebenen Auswirkungen von beschleunigter Atmung. Aus traditioneller Sicht führt schnelles Atmen immer zu dramatischen Spasmen in Händen und Füßen. Die Symptome dieses sogenannten Hyperventilations-Syndroms werden als zwingende physiologische Reaktion auf intensive Atmung gewertet und mit biochemischen Veränderungen in der Blutzusammensetzung – einem höheren alkalischen Gehalt und einer herabgesetzten Ionisierung von Kalzium – erklärt.

Unsere Beobachtungen führen zu einer ganz anderen Erklärung. Der durch die holotrope Atmung induzierte außergewöhnliche Bewußtseinszustand scheint mit biochemischen Veränderungen im Gehirn assoziiert zu sein, die es möglich machen, daß die Inhalte des Unbewußten an die Oberfläche kommen, bewußt erfahren und, wenn nötig, physisch zum Ausdruck gebracht werden. Wir tragen in Körper und Psyche Prägungen durch diverse traumatische Ereignisse, die wir noch nicht vollkommen verdaut und psychologisch assimiliert haben. Holotrope Atmung macht sie zugänglich, so daß wir sie ganz erfahren und die mit ihnen assoziierten Emotionen freisetzen können. Die bei manchen Menschen durch das schnellere Atmen auftretenden physischen Spannungen und Schmerzen sind Teil des an die Oberfläche gelangenden Materials, nicht einfach eine Reaktion auf das Atmen. Sie verschwinden meist, wenn die alten Traumata bereinigt werden.

Die Holotrope Atemarbeit® stellt daher ein extrem wirksames Vorgehen zur Minderung von Spannung und Streß dar. Die Reaktionen von verschie-

denen Menschen auf dieselbe Situation sind unterschiedlich. Sie beinhalten die unterschiedlichsten physischen Manifestationen und natürlich ein noch breiteres Spektrum von psychologischen Inhalten. Dazu gehören unabgeschlossene biographische Angelegenheiten, eine perinatale Sequenz von psychischem Tod und Wiedergeburt oder ein transpersonales Thema wie Erinnerungen an eine frühere Inkarnation, ein mythologisches Motiv oder Gefühle von kosmischer Einheit. In dieser Hinsicht ähneln holotrope Sitzungen spirituellen Krisen, obwohl im letzteren Fall die Psyche natürlich nicht absichtlich, sondern durch unbekannte Faktoren stimuliert wird.
Eine Aktivierung der Psyche durch beschleunigte Atmung scheint spontane Heilungsprozesse in Gang zu setzen, die von tiefer organismischer Weisheit regiert werden. Ob wir das in dem Moment so verstehen oder nicht, die Erfahrungen, die auftauchen, sind Ausdruck dieses Heilungspotentials. Aus diesem Grund ist die beste mentale Einstellung bei dem holotropen Prozeß die der Empfänglichkeit, Offenheit und Bereitschaft, vertrauensvoll alles zu erfahren, was aus dem Unbewußten oder Überbewußten kommt. Diese Haltung des Nachgebens und Zulassens ist eher für die orientalischen spirituellen Disziplinen charakteristisch als für die westlichen Therapien, die darauf abzielen, an einer bestimmten Sache zu arbeiten und sie in die gewünschte Richtung zu lenken. In der holotropen Therapie (und während einer spirituellen Krise) ist die sinnvollste Strategie die, ganz da zu sein, voll zu erleben, was auch immer ins Bewußtsein auftaucht, und sich der Erfahrung hinzugeben.
Wie auch immer die spezifischen Inhalte und Formen der holotropen Sitzung aussehen mögen, der Prozeß scheint einen charakteristischen Verlauf aufzuweisen. Die Intensität der Erfahrungen nimmt langsam zu, bis sie einen Kulminationspunkt erreichen, an dem die meisten Menschen, die sich mit schmerzhaften Fragen auseinandergesetzt haben, das Gefühl bekommen, eine Lösung oder sogar einen Durchbruch zu erreichen. Ihre Erfahrung öffnet sich vom Dunkel zum Licht, Spannungen werden aufgehoben, Schmerzen verschwinden, und schwierige Emotionen werden durch ein Gefühl von Frieden und Freude ersetzt. Den Rest der Sitzung verbringen die Teilnehmer in stiller Meditation und erleben so den Übergang zum Alltagsbewußtsein.
Am Ende der Sitzung sind die Leute gewöhnlich vollkommen entspannt und friedvoll. Wir hören oft Bemerkungen wie: »So entspannt war ich in meinem ganzen Leben noch nicht«, oder »Ich habe mich noch nie so gut gefühlt«. Bei manchen geht dieses Gefühl von Wohlbefinden noch tiefer: Sie erleben Gelassenheit und innere Ruhe, haben Visionen von sanftem, leuchtendem Licht und fühlen sich anderen Menschen, der Natur und dem Universum eng verbunden. Solche Erfahrungen von kosmischer Einheit sind extrem heilsam und können eine anhaltende Wirkung haben.

Vielen Leuten gelingt es in den holotropen Sitzungen, die auftauchenden Angelegenheiten allein mit dem Atmen zu klären und die Sitzung ohne äußere Eingriffe durch ihren Begleiter oder uns zu vollenden. Manch einer hat jedoch noch Reste von physischem oder emotionalem Unbehagen wie Wut (Schmerz und Spannung in Nacken und Schultern), Traurigkeit (Schwere im Brustkorb) oder überschüssige Energie in Armen und Händen. Diese Probleme zeigen, daß der Betreffende die Erfahrung noch nicht richtig vollendet hat.
In diesen Fällen wenden wir eine Technik an, die wir »fokussierte Körperarbeit« nennen. Deren Hauptanliegen ist es, das dem Symptom zugrundeliegende Problem voll ins Bewußtsein zu bringen. Das läßt sich durch die kombinierten Bemühungen von Klient und Helfer bewerkstelligen. Während der Atmende absichtlich das Unbehagen betont, verstärken wir es weiter durch äußere Interventionen wie Druck oder Massage.
Die wesentliche Strategie ist in diesem Stadium die, den Rest des Körpers seine eigene Art finden zu lassen, voll auf die Situation zu reagieren. Der Prozeß wird automatisch die wirksamsten Mittel zur Befreiung finden. Da die zugrundeliegenden Probleme jedoch biographische Geschichten, Aspekte der biologischen Geburt oder irgend etwas aus dem transpersonalen Reich sein können, können auch die äußerlichen Manifestationen außerordentlich vielfältig sein.
Wir sehen oft intensives Zittern, Körperbewegungen, Grimassen, komplexe Gesten oder sogar tierische Verhaltensmuster wie Kriechen, Schwimmen oder Festkrallen. Der Klient kann eine Vielfalt von Tönen produzieren – schreien, weinen und sich wie ein Baby äußern, in Zungen reden oder eine fremde Sprache sprechen, tierische Laute hervorstoßen oder schamanische Lieder singen. Es ist wichtig, dem Prozeß zu vertrauen, da solche merkwürdigen Manifestationen oft zu einer unerwarteten Auflösung von schwierigen emotionalen und psychosomatischen Problemen führen. Und es kommt darauf an, diese Arbeit so lange weiterzumachen, bis eine befriedigende Vollendung erreicht ist.
Die Technik der Holotropen Atemarbeit® ist ausgesprochen einfach, wenn man sie etwa mit traditionellen Formen von Gesprächstherapie vergleicht, deren Betonung darauf liegt, daß der Therapeut den Prozeß versteht, zum richtigen Zeitpunkt korrekte Interpretationen liefert und mit Übertragung arbeitet – in dem Versuch, die Verzerrungen in der Beziehung zwischen Klient und Therapeut zu entwirren, die durch das auftauchende unbewußte Material entstehen. Außerdem hat sie eine viel weniger starke technische Komponente als viele der neuen Erfahrungsmethoden wie Gestalttherapie, Rolfing und Bioenergetik. Wir nutzen einfach die spontanen Heilkräfte, die in außergewöhnlichen Bewußtseinszuständen verfügbar werden, und ihre intrinsische Weisheit.

Das Geschick des holotropen Therapeuten liegt nicht in seinem tiefgreifenden intellektuellen Verständnis des therapeutischen Prozesses. Diese Frage ist ohnehin in hohem Maße problematisch, da die theoretischen Konstrukte von einer Schule zur anderen stark voneinander abweichen. Die Stärke eines holotropen Therapeuten liegt in seiner Fähigkeit, bedingungslos einen dramatischen Erfahrungsprozeß in einem anderen Menschen zu unterstützen, auch wenn dazu extreme Emotionen, ungewöhnliche körperliche Symptome und nicht leicht verständliche Erfahrungen gehören. Die Betonung liegt bei der Holotropen Atemarbeit® nicht auf brillanten Einsichten und Interpretationen oder standardisierten physischen Interventionen oder Manipulationen. Die fokussierte Körperarbeit folgt der Energie und trägt zur Freisetzung überall dort bei, wo sie spontan ansteht. Dieselbe Strategie ist in Situationen besonders nützlich, in denen es um spirituelle Krisen geht.
Diese Fähigkeit, für einen anderen da zu sein, gelassen zu bleiben, egal welche Form der Prozeß annimmt, der inneren Weisheit der Heilungskräfte des Organismus zu vertrauen und ohne Beurteilung oder intellektuelles Verstehen alles zu unterstützen, was geschieht, ist der Schlüssel zu wirksamer holotroper Arbeit. Er kann nur aus extensiven persönlichen Erfahrungen von veränderten Bewußtseinszuständen und der wiederholten Konfrontation mit solchen Zuständen bei anderen erwachsen. Darum beinhaltet die Ausbildung von holotropen Therapeuten und Helfern für spirituelle Krisen immer eine Kombination von Einzelarbeit mit anderen Kollegen, Supervision in der Gruppe und systematischer Selbsterforschung in den eigenen holotropen Sitzungen.
Der Begriff *Therapeut* wird bei der holotropen Arbeit in seiner ursprünglichen griechischen Bedeutung verwendet: »Jemand, der den Prozeß der Heilung unterstützt«. Der veränderte Bewußtseinszustand hat die bemerkenswerte Fähigkeit, unbewußte Inhalte auszuwählen und ins Bewußtsein zu bringen, die stark emotional aufgeladen und daher psychologisch wichtig sind. In diesem Prozeß verlieren sie ihre bisherige Macht, das emotionale und psychische Wohlbefinden des Betreffenden weiter zu stören. Da Heilung unter diesen Umständen spontan und natürlich erfolgt, ist der Therapeut für den therapeutischen Prozeß nicht unbedingt notwendig. Er ist vielmehr ein kongenialer Mitreisender, der intelligent mit den natürlichen Heilungskräften kooperieren kann.
Bei den traditionellen Therapien bleibt der Klient meist in einer passiven Rolle und verläßt sich ganz auf die Ausbildung und Fertigkeiten des Therapeuten. Dessen Verständnis der anstehenden Probleme und des therapeutischen Prozesses wird sehr viel höher eingeschätzt als das des Klienten. Die allgemeine Natur der Schwierigkeiten ist mehr oder weniger klar und richtet sich danach, welcher Schule ein bestimmter Therapeut angehört. Dem

Klienten bleibt es überlassen, sich dieses Verständnis im Laufe der Therapie emotional und intellektuell anzueignen. Therapeuten sind sich oft sehr wenig bewußt, wie relativ dieses Verständnis ist. Die Interpretationen wechseln je nach Schule und von einem Therapeuten zum nächsten, und der Mangel an Übereinstimmung auf diesem Gebiet ist wirklich erstaunlich.
Beim holotropen Modell wird der Klient als die wahre Quelle der Heilung betrachtet und ermutigt, das zu erkennen und ein Gefühl von Meisterschaft und Unabhängigkeit zu entwickeln. Im Hinblick auf das allgemeine Verständnis des Prozesses stellen das theoretische Wissen des Therapeuten, seine besondere Ausbildung, seine persönlichen holotropen Sitzungen und die Arbeit mit vielen anderen Klienten einen deutlichen Vorteil dar. Aber in dem Verständnis der spezifischen Probleme des Klienten ist dieser dem Therapeuten oft weit voraus. In gewissem Sinne ist er letzten Endes der wirkliche Experte, da nur er direkten Zugang zu dem Erfahrungsprozeß hat, der alle die Schlüssel liefert. Der Klient ist derjenige, der die tiefen Wurzeln von Symptomen entdeckt, sich dem dahinterliegenden unbewußten Material stellt, es durcharbeitet und dem Therapeuten von seinen Einsichten berichtet.
Unsere Erfahrungen mit der Holotropen Atemarbeit® haben das Konzept der spirituellen Krise sowohl theoretisch wie praktisch bestätigt. Sie haben gezeigt, daß die Phänomene, die spontan während transformativer Krisen auftreten, normale Bestandteile der menschlichen Psyche sind und nicht künstliche Produkte eines exotischen pathologischen Prozesses. Das Spektrum der holotropen Erfahrungen ist sozusagen identisch mit dem der spirituellen Krisen. Die Tatsache, daß sie durch etwas so Einfaches wie beschleunigte Atmung ausgelöst werden können, befreit sie gewiß von dem Verdacht des Pathologischen. Und indirekt zeigt das therapeutische und transformative Potential der Holotropen Atemarbeit®, daß dies auch bei den meisten spirituellen Krisen vorhanden ist.
Bei verschiedenen Formen und Stadien von spiritueller Entwicklung und Krisen können viele zusätzliche therapeutische Methoden von großem Wert sein. Sie alle gehören zu den sogenannten aufdeckenden Therapien – Ansätzen, die Zugang zu unbewußtem Material vermitteln und dessen Integration möglich machen. Sie haben alle dasselbe allgemeine Ziel: sich selbst besser verstehen zu lernen und den emotionalen und psychosomatischen Problemen an die Wurzeln zu gehen.
Unter diesen Methoden kann die Gestaltarbeit von Fritz Perls besonders nützlich sein. Sie trägt dazu bei, auf die Symptome zu fokussieren, die zugrundeliegenden unbewußten Angelegenheiten zu erforschen und die Vollendung zu erleichtern. Paul Rebillots einzigartiger Prozeß »Die Heldenreise«, eine Synthese von Gestalt, Psychodrama, Musik und Ritual kann sehr hilfreich dabei sein, sich verschiedenen schwierigen Gebieten der Psyche

auf spielerische und unbedrohliche Weise zu stellen. Das gilt ebenso für verschiedene Übungen aus Roberto Assagiolis Psychosynthese, die die Methode der geführten Imagination verwenden. Dora Kalffs Sandspiel, das auf den Prinzipien der Jungschen Psychologie beruht, bietet eine ungewöhnliche Möglichkeit, die Inhalte des Unbewußten dadurch zu konkretisieren, daß man in einem Sandkasten komplexe Szenen schafft und sie der bewußten Analyse zugänglich macht. Dieses bemerkenswerte Werkzeug sollte in keiner Einrichtung zur Behandlung psychospiritueller Krisen fehlen.

Körperarbeit spielt bei der Behandlung von transformativen Krisen eine wichtige und integrale Rolle. Wir haben bereits Körperarbeit beschrieben, die darauf ausgerichtet ist, blockierte emotionale und physische Energien zu befreien. Da können auch Bioenergetik und andere Formen von Reichianischen und Neo-Reichianischen Techniken sehr nützlich sein. Rolfing und verschiedene Formen von Massage können wichtige Ergänzungen zur Therapie sein, wenn die Therapeuten den Ausdruck der bei der Behandlung aufsteigenden Emotionen zulassen. Auch Akupunktur durch einen erfahrenen Heiler kann wertvoll sein, da sie den freien Fluß von bisher blockierten Emotionen und physischen Energien fördert.

Zudem sollten verschiedene Arten von künstlerischen Ausdrucksweisen integraler Bestandteil jedes umfassenden Behandlungsprogramms bei psychospirituellen Krisen sein. Wie das Jungsche Sandspiel kann auch Malerei eine wichtige Rolle dabei spielen, unbewußte Inhalte zu konkretisieren und ihre bewußte Integration zu erleichtern. Wenn sie in einer freien, ausdrucksreichen Weise stattfindet, ist sie per se ein starkes therapeutisches Werkzeug. Manche Leute finden die Arbeit mit Ton oder ähnlichen Materialien noch bedeutungs- und wirkungsvoller. Tanz kann ein wichtiger Kanal sein, besonders spontane und kreative Bewegungen, die es ermöglichen, verschiedene dynamische Kräfte in der Psyche zum Ausdruck zu bringen.

Im Idealfall sollte die Therapie von Menschen in spirituellen Krisen in einem solchen Sanktuarium stattfinden, wie wir es beschrieben haben. Hier stünden alle diese Techniken zur Verfügung und ließen sich differenziert und einfühlsam der Form des Prozesses, dem jeweiligen Stadium und der momentanen Intensität anpassen. Je nach den Umständen könnte man sie ambulant anbieten oder den Klienten auch, wenn nötig, über Nacht dableiben lassen, da fachmännische Hilfe rund um die Uhr zur Verfügung stünde. Ein solches Zentrum würde auch unterstützende Gruppen anbieten, die den Zwölf-Schritte-Programmen ähnlich wären.

Dank

Die persönlichen und beruflichen Schritte, die zur Entstehung dieses Buches führten, waren stark von einigen besonderen und bedeutenden Menschen beeinflußt. Wir möchten ihnen unsere Dankbarkeit für all das bezeugen, das sie uns gegeben haben.

Zunächst Dank an unsere Familien dafür, daß sie uns während unserer vielen Umwege und Abschweifungen Liebe und Zuwendung gegeben haben, und besonders an unsere geliebten Kinder, Nathaniel und Sarah Healy, die in unserem Leben eine so bedeutende Rolle spielen und uns beständig neue Hoffnung, herrlichen Humor und großes Glück bescheren.

Wir hatten das Glück, mehreren Lehrern und anderen Quellen der Inspiration zu begegnen, die uns Freundschaft geschenkt und die Richtung gewiesen haben: unsere tiefe Dankbarkeit gilt dem verstorbenen Swami Muktananda Paramahansa, ehemals Kopf der Siddha-Yoga-Familie, für seinen weitreichenden Einfluß auf unser Leben; dem verstorbenen Joseph Campbell, unserem geliebten Freund, Beziehungsstifter und Führer; John Perry und Julian Silverman für ihre Pionierarbeit und ihre Unterstützung, als wir auf einige der gesellschaftlichen und beruflichen Hindernisse stießen, die sie nur allzugut kannten; Anne und Jim Armstrong, Angeles Arrien, Sandra und Michael Harner, Dora Kalff, Jack und Liana Kornfield, Pater Thomas Matus, Bruder David Steindl-Rast, Frances Vaughan und Roger Walsh, unseren Kollegen und lieben Freunden in der Welt der transpersonalen Philosophie und Psychologie, die durch ihre persönlichen Erkundungen, ihre Lehren und ihre Art zu sein dazu beigetragen haben, uns unsere eigenen Möglichkeiten zu zeigen.

Dank an die vielen begabten Menschen, die sich mit der Holotropen Atemarbeit® befassen, für ihren andauernden Enthusiasmus und den Mut, ihre eigene personale Transformation anzugehen, und an Jacquelyn Small und Gregory Zelonka für ihre Unterstützung unserer Arbeit.

Wir schätzen und respektieren Jeremy Tarcher dafür, daß er uns so lange sanft gedrängt hat, bis wir dieses Buch geschrieben haben, und danken unserem Lektor Dan Joy.

Unsere tiefe Dankbarkeit gilt Rod Allison, Sam Freeman, Betty Monaghan, Noelle Nichols, Mickey Reny, Nette Whitmore und den anderen Mitgliedern des liebevollen Teams am früheren Brightside-Zentrum für chemische

Abhängigkeiten in Carmel, Kalifornien. Ihre Geduld, ihr Mitgefühl, ihr Verständnis und ihr Humor umgaben uns in unserer dunkelsten Stunde, und sie halfen uns, unsere Krise in eine wunderbare Möglichkeit für Heilung und Erweiterung zu transformieren.

Besonderer Dank an Margaret Stevens für ihre ehrliche, bereitwillige und einfühlsame Unterstützung bei der Formulierung dieses Projekts. Dank an die Mitarbeiter und Freiwilligen des Spiritual Emergence-Netzwerks und besonders an die, die dort als Koordinatoren gedient haben: Rita Rohen, Charles Lonsdale, Megan Nolan, Nicola Kester und Jeneane Prevatt. Durch ihre wertvollen Beiträge und ihren persönlicher Einsatz über viele Hürden hinweg konnten zahllose Menschen dringend notwendige Hilfe bekommen.

Und schließlich ein Wort des Dankes an die vielen Menschen, die uns über die Jahre die sehr persönlichen Geschichten ihrer eigenen spirituellen Krisen erzählt haben. Ohne sie hätten wir dieses Buch nicht schreiben können.

Anmerkungen

1 Teresa von Avila: *Die Seelenburg der heiligen Theresia von Jesu*, München: Kösel, 7. Aufl. 1984, S. 273.
2 Johannes vom Kreuz: *Dunkle Nacht*, München: Kösel, 8. Aufl. 1987, S. 83 f.
3 Mirabai: *The Devotional Poems of Mirabai*, Delhi, Indien: Motilal Banarsidass 1980, S. 64.
4 Irina Tweedie: *Wie Phönix aus der Asche*, München: O.W. Barth 1972, S. 166.
5 A.a.O., S. 95.
6 Platon: *Phaidros*, Stuttgart: Reclam 1979, S. 40.
7 Swami Muktananda: *Spiel des Bewußtseins*, Freiburg: Aurum 1975, S. 217.
8 T.S. Eliot: »Vier Quartette«, in: *Gesammelte Gedichte*, Frankfurt a.M.: Suhrkamp 1988, S. 299.
9 D.H. Lawrence: *The Complete Poems*. Hrsg. von Vivian de Sola Pinto und Warren Roberts. New York: Penguin Books 1986, S. 728.
10 Swami Muktananda, a.a.O., S. 111.
11 Eugene O'Neill: *Eines langen Tages Reise in die Nacht*, Stuttgart: Reclam 1967, S. 118.
12 Patsy Neal in: Murphy, Michael, und White, Rhea: *The Psychic Side of Sports*, Reading, Mass.: Addison Wesley 1978, S. 30.
13 William Blake: »Auguries of Innocence«, in: *The Complete Poems*, New York: Penguin Books 1986, S. 506.
14 Walt Whitman: *Leaves of Grass*. Übersetzt nach der amerikanischen Ausgabe; in der deutschen Übersetzung (*Grashalme*) findet sich diese Stelle nicht.
15 Laotse: *Tao te king*, Düsseldorf: Diederichs 1972, S. 65.
16 Teresa von Avila, a.a.O. Übersetzt nach der amerikanischen Ausgabe, da diese Stelle in der deutschen Fassung so nicht vorkommt.
17 »Brihad Aranyaka Upanishad« in: *The Thirteen Principle Upanishads*, London: Oxford University Press 1971.
18 Jakob Böhme: *Die Morgenröte*. Übersetzt nach der amerikanischen Ausgabe, da diese Stelle sich so nicht in der deutschen Fassung von Böhmes Werk befindet.

19 Walter N. Pahnke und W. Richards: »Implications of LSD and Experimental Mysticism«, in: *Journal of Religion and Health*, 5: 175, 1966.
20 Ramakrishna: *Das Vermächtnis*, München: O.W. Barth 1981, S. 266.
21 Albert Heim: »Notizen über den Tod durch Absturz«, in: *Jahrbuch des Schweizer Alpenklubs* 27: 327, 1827.
22 Stanislav Grof: *Das Abenteuer der Selbstentdeckung*, München: Kösel 1987, S. 291.
23 John Perry: *The Far Side of Madness*, Englewood Cliffs, N.J.: Prentice-Hall 1974.
24 Robert Monroe: *Der Mann mit den zwei Leben*, Düsseldorf: Econ 1972.
25 R.E. Fowler: *The Andreasson Affair*, Englewood Cliffs, N.J.: Prentice-Hall 1979, S. 83.
26 Stanislav Grof, a.a.O., S. 295.
27 William James: *Die Vielfalt religiöser Erfahrung*, Olten: Walter 1976, S. 365.
28 *Gib es weiter*, München: Gemeinsames Dienstbüro der Anonymen Alkoholiker.
29 A.a.O.
30 I.M. Lewis: *Ecstatic Religions*, Harmondsworth, G.B.: Penguin 1971.
31 A.A. Popov: *Tavgijoy: Moscow a Leningrad*, Trudy Instituta antropologii i etnografii, 1, 5, 1936.
32 Cicero: *Über die Gesetze*, Reinbek: Rowohlt 1969.
33 Joseph Campbell: *Der Heros in tausend Gestalten*, Frankfurt a.M.: Suhrkamp 1978, S. 36.
34 »Lalitavistara Sutra«, in: *The Voice of the Buddha; The Beauty of Compassion*, Berkeley, Ca.: Dharma Publishers 1983, Bd. 2, S. 506.
35 Aldous Huxley: *Himmel und Hölle*, München: Piper, 13. Aufl. 1989, S. 67.
36 Joseph Campbell, a.a.O., S. 208 f.
37 Lewis Carroll: *Alice im Wunderland*, München: Deutscher Taschenbuch Verlag, 7. Aufl. 1988, S. 29.
38 Joseph Campbell, a.a.O., S. 210 und 217.
39 Joseph Campbell, a.a.O., S. 208.
40 Joseph Campbell, a.a.O., S. 209 f.
41 *Lalleshwari: Spiritual Poems by a Great Siddha Yogini*. Hrsg. von Swami Muktananda. South Fallsburg, N.Y.: S.Y.D.A. Foundation, 1981, S. 30.

Literatur

Bücher, die für das Problem der spirituellen Krise von Interesse sind:

Alternatives Verständnis von psychotischen Zuständen

Dabrowski, K. *Positive Disintegration.* Boston: Little, Brown, 1966.
Laing, R. D. *Das geteilte Selbst.* München: Deutscher Taschenbuch Verlag, 1987.
---. *Phänomenologie der Erfahrung.* Frankfurt a.M.: Suhrkamp, 1975.
Mosher, L. und A. Menn. *Soteria: An Alternative to Hospitalization for Schizophrenics.* Vol. 1 des *New Directions for Health Services.* San Francisco: Jossey-Bass, 1979.
Rappaport, M. u.a. »Are There Schizophrenics for Whom Drugs May Be Unnecessary or Contraindicated?« In: *International Pharmacopsychiatry* 13 (1978): 100.
Silverman, J. »Acute Schizophrenia: Disease or Dis-Ease?« In: *Psychology Today* 4 (1970): 62.
---. »When Schizophrenia Helps«. In: *Psychology Today* (1971).
Szasz, T. *Geisteskrankheit – ein moderner Mythos.* Frankfurt a.M.: Fischer Taschenbuch Verlag, 1972.

Psychologische Zugänge zu psychotischen Zuständen

Abraham, K. »Ein kurzer Abriß der Geschichte der Entwicklung der Libido.« In: *Gesammelte Schriften.* Frankfurt a. M.: Fischer Taschenbuch Verlag, 1982.
Arieti, S. *Schizophrenie. Ursachen, Verlauf, Therapie, Hilfen für Betroffene.* München: Piper Verlag, 1989.
Bateson, G. »Vorstudien zu einer Theorie der Schizophrenie.« In: *Ökologie des Geistes.* Frankfurt a.M.: Suhrkamp Verlag, 1981.
Freud, S. »Psychoanalytische Bemerkungen über einen autobiographisch beschriebenen Fall von Paranoia.« In: *Gesammelte Werke.* Bd. 8, Frankfurt a.M.: S. Fischer Verlag.
Fromm-Reichmann, F. *Principles of Intensive Psychotherapy.*Chicago: University of Chicago Press, 1950.

Jung, C. G. »Über das Problem der Psychogenese bei Geisteskrankheiten.« In: *Gesammelte Werke*, Bd. 3, Olten: Walter Verlag, 1976.
Lidz, T. »Schizophrenia and the Family.« In: *Psychiatry* 21 (1958): 21.
Malamud, W. »The Application of Psychoanalytic Principles in Interpreting the Psychoses.« In: *Psychoanalytic Review* 16 (1929).
Sullivan, H. S. *Die interpersonale Theorie der Psychiatrie*. Frankfurt a. M.: Fischer Taschenbuch Verlag, 1983.
---. *Schizophrenia as a Human Process*. New York: Norton, 1962.
Tausk, V. »On the Origin of the Influencing Machine in Schizophrenia.« In: *Psychoanalytic Quarterly* 2 (1933): 519-66.

Literatur über Bewußtseinszustände, die für die spirituelle Krise wichtig sind

Grof, S. *Das Abenteuer der Selbstentdeckung*.München: Kösel Verlag, 1987.
---. *Geburt, Tod und Transzendenz*. München: Kösel Verlag, 1985.
Grof, S. und C. Grof. *Jenseits des Todes*. München: Kösel Verlag, 1984.
Tart, C. *States of Consciousness*. New York: Dutton, 1975.
Walsh, R. und F. Vaughan. (Hrsg.) *Psychologie in der Wende*. München: Scherz Verlag, 1985.
Wilber, K. *Das Atman-Projekt*. Paderborn: Junfermann Verlag, 1991.
---. *Das Spektrum des Bewußtseins*. München: Scherz Verlag, 1987.
---. *Wege zum Selbst*. München: Kösel Verlag, 1984.

Spirituelle Krisen

Assagioli, R. »Selbst-Verwirklichung und psychologische Störungen.« In: *Spirituelle Krisen. Chancen der Selbstfindung*. Hrsg. von S. Grof und C. Grof. München: Kösel Verlag, 1990.
Boisen, A. *The Exploration of the Inner World*. New York: Harper, 1962.
Bragdon, E. A. *A Sourcebook for Helping People in Spiritual Emergency*. Los Altos, Calif.: Lightening Up Press, 1988.
Grof, S. und C. Grof. (Hrsg.) *Spirituelle Krisen. Chancen der Selbstfindung*. München: Kösel Verlag, 1990.
Hood, B. L. »Transpersonal Crisis: Understanding Spiritual Emergencies.« Dissertation, University of Massachusetts, Boston, 1986.
Lukoff, D. »Diagnosis of Mystical Experiences with Psychotic Features.« In: *Journal of Transpersonal Psychology* 17 (1985): 155.
Lukoff, D. und H. Everest. »The Myths of Mental Illness.« In: *Journal of Transpersonal Psychology* 17 (1985): 123.
Wilber, K., J. Engler und D. Brown. *Psychologie der Befreiung. Perspektiven einer neuen Entwicklungspsychologie*. München: Scherz Verlag, 1988.

Es folgen Bücher über bestimmte Formen von spirituellen Krisen:

Schamanismus und die schamanische Krise

Campbell, J. *The Way of the Animal Powers.* New York: Harper and Row, 1984.
Castaneda, C. *Eine andere Wirklichkeit.* Frankfurt a.M.: Fischer Taschenbuch Verlag: 14. Aufl. 1987.
---. *Die Lehren des Don Juan.* Frankfurt a. M.: Fischer Taschenbuch Verlag, 20. Aufl. 1988.
Doore, G. *Shaman's Path: Healing, Personal Growth and Empowerment.* Boston: Shambhala, 1988.
Eliade, M. *Schamanismus und archaische Ekstasetechnik.* Frankfurt a.M.: Suhrkamp Verlag, 1975.
Halifax, J. *Die andere Wirklichkeit der Schamanen.* München: Scherz Verlag, 1984.
---. *Schamanen, Zauberer, Medizinmänner, Heiler.* Frankfurt a. M.: Insel Verlag, 1983.
Harner, M. *Der Weg des Schamanen.* Interlaken: Ansata Verlag, 1982.
Kalweit, H. *Traumzeit und innerer Raum.* München: O. W. Barth Verlag, 1984.
---. *Urheiler, Medizinleute und Schamanen.* München: Kösel Verlag, 1987.
Larsen, S. *The Shaman's Doorway: Opening the Mythic Imagination to Contemporary Consciousness.* San Francisco: Harper and Row, 1976.
Nicolson, S. (Hrsg.) *Shamanism: An Expanded View of Reality.* Wheaton, Ill.: Theosophical Publishing House, 1987.
Silverman, J. »Shamans and Acute Schizophrenia.« In: *American Anthropologist* 69 (1967): 21.

Kundalini-Erwachen

Jung, C. G. *Psychological Commentary on Kundalini Yoga.* New York: Spring Publications, 1975.
Kripananda, Swami. »Kundalini: The Energy of Transformation.« In: *Ancient Wisdom and Modern Science.* Hrsg. von S. Grof. Albany, N. Y.: State University of New York Press, 1984.
Krishna, G. *Höheres Bewußtsein. Die evolutionäre Kundalini-Kraft.* Freiburg: Aurum Verlag, 1975.
---. *Kundalini: Erweckung der geistigen Kraft im Menschen.* München: O. W. Barth Verlag, 1983.
Mookerjee, A. *Kundalini: Die Erweckung der inneren Energie.* Bern: Origo Verlag, 1984.

Muktananda, Swami. *Kundalini: Die Erweckung der kosmischen Energie.* Bern: Origo Verlag, 1984.
---. *Spiel des Bewußtseins.* Freiburg: Aurum Verlag, 1975.
Sannella, L. *The Kundalini Experience: Psychosis or Transcendence.* Lower Lake, Calif.: Integral Publishing, 1987.
---. »The Many Faces of Kundalini.« In: *The Laughing Man Magazine* 4, Nr. 3, (1983): 11-21.
White, J. (Hrsg.) *Kundalini, Evolution and Enlightenment.* Garden City, N. Y.: Anchor, 1979.
Woodruffe, Sir J. *Die Schlangenkraft.* München: Scherz Verlag, 3. Aufl. 1978.

Gipfelerfahrungen

Bucke, R. *Die Erfahrung des kosmischen Bewußtseins.* Freiburg: Aurum Verlag, 1988.
James, W. *Die Vielfalt religiöser Erfahrung.* Olten: Walter Verlag, 1978.
Laski, M. *Ecstasy: A Study of Some Secular and Religious Experiences.* New York: Greenwood, 1968.
Maslow, A. *Psychologie des Seins.* München: Kindler Verlag, 1978.
---. *Religions, Values and Peak Experiences.* Cleveland: Ohio State University, 1964.
Underhill, E. *Mystik. Eine Studie über die Natur und Entwicklung des religiösen Bewußtseins im Menschen.* Bietigheim: Lorber Verlag, 1973.

Mythologie, Jungsche Schriften und die Arbeit von John Perry

Campbell, J. *Der Heros in tausend Gestalten.* Frankfurt a.M.: Suhrkamp Verlag, 1978.
---. *The Inner Reaches of Outer Space: Metaphor as Myth and as Religion.* New York: Alfred van der Marck, 1986. (Dt. Ausgabe in Vorbereitung beim Kösel Verlag, München.)
---. *Lebendiger Mythos.* München: Goldmann Verlag, 1988.
---. *The Masks of God.* New York: Viking, 1968.
---. *The Mythic Image.* Princeton: Princeton University Press, 1974.
Campbell, J. und B. Moyers. *The Power of Myth.* New York: Doubleday, 1988.
Jung, C. G. *Gesammelte Werke.* Olten: Walter Verlag.
---. »Synchronizität als ein Prinzip akausaler Zusammenhänge.« In: *Gesammelte Werke.* Bd. 8, Olten: Walter Verlag, 3. Aufl. 1987.
Perry, J.W. *The Far Side of Madness.* Englewood Cliffs, N.J.: Prentice-Hall, 1974.

---. *Lord of the Four Quarters.* New York: Braziller, 1966.
---. *Roots of Renewal in Myth and Madness.* San Francisco: Jossey-Bass, 1976.
---. *The Self in Psychotic Process.* Berkeley: University of California Press, 1953.

Erfahrungen von früheren Leben und Karma

Bache, C. *Lifecycles: Reincarnation and the Web of Life.* New York: Paragon Press, 1991.
Cranston, W. und C. Williams. *Wiederverkörperung: Ein neuer Horizont in Wissenschaft, Religion und Gesellschaft.* Stuttgart: Hirthammer Verlag, 1988.
Kelsey, D. und J. Grant. *Many Lifetimes.* Garden City, N. Y.: Doubleday, 1967.
Lati Rinbochay und J. Hopkins. *Death, Intermediate State, and Rebirth in Tibetan Buddhism.* Valois, N. Y.: Snow Lion Press, 1979.
Netherton, M. *Past Lives Therapy.* New York: William Morrow, 1978.
Prajnananda, Swami. »Das Geheimnis des Karma.« In: *Alte Weisheit und modernes Denken.* Hrsg. von S. Grof. München: Kösel Verlag, 1986.
Stevenson, I. *Reinkarnation. Der Mensch im Wandel von Tod und Wiedergeburt.* Freiburg: Aurum Verlag, 1986.
Wambach, H. *Leben vor dem Leben.* München: Heyne Taschenbuch Verlag, 1980.
Whitton, J. und J. Fisher. *Das Leben zwischen den Leben. Ein Forschungsbericht aus der Welt jenseits unserer Existenz.* München: Goldmann Verlag, 1989.
Woolger, R. *Other Lives, Other Selves.* New York: Bantam Books, 1988.

Öffnung für das Übersinnliche

Greeley, A. *The Sociology of the Paranormal.* Beverly Hills, Calif.: Sage, 1975.
Hastings, A. »A Counseling Approach to Parapsychological Experience.« In: *Journal of Transpersonal Psychology* 15 (1983): 143.
Jung, C. G. »Synchronizität als ein Prinzip akausaler Zusammenhänge.« In: *Gesammelte Werke.* Bd. 8, Olten: Walter Verlag, 3. Aufl. 1987.
Krippner, S. *Human Possibilities.* Garden City, N. Y.: Anchor/Doubleday, 1980.
---. *The Song of the Siren: A Parapsychological Odyssey.* New York: Harper and Row, 1977.

Monroe, R. *Der Mann mit den zwei Leben: Die seltsamen Exkursionen des Mr. Monroe.* Düsseldorf: Econ Verlag, 1972.
---. *Der zweite Körper. Außerkörperliche Reisen und Erfahrungen.* München: Goldmann Verlag, 1989.
Peat, D. *Synchronizität. Die verborgene Ordnung.* München: O. W. Barth Verlag, 1989.
Progoff, I. *Jung, Synchronicity, and Human Destiny: Non-Causal Dimensions of Human Experience.* New York: Julian Press, 1973.
Targ, R. und K. Harary. *Jeder hat ein drittes Auge. PSI – die unheimliche Kraft.* Zürich: Diana Verlag, 1985.
Targ, R. und H. Puthoff. *Jeder hat den sechsten Sinn.* Stuttgart: Deutscher Bücherbund, 1978.
Tart, C. *Learning to Use Extrasensory Perception.* Chicago: University of Chicago Press, 1975.
---. »Out-of-the-Body Experiences.« In: *Psychic Explorations.* Hrsg. von E. Mitchell und J. White. New York: Putnam, 1974.
---. *Das Übersinnliche, Forschungen über einen Grenzbereich psychischen Erlebens.* Stuttgart: Klett-Cotta Verlag, 1986.

Channeling

Hastings, A. *With the Tongues of Men and Angels: A Study of Channeling.* New York: Holt, Rinehart & Winston, 1991.
Kautz, W. und M. Branon. *Channeling.* München: Heyne Taschenbuch Verlag, 1989.
Klimo, J. *Channeling: Der Empfang von Informationen aus paranormalen Quellen.* Freiburg: Bauer Verlag, 1988.

Begegnungen mit UFOs und außerirdische Kontakte

Jung, C. G. »Ein moderner Mythus. Von Dingen, die am Himmel gesehen werden.« In: *Gesammelte Werke.* Bd. 10, Olten: Walter Verlag, 1974.
Thompson, K. »The UFO Experience as a Crisis of Transformation.« In: *Spiritual Emergency: When Personal Transformation Becomes A Crisis.* Hrsg. von S. Grof und C. Grof. Los Angeles: Jeremy P. Tarcher, 1989.
Thompson, K. (Hrsg.) »Angels, Aliens and Archetypes.« Teil 1, 2. In: *Re-Vision Journal* 11, Nr. 3, 4 (1989).
Vallée, J. *Dimensions: A Casebook of Alien Contact.* New York: Contemporary Books, 1988.
---. *UFOs in Space: Anatomy of a Phenomenon.* New York: Ballantine, 1965.

Nah-Tod-Erfahrungen

Gallup, G. *Adventures in Immortality*. New York: McGraw-Hill, 1982.
Greyson, B. und C. P. Flynn. *The Near-Death Experience: Problems, Prospects, Perspectives*. Springfield, Ill.: Charles C. Thomas Publishers, 1984.
Moody, R. *Leben nach dem Tod*. Reinbek: Rowohlt Verlag, 1977.
Noyes, R. »Dying and Mystical Consciousness.« In: *Journal of Thanatology* 1 (1971): 25.
---. »The Experience of Dying.« In: *Psychiatry* 35 (1972): 174.
Osis, K. u.a. *Deathbed Observations of Physicians and Nurses*. New York: Parapsychology Foundation, 1961.
Osis, K. und E. Haraldsson. *Der Tod – ein neuer Anfang. Visionen und Erfahrungen an der Schwelle des Seins*. Freiburg: Bauer Verlag, 1989.
Ring, K. *Heading Toward Omega*. New York: William Morrow, 1984.
Sabom, M. *Erinnerungen an den Tod*. München: Goldmann Verlag, 1983.
---. *Den Tod erfahren – das Leben gewinnen*. München: O.W. Barth Verlag, 1985.

Zustände von Besessenheit

Allison, R. *Minds in Many Pieces*. New York: Rawson and Wade, 1980.
Dusen, W. van. *Die Ergebnisse der psychischen und spirituellen Forschung*. Zürich: Emanuel Swedenborg Verlag, 1980.
---. *The Natural Depth in Man*. New York: Harper and Row, 1972.

Sucht als spirituelle Krise

Anonyme Alkoholiker. Das blaue Buch. Gemeinsames Dienstbüro der Anonymen Alkoholiker, München.
Bateson, G. *Ökologie des Geistes*. Darin: »Die Kybernetik des ›Selbst‹ – Eine Theorie des Alkoholismus«. Frankfurt a. M.: Suhrkamp Verlag, 1980.
Gib es weiter. Gemeinsames Dienstbüro der Anonymen Alkoholiker, München.
Grof, S. (Hrsg.) »Mystical Quest, Attachment, and Addiction.« In: *Re-Vision Journal* 10 (2): 1987.
Seymour, R. B. und D. E. Smith. *Drugfree*. New York: Facts on File, 1987.
Small, J. *Awakening in Time: From Co-Dependency to Co-Creation*. In Vorbereitung bei Bantam, New York.
Wie Bill es sieht. Gemeinsames Dienstbüro der Anonymen Alkoholiker, München.

Zwölf Schritte und zwölf Traditionen. Gemeinsames Dienstbüro der Anonymen Alkoholiker, München.

Persönliche Berichte von spirituellen Krisen

Armstrong, A. »The Challenges of Psychic Opening. A Personal Story.« In: *Spiritual Emergency: When Personal Transformation Becomes a Crisis.* Hrsg. von S. Grof und C. Grof. Los Angeles: Jeremy P. Tarcher, 1989.
Courtois, F. *An Experience of Enlightenment.* Wheaton, Ill.: Theosophical Publishing House, 1986.
Hakuin. »Yasenkanna.« In: *The Tiger's Cave.* Hrsg. von Trevor Leggett. London: Routledge and Kegan Paul, 1977.
Steinfeld, N. »Surviving the Chaos of Something Extraordinary.« In: *Shaman's Drum* 4 (1986): 22.
Tweedie, I. *Wie Phönix aus der Asche: Mein Abenteuer der Selbstfindung auf dem Weg der Sufis.* München: O. W. Barth/Scherz Verlag, 1982.

Bei spirituellen Krisen nützliche Therapien

Assagioli, R. *Handbuch der Psychosynthesis.* Freiburg: Aurum Verlag, 1978.
Cassou, M. *The Painting Experience.* Videoband, zu beziehen über Michell Cassou, The Painting Experience, 2101 20th Ave., San Francisco, CA 94116, USA.
Garfield, P. *Kreativ träumen.* Interlaken: Ansata Verlag, 1980.
Grof, S. *Das Abenteuer der Selbstentdeckung.* München: Kösel Verlag, 1987.
Hannah, B. *Begegnungen mit der Seele. Aktive Imagination, der Weg zu Heilung und Ganzheit.* München: Kösel Verlag, 1985.
Kalff, D. *Sandspiel: Seine therapeutische Wirkung auf die Psyche.* Erlenbach-Zürich: Rentsch Verlag, 1979.
Mindell, A. *The Dreambody. Körpersymptome als Sprache der Seele.* Fellbach-Oeffingen: Bonz Verlag, 1986.
---. *Der Leib und die Träume. Prozeßorientierte Psychologie in der Praxis.* Paderborn: Junfermann Verlag, 1989.
Perls, F. *Gestalttherapie in Aktion.* Stuttgart: Klett-Cotta Verlag, 5. Aufl. 1988.
Ram Dass und P. Gorman. *How Can I Help?* New York: Knopf, 1985.
Singer, J. *Boundaries of the Soul: The Practice of Jung's Psychology.* Garden City, N. Y.: Anchor/Doubleday, 1972.
Small, J. *Becoming Naturally Therapeutic.* Austin, Tex.: Eupsychian Press, 1981.

---. *Transformers: The Therapists of the Future.* Marina del Rey, Calif.: DeVorss, 1982.
Vaughan, F. *Die Reise zur Ganzheit. Psychotherapie und spirituelle Suche.* München: Kösel Verlag, 1990.

Spirituelle Entwicklung und globale Krise

Aurobindo, Sri. *Das Ideal einer geeinten Menschheit.* Sri Aurobindo Gesellschaft. Gladenbach: Hinder und Deelmann, 1982.
Friedman, W. »Toward a Psychology of Peace: A Study in Global Psychosynthesis.« In: *Readings in Psychosynthesis: Theory, Process, and Practice.* Hrsg. von J. Weiser und T. Yeoman. Toronto: Department of Applied Psychology/Ontario Institute for Studies in Education, 1985.
Grof, S. *Die Chance der Menschheit. Bewußtseinsentwicklung – der Ausweg aus der Krise.* München: Kösel Verlag, 1988.
Grosso, M. *The Final Choice.* Walpole, N.H.: Stillpoint, 1985.
Perry, J. W. *The Heart of History: Individuality in Evolution.* Albany, N. Y.: State University of New York Press, 1987.
Russel, P. *Die erwachende Erde.* München: Heyne Taschenbuch Verlag, 1984.
Teilhard de Chardin, P. *Der Mensch im Kosmos.* München: C. H. Beck Verlag, 1981.
Walsh, R. *Staying Alive: The Psychology of Human Survival.* Boulder, Col.: Shambhala, 1984.
Wilber, K.: *Halbzeit der Evolution.* München: Scherz Verlag, 1981.

Adressen

Spiritual Emergence Network

Spiritual Emergence Network (SEN)
5905 Soquel Drive, Suite 650
Soquel, CA 95 073
U.S.A.

☎ 001 (415) 327-2776

Spiritual Emergence Network Deutschland
Dr. Ingo Jahrsetz
Im Maierbrühl 41
D-7800 Freiburg-Tiengen

☎ (07664) 59 850

Spiritual Emergence Network Schweiz
lic.phil. Myrtha Pfisterer-Rechsteiner
Tannerstr. 66
CH-5000 Aarau

☎ (064) 24 3707

Information über Training in Holotroper Atemarbeit®:

Grof Transpersonal Training
20 Sunnyside, # A 314
Mill Valley, CA 94 941
U.S.A.

☎ 001 (415) 383-8779

Information über Holotropes Atmen nach Grof

Dipl. Psych. Brigitte Ashauer
Sandbachstr. 12
6200 Wiesbaden